筑梦高原

新时代
援藏扶贫
实践探索

孙伶伶

著

北京出版集团
北京人民出版社

图书在版编目（CIP）数据

筑梦高原：新时代援藏扶贫实践探索 / 孙伶伶著. — 北京 ：北京人民出版社，2023.8
ISBN 978－7－5300－0505－7

Ⅰ. ①筑… Ⅱ. ①孙… Ⅲ. ①扶贫—研究—西藏 Ⅳ. ①F127.75

中国版本图书馆 CIP 数据核字(2022)第 117802 号

筑梦高原

新时代援藏扶贫实践探索

ZHUMENG GAOYUAN

孙伶伶　著

*

北 京 出 版 集 团

北 京 人 民 出 版 社　出版

（北京北三环中路 6 号）

邮政编码：100120

网　　　址：www. bph. com. cn

北 京 出 版 集 团 总 发 行

新 华 书 店 经 销

北京建宏印刷有限公司印刷

*

787 毫米×1092 毫米　　16 开本　　22.5 印张　　306 千字

2023 年 8 月第 1 版　　2024 年 8 月第 2 次印刷

ISBN 978－7－5300－0505－7

定价：66.00 元

如有印装质量问题，由本社负责调换

质量监督电话：010－58572393

序言

全国援藏充分彰显社会主义制度优越性

有一种国之大爱叫全国援藏。援藏是党中央着眼党和国家事业全局和长远发展作出的战略部署，体现了党中央对西藏的关怀，体现了共产党人的初心和使命，体现了社会主义制度的优越性，体现了全国人民对西藏人民的深情厚谊。

1994年中央召开第三次西藏工作座谈会，确定了"分片负责、对口支援、定期轮换"的方针，标志着全国对口支援西藏工作进入了新的历史时期。

党的十八大以来，以习近平同志为核心的党中央，站在实现"两个一百年"奋斗目标、实现中华民族伟大复兴中国梦的战略高度，把西藏工作摆到治国理政突出位置。习近平总书记时刻心系西藏各族人民，就治边稳藏作出一系列重要论述和重大部署，翻开了西藏发展的新篇章，开启了援藏工作的新时代，西藏人民与全国人民共同团结奋斗、共同繁荣发展步入新的征程，为西藏全面建成小康社会奠定了坚实的基础。

"援藏"这条金色的哈达把祖国内地与西藏紧紧连接起来。对口支援28年来，承担援藏任务的各省市、各部委、各中央企业在党中央、国务院的高度重视和坚强领导下，全面贯彻落实中央决策部署，始终坚持真情援藏、科学援藏、创新援藏、全面援藏，真情实意、真金白银、真抓实干、真帮实扶、真功实效，扎实开展干部、人才、资金、项目、教育、医疗、产业、就业、文化、智力、科技援藏工作，为西藏实现跨越式发展和长治久安作出了巨大贡献，28年来，全国共派出10批12000多名援藏干部人才，累计投入资金700多亿元，建成13000多个项目[①]，全方位推动西藏经济社会发展。

28年对口援藏，生动彰显了党中央集中统一领导、全国一盘棋、奔小康路上一个民族都不能少的巨大政治优势。各省市、各部委高度重视，自觉从党和国家战略全局、全面建成小康社会大局认识和谋划援藏工作，模范贯彻中央援藏工作方针，主要领导克服高原反应带来的不适，亲自深入西藏考察调研，亲自研究工作规划，亲自推动项目落实，亲切慰问西藏各族人民和援藏人员，高标准、高效率、高效益完成各项任务。

28年对口援藏，拓宽了祖国内地和西藏团结友爱的桥梁，织密了内地人民和西藏人民交往交流交融的纽带，更加扎实地铸牢了中华民族共同体意识。援藏干部人才舍小家、顾大家，无私援助、真情奉献，甚至献出了宝贵的生命，在雪域高原上谱写了一曲曲动人的乐章。正是援藏干部人才的无私奉献，西藏各族干部群众深切感受到了社会主义制度的无比优越，深切感受到了祖国大家庭的无比温暖，深切感受到了全国人民的手足情谊，极大地增强了中华民族的凝聚力和向心力。

28年对口援藏，工作思路和方法不断实现新突破、新发展。各省市、各部委、各中央企业不断创新援藏工作模式、拓宽援藏工作领域、加大援藏工作力度，实现了以政府投入为主向全社会参与转变，以轮流援助为主向结对帮扶转变，以物质为主向物质与精神并重转变，以干部和资金为主向全面援助转变，以注重城市基础建设向注重向农牧区倾斜转变，以"输血型"为主向增强自我发展能力转变，以注重项目建设为主向建设与使用效益并重转变，以无偿援助为主向注重引入市场机制、实现合作双赢转变，开创了援藏工作的新局面。

28年对口援藏，是西藏经济社会发展最快、人民群众获得实惠最多的时期。全国援藏工作有效促进了西藏经济快速发展、社会和谐稳定、民生大幅改善、文化繁荣发展、生态保护良好、民族团结进步。西藏高质量发展势头强劲，2022年地区生产总值2165亿元，增速持续走在全国前列。脱贫攻坚取

[①] 包括基建类和非基建类项目。

得全胜，全区74个县（区）全部脱贫摘帽、62.8万建档立卡贫困人口脱贫，在国家脱贫攻坚成效考核中连续5年综合评价为"好"。民生水平有力提升，城乡居民人均可支配收入增幅保持在两位数以上，居民消费价格涨幅控制在2.5%以内，人均预期寿命提高到70.6岁。美丽西藏更加亮丽，全区45%的区域列入最严格生态环境保护范围，世界屋脊、亚洲水塔、地球第三极洁净壮美，人与自然和谐共生，西藏仍然是世界上环境质量最好的地区之一。社会大局祥和稳定，依法治藏深入实施，基层基础持续夯实，民族团结深入人心，反分裂斗争向纵深开展，社会治理水平稳步提升，居民安全感满意度达到99.7%，各族群众获得感、幸福感、安全感大幅跃升。这些成就的取得，凝结了党中央对西藏的关心关爱，凝结了全国援藏的丰硕成果，凝结了全国人民的真挚情意，凝聚起各族群众感恩奋进新时代、同心共筑中国梦的磅礴力量。

饮水思源，感恩祖国。西藏自治区主要领导在深化对口援藏工作会上指出，衷心感谢中央和各部委、对口支援省市、中央企业长期以来对西藏工作的无私支援和大力支持。在以习近平同志为核心的党中央坚强领导下，中央和各部委、对口支援省市、中央企业胸怀"两个大局"、增强"四个意识"、坚定"四个自信"、做到"两个维护"，把脱贫攻坚作为援藏工作的重要政治任务，讲政治、顾大局，讲奉献、敢担当，创新援藏方式、丰富援藏内涵、拓展援藏领域，重视程度持续加大、项目投资大幅提升、援助领域不断拓展，为西藏自治区打赢脱贫攻坚战提供了强有力的支撑。把总书记和党中央、国务院及全国人民的关心送到千家万户，是落实总书记治边稳藏重要论述的具体体现，是促进民族团结、维护祖国统一的有力实践，是巩固西南边陲、维护国家核心利益的重要支撑。

不忘初心，接续奋斗。西藏自治区第十一届人民代表大会第三次会议报告指出，西藏自治区虽然实现了整体脱贫，但巩固脱贫攻坚成果仍然需要长效机制保障，基础设施仍然是制约发展的突出短板，农牧区公共服务供给仍然不能满足群众对美好生活的需要，产业发展仍然不能充分吸纳就业促进群众增收，美丽西藏建设仍然面临着生态环境脆弱的考验，反分裂斗争形势仍然对西藏改革发展稳定构成巨大现实挑战。因此，援藏工作需要继续深入贯彻习近平总书记"治国必治边，治边先稳藏"的重要战略思想和"依法治藏、富民兴藏、长期建藏、凝聚人心、夯实基础"的重要原则，以抓铁有痕、踏石留印的作风，高质量完成各项任务，接续推动幸福、安康、美丽的新西藏阔步前行。

本书作者孙伶伶和爱人马新明是中央和北京市派遣援藏干部的优秀代表，他们共同援藏6年，倾情倾力奉献，赢得了各方面的高度赞誉。回京后，孙伶伶在中国社会科学院继续从事援藏相关研究，马新明曾在北京市扶贫支援办工作继续负责北京市援藏等扶贫协作工作。《筑梦高原　新时代援藏扶贫实践探索》，是对全国援藏工作极具价值的有益探索，对进一步做好全国援藏工作很有意义。

我们坚信，在以习近平同志为核心的党中央坚强领导下，在党的二十大精神的指引下，各省市、各部委、各中央企业、社会各界与西藏各族人民一道，秉持大爱共荣的情怀，发扬改革创新的精神，通过扎实有效的工作，继续开创援藏工作新局面，全面建设社会主义现代化新西藏，谱写中华民族伟大复兴中国梦的援藏新篇章。

范小建[1]

---

[1] 原北京建藏援藏工作者协会会长、国务院扶贫开发领导小组专家咨询委员会主任，曾任国务院扶贫办主任。

前言

援藏全力助推西藏长治久安和高质量发展

西藏地处祖国西南边疆，是重要的国家安全屏障和生态安全屏障。由于自然环境和历史发展的原因，西藏长期以来集物质基础的薄弱性、社会发展的滞后性、生态环境的脆弱性、民族宗教的复杂性为一体，经济社会发展相对缓慢。党中央高度重视西藏工作，始终从党和国家全局的战略高度，坚持全国各地支援西藏建设，帮助西藏各族人民改善生产生活条件，推动西藏经济社会发生翻天覆地的变化。

新时代①全国援藏②是党中央和全国人民关心关爱西藏的集中生动的体现，是一项彪炳史册、流传千古的伟业，是助推西藏各族人民打赢脱贫攻坚战、全面建成小康社会的重要举措。因此，需要我们持续深化对援藏工作深远意义的认识，全面总结援藏工作的好经验，持之以恒加大各方面投入，努力改进不足和补齐短板，采取有效有力措施，推进援藏不断取得新进展、新突破、新成效。

一、消除贫困是人类千百年来的梦想

消除贫困，是人类千百年来的共同使命，是中华民族苦苦追求的梦想，

---

① 本书所称的"新时代"：一是指1994年中央第三次西藏工作座谈会以来的全国对口支援西藏新时期；二是主要指党的十八大以来以精准扶贫、精准脱贫为主要内容的对口支援西藏的新时代。

② "援藏"是"对口支援西藏"的简称，即党中央国务院通过制度性的安排，组织动员中央和地方采取人力、物力、财力、政策、资源、技术等方式支持和援助西藏经济社会发展，帮助西藏实现跨越发展和长治久安的战略部署和重要举措。

是中国共产党人矢志不渝的初心与使命，也是解决我国社会主要矛盾的重要举措。

人类发展走过的历程，可以说是一部反贫困的历史。2000年联合国千年首脑会议发表的《联合国千年宣言》，提出的首要目标就是"消灭极端贫穷和饥饿"；2015年联合国发布《2030年可持续发展议程》，第一个目标也是"在全世界消除一切形式的贫困"。从"千年宣言"到"2030议程"，减贫治理都是联合国首要议程。

摆脱贫困同样是中华民族千百年来的梦想。2020年，我国全面建成小康社会，脱贫攻坚战取得全面胜利。千百年来困扰中华民族的绝对贫困问题历史性地画上句号，千年梦想将在我们这一代人身上得到实现——这是中华民族伟大复兴征程中的重要里程碑，是载入人类历史的大事。

解决贫困问题更是中国共产党的初心与使命。打赢脱贫攻坚战，是全面建成小康社会的底线任务和标志性指标，凝结着中国共产党人矢志不移的初心与使命，彰显了中国共产党领导的政治优势，宣示了中国特色社会主义的优越性。

消除绝对贫困还是破解我国社会主要矛盾的重要举措。中国特色社会主义进入新时代，我国社会主要矛盾已经转化为人民日益增长的美好生活需要和不平衡不充分的发展之间的矛盾。东西部扶贫协作和对口支援便是改善区域和城乡发展的不平衡，破解现阶段我国社会主要矛盾的大战略、大布局、大举措。

二、西藏具有特殊而重要的历史地位

西藏，位于千山之宗、万水之源的青藏高原，蓝天白云映照的祖国西南边陲，神山圣湖簇拥环抱的地球第三极。它从3700多年前的古象雄文明中走来，镌刻了吐蕃文化与中原文化交融的血脉精华，在社会主义新征程中迸发出前所未有的强劲动力和魅力，享有天上西藏、人间天堂、幸福之地的美誉。

西藏的人类历史可追溯到距今近2万年前。拉萨北郊的曲贡遗址和昌都市卡若区城东南卡若遗址出土的2万多件文化遗物和大量兽骨表明，距今约5000~4000年前的新石器时代，青藏高原人类活动就已经很频繁。西藏悠久的历史孕育了丰富厚重的藏民族文化，境内名胜古迹星罗棋布，文物文献浩如烟海，延续着文脉，承接着古今，记载着绵长动人的故事。

青藏高原古代文明，是中华多元文化的重要组成部分。7世纪，松赞干布统一西藏后，建立了吐蕃政权，同时与唐朝结好，唐蕃会盟、迎娶文成公主和金城公主等，促进了西藏与中原文化的交往、交流、交融。13世纪凉州会盟，西藏正式纳入中央政府行政管辖，元、明中央政府先后在西藏扶持受中央管辖的萨迦政权和帕木竹巴政权。

17世纪中叶，五世达赖喇嘛罗桑嘉措受清朝皇帝册封，建立政教合一的封建农奴制噶丹颇章政权。1727年，清朝中央政府在西藏派驻驻藏大臣，领导西藏地方噶厦政府统领西藏事务。民国时期，成立蒙藏委员会，加强西藏事务管理。

1951年5月23日，西藏实现了和平解放，彻底粉碎了帝国主义分裂中国西藏的幻想，维护了祖国统一。但是，西方帝国主义分裂中国西藏贼心不死，腐朽没落的达赖集团一直暗中与境外势力勾连策划分裂活动。1959年3月，西藏地方上层反动势力悍然发动了全面武装叛乱。西藏各族人民在党的坚强领导下，旗帜鲜明地反对分裂，同达赖分裂活动作坚决斗争，有效维护了国家安全、民族团结和人民群众来之不易的幸福生活。

西藏和平解放以来，中国共产党团结带领西藏各族人民，驱逐了帝国主义势力，摧毁了封建农奴制，推动民主改革，成立西藏自治区，全面推进改革开放，实行民族区域自治制度，使西藏各族人民真正当家做主，生产生活条件日益改善。西藏各族人民焕发出建设新家园的巨大热情，在世界屋脊创造了人间奇迹，推动西藏从黑暗走向光明、从落后走向进步、从专制走向民主、从贫穷走向富裕、从封闭走向开放，西藏人民从此走上了团结、进步、发展的光明大道，开辟了西藏历史的新纪元。

特别是党的十八大以来，在习近平总书记"治边稳藏"和扶贫重要论述的指引下，举全国、全区之力打赢脱贫攻坚战，为西藏发展注入了新的动力。西藏呈现出经济快速发展、社会和谐稳定、生态环境持续优化、文化繁荣发展、民生大幅改善、民族团结进步、人民安居乐业的良好局面。

在全国人民的无私援助下，沐浴着党的阳光雨露，沿着中国特色社会主义的康庄大道，西藏放眼世界、追赶全国，在奋进中披荆斩棘，在改革中迸发活力，在发展中提质增效，在精准扶贫脱贫中率先实现高质量脱贫，为全面实现小康勠力前行，谱写了建设美丽家园幸福西藏的辉煌篇章。

三、全国援藏充分彰显中国的制度优势

环顾当今世界，南北差距不断拉大，贫富分化不断加剧。在西方国家，资本不相信眼泪，市场不同情弱者，一边是高楼大厦，人们奢靡无度，一边是连片贫民窟，人们穷困潦倒。只有在中国，在中国共产党的领导下，经济高速增长，政治清正廉明，文化繁荣发展，社会和谐稳定，民族团结和睦，生态环境持续向好。

由于自然与历史原因，中国社会也存在东西部差距、城乡差距、贫富差距等问题。为了解决这些问题，中国共产党始终坚守为中国人民谋幸福、为中华民族谋复兴的初心与使命，动员全党、全国、全社会力量共同打赢精准脱贫攻坚战，始终争取最大的可能与最有效的措施，实现全国各族人民的共同富裕。

在美国等西方国家种族歧视大行其道之时，中国共产党却一如既往地倍加重视、倍加关怀西藏等少数民族地区的脱贫攻坚和发展稳定，努力促进各族人民群众实现全面小康。

西藏是祖国不可分割的重要部分，西藏各族人民是中华民族大家庭中的重要成员。西藏和平解放以来，党中央、国务院始终从战略全局的高度，从事关全国工作大局、事关国家安全、事关国家形象的高度，全力支持西藏发展，全力维护西藏稳定，全面促进民生改善，全面促进民族团结，共同建设和谐美丽家园。

改革开放以来，党中央先后召开7次西藏工作座谈会，及时出台政策举措，推进西藏长治久安和长足发展。特别是1994年召开的中央第三次西藏工作座谈会，党中央基于西藏经济社会发展相对滞后的实际，决定对西藏加大扶持力度，从战略全局高度明确了"一个中心，两件大事，三个确保"的新时期西藏工作指导方针，确定了"分片负责、对口支援、定期轮换"的援藏工作模式，从人才、资金、项目、物资等多方面加大支援力度，由此开启了全国对口支援西藏工作。

进入新世纪以来，根据不同阶段的发展需要，中央又多次召开西藏工作

座谈会，每次都根据现实情况作出重大决策部署。经过多轮调整，逐步形成了17个省（市）、60多个部委和17个中央企业对口支援、社会各界共同支持参与的援藏工作大格局。

全国对口支援西藏，是党中央作出的重大战略部署，是中国共产党政治优势的充分彰显，是中国特色社会主义制度优越性的集中体现，是中华民族守望相助传统美德的传承弘扬，是新时代民族大团结的生动实践，在推动西藏发展和促进民族团结上发挥了重要作用，成为新时代中华各民族共同团结进步、共同繁荣发展的光辉典范。

四、新时代援藏成效日益显现

对口援藏工作开展以来，在中央机关、国家各部委和各省市的大力援助下，西藏经济社会得到长足发展，全区生产总值从1951年的1.29亿元增长到2022年的2165亿元。

和平解放前，西藏没有一条公路，如今铁路、航空、公路四通八达，川藏铁路拉萨至林芝段全线通车、林芝至雅安段规划建设，高速公路不断延伸，全区公路总里程达到10万多公里，所有县通公路，乡镇和建制村公路通达率分别达到99.86%和99.81%。

和平解放前，西藏仅有一座125千瓦的小水电站，2022年年底全区电力总装机容量达到1757万千瓦（含在建），国家电网开始向偏远的阿里地区延伸。湘河、满拉等水利设施建成并发挥作用，农牧业发展提质增效，粮食产量由1959年的18.29万吨增加到2022年的107.3万吨。互联网进村入户，移动支付成为新的生活方式，城乡面貌日新月异，西藏以旅游文化为重点的特色产业突飞猛进，2019年全区接待游客4000万人次，实现旅游收入560亿元，同比增长19.6%和25.4%。

在以习近平同志为核心的党中央坚强领导下，中央和国家机关部委、对口支援省市、中央企业胸怀"两个大局"，把实现全面小康援藏工作作为重要政治任务，讲政治、顾大局，讲奉献、敢担当，创新援藏方式、丰富援藏内涵、拓展援藏领域，重视程度持续加大、项目投资大幅提升、援助领域不断拓展，为西藏自治区打赢精准脱贫攻坚战提供了强有力的支撑。

"如果山中没有雪峰，哪里会有雪水流下；如果雪水未聚集成湖，用什么去浇灌庄稼。如果没有解放军的进藏，就没有西藏的和平解放；如果没有共产党的领导，就没有西藏各族人民的幸福生活。"这是西藏各族人民发自内心的共同心声，是对中国成功的治藏方略和援藏工作的由衷赞美。

五、援藏工作需要全面研究梳理

2023年，是全国开展对口支援西藏工作的第28个年头。28年来，各省市、各部委、各中央企业全方位加大援藏力度，进行了积极有益的探索，积累了宝贵的经验，为西藏和全国人民一道迈入全面小康社会奠定了坚实基础。这就需要我们认真总结经验，深入分析问题查找短板，把援藏理念梳理清楚，明确今后援藏思路、发展方向、发展着力点，为少数民族地区绿色高质量发展提供有益的借鉴。

首先，"新时代援藏"问题研究具有重大的理论意义。

对口援藏涉及民族地区、边疆地区、贫困地区，要强化举措形成新格局，创新工作形成发展新机制，需要开展深入的探讨和研究。这就需要我们深入学习贯彻习近平总书记关于西藏工作的重要论述和新时代党的治藏方略，从中华民族伟大复兴战略全局和世界百年未有之大变局的高度审视和谋划西藏工作。

而援藏的实施主体，既涉及中央政府与地方政府的关系，又涉及地方政府之间的相互关系；政策实施既要充分总结行之有效的政策措施，又要改革创新提供与时俱进的政策供给；制度保障既需要从现行行政法律制度中寻找准则，又需要着眼于现实需求探索制定新的制度。

现阶段对口援藏的研究主要停留在总结梳理主要做法及取得成效的描述上，对援藏工作的理论化、制度化研究不深入、不系统，也就无法用科学的理论有效指导推进援藏工作。因此，需要我们从学理层面和实践角度进行探讨，需要我们通过对援藏理论和政策进行系统分析，从中发现系统性、规律性的理论，完善援藏的理念和政策，为区域协调发展提供方案。

当前，我们正面临世界百年未有之大变局，西藏正面临前所未有的机遇和挑战。西藏的自然环境、社会环境及发展现状，决定了全国援藏要处理好经济发展与社会稳定的关系、外部援助与自我发展关系、物质援助与文化交流的关系、经济援助与合作共赢的关系、资源开发与生态环境保护的关系、保护民族特色文化与铸牢共同体关系等等。

援藏工作还要重视中华民族共同体历史的研究，这有利于促进铸牢中华民族共同体意识，有利于促进民族团结进步，有利于拓展各民族交往、交流、交融的广度和深度。本书就相关问题进行分析研究，提出一些切实可行的措施，对促进西藏经济社会跨越式发展和长治久安具有很强的针对性和理论指导性。

其次，"新时代援藏"问题研究还具有重大的实践意义。

习近平总书记提出"治国必治边，治边先稳藏""依法治藏、富民兴藏、长期建藏、凝聚人心、夯实基础"新时代治藏方略，明确了西藏的发展与稳定在国家发展战略中的特殊地位。近年来，西藏自治区党委政府认真贯彻落实中央第六、第七次西藏工作座谈会精神和党中央决策部署，坚持依法治藏、富民兴藏、长期建藏、凝聚人心、夯实基础，团结带领全区各族干部群众，做了大量艰苦细致的工作，推动各项事业全面发展，西藏呈现出经济快速发展、社会大局持续稳定、人民生活幸福安康、生态环境保持良好的可喜局面。但是，还要清醒地看到，在巩固脱贫攻坚成果和援藏工作提质增效方面，面临的形势依然严峻，任务依然艰巨复杂，加之工作中存在诸多的短板，需要加强分析研究，提升援藏工作水平。

如何提高对口援藏科学化水平，构建对口援藏长效机制，有效衔接乡村振兴战略，使这一体现社会主义制度优越性的机制能够持续地造福西藏各族人民，能够让参与援藏者增强民族团结与国家统一密不可分的意识，让每个人认识到边疆稳定与自身发展息息相关的意识，把援藏打造成培养优秀干部、锤炼干部作风的重要渠道等等，这些都需要我们认真地思考和深入地研究。

因而，总结对口援藏工作28年的经验，探索援藏工作运行的规律，改进存在的问题，明确今后的工作思路与工作重点，对于构建对口援藏的长效机制和提高对口援藏科学化水平具有重大现实意义。

六、援藏工作主要研究方法

深入开展援藏工作，是党中央作出的重大战略决策，也是我们国家社会主义制度的巨大优势。高质量做好对口支援西藏工作，不仅要有高度的政治站位，提高工作的自觉性和主动性，还要因地制宜、统筹兼顾，不断总结经验、不断创新方法、不断提质增效，使援藏工作更加符合中央精神，更加符合西藏发展实际，更加符合当地群众需求，这样才能高质量、高水平地完成各项任务，发挥援藏工作的示范作用。

（一）研究思路

本书研究的逻辑思路，首先以开阔的历史和国际视野，从国家战略和西藏的特殊而重要的地位切入，对援藏重要性、必要性进行分析，即中国共产党的初心与使命、社会主义制度优越性和中华民族优良传统和构建人类命运共同体，这是援藏的出发点和落脚点。在此基础上回顾梳理援藏实施的历程，总结各省市、各部委、各中央企业对口支援的具体做法，取得的成效、获得的经验和未来设想。针对对口支援实施中面临的主要问题进行分析，就深化今后的援藏工作提出对策建议。

本书在结构布局上采用了总论—分论—总论的方式，既有对对口援藏重要性、历史性、成效性、经验性、发展性和未来性的整体和综合阐述，同时也全景式地展现各部门、各省市的做法、成效、特点和思考，力求突出理论性、实践性、史料性。

（二）研究方法

本书作者以个人实践、实地调研、查阅资料、座谈访谈、统计分析的方式展开研究。组织进行了大量的实地调研，先后与西藏自治区各有关部门、各受援地市、各级干部群众和援藏干部团队、历届援藏干部代表进行了深入交流座谈，尽量掌握获得了第一手资料。

同时，实地调研了各省市援建的项目，考察了鲁朗小镇、拉萨市群众文体中心、德吉罗布儿童乐园、拉萨北京实验中学、拉萨江苏实验中学、牦牛博物馆、堆龙德庆区农牧民安居工程、羊达乡无公害蔬菜基地、日喀则异地搬迁、昌都察雅特色产业等项目，并与受益群众座谈，获取了援藏项目效果的直观感受。调研中，还多次组织援藏干部座谈会，围绕援藏发生的重要事件、援藏干部所起的作用、援藏工作体会、进一步做好援藏工作的建议等方面开展深入座谈，汲取宝贵意见。

在研究过程中，采用文献研究法从中寻找援助方与受援方合作路径，以期完善对口支援政策措施；采用统计分析法，采集大量实证数据信息，梳理能够量化的数据，以便更为清楚明晰地展现援藏成效；采用历史分析法，回顾历史演变及发展脉络，承前启后，借鉴历史，立足现实，展望未来。

同时，参考了《中国共产党的西藏政策（1989~2005）》《全国支援西藏》《西藏援助与发展》《全国援藏的经济学分析》《全国支援西藏工作的经济社会效益研究》等学术著作，还借鉴了《维护西藏地区社会稳定对策研究》《关于发挥首都科技团体在对口支援西藏工作中作用的研究》《援藏对昌都地区发展的影响及差异研究》等研究报告。

当前，西藏发展和援藏工作面临大有作为的重大战略机遇期，本书的深入梳理研究，对学习贯彻习近平总书记"治边稳藏"方略有更加深刻的认识，对援藏政策、措施、成效、经验有更全面的把握，从而坚定信心，锐意进取，奋发有为，按照全面建成小康社会、全面深化改革、全面依法治国、全面从严治党的战略布局，全面助力西藏经济建设、政治建设、文化建设、社会建设、生态文明建设和党的建设，不断开拓援藏工作新境界，全力助推西藏长治久安和高质量发展，谱写中华民族伟大复兴的中国梦援藏篇。

在本书编写期间，中共中央组织部、各援藏省市、各援藏中央企业，特别是北京市委组织部、北京市委宣传部、北京市扶贫支援办、北京援藏指挥部、北京出版集团、西藏自治区党委组织部、西藏自治区党委宣传部、西藏自治区社科院、拉萨市委宣传部、天利文化公司、华夏墨香文化公司给予了大力支持和帮助，在此向它们表示衷心的感谢，也向关心、支持本书编写的各级领导、专家学者和历届援藏干部表示感谢。

本书在资料收集和学理探讨上还存在诸多不足，期待有识之士批评指正。

马新明

2023年6月

目录

总论

时间铸就了西藏的历史底蕴，创造丰厚了西藏的不朽成就。这份举世瞩目的伟大成就，离不开党中央、国务院着眼于全面建成小康社会和现代化建设全局作出的战略决策。

1994年，中央第三次西藏工作座谈会确定全国对口支援西藏，各省市、各部委、各中央企业高度重视，援藏扶贫理念不断丰富，体制机制不断完善，工作力度不断加大，援藏领域不断拓宽，实践创新不断深化，工作成效不断凸显。全国援藏有力助推西藏发展蒸蒸日上、社会全面进步，取得了历史性成就，发生了历史性变革，西藏2019年率先实现整体脱贫摘帽，一个经济繁荣、社会和谐、生态良好、民族团结、宗教和睦、边疆巩固、党建加强、人民幸福的社会主义新西藏正展现在世人面前。

中央关怀　全国支援

西藏和平解放以后，尤其是民主改革以来，无论是在政治、经济，还是在民生、文化方面，西藏都以自身独特的方式参与到与祖国共同成长、共同发展的历史进程中。西藏的发展进步离不开中央的高度重视和特殊关怀。针对西藏不同时期的实际，中央制定有效有力的方针政策，在党的建设、经济发展、社会进步、民生改善、维护稳定、生态建设等方面全方位给予极其特殊的关心关爱，组织动员祖国内地发达地区持续支援西藏建设。

1994年召开的中央第三次西藏工作座谈会，作出了全国各省市对口支援西藏的战略决策，确定了各省市对口支援关系和工作任务，明确了援藏工作的"责任田"。责任机制的建立大大激发了各方面援藏的热情，掀开了援藏工作的新篇章。

2001年和2010年召开的中央第四、第五次西藏工作座谈会继续坚持并加大了援藏的力度，指出西藏存在的社会主要矛盾和特殊矛盾，决定了西藏工作的主题是推进跨越式发展和长治久安。此外，还对加快四川、云南、甘肃、青海省藏区经济社会发展作出全面部署。这两次会议是促进西藏从加快发展到跨越式发展、从基本稳定到长治久安的重要决策，是实施西部大开发战略的重要部署，是维护祖国统一和国家安全的重要举措。

2015年召开的中央第六次西藏工作座谈会提出6个方面的治藏方略和坚持"依法治藏、富民兴藏、长期建藏、凝聚人心、夯实基础"的重要原则，提出全面建成"安居乐业、保障有力、家园秀美、民族团结、文明和谐"的新目标，全面指引援藏工作新发展，推动工作体系日益健全、工作制度逐步完善、工作力度逐渐加大、工作成效不断显现，形成各地区各部门"比、学、赶、超"的援藏新气象。

2016年7月20日，习近平总书记亲自召开东西部扶贫协作座谈会，把对口支援西藏纳入东西部扶贫协作大范畴，开启了以精准扶贫、精准脱贫为主要目标的援藏工作新阶段。习近平总书记强调，东西部扶贫协作和对口支援，是推动区域协调发展、协同发展、共同发展的大战略，是加强区域合作、优化产业布局、拓展对内对外开放新空间的大布局，是实现先富帮后富、最终实现共同富裕目标的大举措，必须认清形势、聚焦精准、深化帮扶、确保实效，切实提高工作水平，全面打赢脱贫攻坚战。

2019年6月14日，"2019·中国西藏发展论坛"在西藏拉萨举行。习近平总书记发来贺信，对西藏工作又作出新的重要指示。面对新任务、新要求，各省市和各部委响应中央的号召，不断提高政治站位，深入贯彻习近平总书记的指示批示精神，聚焦精准扶贫、精准脱贫，创新工作方法、完善体制机制，真心实意为人民群众谋福祉。

2020年8月，中央召开第七次西藏工作座谈会，习近平总书记出席并发表重要讲话，强调了"十个必须"①"五个要"②"四个确保"③，体现了新时代党的治藏方略的精髓，为做好新时代西藏工作提供了根本遵循。

2021年7月21日—23日，习近平总书记在西藏考察时指出，要全面贯彻新时代党的治藏方略，抓好稳定、发展、生态、强边四件大事，在推动青藏高原生态保护和可持续发展上不断取得新成就，奋力谱写雪域高原长治久安与高质量发展的新篇章，为新时代援藏工作指明了方向。

28年来，全国累计组织2万多名干部和专业技术人员开展援藏工作，投入援藏资金650多亿元，建设了13000多个项目，动员1000多家企业到西藏投资兴业，各民族交往交流交融活动日益频繁，有力促进了西藏经济社会的全面发展和民族团结进步。

正如西藏自治区党委主要领导对援藏作出的批示肯定：援藏省市认真贯彻党中央的部署，带着对西藏各族人民的深情厚谊，伸出温暖、友谊之手，在援藏工作中高度重视，积极主动，措施有力，成效很好。既派出了一批又一批的优秀干部，又安排了一批又一批的资金和项目，同时又组成慰问团来藏看望西藏的干部和各族人民，架起了北京和西藏团结、友谊的桥梁，对此西藏各族人民将永远铭记。

---

① "十个必须"：做好西藏工作，必须坚持中国共产党领导、中国特色社会主义制度、民族区域自治制度，必须坚持治国必治边、治边先稳藏的战略思想，必须把维护祖国统一、加强民族团结作为西藏工作的着眼点和着力点，必须坚持依法治藏、富民兴藏、长期建藏、凝聚人心、夯实基础的重要原则，必须统筹国内国际两个大局，必须把改善民生、凝聚人心作为经济社会发展的出发点和落脚点，必须促进各民族交往交流交融，必须坚持我国宗教中国化方向、依法管理宗教事务，必须坚持生态保护第一，必须加强党的建设特别是政治建设。

② "五个要"：要贯彻新发展理念，聚焦发展不平衡不充分问题，以优化发展格局为切入点，以要素和设施建设为支撑，以制度机制为保障，统筹谋划、分类施策、精准发力，加快推进高质量发展。要在巩固脱贫成果方面下更大功夫、想更多办法、给予更多后续帮扶支持，同乡村振兴有效衔接，尤其是同日常生活息息相关的交通设施、就医就学、养老社保等要全覆盖。要围绕川藏铁路建设等项目，推动建设一批重大基础设施、公共服务设施，建设更多团结线、幸福路。要培育扶持吸纳就业的能力，提供更多就业机会，推动多渠道市场就业。要培养更多理工农医等紧缺人才，着眼经济社会发展和未来市场需求办好职业教育，科学设置学科，提高层次和水平，培养更多专业技能型实用人才。

③ "四个确保"：确保国家安全和长治久安，确保人民生活水平不断提高，确保生态环境良好，确保边防巩固和边境安全。

各方重视　创新发展

全国各省市、中央各部委、中央企业高度重视对口支援西藏工作，不断提高思想认识，不断强化顶层设计，不断完善政策措施，不断加大帮扶力度，不断拓宽援藏领域，不断取得新的成效。正如时任中央政治局委员、北京市委书记蔡奇所说，对口支援西藏是中央的重大战略决策，要把援藏工作当作光荣的政治任务、分内的事、义不容辞的责任。

为了更好地做好新时期援藏工作，各省市、各部门均成立了党政"一把手"挂帅的领导小组，形成党委、政府统筹协调、各级各部门全力支持配合、社会各界广泛参与、援藏干部全力投入的工作体系。各省市还结合自身实际，加强制度建设，为援藏工作可持续发展提供了制度保障。如北京、江苏等省市率先在西藏拉萨设立援藏指挥部并建立党委，加大统筹协调，加强管理服务，制定完善各项制度，形成一套完整的援藏工作制度体系。

各援藏主体同时积极创新援藏模式，促进援藏工作更加规范，管理更加到位，推动更加有力，效果更加彰显。在创新引领下，全国援藏工作呈现出很多可喜变化，如从政府主导向政府、社会、市场共同发力转变，从单一支援向全面支援转变，从"输血"为主向"造血"为主转变，从聚焦基础设施建设向聚焦巩固脱贫转变，从各省市内部轮流支援向固定结对帮扶转变，从自选动作向定量定向任务转变，从没有统一标准要求向严格考核指标转变等。这些转变有力推动了援藏工作向更全面、更广泛、更纵深、更有效的方向发展。

干部人才　倾力奉献

习近平总书记指出，在高原工作，最稀缺的是氧气，最宝贵的是精神。对口援藏工作开展以来，一批又一批"援藏人"舍弃常人所拥有的、放弃常人所享受的，扎根雪域高原，矢志艰苦奋斗，不断为"老西藏精神"注入新的时代内涵。在援藏过程中，援藏干部人才发挥了极为重要的作用。

干部人才援藏是援藏工作的重要内容。援藏干部人才是援藏工作的重要组织者、实践者和推动者，发挥着桥梁纽带和龙头作用。

西藏和平解放以来，从祖国内地派出了一批又一批的干部人才进藏，培养了一批又一批的西藏本地干部人才。1994年召开的中央第三次西藏工作座谈会，确定"分片负责、对口支援、定期轮换"的原则后，建立了以西藏需求为导向，干部三年轮换、专业人才一年或两年轮换的机制，干部人才数量逐批增加，质量和结构不断优化。如北京市第一批派出33名援藏干部，第九批累计派出了400多名干部人才，数量大幅增加，作用更加突出。

中共中央组织部（以下简称"中组部"）、人力资源和社会保障部（以下简称"人社部"）根据不同时期的形势特点，就干部人才的选派工作、管理服务、待遇保障、安排使用，完善各项政策措施，先后制定了10多个文件，形成了援藏干部人才政策的"四梁八柱"。

援藏干部人才舍小家为国家，克服高原反应带来的不适，坚持"缺氧不缺精神，艰苦不降标准"，倾情倾力奉献，为西藏经济社会发展作出了重要贡献。概括来讲在三个方面发挥了重要作用：一是弥补了西藏干部人才的不足，直接参与推动了西藏各项建设。二是带去了先进的理念，全力助推西藏的跨越式发展。三是发挥桥梁纽带作用，加强了西藏与祖国内地的联系，促进了民族团结交往交流交融。

党的十八大以来，面对历史的重任和时代的使命，广大援藏干部与西藏各族同胞一起，聚焦聚力扶贫脱贫，用心用情用力，全身心投入西藏的建设，全力巩固脱贫攻坚成果，奋力谱写出中华民族伟大复兴中国梦的援藏新篇章。

项目援藏　创优争先

国家发改委作为援藏工作的牵头主管部门，根据西藏不同时期的发展需要，先后就资金项目的投入方向、建设管理、考核验收等作出了规范。特别是中央第五次西藏工作座谈会明确了各省市拿出1‰的财政资金支援西藏，建立了每年按照8%增长的资金投入机制。这一政策首次确定了各省市援藏资金标准，资金支持数量较以往成倍增加，并实现了持续稳定增长。

援藏资金按照向基层倾斜、向民生倾斜、向农牧民倾斜的原则，主要用于改善民生和发展各项社会事业，大力发展教育、卫生、科技、文化等事业，重点推进农牧区"三就"（就业、就医、就学）、"两保"（社会保障、医疗保障）、"六通"（通路、通水、通电、通信、通邮、通广播电视）、"一安居"（农牧民安居工程）、"一开发"（扶贫开发）等民生工程建设。2016年7月20日，习近平总书记在银川主持召开东西部扶贫协作会议后，对口支援纳入东西部扶贫协作的大格局，扶贫资金项目主要用于精准扶贫脱贫，开启了聚焦扶贫脱贫援藏的新时代。

各省市在西藏自治区党委、政府的配合下，以援藏项目为抓手，投入建设了一批打基础、利长远、补空白、惠民生的基础性项目，有力助推了精准扶贫、精准脱贫工作。如第二次、第三次、第四次中央西藏工作座谈会，分别确定各省市为西藏援建43个、62个、70个建设工程，这些项目的建成，改善了西藏的基础设施条件，促进了西藏经济社会发展和群众生产生活改善。

如北京投资8亿元援建的拉萨群众文化体育中心"小鸟巢"项目，荣获中国建筑业最高奖项"鲁班奖"。"小鸟巢"先后承办了"CBA拉萨行""全国男子篮球联赛""跨年大型演唱会""藏历春节晚会""全区运动会"等80多项大型活动，引领着西藏群众生活的新风尚。北京援建的拉萨北京实验中学、江苏省援藏的拉萨江苏实验中学，成为西藏软硬件最好的示范学校，引领了西藏教育发展。北京援建的德吉罗布儿童乐园是西藏第一个大型游乐场所，牦牛博物馆成为全球首个以牦牛文化为主题的博物馆，德吉藏家成为援藏扶贫的示范项目。广东省援建的鲁朗小镇，成为西藏旅游的新亮点。山东援建的白朗蔬菜基地，打造了西藏产业发展的示范标杆，等等。

各省市、各部门除了完成中央规定的任务外，主动加大资金项目支援，额外投入100多亿元援建西藏急需项目，其中约80%的资金用于改善农牧区生产生活条件。资金项目援藏，加快了西藏基础设施建设的步伐，使西藏道路交通更加便捷，公共设施更加完善，经济发展更加快速，投资环境更加优良，农牧民群众生产生活条件更加完善。

智力援藏　改善民生

在辽阔的青藏高原上，民生的改善与发展，离不开各类人才的支撑。智力援藏为西藏提供和吸纳各类人才、技术创造了机会，不但满足了西藏的发展需要，而且与干部援藏、项目援藏、资金援藏相结合，不断拓宽援藏领域，从医疗、教育、人才、科技、文化等多方面支援西藏。

医疗卫生是最受藏族同胞欢迎的援藏领域。各省市、各部门先后派出2000多名医生援藏，真诚服务西藏广大农牧民群众。特别是2015年以来，中组部和国家卫计委（今卫健委）共同推动"组团式"医疗援藏，全面推动了西藏医疗卫生事业快速发展，开启了医疗卫生援藏的新阶段。如北京市22家三甲医院选调优秀医疗团队，支援拉萨市人民医院，建立了医院带科室、骨干带队伍的"传帮带"机制。经过各方的共同努力，至2017年8月，不到三年时间，拉萨市人民医院就跃升到三甲行列，创造了西藏医疗卫生史的新奇迹。

教育援藏是国家大计、民生之要。2014年，根据拉萨市的需求，北京市、江苏省率先开展"组团式"教育援藏，受援中学学生的高考和中考成绩屡创历史新高，得到中央领导的肯定并在全区推广，带动了西藏教育水平的整体性提高。

近年来，各省市、各部门按照西藏的需求，深化智力人才援藏，加快紧缺人才培训，引入先进理念和方法，先后组织赴内地培训50000多人次，培养了一支带不走的干部人才队伍；同时派20000多位专家和技术人才到西藏举办讲座、现场指导、技术咨询，为西藏发展把脉问诊，提供了有力的智力支持。

产业援藏　跨越发展

近年来，援藏各省市纷纷采用"走进去"和"引出来"相结合的措施，通过藏博会、世园会、京交会、广交会、郑交会、文博会、光彩行动等平台，引导企业到西藏投资建设，深化经济合作，扶持西藏企业发展，注重"造血"型援藏，培养西藏受援地自我发展的能力。

据不完全统计，已有2000多家企业落地西藏，投资额超过3000亿元。如德清源、宁算科技、中粮集团等一批知名企业先后落地西藏，培育出了拉萨净土、西藏奶业、5100冰川矿泉、纳措琼姆、农布庄园、尼木藏鸡等一批知名品牌，德吉藏家成为全国产业扶贫的典型。同时，援藏各省市与西藏各级政府组织各种交易会、展销会，组织西藏企业、产品到内地展销，拓展西藏产品销售渠道。如北京每年举办西藏等对口支援合作地区展销会，建立北京消费扶贫双创中心，开展线上、线下和大宗产品交易，累计交易额达15亿元，帮助西藏的企业和产品进入200多家超市进行销售，带动西藏企业发展和农牧民增收致富。

经过多年的对口援藏，西藏的产业得到飞速发展，产业结构不断完善，经济效益初步显现。西藏的经济增速保持在两位数以上，产业援藏功不可没。

全面援藏　谱写新章

党的十九大提出决胜全面建成小康社会号召，并再次宣示中国共产党人的初心和使命，就是为中国人民谋幸福，为中华民族谋复兴。这个初心和使命是推动援藏扶贫不断前进的根本动力。

习近平总书记指出，全面建成小康路上，一个地区、一个民族、一个家庭、一个人都不能少。在以习近平同志为核心的党中央坚强领导下，西藏经济社会发展速度很快，西藏人民获得实惠最多，西藏与内地交往合作紧密而活跃。

28年的援藏实践证明，对口援藏有利于推进西藏的跨越式发展，有利于维护社会稳定和长治久安，有利于缩小不平衡不充分发展，实现共同富裕，有利于增进民族团结进步和国家统一，有利于构建和谐社会和全面建成小康社会。

西藏的快速发展、社会稳定、生态良好、民生改善、人民幸福，充分印证了中央的关怀、全国援藏取得的新成效。西藏地区生产总值、固定资产投资等多项主要经济指标增幅位居全国前列，特别是生产总值连续28年、农牧民可支配收入连续19年保持两位数的高增长。特别是2019年12月23日，西藏自治区宣布74个县（区）全部脱贫摘帽，贫困人口全部脱贫，西藏发展进入了历史最好时期。

站在新的历史起点，西藏人民对美好生活的向往从来没有如此的渴望和接近，率先实现脱贫为全面建成小康社会打下了坚实的基础，区域协调发展更提到了重要日程，这些都为援藏工作提供了新的历史方位、新的要求、新的任务和新的机遇。同时，面临的任务和挑战也更加繁重艰巨。对口援藏工作必须实现新的转型，需要更加注重巩固扶贫脱贫成果，更加注重精准帮扶质量和成效，更加注重发挥主体作用和激发内生动力，更加注重统筹各方资源形成支援合力，更加注重区域合作共赢和可持续发展，更加注重群众的获得感、幸福感、安全感，为西藏的长治久安和长足发展打下坚实的基础，为实现中华民族伟大复兴的中国梦贡献新的更多的智慧和力量。

第一章　西藏的特殊性和重要性

西藏，作为祖国神圣不可分割的重要组成部分，是国家重要的安全屏障和生态屏障，是国家重要的战略资源储备地和国际旅游目的地。西藏，拥有神奇壮美的自然环境、悠久独特的历史文化、深厚神秘的佛教信仰、淳朴善良的民风民情，具有不可复制的特殊性和不可替代的战略重要性。西藏的特殊性，是援藏的必要和前提基础；西藏的重要性，是援藏的必然和战略考量。

第一节　西藏的独特历史沿革

西藏，地处祖国的西南边陲，拥有独特的自然、历史、文化、社会环境，这是全国援藏的历史基础和逻辑前提。因此，探讨援藏问题，首先要了解西藏特殊的历史文化传统和社会发展脉络。

一、早期西藏与内地交往密切

在距今1.8万年前的旧石器时代，西藏雅鲁藏布江流域就有人类文明的印迹，在距今1.4万~8000年的中石器时代，开始有人类定居。1978年在西藏昌都地区发现距今1万~7000年之间新石器时代的陶器。有证可查，象雄（唐代称"羊同"，即今阿里地区）在迄今3500年左右的铁器时代已经建立了政权，而且拥有独特的文字"象雄文"。

4世纪中叶，佛教开始传入西藏地区。6世纪之前，西藏高原分布着众多部族。经过长期的部落融合，位于山南地区雅砻河谷的吐蕃最为兴盛强大。6世纪末，吐蕃部落首领南日松赞统一了邻近的各部落。629—644年，南日松赞的儿子松赞干布兼并了唐旄、苏毗、象雄、白兰、党项等部落，统一青藏高原，建都逻些（今拉萨），政权称"吐蕃"，国王称赞普，领土东至原州，西接葱岭、克什米尔，南至不丹，北至塔里木盆地。在松赞干布统治期间，吐蕃人创造了自己的文字，制定了《十善法律》。

634年，松赞干布遣使者与唐朝和好，唐太宗也派使者到访吐蕃。641年，松赞干布向唐朝请婚如愿，文成公主远赴吐蕃，将唐朝释迦牟尼佛12岁等身佛像、先进生产技术、农作物种子等带到吐蕃。松赞干布之前迎娶的尼泊尔赤尊公主随身携来释迦牟尼佛8岁等身佛像和大量经书。在两位公主的影响下，松赞干布皈依佛教，并为两尊佛像建造了大昭寺和小昭寺，佛教在雪域高原迅速传播并成为广泛信仰的宗教。

710年，吐蕃赞普弃隶缩赞迎娶唐朝的金城公主，金城公主追随曾祖姑文成公主的脚步来到西藏，书写了唐蕃和亲的又一段千古佳话。731年，弃隶缩赞和金城公主遣使者向唐朝请求互相开通市场，随后在赤岭（今青海省日月山）立碑定界并互市，唐蕃称为甥舅宿亲，"和同为一家"。

唃厮啰成为吐蕃赞普后，河湟一带吐蕃诸部纷纷归附。1032年，宋仁宗赵祯封唃厮啰为"宁远大将军、爱州团练使"，并给以优厚的俸禄。1041年，宋仁宗封唃厮啰为"检校太保充保顺、河西等军节度使"，后加授唃厮啰保顺军节度使兼邈川大首领、保顺河西节度使、洮凉两州刺史，唃厮啰向宋朝使臣称呼宋朝皇帝"阿舅天子"。唃厮啰将大量河西马匹卖给宋朝，与高昌回鹘、黑汗联系，恢复了因西夏崛起而衰落的丝绸之路。

二、西藏正式融入祖国统一版图

12世纪末到13世纪初，蒙古族在北方草原兴起，1206年成吉思汗在统一蒙古各部建立蒙古汗国后，在灭西夏及西征中亚的战争中，与藏族及藏传佛教发生了接触和交往。

1218年成吉思汗曾率兵进入喀什噶尔、于阗等地。1246年8月萨班·贡噶坚赞抵达凉州，并在1247年年初与阔端会盟，议定了西藏归附蒙古汗国的条件，约定西藏各僧俗首领向蒙古降附纳贡，承认是蒙古汗国的臣民，接受蒙古的统治，而蒙古则维持原来的各地僧俗首领的职权，并正式委任给相应的官职。这一历史事件标志着西藏正式被纳入祖国统一的进程中。

1264年，忽必烈下诏设立宣政院，西藏地区被划分为三个宣慰使司都元帅府（即吐蕃等处、吐蕃等路、乌思藏纳里速古鲁孙等三路），均受宣政院管理。1271年，忽必烈改国号为"大元"，建立元朝，西藏为元朝所统。元朝在西藏驻扎军队，设立各级官府，清查西藏各地的户口，确定各个万户的贡赋，建立驿站及"乌拉差役制度"。

1368年，朱元璋推翻元朝，建立明朝。次年，朱元璋派员赴藏，对西藏各地僧俗首领加以安抚，承认他们的原有地位，由明朝重新任命并颁发新印。明朝授乌思藏政教首领60人官职，设西宁卫，置乌思藏指挥使官，后将乌思藏升为行都指挥使司。明成祖朱棣两次派专使邀请新兴的格鲁派创始人宗喀巴进京。1414年，宗喀巴派遣其大弟子释迦也失为其代表前往南京觐见，并受封"妙觉圆通慈慧普应辅国显教灌顶弘善西天佛子大国师"，地位高于一般的灌顶国师、大国师。明朝政府对有实力的僧俗、各派领袖人物都赐加封号，先后敕封过3位法王和5位王。帕竹政权在第五任第悉扎巴坚参掌政时期实力达到顶峰，帕竹政权得到明朝政府的承认，扎巴坚参被封为"灌顶国师阐化王"。

三、共同抵御外敌入侵

清王朝建立后，1709年，清政府派遣侍郎赫寿前往拉萨，办理西藏事务。此为清朝派遣大臣驻藏办理政务之始，但仅为临时派员，并未形成定制。1718年，清朝由青海路出兵入藏协助清除准噶尔军，全军覆没；两年后清朝再次应西藏请求出兵驱除准噶尔军，大获成功。

平定准噶尔军侵藏后，1727年，清世宗雍正帝派遣内阁学士僧格、副都统马喇驻拉萨，并设立驻藏大臣衙门。从那时开始，朝廷派两位驻藏大臣办理西藏事务。

自清初到18世纪末，清政府对西藏的控制不断加强。乾隆年间，六世班禅赴京朝圣，为乾隆皇帝庆祝七十大寿。乾隆皇帝赐予班禅及其随从官员很多金银珠宝。1791年，廓尔喀因与西藏发生税银钱纠纷，派遣军队入侵西藏，意图抢掠西藏各地的财物。西藏请求清朝中央政府派兵支援。第二年，乾隆皇帝命大将军福康安率领清兵支援西藏，将廓尔喀军队驱返至喜马拉雅山南麓。

驱逐廓尔喀军队之后，清政府为西藏的行政体系制定了多项管理章程。其中，《藏内善后章程》大大加强了驻藏大臣的权力。1793年，《藏内善后章程》的部分条款扩展成《钦定藏内善后章程》，详细框定西藏的宗教事务、外事、军事、行政以及司法的权力，包括达赖、班禅转世程序和地方政府的组织结构；正式划分西藏和青海、四川、新疆等地区的边界线。此后，西藏的政务基本依照此章程行事。1846年，驻藏大臣琦善就当时的种种社会问题拟定了《裁禁商上积弊章程》，该章程重申、补充了旧有章程，整顿和完善了西藏地方政府的吏治，准奏施行。

1888年3月，英军悍然入侵西藏，西藏地方守军和民兵以火铳、弓矢等简陋武器英勇反击，但终因实力悬殊，英军侵入亚东，西藏军民第一次抗英战争失败。

1893年12月5日，在英国的压力下，清政府与英国签署了《中英藏印条约》。自此，英国人打开了西藏的大门。1903年12月，英国再次发动侵略西藏的战争，1913年10月，英国在印度西姆拉举行会议，阴谋策划西藏独立，并秘密提出划分中印边境的所谓"麦克马洪线"，把历来属于中国的9万平方公里土地划归英属印度。尽管《西姆拉条约草案》与"麦克马洪线"不具有任何法律效力，但给中国造成严重的边疆危机，为以后中印边界纠纷埋下了祸根。1904年8月攻陷拉萨，9月强迫西藏三大寺（哲蚌寺、色拉寺、甘丹寺）寺长罗生夏尔曾等人在拉萨布达拉宫签订《拉萨条约》，清政府拒绝在该条约上签字，并和英国重新谈判以修改《拉萨条约》。

1911年10月10日，武昌起义爆发，使得西藏的局势发生重大变化。民国建立后，孙中山积极提倡民族平等、民族团结，倡导"五族共和"。西藏地方守军和民众奋勇抵抗，尤其是江孜保卫战从1904年4月至7月持续了约100天，是西藏近代史上抗击外国侵略者规模最大、最为惨烈悲壮的战斗，最终守卫藏军弹尽粮绝，数百人全部跳崖牺牲，江孜失陷。1924年，孙中山倡导新三民主义，呼吁建立包括藏族在内的大统一的中华民族共同体，共同反对帝国主义入侵。与此同时，孙中山也拟定了在西藏地区修建铁路、开发农牧业、挖掘矿产资源、进行移民垦荒的规划，以巩固西藏边界国防，发展西藏地方经济。

1927年，国民政府在南京成立，十三世达赖喇嘛即派代表团前往南京联系，三年后，西藏地方政府即派员常驻南京，成立了西藏驻京办事处。1933年12月，十三世达赖喇嘛圆寂，西藏地方政府当即呈报中央。国民政府于1934年9月派遣黄慕松入藏致祭，追封达赖为"护国弘化普慈圆觉大师"，并任命热振呼图克图代摄达赖喇嘛职权，管理西藏地方政务。作为中央政府在西藏的常设机构蒙藏委员会驻藏办事处在拉萨设立。1939年冬，国民政府派蒙藏委员会会长吴忠信进藏主持十四世达赖喇嘛坐床典礼。吴忠信为首的中央代表团在藏期间，受到了自清末以来从未有过的盛大欢迎和隆重接待。

在近代反对西方侵略和分裂西藏的斗争中，西藏地方军队与僧俗各界人民坚持爱国主义，反对外来侵略，反对民族分裂，为维护国家统一、捍卫祖国而浴血奋战，谱写了浓墨重彩的历史篇章。

四、和平解放开启西藏新历史

1949年春，中国人民解放战争取得历史性的伟大胜利，全国解放指日可待。1949年7月，西藏一小撮反动势力制造了"驱汉事件"，随即又组织了非法的"亲善使团"，前往英、美、印度等国，表演了所谓"表明独立"的傀儡剧。与此同时，将藏军集结在昌都、那曲两线，妄图用武力阻挡人民解放军进驻西藏。

新中国成立后，中央人民政府非常重视西藏工作，毅然决定解放全西藏。1950年10月，中国人民解放军获得昌都战役的胜利，以打促和。1951年5月，中央人民政府与西藏地方政府签订《关于和平解放西藏办法的协议》。从此，西藏的历史翻开了崭新的一页。

1959年3月，西藏地方上层反动势力发动全面武装叛乱，十四世达赖集团从祖国叛逃出去。在中央人民政府的支持下，西藏实行民主改革，废除封建农奴制度，解放百万农奴和奴隶，并逐步推行民族区域自治制度。

"文化大革命"期间，西藏经济社会发展毫无例外受到了冲击。西藏地区的"文革"既有全国"文革"的一般特征，也有边疆地方的特点，如动荡时间相对内地较短，特别是全区党员和广大干部群众、农牧民、解放军指战员、知识分子等共同斗争，使"文化大革命"带来的破坏受到了一定程度的限制，西藏地方经济建设在某种程度上仍能取得一定发展，社会主义改造，农牧区开展的农田草场基本建设等都取得了很大的成绩，也锻炼和培养了干部。这期间，驻藏人民解放军肩负重要使命任务，为稳定西藏局势，保卫祖国边疆作出了巨大贡献。

1978年12月，以党的十一届三中全会为标志，我国开启了改革开放历史新征程。改革开放40多年来，在党中央的坚强领导和全国人民的大力支援下，西藏与全国一道，顺应时代发展潮流，紧跟全国改革步伐，解放思想、锐意改革、艰苦奋斗，从落后走向加快发展，从贫穷走向全面小康，谱写了伟大祖国大家庭里社会主义新西藏发展进步的壮丽诗篇。

党的十八大以来，在习近平新时代中国特色社会主义思想的正确指引下，西藏自治区党委、政府深入学习贯彻习近平总书记关于西藏工作的重要指示精神，坚持"五位一体"总体布局和"四个全面"战略布局，坚持新发展理念，坚持把改革开放作为根本动力，聚焦"五个坚定不移、五个确保"，奋力推进长足发展和长治久安，在中国特色、西藏特点的发展道路上阔步前进，推动西藏各项事业发生历史性变革、取得历史性成就。

第二节　西藏的自然文化特殊性

西藏地处祖国西南，是地理边疆、领土边疆、利益边疆、政治边疆、经济边疆和文化边疆的多重结合点和交会处。做好西藏工作，发展西藏政治、经济、文化、社会和生态，是维护中华民族大团结和社会稳定的迫切需要，更是维护祖国统一和国家安全的迫切需要。

一、地理位置的重要性

西藏位于青藏高原西南部，北接昆仑山、唐古拉山，与新疆维吾尔自治区及青海省毗邻，东隔金沙江和四川省相望，东南与云南省山水相连，南面与缅甸、印度等多个国家毗邻，西面与克什米尔地区接壤。国界线长4000多公里，占全国陆地边境线1/6以上，是中国西南边疆的重要门户和屏障，战略位置十分重要。

西藏是"世界屋脊"，素有地球第三极之称。整个地区被喜马拉雅山脉、昆仑山脉和唐古拉山脉所环抱。西藏地形复杂，地貌多样：一是藏北高原，位于昆仑山脉、唐古拉山脉和冈底斯-念青唐古拉山脉之间，占自治区总面积的1/3，其间夹着许多盆地，低处长年积水成湖，适宜牧草生长，是西藏主要的牧业区；二是藏南谷地，平均海拔在3500米左右，在雅鲁藏布江及其支流流经的地方，有许多宽窄不一的河谷平地，地形平坦，土质肥沃，适宜农作物种植，是西藏主要的农业区；三是藏东高山峡谷，即藏东南横断山脉、三江流域地区，为一系列由东西走向逐渐转为南北走向的高山深谷，适宜发展水电工程、探险旅游等；四是喜马拉雅山地，分布在我国与印度、尼泊尔、不丹等国接壤的地区，由几条大致东西走向的山脉构成，平均海拔6000米左右，是世界上最高的山脉群。

二、社会文化的独特性

旧西藏实行政教合一的封建农奴制。占5%人口的农奴主（地方政府、贵族、上层僧侣等"三大领主"及其代理人），占有几乎全部生产资料；而占95%人口的农奴毫无人身自由，可用来租让、抵押、赠卖；寺庙内部等级森严，农奴出身的贫苦僧尼毫无权力，受上层喇嘛差遣役使，也不能公平地分享寺庙收入，是"披着袈裟的农奴"。旧西藏的法典按血统贵贱、职位高低把人分成三等九级，规定上等上级的人，如贵族、活佛等的命价为与身体等重的黄金，而下等下级的人，如妇女、屠夫、猎户、匠人等，命价只值一根草绳。此外，苛捐杂税、乌拉差役和高利贷如同"三座大山"，压在劳动人民身上。广大农奴受尽了严酷的剥削，生活极端困苦。

西藏和平解放特别是民主改革以来，实行民族区域自治制度，全面推进改革开放政策，西藏各族人民焕发出建设美好、幸福新家园的巨大热情。

西藏是一个以藏族为主体的少数民族聚居区，世居民族除藏族外，还有门巴族、珞巴族、回族、纳西族等少数民族以及僜人、夏尔巴人。截止到2022年年末，全区常住人口总数为364万人，其中藏族和其他少数民族人口占95%以上。

藏族、门巴族、珞巴族普遍信奉藏传佛教。藏传佛教对西藏的社会历史、政治经济、伦理道德、文化艺术、哲学科学、藏医藏药、建筑风格以及风俗习惯、民族性格和心理素质等方方面面都产生着广泛而深刻的影响，至今仍有广泛而深厚的群众基础。

三、发展阶段的滞后性

和平解放之初，西藏地方经济基础十分薄弱，缺乏自我积累和社会再生产能力。进入21世纪，西藏仍是全国贫困落后的欠发达地区之一，是全国唯一的省级集中连片特困地区。

2015年8月，中央第六次西藏工作座谈会召开，为西藏今后的发展定下基调，明确规划了西藏未来发展的时间表和路线图：西藏农牧民人均纯收入与全国平均水平的差距要明显缩小，基本公共服务能力要明显提高，生态环境要进一步改善，基础设施建设要取得重大进展，全面建设小康社会的基础要更加扎实，确保到2020年西藏农牧民人均纯收入接近全国平均水平，确保和全国一道实现全面建成小康社会的奋斗目标。

四、反分裂斗争形势严峻

西藏是祖国领土不可分割的一部分。在国际局势发生重大而深刻变化的大背景下，西方敌对势力对十四世达赖集团的支持不断升温，达赖集团在国际上的活动和对西藏的渗透、策反、破坏活动更加频繁，与达赖集团的斗争将进入一个比较尖锐、复杂的时期。国际反华势力把西藏作为"西化""分化"中国的突破口，利用达赖集团的分裂破坏活动，妄图实现分裂中国、搞乱中国的阴谋。近年来，达赖集团鼓吹"和谈"、"大藏区"及"高度自治"等险恶图谋，不断密谋策划破坏西藏经济社会安定团结发展的活动，频繁在西藏及相邻涉藏省份进行破坏活动。

一直以来，境外一些媒体和学术机构也配合达赖集团行动，频频抛出所谓的"西藏问题"，其意图是进行舆论压制，从人权、民主、文化和生态环境等方面扰乱中国发展和西藏社会稳定。如在2008年境内外分裂势力制造西藏"3·14"事件后，CNN（美国有线电视新闻网）、BBC（英国广播公司）、自由亚洲电台等媒体长篇累牍进行失实报道，混淆视听，极具蛊惑性。因此，我们要以高度的政治责任感和历史使命感，认清达赖集团政治上的反动性和宗教上的虚伪性，认识到反分裂斗争的长期性和复杂性。

第三节　西藏的重要战略地位

西藏是重要的国家安全屏障，也是重要的生态安全屏障、重要的战略资源储备基地、重要的高原特色农产品基地、重要的中华民族特色文化保护地、重要的世界旅游目的地和通往南亚的大通道。做好援藏工作，是深入贯彻落实习近平总书记"治边稳藏"重要战略思想和扶贫重要论述的必然要求，是全面建成小康社会的迫切需要，是实现可持续发展的迫切需要，是维护民族团结和社会稳定的迫切需要，是维护祖国统一和国家安全的迫切需要。

一、西藏是我国政治安全重要地区

西藏是维护我国领土完整、政治稳定的最前沿阵地，在我国国家总体安全体系中具有突出的地位。

一方面，我国是世界上陆路边境线最长、邻国最多的国家，而地处西南地区的西藏接壤印度、尼泊尔、缅甸、不丹等多个国家。新中国成立初期，我国便着手处理与邻国的边界争议问题，着力维护领土完整和边疆稳定。至2010年年底，我国已与12个陆路邻国全部划清边界，但是与印度、不丹的边界争议问题尚未解决，这就凸显西藏在我国边疆主权问题上的重要意义。从政治地理上看，西藏地处我国环边疆带的前沿，我国西部边疆地区主要依靠巴基斯坦作为战略策应，而邻国印度与西方势力有着千丝万缕的联系与瓜葛，对我国西南边疆地带构成战略、经济与军事上的威胁。所以，西藏在我国西南部环边疆带中的地位就显得十分重要。可以说，西藏的稳定与发展不仅关乎西部边陲的稳定与发展，同时也关系到国家整体的安全与可持续发展。

另一方面，由于十四世达赖集团长期从事分裂活动，西藏局势深受国际局势的影响；同时，西藏局势也影响着国际社会和国家稳定。20世纪60年代，在美苏争霸和国际冷战的格局下，反动分裂势力在我国边境地区曾进行长达10年之久的军事袭扰；20世纪70年代末期、80年代中期，反动分裂势力四处串访拉拢西方敌对势力，沆瀣一气，企图达到袭扰和分裂的目的。因此，西藏的战略重要性不只是局部的或者地域性的，还应从国际大局和国家战略层面全盘考虑。

二、西藏是维护我国意识形态安全的重点地区

西藏由于其地理位置、历史传统以及宗教文化等特殊因素，加上反动势力的不断干扰与渗透，导致西藏的意识形态斗争较为突出。

西藏意识形态领域外来渗透大致可分为两类：一是西方反华势力通过所谓"和平演变"的策略冲击我国主流价值体系与意识形态；二是达赖集团通过鼓噪所谓"西藏文化灭绝论"，借助生态保护、人权等幌子诬蔑西藏经济社会发展，对藏族人民群众进行意识形态渗透。

这些意识形态渗透在国际社会上具有很强的迷惑性，易造成西藏地区思想意识形态和价值体系的混乱。所以，在西藏确立马克思主义意识形态的指导地位，淡化宗教对世俗社会的影响，培育健康积极的生活方式，广泛开展民族团结交往交流交融，铸牢中华民族共同体意识，不断增强民族认同和国家认同是现实而紧迫的任务，对我国国家安全与社会稳定具有十分重要的意义。

三、西藏是我国重要的战略资源储备地区

西藏地处青藏高原，资源极其丰富，是国家极为重要的战略资源储备基地。

在矿产资源方面，西藏拥有铬、硼、锌、锂、锑、银、钼、钾盐等优质矿产，其中铬、刚玉、黄金、铜等矿产资源储量颇丰。不仅如此，西藏矿藏资源中有一部分资源属于偏在性资源，当这类资源开发日趋衰竭之时，西藏就成为这类资源的唯一国内自我补给基地，这对国家经济安全具有重要意义。

在水能资源方面，西藏的理论蕴藏量居全国之首。其中蕴藏量在1万千瓦以上的河流多达365条。西藏水能资源绝大部分集中于藏东南地区，主要来自雅鲁藏布江。雅鲁藏布江干流天然水能蕴藏量为8000万千瓦，加上多雄藏布、年楚河、拉萨河、尼洋河和帕隆藏布等五大支流，天然水能总蕴藏量可达9000万千瓦。

在地热能资源方面，西藏是中国地热活动最强烈的地区。各种地热显示点有1000多处。初步估算，西藏地热总热流量为每秒55万千卡，相当于一年烧240万吨标准煤放出的热量。西藏最著名的羊八井热田是中国最大的高温湿蒸汽热田，热水温度为93~172℃之间，已开发为地热电站和重要旅游景点。

在太阳能资源方面，西藏太阳能资源居全国首位，是世界上太阳能最丰

富的地区之一。这里阳光直射比例大，年际变化小，大部分地区年日照时间达3100~3400小时，平均每天9小时左右。

在风能资源方面，西藏有两条风带，推测年风能储量930亿千瓦时，居全国第七位。除藏东地区风能资源较贫乏外，大部分地区属风能较丰富区和可利用区。其中藏北高原年有效风速时数在4000小时以上。

在守护好生态安全屏障前提下，合理有效地利用西藏丰富的资源，不仅有利于减轻传统农牧业对环境的压力，增加农牧民收入，还可以大大缓解我国资源需求矛盾。

四、西藏是我国重要的生态安全屏障

西藏是世界屋脊，是很多大江大河的源头，以其雪域高原独特的地形地貌和大美风光闻名于世，是我国强有力的生态安全守护者。

青藏高原素以生态系统类型丰富与多样而著称，包含大面积天然森林、高寒灌木丛林、纯天然高寒草场以及高寒荒漠等多种差异巨大的生态系统。西藏拥有极其完善而丰富的树木资源，由于海拔差异大，生物物种多样性特征明显，全国15种分布类型的植被在西藏均有分布。

西藏优良的自然环境起到调节全国乃至亚洲的气候的重要作用，有助于确保生态系统的完善性。

五、西藏在我国民族宗教工作中占有重要的地位

西藏是以藏族为主体的民族自治区，其他还有汉族、回族、门巴族、珞巴族等，其中藏族占全区总人口的92.8%。绝大多数藏族同胞信仰藏传佛教，民族和宗教融合交织，成为一道亮丽的人文风景线。同时，这就要求在处理民族和宗教关系中，需要不折不扣地落实党的民族宗教政策，维护民族团结进步事业，维护宗教正常活动，引导宗教与社会主义社会相适应。

西藏宗教文化氛围浓厚。据统计，西藏宗教管理部门登记在册的宗教活动场所多达1700多处，住寺僧尼约有5万人。寺庙多，僧人多，宗教活动多，宗教文化深厚。

在藏族人民群众生产生活中，藏传佛教扮演着非常重要的角色，一方面在构建和谐社会中发挥着积极作用；另一方面境外反动分裂势力往往利用藏族群众的这种宗教信仰蛊惑人心。因此，西藏的宗教工作显得格外特殊和十分重要。

西藏的治理和发展政策，始终是党和国家高度重视与精心规划的重要国策。新中国成立初期，毛主席就明确指出："西藏人虽不多，但国际地位极重要"，必须"改造为人民民主的西藏"。西藏和平解放以来，党在长期实践中积累了丰富的治理和发展西藏的经验，形成了一整套科学的治理和发展西藏的思路，是治理和发展西藏的宝贵财富。始终坚持民族平等的政策，强调加快内陆少数民族聚居地区以及边疆地区的经济、社会发展速度。动员全国的人、财、物等资源建设边疆地区，使西藏等边疆地区经济社会发生了翻天覆地的变化。

"治国必治边，治边先稳藏""依法治藏、富民兴藏、长期建藏、凝聚人心、夯实基础"是以习近平同志为核心的党中央根据国际、国内形势为新时代西藏提出的治藏方略。其中的要义包括三个方面的内容：一是边疆治理事关国家统一和主权完整，事关全体人民群众的共同福祉，务必作为头等大事治理好；二是西藏是首要边疆，国家治理必须明确认识到西藏发展与稳定的重要性；三是经济发展和人民生活水平的提高是西藏治理的必然目标，发展是实现稳定的基础和前提。习近平总书记"治边稳藏"重要战略思想阐明了治国、治边、治藏三者之间的重要关系。这一思想是新时代中国共产党人治国安邦、兴边稳藏的新发展与新智慧的高度凝结，是对中国共产党人治藏兴藏思想的继承和发展。

当今世界，全球化浪潮和逆全球化思潮风起云涌。西藏发展稳定的内部和外部环境面临着巨大的挑战。在国外，西方敌对势力对西藏进行意识形态与经济文化渗透，妄图分裂中国，搞乱中国，对西藏地区的社会稳定构成重大威胁。在国内，与内地相比，西藏经济社会发展水平不高，部分地区巩固脱贫任务依然艰巨，反分裂斗争形势依然严峻。这些给治边稳藏带来了很大挑战。

在这样的形势下，必须牢固树立"四个意识"、坚定"四个自信"、坚决做到"两个维护"，按照习近平"治国必治边，治边先稳藏""依法治藏、富民兴藏、长期建藏、凝聚人心、夯实基础"的新时代治藏方略的治藏兴藏理念，探索符合国情、西藏地方实际的治理和发展模式，有力回击西方敌对势力和国内外分裂势力的图谋，有效解决西藏发展稳定中存在的问题，为国家治理和治边稳藏提供宝贵而重要的经验。

　　总之，西藏的稳定事关国家的安全稳定，西藏的发展事关国家的发展全局，西藏的小康建设质量事关国家全面建成小康社会成败，西藏文明进步事关中华民族伟大复兴的中国梦。这就是中央和全国各省市竭尽所能支援西藏建设的逻辑基础和根本动因。

第二章　中央关心关爱西藏

"五十六个民族，五十六枝花，五十六个兄弟姐妹是一家。"我国作为一个统一的多民族国家，各民族在长期的政治、经济、文化的交流和发展过程中，形成了相互依存、相互促进、密不可分、共同发展的中华民族共同体。1951年，西藏和平解放，开启了中华民族共同团结奋斗、共同繁荣发展的新时期。1959年，中央人民政府在西藏实行民主改革，废除了封建农奴制度，西藏完成了划时代的伟大变革，深刻地改变了西藏各族人民的命运。1965年，西藏自治区政府成立，西藏与全国人民一道走上了社会主义发展道路。改革开放以来，在中央的关心和扶持下，在全国人民的无私援助下，西藏实现了经济跨越式发展和社会持续稳定，有效维护了祖国统一，促进了民族团结进步，大幅增进了民生福祉。

第一节　中央高度重视西藏

党中央历来高度重视西藏工作，关怀关心西藏各族人民。早在西藏和平解放初期，鉴于西藏经济发展水平低于全国乃至低于其他少数民族地区的实际情况，在人才和物资极度匮乏的情况下，中央决定对西藏经济社会发展加大扶持力度，派出大批干部人才赴藏工作，保障西藏干部群众物资供应。在党中央的坚强领导、全国人民的无私支援和当地干部群众的努力下，西藏实现了和平解放、民主改革、社会主义建设、改革开放、贯彻党的民族政策和宗教政策等大事，西藏发展取得令人瞩目的成绩，发生了翻天覆地的变化，西藏人民见证了生机勃勃的社会主义新西藏，西藏面貌"焕然一新"，人民日子从此"由苦变甜"。

一、中央领导对西藏关怀备至

针对不同时期西藏经济建设和稳定发展中的突出问题，党中央作出了一系列重大决策。《关于和平解放西藏办法的协议》签订后，中央人民政府强调："中央人民政府一定要援助西藏人民，完成中华人民共和国领土和主权的统一，保护伟大祖国的国防，使西藏人民永远获得解放，回到伟大祖国大家庭中，在中央人民政府的帮助下，发展自己的政治、经济和文化教育事业，逐步地改善与提高自己的生活水平。"这一掷地有声的庄严承诺，历代中央领导一以贯之、坚定不移。

毛泽东等老一辈无产阶级革命家在西藏革命和建设初期，对进军西藏、和平解放西藏、平息叛乱、民主改革以及社会主义改造和建设作出了一系列重要指示，从各民族人民的根本利益出发，消除剥削和压迫，实现各民族政治权利的平等。同时，制定了立足民族平等、加强民族团结、加快少数民族地区发展、实现各民族共同繁荣的基本政策。

邓小平同志不仅在西藏和平解放时期直接参与了对西藏工作的重大决策，在改革开放后仍然十分关心西藏的各项工作。他在《立足民族平等，加快西藏发展》的重要谈话中强调，帮助民族地区发展的政策是坚定不移的，要分工负责帮助西藏搞一些建设项目，而且要作为长期任务。

江泽民同志对西藏工作高度重视，明确指出："绝不能让西藏从祖国分裂出去，也绝不能让西藏长期处于落后状态。"他在中央第三次西藏工作座谈会上强调："全国各地方和中央各部门都要大力支持西藏的建设，都要从党的工作全局和经济社会发展的全局，从增强中华民族凝聚力的高度，深刻认识中央关于全国支援西藏的决策的深远意义，从人才、资金、技术、物资等多方面做好支援工作。"

胡锦涛同志强调，西藏工作要以经济建设为中心，紧紧抓住稳定局势和发展经济两件大事，确保社会的长治久安，确保经济持续、稳定、协调发展，确保人民生活水平明显提高。这一指导思想推动了西藏工作的重大转折，加速了西藏迈向现代化的历史进程，奠定了西藏自改革开放以来由艰难的探索向长期稳定发展的基础。他在中共第五次西藏工作座谈会上强调，做好西藏工作，要深入贯彻落实科学发展观，认真落实中央关于西藏工作的一系列方针政策。

习近平同志在西藏和平解放60周年庆祝大会上的讲话中指出："对口支援西藏，是党西藏工作方略的丰富和发展，是社会主义制度优越性的充分体现。"在对口支援西藏工作座谈会上他进一步强调，做好对口支援工作意义重大，责任重大，使命光荣，必须长期坚持和不断完善。在中央第五次西藏工作座谈会上强调，需要努力做到"五个始终"，即"始终按照全面、协调、可持续发展的要求，着眼于建立健全对口支援长效机制；始终把保障和改善民生作为对口支援工作的首要任务；始终坚持国家支持与提高自我发展能力相结合；始终加强对口支援干部工作；始终注重总结对口支援工作经验"。2013年3月9日，习近平总书记参加十二届全国人大一次会议西藏代表团审议时发表的重要讲话，是对党治藏理念思路的丰富和创新，是对中央治藏方略的深化和发展。"治国必治边，治边先稳藏"的重要论述，高度概括和凝练了边疆治理特别是西藏工作在党和国家全局工作中的特殊重要地位，对于推进西藏跨越式发展和长治久安具有重大的指导意义和深远的历史意义。

2015年8月，在中央第六次西藏工作座谈会上，习近平强调，依法治藏、富民兴藏、长期建藏、凝聚人心、夯实基础，这是党的十八大以后党中央提出的西藏工作重要原则。

2019年6月14日，在西藏拉萨举行了"2019·中国西藏发展论坛"。国家主席习近平发来贺信，向论坛开幕表示祝贺。习近平强调，2019年是新中国成立70周年，也是西藏民主改革60周年。在中国共产党领导下，短短几十年，西藏实现了历史上最广泛最深刻的社会变革，百万农奴翻身解放，成为国家和社会的主人。在中央政府和全国人民大力支持下，西藏人民团结奋斗，把贫穷落后的旧西藏建设成了经济文化繁荣、社会全面进步、生态环境良好、人民生活幸福的新西藏。希望西藏抓住发展机遇，建设美丽幸福西藏，繁荣优秀传统文化，保护高原生态环境，实施更加积极的开放政策，广泛开展对外交流合作，描绘新时代西藏发展新画卷。

由此可见，西藏工作事关党和国家工作全局，重视西藏工作就是重视全局工作，支持西藏工作就是支持全局工作。援藏是国家治理现代化的重要组成部分，不只是支援西藏经济社会发展，使西藏各族人民体会到祖国大家庭的温暖，更为重要的是超越局部、短期的利益，放眼中华民族的伟大复兴战略目标，作出的重大战略部署。在这一大局下，全中国人民树立起维护多民族统一国家的责任意识，自觉加强与边疆少数民族地区之间经济文化的沟通交流，在多维度、多层面的良性互动中增强中华民族的凝聚力、向心力，进而加快推进中华民族共同体建设的进程。因此，援藏工作对维护西藏经济社会发展稳定和国家的整体长远发展都具有十分重要的现实意义。国家制定特殊政策，统筹安排援藏工作，是治藏方略中不可替代的重要组成部分，是一项长期重要战略任务。

二、中央7次西藏工作座谈会为西藏发展把脉定向

改革开放以来，中央作出援藏重大决策，全面关心西藏稳定与发展，开启全国支援西藏新征程。党中央先后召开了7次西藏工作座谈会，有力推动了西藏经济社会发展，谱写了西藏社会稳定、经济发展、生态安全、民生改善的新篇章。

第一次座谈会：确立了中央和各地援助的特殊政策。

1980年3月14—15日，时任中共中央总书记胡耀邦同志在北京主持召开第一次西藏工作座谈会，专题研究西藏经济社会发展的大政方针问题。会上讨论了西藏地区的工作，进一步明确西藏面临的任务及需要解决的方针政策等问题，并形成《西藏工作座谈会纪要》。同年4月7日，中共中央批转了《西藏工作座谈会纪要》。

纪要明确指出，在新的历史条件下，"中央各部门也要加强对西藏工作的正确指导，并且根据实际需要和可能条件，组织全国各地积极给他们以支持和帮助"。中央根据当时西藏的实际情况和当时国家的经济状况，加大了对西藏的经济援助力度，相应制定了针对西藏的各种优惠政策，此后西藏建设了一批现代工业和交通设施，为援藏工作奠定了良好的基础。

1980年5月下旬，党和国家领导人胡耀邦、万里等同志视察指导西藏工作，帮助西藏加强各种基本建设，推动西藏经济社会发展。西藏自治区根据中央指示，采取了一系列发展经济、治穷致富、休养生息的政策：一是最大限度下放生产经营自主权；二是免征农牧业税收，取消一切形式的派购任务；三是废除一切形式的摊派用工，减轻群众负担；四是满足城市职工、居民必需的供应。这些政策的实施，使西藏经济特别是农牧区经济有了较大的恢复和改观。

第二次座谈会：标志着全国资金项目援藏开始。

中央第一次西藏工作座谈会后，虽然采取了支援西藏的诸多措施，但西藏与全国差距仍然很大，多数地方仍被贫穷所困扰，基础设施严重滞后。为此，1984年3月，胡耀邦同志再次主持召开中央第二次西藏工作座谈会，参加会议的有中央有关部门负责人、西藏自治区党政军负责人和地市委负责人共70余人。会议系统总结了1980年以来的西藏工作，充分肯定了西藏工作的成绩，对西藏的特殊情况进行了深入研究，紧密结合西藏实际，制定了一系列符合西藏情况的经济政策和改革开放政策。这次会议的召开标志着全国性的资金项目援藏开始。

会上，党中央、国务院决定由北京、上海、天津、江苏、浙江、四川、广东、山东、福建等9省市和水电部、农牧渔业部、国家建材局等有关部门帮助西藏建设43个迫切需要的中小型工程项目，覆盖10个行业，总投资4.8亿元。这种援建方式被称为"交钥匙工程"，即从设计、施工到室内一切设备用具及管理人员的培训等，均由承建单位包干，竣工后交出钥匙，即可投入使用，产生效益。这43项工程的建成，大大促进了20世纪80年代西藏社会经济发展，特别是改善了旅游业发展的需要，被人们誉为高原上的"43颗明珠"。

贯穿前两次中央西藏工作座谈会的共同内容：一是西藏有一个藏汉族干部亲密团结、艰苦奋斗的党委班子，这个班子为贯彻中央指示精神，深入基层调查研究，取得了明显成绩。二是在新的历史时期，西藏一切工作的出发点和落脚点，就是要下大力气加快社会主义现代化建设的步伐，使西藏人民尽快富裕起来。三是西藏的社会历史、自然环境和物质条件比较特殊，一切工作必须从西藏实际情况出发。四是认真做好民族、统战和宗教工作，大力培养民族干部，团结一切可以团结的力量，共同建设团结、富裕、文明的新西藏。五是中央组织国家各部委和兄弟省、市，在人、财、物上给予西藏以大力支持。

第三次座谈会：作出全国"对口援藏"的重大决策。

1994年7月20—23日，党中央、国务院在北京召开了第三次西藏工作座谈会。会议的主要任务是：以邓小平建设有中国特色社会主义理论和党的基本路线为指导，围绕西藏的发展和稳定两件大事，研究新情况，解决新问题，进一步明确加强西藏工作的指导思想，落实加快发展和维护稳定的各项措施，努力开创西藏工作的新局面。中央主要领导，国家有关部门、各省区市和西藏自治区的代表共190余人参加会议。

时任中共中央总书记、国家主席、中央军委主席江泽民在会上发表重要讲话。这次会议在西藏发展史上具有里程碑意义，从战略高度确立了西藏工作在党和国家工作中所处的重要地位，从西藏的稳定发展和国家大局的密切关系上认识和支持西藏工作，对西藏的社会稳定、经济发展与繁荣产生了重大而深远的影响。

会议决定采取"分片负责、对口支援、定期轮换"的援藏方式，安排60个中央国家机关、18个省市（四川省后因本省藏区工作任务重没有安排援藏任务）和17家中央企业对口支援西藏。江泽民同志号召全国各地方和中央各部门都要大力支持西藏的建设，都要从党的工作全局和经济社会发展的全局，从增强中华民族凝聚力的高度，深刻认识中央关于全国支援西藏的决策的深远意义。从人才、资金、技术、物资等多方面做好支援工作，抓好中央确定的62个建设项目的落实工作，保证收到实效。

李鹏同志指出，加快西藏社会经济发展，主要把握三点：（1）必须坚持以经济建设为中心，一手抓发展，一手抓稳定，两手都要硬。（2）加快改革开放步伐，逐步建立新体制，为经济发展提供强大动力。（3）发挥全国支援西藏和西藏自力更生两个积极性，下决心把基础设施建设搞上去，带动经济增长，增强发展后劲。

李瑞环在会议总结讲话中指出，援助西藏应是长期的。它既不是从这次会议才开始，也不会因这次会议确定的任务完成而结束，而应当把这次会议作为全国支援西藏的新起点。这次会议安排的，要积极认真地完成。这次计划中没有的，只要西藏人民需要，也要千方百计地去办，援助西藏应是多方面的。只要有利于西藏的发展，有利于维护祖国统一和民族团结，不管是官方的还是民间的，是物质的还是精神的，都要予以鼓励和支持。

会议确定为西藏安排62项建设工程，由中央有关部委和东部省市分别承担，总投资为23.8亿元。其中，城镇建设项目10个，与城镇建设相关的能源项目17个，邮电、通信、交通等项目7个。这些项目的建成，使西藏能源紧张的状况得到了缓解，城镇道路交通、饮水、通信和生活条件得到了改善。会议结出的丰硕成果，促进了西藏的城镇建设发展，有力推动西藏各项事业发生了巨大变化。

第四次座谈会：新世纪之初继续拓宽援藏政策。

2001年6月25—27日，在北京召开了中央第四次西藏工作座谈会。会议坚持以邓小平理论和党的基本路线为指导思想，以促进西藏实现跨越式发展和长治久安为主要任务。

江泽民同志在会上指出，1994年召开第三次西藏工作座谈会以来，西藏的改革开放和现代化建设取得了显著成就。改革开放不断深化，经济发展速度加快，人民生活不断改善。社会主义精神文明建设成效显著，社会全面进步。藏族优秀文化得到弘扬，历史文化遗迹受到保护。全国支援西藏力度加大，国家投资建设了交通、能源、通信、农牧业、社会事业等一批基础性项目，为西藏的长远发展奠定了良好基础。平等、团结、互助的社会主义民族关系得到巩固和发展，各族群众对祖国的向心力显著增强。党的建设不断加强，党组织的凝聚力和战斗力得到提高。

朱镕基同志指出，要进一步加大对西藏的建设资金投入和实行优惠政策的力度，继续加强对口支援。考虑到西藏的特殊情况，西藏的重点建设项目资金主要由国家来承担，确定国家直接投资的建设项目117个，总投资约312亿元。国家投资和中央财政扶持，主要用于农牧业、基础建设、科技教育、基层政权相关设施建设以及生态环境保护和建设，着重解决制约西藏发展的瓶颈和突出困难。中央要实行特殊的扶持政策，现行的优惠政策，能够继续执行的继续执行，需要完善的在完善后继续执行。对口支援要继续加强，已经确定各省市对口支援建设项目70个，总投资约10.6亿元。

李瑞环同志指出，这次会议为西藏的稳定发展创造了新的有利条件，西藏各级党委、政府要认清形势，振奋精神，抓住机遇，乘势而上。要继续发扬"老西藏精神"，自力更生、艰苦奋斗，把中央和各地的支持变成强大的动力，开拓进取，创造性地工作，为西藏各族人民作出新的更大的贡献。

第五次座谈会：对西藏和涉藏工作重点省发展全面部署。

2010年1月18—20日，中共中央、国务院在北京召开第五次西藏工作座谈会。时任中共中央总书记、国家主席、中央军委主席胡锦涛在会上发表重要讲话。

胡锦涛在讲话中指出，2001年召开中央第四次西藏工作座谈会以来，在党中央、国务院正确领导下，在全国各族人民特别是对口援藏省市、中央和国家机关以及有关单位大力支援下，西藏自治区党委和政府团结带领全区各族干部群众顽强奋斗，西藏经济持续快速发展，综合交通和能源体系建设成效明显，文化建设富有成效，社会事业全面进步，生态环境保护加快实施，各族群众生活显著改善，民族团结不断加强，民族区域自治制度得到坚持和完善，反分裂斗争取得重大胜利，经济建设、政治建设、文化建设、社会建设以及生态文明建设和党的建设取得显著成就。会议深刻分析西藏工作面临的形势和任务，明确当前和今后一个时期做好西藏工作的指导思想、主要任务、工作要求，对推进西藏实现跨越式发展和长治久安作出了战略部署。

温家宝同志指出，加大对口支援力度，继续坚持"分片负责、对口支援、定期轮换"的办法，进一步完善干部援藏和经济援藏、人才援藏、技术援藏相结合的工作格局。

贾庆林同志在总结会上指出，中央第五次西藏工作座谈会成果丰硕、意义重大，是确保西藏实现全面建设小康社会奋斗目标的一次重要会议，是突出解决西藏民生问题的一次重要会议，是谋长久之策、行固本之举的一次重要会议。全党同志要充分认识这次会议的重大意义，增强学习、贯彻会议精神的自觉性和坚定性，把思想和行动统一到中央决策部署上来。

会议从4个方面进一步丰富和完善了对西藏工作的指导思想，即新增了"以民族团结为保障，以改善民生为出发点和落脚点"的内容；新增了"确保生态环境良好"的内容；提出了"努力建设团结、民主、富裕、文明、和谐的社会主义新西藏"的目标；明确了推进西藏跨越式发展的七大基本思路和6项战略定位。会议要求以经济建设为中心，以民族团结为保障，以改善民生为出发点和落脚点，紧紧抓住发展和稳定两件大事。根据座谈会精神，支持西藏226个重点项目建设，规划项目总投资达3305亿元。其中"十二五"期间计划完成投资1931亿元，包括安排中央政府投资1384亿元。项目建设规划方案安排了民生工程、基础设施、特色产业发展、生态环境等重要领域的建设项目。

中央第五次西藏工作座谈会强调，四川、云南、甘肃、青海省党委和政府要切实把本省藏区工作摆到重要议事日程，作为本省经济社会发展的重点任务来抓，动员全省各方面力量支持这些地区发展。中央要加大政策支持力度，推动涉藏工作重点省发展迈出新步伐，确保涉藏工作重点省到2020年实现全面建设小康社会目标。

第六次座谈会：开启新时代治边稳藏新征程。

2015年8月24—25日，中央在北京召开第六次西藏工作座谈会。中共中央总书记、国家主席、中央军委主席习近平出席会议并发表重要讲话。他指出，西藏工作关系党和国家工作大局，党中央历来高度重视西藏工作。在60多年的实践过程中，形成了党的治藏方略，即"六个必须"：必须坚持中国共产党领导，坚持社会主义制度，坚持民族区域自治制度；必须坚持治国必治边、治边先稳藏的战略思想，坚持依法治藏、富民兴藏、长期建藏、凝聚人心、夯实基础的重要原则；必须牢牢把握西藏社会的主要矛盾和特殊矛盾，把改善民生、凝聚人心作为经济社会发展的出发点和落脚点，坚持对达赖集团斗争的方针政策不动摇；必须全面正确贯彻党的民族政策和宗教政策，加强民族团结，不断增进各族群众对伟大祖国、中华民族、中华文化、中国共产党、中国特色社会主义的认同；必须把中央关心、全国支援同西藏各族干部群众艰苦奋斗紧密结合起来，在统筹国内国际两个大局中做好西藏工作；必须加强各级党组织和干部人才队伍建设，巩固党在西藏的执政基础。

总结提出"六个必须"的同时，习近平总书记首次阐释了20字西藏工作重要原则的深层含义：依法治藏，就是要维护宪法法律权威，坚持法律面前人人平等。富民兴藏，就是要把增进各族群众福祉作为兴藏的基本出发点和落脚点，紧紧围绕民族团结和民生改善推动经济发展、促进社会全面进步，让各族群众更好共享改革发展成果。长期建藏，就是要坚持慎重稳进方针，一切工作从长计议，一切措施具有可持续性。凝聚人心，就是要把物质力量和精神力量结合起来，把人心和力量凝聚到实现"两个一百年"奋斗目标、实现中华民族伟大复兴的中国梦上来。夯实基础，就是要标本兼治、重在治本，多做打基础、利长远的工作，把基层组织搞强，把基础工作做实。习近平总书记指出，西藏工作的着眼点和着力点必须放到维护祖国统一、加强民族团结上来，把实现社会局势的持续稳定、长期稳定、全面稳定作为硬任务，牢牢掌握反分裂斗争主动权。

会议强调，要坚持"四个全面"战略布局和党的治藏方略，维护祖国统一、加强民族团结，坚定不移反分裂、促发展、保民生、促进各民族交往交流交融，确保国家安全和长治久安、经济社会持续健康发展、各族人民物质文化生活水平不断提高，以及生态环境持续向好。

这次会议取得了丰硕的成果：党的治藏方略更加完善，中央的西藏工作原则更加充实，西藏地区工作的着眼点和着力点、出发点和落脚点更加深化。会议要求，西藏和四川、云南、甘肃、青海四省藏区工作要讲求战略和战术的统一，全国援藏干部要继承和发扬"老西藏精神"的优良传统，不断为"老西藏精神"注入新的时代内涵。会议强调党的正确领导是西藏工作的根本保证。在党中央坚强领导下，进一步创新藏族地区深化改革的发展模式，统筹推进西藏工作的重点任务。加大四省藏区政策支持力度，促进西藏和四川、云南、甘肃、青海四省藏区协调发展，与全国其他地区一道全面建成小康社会。

2020年8月，中央召开第七次西藏工作座谈会，习近平总书记出席并发表重要讲话，总结提出新时代党的治藏方略，强调必须坚持"治国必治边、治边先稳藏"和"依法治藏、富民兴藏、长期建藏、凝聚人心、夯实基础"的战略思想，不断增进各族群众对伟大祖国、中华民族、中华文化、中国共产党、中国特色社会主义的认同。

三、东西部扶贫协作座谈会：全面加大加快援藏扶贫

党的十八大以来，习近平还先后召开了7次跨省区的扶贫工作座谈会，将

西藏列入"三区三州"深度贫困地区，全面加大倾斜支持力度。2016年7月20日，在宁夏银川召开的东西部扶贫协作座谈会上，习近平总书记强调，东西部扶贫协作和对口支援，是推动区域协调发展、协同发展、共同发展的大战略，是加强区域合作、优化产业布局、拓展对内对外开放新空间的大布局，是实现先富帮后富、最终实现共同富裕目标的大举措，必须认清形势、聚焦精准、深化帮扶、确保实效，切实提高工作水平，全面打赢脱贫攻坚战。一是提高认识，加强领导。东部地区要增强责任意识和大局意识，下更大气力帮助西部地区打赢脱贫攻坚战。党政主要负责同志要亲力亲为推动工作，把实现西部地区如期脱贫作为主要目标，加大组织实施力度。要坚持精准扶贫、精准脱贫，把帮扶资金和项目重点向贫困村、贫困群众倾斜。东部地区要聚焦脱贫攻坚，加大投入力度，根据财力增长情况逐步增加财政投入。二是完善结对，深化帮扶。着眼于任务的适当平衡，完善省际结对关系。实施"携手奔小康"行动，着力推动县与县精准对接，探索乡镇、行政村之间结对帮扶。广泛动员东部地区党政机关、人民团体、企事业单位、社会组织、各界人士等积极参与脱贫攻坚。深入推进"万企帮万村"精准扶贫行动，加大产业带动扶贫力度，推进东部产业向西部梯度转移，着力增强贫困地区自我发展能力。三是明确重点，精准聚焦。产业合作、劳务协作、人才支援、资金支持都要瞄准建档立卡贫困人口脱贫精准发力。着眼于增加就业，建立和完善劳务输出对接机制，提高劳务输出脱贫的组织化程度。在发展经济的基础上，向教育、文化、卫生、科技等领域合作拓展。继续加大互派干部，促进观念互通、思路互动、技术互学、作风互鉴。加大对西部地区干部特别是基层干部、贫困村致富带头人的培训力度，打造留得住、能战斗、带不走的人才队伍。四是扶智扶志，攻坚克难。贫困地区要激发走出贫困的志向和内生动力，以更加振奋的精神状态、更加扎实的工作作风，自力更生、艰苦奋斗，凝聚起打赢脱贫攻坚战的强大力量。同时，也要组织和动员有志于为党和人民建功立业、做一番作为的干部到西部地区来，努力在艰苦条件下、在攻坚克难中使自己成长为可以担当重任、能打硬仗的高素质干部。五是求真务实，确保成效。明确做到"四个实"：领导工作要实，做到谋划实、推进实、作风实，求真务实，真抓实干；任务责任要实，做到分工实、责任实、追责实，分工明确，责任明确，履责激励，失责追究；资金保障要实，做到投入实、资金实、到位实，精打细算，用活用好，用在关键，用出效益；督查考核要实，做到制度实、规则实、监督实，加强检查，严格考核，既不拖延，也不虚报。突出目标导向、结果导向，不仅要看出了多少钱、派了多少人、给了多少支持，更要看脱贫的实际成效。

习近平同志以精准为要义的东西部扶贫协作重要论述，为援藏工作提出了新的方向、新的要求，精准扶贫、精准脱贫成为新时代援藏工作的主题主线，在西藏发展史上具有重要的历史地位。

纵观历史，西藏工作，事关全面建成小康社会全局，事关中华民族长远生存发展，事关国家安全和领土完整，事关我国国际形象和国际环境。党中央历来高度重视西藏工作，给予西藏特殊的关怀。特别是党中央先后召开7次西藏工作座谈会，实施精准扶贫、精准脱贫的方略，为西藏和援藏工作提供坚强的政治保证和政策保障，有力推动西藏经济社会全面发展。

第二节　全国对口支援西藏

"人心齐，泰山移"，是凝聚中华民族伟大复兴的磅礴力量。"一方有难，八方支援"，是中华民族的同胞情义和人间温暖。全国各族人民就是一个大家庭，全国对口支援西藏，既是我们的制度优势，也是我们的传统美德。全国上下，同舟共济，行动中凝聚力量，奉献中践行誓言。党的西藏政策在历史上经历了一个渐进成熟的过程，特别是习近平新时代治藏方略，标志着治边稳藏思想趋于成熟。这就需要在工作实践中坚定不移地落实，同时坚持与时俱进，完善政策措施，创新方式方法，不断开创西藏工作和援藏工作的新局面。

一、全国支援西藏

回顾西藏发展历程，中央对西藏的建设投入形成了"总体供给模式"，为西藏稳定发展提供了重要的物质保障和工作牵引。各省市、中央部门及中央企业的"对口援藏"，成为推动西藏经济社会发展的重要力量，特别是在民族交往交流交融中发挥重要作用，这是实现西藏长治久安和长足发展的重大举措。

1994年7月，中央召开第三次西藏工作座谈会，被称为我国援藏史上的"第一个里程碑"式会议。中央作出全国各地支援西藏的重大决策，形成了国家直接投资建设项目、全国对口支援的全方位支援西藏现代化建设的新格局。会议确定了18个省市对口支援西藏7个地市，中央和国家机关对口支援西藏自治区各部门。仅1995年上半年，首批622名干部进藏工作，分别担任受援地市、县区的党政领导职务，不仅给西藏干部队伍带来生机活力，而且以援藏干部为纽带，把受援地区和援藏省市紧紧连在一起，增进了祖国各民族间相互了解、相互支持、合作交流的手足情谊，为西藏经济社会发展营造了极为有利的外部环境。在中央和兄弟省市的支持下，西藏的投资规模持续加大，基础设施建设不断加快，人民群众的生产生活条件显著改善。

2001年6月，中央召开第四次西藏工作座谈会，被称为我国援藏史上的"第二个里程碑"式会议，为西藏自治区制定了更加优惠的政策。中央明确提出了要进一步做好全国支援西藏工作的总要求，将立足于西藏长远发展的援藏项目纳入西藏经济社会发展规划，把基础设施、农业综合开发、公共服务领域、基层政权建设和生态环境建设作为援藏项目安排的重点，并要求尽量多安排一些使广大农牧民群众直接受益的项目。中央还决定将对口支援西藏工作在原定10年的基础上再延长10年，在加大援藏力度的同时进一步扩大对口支援范围，新增加3个省市和17家中央企业承担对口支援任务，使对口支援范围覆盖到西藏所有地市和74个县区。

2010年1月，中央召开第五次西藏工作座谈会，被称为我国援藏史上的"第三个里程碑"式会议，会议强调做好西藏工作事关全面建设小康社会全局，事关国家安全、中华民族根本利益和长远发展，这一重大命题贯穿于整个座谈会始终。中央决定继续加大对口支援力度，将对口支援西藏工作延长至2020年；明确对口支援省市"年度援藏投资实物量，在现行体制下，按该省市上年度地方财政一般预算收入的1‰安排"；中央企业要加大对口支援投入力度；继续坚持"分片负责、对口支援、定期轮换"的办法，进一步完善经济、干部、人才和科技等方面的援藏工作相结合的格局。

2015年8月召开的中央第六次西藏工作座谈会，是全国援藏的"第四个里程碑"，一方面"依法治藏、富民兴藏、长期建藏、凝聚人心、夯实基础"的治藏方略为援藏工作提供了根本遵循；另一方面开启了对口援藏要以"精准扶贫、精准脱贫"为主题主线的新时代，全面加大了干部人才、资金项目、产业扶贫、就业扶贫、教育扶贫、健康扶贫和携手奔小康行动，有力助推了西藏全面建成小康社会。

2015年8月中央召开第六次西藏工作座谈会后，除了中央继续投入大量人力、物力、财力之外，还举全国各省市之力对西藏进行全面援助，从人才、资金、技术援助等方面，全方位帮扶西藏进行基础设施建设、经济发展、生态保护、文化传承和民生改善。在中央和各省市的大力援助下，西藏及涉藏省区社会经济实现了跨越式发展，取得脱贫攻坚战的全面胜利，特别是从"外部输血型"模式逐步转向"自我造血型"发展模式，充分发挥本地的资源和人才优势，激发社会经济发展的活力。在关注西藏发展的同时，中央没有忽视西藏与涉藏省区之间的地区发展平衡问题，以及藏族占主体的省区与多民族混居的省区州县的藏族群众与经济社会发展水平同样滞后的其他少数民族间的发展平衡和政策均惠问题，使各民族、各地区平等均衡地同步发展，避免引发新的民族矛盾和不稳定因素。

援藏工作始终关注改善民生，保障社会福利，利益分配公正，促进公平正义，实现社会和谐。中央和各省市开展援藏工作以来，援藏资金除用于建设改善基础设施外，主要用于民生工程建设，如为农牧民建设安居工程房屋，并配套基础设施和公共服务设施；对藏区学生实行学费全免；推行卫生事业发展计划，农牧区实行免费医疗制度；对农牧民进行帮扶，对农业和畜牧业进行补贴；城镇基本医疗等社会保险、新型农村养老保险、基本养老保险、城乡低保等民生制度建设力求全覆盖、广普惠，基本实现了住有所居、学有所教、业有所就、病有所医、老有所养。可以说，中央在西藏实施民生工程成效显著，使西藏城乡群众得到了更多实惠，受到了广大农牧民群众的充分认可和好评。

综上所述，全国支援西藏大致可划分为4个历史阶段。第一阶段：响应中央号召和落实中央部署，各级各部门为西藏提供具体的干部人才和资金项目支持，没有形成制度化的安排。第二阶段：以1994年中央第三次西藏工作座谈会为标志，确定"分片负责、对口支援、定期轮换"的对口援藏方式，形成各省分别支援西藏各地市、中央部委支援西藏各厅局的对口支援关系，主要以干部人才和资金项目援助为主，资金支援没有定量化。第三阶段：2010年中央第五次西藏工作座谈会，明确各省市援藏资金按上年度地方财政一般预算收入的1‰安排，并建立了每年增长机制（若财政增长高于8%，按照8%增长援藏资金；低于8%，按照实际增长比例落实），开启了全面援藏时期。第四阶段：以2015年8月召开的中央第六次西藏工作座谈会和2020年8月召开的中央第七次西藏工作座谈会为标志，总结提出了新时代党的治藏方略，强调今后要贯彻新发展理念，聚焦发展不平衡不充分问题，在巩固脱贫成果方面下更大功夫、想更多办法、给予更多后续帮扶支持，努力建设团结富裕文明和谐美丽的社会主义现代化新西藏。

中央召开的历次西藏工作座谈会，是我国援藏史上的重要节点和里程碑事件，相继提出与时俱进、因地制宜的西藏发展目标和政策。援藏政策和工作部署逐渐走向制度化，形成覆盖西藏全区的对口支援机制，不断充实了援藏工作的内容。在中央关心西藏、全国鼎力支援西藏的合力之下，在积极推进社会主义市场经济进程中，西藏既注重扩大对国外的开放，又特别重视对内地的开放；既扩大经济领域的开放，又增进科技、教育、文化等领域的交流；充分利用17个省市（四川省因本省涉藏州县任务重，不再承担支援西藏任务）和17家中央企业对口支援西藏的时机，由单向支援逐步走向双方合作，全面推动着西藏的经济发展与社会进步，这是社会主义制度优越性的充分体现。因此，中央关心西藏，全国支援西藏，充分体现了祖国大家庭是西藏发展的坚强后盾，显示出中华民族大家庭的巨大凝聚力。

各级党政领导不断提高政治站位，高度重视援藏工作，将援藏作为一项重大的政治任务来抓，作为企业履行社会责任的重点工作来抓，作为干部培养的重要途径来抓，作为与西藏人民共享改革开放成果的重要工作来抓，齐心协力推动援藏工作取得新成效。

二、对口支援彰显国家政治优势

在中国共产党的正确领导下，全国全方位开展对口支援西藏工作，这是当今世界绝无仅有的边疆治理新模式。

（一）中国共产党的政治优势

新中国成立后，特别是改革开放以来，党领导全国各族人民逐步摆脱贫困落后，走向繁荣富强，经济、政治、文化、社会以及生态文明和党的建设等领域都取得了辉煌成就，综合国力大幅提升，人民生活不断改善，国际地位显著提高。没有共产党，就没有新中国。没有中国共产党的正确领导，就没有中国社会主义现代化建设的丰功伟绩以及中华民族的伟大复兴。

和平解放后的西藏，生产力极度落后，物资极度匮乏，是中国共产党调动全国各方面资源支持西藏的民主改革、经济建设和社会发展。1978年，党的十一届三中全会召开后，中国共产党把西藏人民带入了改革开放和社会主义现代化建设的新征程，推动西藏转移工作重心，同祖国各地一样，经济社会事业得到蓬勃发展，开启了和平解放后的第二次飞跃。自和平解放以来，西藏社会发生的人间奇迹和跨越式进步，以及新西藏辉煌的发展史，无可辩驳地证明了中国共产党的政治优势，没有中国共产党的英明领导，没有党中央的特殊关怀，就不可能有西藏的经济发展和安定团结，更不可能有西藏今天的历史性进步和巨大变化。只有在中国共产党的领导下，在社会主义祖国大家庭的怀抱中，坚定地走中国特色社会主义道路，西藏才有繁荣进步的今天和更加美好的未来。

（二）社会主义制度的优越性

社会主义的本质，是解放生产力，发展生产力，消灭剥削，消除两极分化，最终达到共同富裕。建设现代化强国是全国人民的共同心愿，只有实现共同富裕，才能最终完成真正意义上的中国梦、强国梦。共同富裕并不是同时、同步、同等富裕，而是"逐步"实现共同富裕。可以让一部分地区、一部分人先富起来，带动和帮助其他地区、其他人，逐步达到共同富裕。基于这一指导思想，20世纪70年代末，我国实施经济体制改革，中央政府出台一系列优惠的政策措施，对东部地区进行了大幅度政策倾斜，以鼓励东部沿海有条件的地区率先实现现代化。这一举措，对于解放东部地区生产力、促进东部地区经济发展，产生了积极推动作用。但不可否认的是，东、西部地区经济发展的差距日益加大。一方面，由于地理位置、文化环境、政策倾斜、体制机制等方面原因，东部沿海地区抓住了发展机遇，经济实现了率先发展，充分发挥了自身的比较优势。另一方面，民族地区由于自然历史和社会发育不全，对外开放的速度较慢，社会经济的发展程度也较低，在国内经济向开放型发展的总体趋势中弱化了自身的发展环境，进一步拉大了与东部地区的差距。如果任由这种差距加大，不但背离建党的初衷，违背社会主义"共同富裕"的本质，同时也会带来民族矛盾和区域间矛盾的不断滋生，从而影响我国民族团结、政治稳定的大好局面。

因此，实施对口支援是符合我国国情和社会主义本质要求的重要举措，以"先富带动后富"思想为指导，国家通过行政和市场手段，在人力、物力、财力等方面有力地支援西藏的发展，中央部委、各省市和中央企业主动作为，无私支援，涌现出无数可歌可泣的先进典型和案例。正如在庆祝西藏和平解放60周年大会上，习近平同志在讲话中指出："对口支援西藏，是党西藏工作方略的丰富和发展，是社会主义制度优越性的充分体现。"

（三）中华民族守望相助的优良传统

中华民族有着源远流长的"守望相助"和"尚和合"的传统美德，从亲友邻里之间的患难与共、同舟共济，到各兄弟民族之间的携手共进、互帮互助，乃至一方有难、八方支援的中国传统文化，无不充分昭示：互助合作是中华民族伟大精神的重要组成部分，也是中华民族5000多年来生生不息、发展壮大的动力源泉。中国共产党在领导全国人民进行新民主主义革命、社会主义革命和建设以及改革开放的长期实践中，适应时代和发展的要求，继承发扬光大了守望相助的中华美德和民族传统。

对口支援是中华民族守望相助传统美德的传承与弘扬。民族凝聚力作为一个国家的公民与公民之间、民族与民族之间、地域与地域之间相互吸引、相互认同、相互融合、相互帮扶的内在力量，它是一个民族、一个国家文化软实力的重要组成部分，也是一种民族文化的精神内核和生命灵魂，具体表现为公民对国家、民族、同胞的认同感、吸引力和向心力。一个国家或民族的凝聚力强弱，往往通过国民互助精神体现出来。当一个国家经济和社会事业走在前进的道路上时，民族凝聚力就主要表现为和衷共济、互帮互助。对口援藏充分体现了守望相助的中华传统美德，体现了各民族同胞的骨肉相亲，彰显出中华民族的强大凝聚力和向心力。

中央部委、各省市和中央企业贯彻落实习近平总书记"治国必治边，治边先稳藏"的重要战略思想，坚持"依法治藏、富民兴藏、长期建藏、凝聚人心、夯实基础"的重要原则，认真落实中央第五、六次西藏工作座谈会精神，在人才、智力、资金、技术、培训、产业等诸多方面给予西藏综合援助和鼎力支持，极大地增强了西藏的发展能力，促进了全区经济快速发展和社会和谐稳定。

全国人民把对口支援西藏当作光荣的政治任务，作为义不容辞的责任，视为自己分内之事。这正是中国特色社会主义制度优越性的集中体现，也是中华民族数千年来生生不息的民族精神的传承和发扬，同时为构建人类命运共同体提供了中国方案、中国智慧，谱写了人类文明发展的新篇章。

第三节　援藏干部倾情奉献

在西藏，有这样一群人，谱写着平凡却伟大的故事，他们把智慧奉献在这片土地上，把热情奉献给了当地百姓，他们有一个共同的名字——援藏干部人才。

援藏干部人才是援藏工作的直接组织者、推动者和实施者。来自全国各地的援藏干部人才，响应党的号召，远离亲人故土，放弃优越的工作和生活条件，在党委、政府的坚强领导下，克服高寒缺氧，继承和发扬"老西藏精神"，视西藏为第二故乡，以忘我的工作热情和扎实高效的工作作风，主动融入到西藏的改革开放和各项建设事业中，用他们的真情付出，与当地干部群众一道续写了波澜壮阔的西藏现代化建设新篇章。

一、主动深入学习，争做党的政策宣传员

"进藏为什么？援藏干什么？离藏留什么？"每个援藏干部心中都带着这样的问号，满怀豪情地踏上雪域高原，踏上三年漫漫援藏路。学习成为援藏干部人才入藏工作必修的第一课。他们深入学习中央关于西藏的决策部署，学习西藏的历史文化知识，学习"老西藏精神"，学习藏语、藏歌、藏舞，快速融入当地。进入新时代，援藏干部人才将学懂、弄通、做实习近平新时代中国特色社会主义思想作为重要政治任务，深入学习贯彻习近平总书记"治

边稳藏"重要战略思想，按照"精准扶贫、精准脱贫"的方略，奋力谱写援藏工作新篇章，为西藏长足发展和长治久安注入新鲜血液，增添重要力量。

援藏干部人才团队经常性组织开展专题培训，引导广大援藏干部人才深刻认识反分裂斗争的长期性、艰巨性和复杂性，深刻认识维护西藏社会持续稳定、长期稳定、全面稳定的重要性，同当地干部群众一道奋战在反分裂斗争前沿，为实现西藏持续稳定、长期稳定、全面稳定贡献力量。

广大援藏干部人才深刻认识实施区域协调发展战略、推动西藏边疆民族贫困地区发展的重大战略意义，充分发挥自身的优势作用，当好中央治藏方略的宣传员，深入开展"民族一家亲"活动，促进民族团结交往交流交融；进村入户宣传中央对西藏人民群众的特殊关心关怀，讲解党的民族宗教政策，以实际行动践行"三个离不开"思想，"三个离不开"即"汉族离不开少数民族，少数民族离不开汉族，各少数民族之间也互相离不开"。同时，不断增强各族人民对伟大祖国的认同、对中华民族的认同、对中华文化的认同、对中国共产党的认同、对中国特色社会主义的认同，夯实共同团结奋斗、共同繁荣发展的基石。

以昌都为例，重庆市已经有10批干部援藏，从第一批到第十批，重庆市对口援藏工作也实现了由最初的干部援藏、资金援藏逐步向产业援藏、教育援藏、医疗援藏、就业援藏、科技援藏、智力援藏等多位一体转变；由"输血式"援藏向"造血式"援藏转变。第十批援藏工作队共有106名党政干部人才，于2022年7月进藏，援藏干部迅速转变角色，快速融入岗位，各项工作有条不紊推进。

仅重庆第九批援藏工作队推进实施扶贫项目五大类57个，帮助受援地培育发展牦牛、藏香猪、葡萄、芫根、川贝母等特色产业，帮助类乌齐县巩固脱贫成果，察雅、芒康县2019年年底实现脱贫摘帽。同时，重庆援藏发挥医疗"组团"优势，助力区域医疗中心建设，帮助昌都市人民医院巩固"三甲"成果，援助价值4000余万元的医疗设施设备，开展临床医疗新技术应用81项，其中多项填补藏东医疗史空白。在教育方面，通过加强制度建设、示范引领、教学改革、教研探讨、结对帮扶，加大与内地学校交流交往力度，帮助昌都一高教育教学质量明显提升。此外，以就业援藏助力民生之本。重庆援藏工作队举办昌都人才专场招聘会4次，提供就业岗位2200多个，开展农牧民就业技能培训9场409人次。

二、主动调研思考，当好援藏工作策划者

"援藏援什么？怎么援？"面对完全陌生的工作环境，每一批援藏干部多走、多看、多听、多问。尽快熟悉西藏的基本情况，在较短的时间内适应新的工作环境，进入新的工作角色，制定切合实际的、科学的工作思路，成为摆在援藏干部面前的首要任务。

各省市援藏干部抓住每个五年规划契机，在充分调查研究的基础上，针对西藏的实际情况，与当地共同研究制定了"九五""十五""十一五""十二五""十三五""十四五"援藏规划，按照目标引领、规划先行、产业支撑、项目驱动等思路，深入推进援藏各项工作。

目标引领，就是紧紧围绕西藏发展目标，谋划推动援藏各项工作，服务工作大局；规划先行，就是把西藏的发展规划与对口支援省市或单位的发展规划结合起来，做好援藏工作规划，引领援藏工作；产业支撑，就是发挥西藏的特色优势，推进产业项目建设，助力优势资源开发，为西藏的长远发展提供有力支撑；项目驱动，就是结合当地的发展需求，做好援藏项目的规划和实施，实现农牧民群众直接受益、广泛受益、持续受益。

在长期援藏工作中，逐步形成项目援藏、人才援藏、智力援藏、教育援藏、医疗援藏、产业援藏、就业援藏、科技援藏等全方位的援藏大格局，促进援藏事业不断创新发展。

比如，青稞是西藏自治区第一大粮食作物，湖南省第九批援藏工作队把推进青稞增产作为产业发展、民生保障的重中之重，联合湖南省科技厅、湖南省农科院等单位，协同支持山南市农技推广中心攻关青稞增产科技创新项目——青稞粉垄栽培新技术。2019年8月，青稞示范田顺利通过测产验收，增产幅度达20%。与此同时，湖南援藏工作队还着力延长青稞种植、食品深加工、产品销售产业链条，做大产业规模，拓宽群众致富路。

又如，北京承担着拉萨市2区2县、玉树州1市5县的对口支援工作。按照国家发展改革委的要求，北京市确保80%以上的对口支援资金向基层、民生倾斜，同时坚持产业扶贫促进就业，激发拉萨、玉树实现可持续发展的内生动力。2019年，北京累计投入援藏援青资金9.97亿元，实施各类项目206个，一大批当地急需、群众急盼、受益面广、持续性强的项目在雪域高原落地。

三、主动担当作为，当好援藏项目的推动者

援藏干部人才注重创新援藏工作方法，注重项目建设，主动担当，大胆尝试，不断创新，形成项目规划、论证、立项、审批、实施、验收等成熟有效的办法。28年来，累计实施援藏项目13000多个，落实援藏资金650多亿元，帮助西藏自治区提高了发展质量，增强了自我积累、自我发展能力。

根据中央要求，在很长一段时间里，援藏资金项目的规划建设，紧扣中央要求、当地需求，始终坚持"向基层倾斜、向农牧区倾斜、向民生倾斜"的原则，把援藏项目资金的投入同实现广大群众的根本利益结合起来。援藏干部人才根据当地不同阶段的发展，充分尊重当地的意见，重点推动基础设施、公共服务、安居工程、教育发展、医疗设施等项目建设，提升当地的生产生活条件，使广大牧民群众真正得到实惠。

例如，江苏第八批援藏干部在3年内共实施了178个项目。林周县委书记次仁顿珠对苏州援藏工作高度评价：苏州第八批援藏工作组实施的援藏项目数量和资金量是历史上最多、实施进度最快的，每年项目开工率和完成投资量均达到100%，这是了不起的"苏州速度"。2023年，江苏省共安排援藏项目55个，总投资5.12亿元。项目和资金进一步向人居环境改善、医疗及教育基础设施、农牧区交通基础设施等民生工程倾斜，民生领域项目资金占总资金的83.7%。

2019年，北京对口支援尼木县现代设施农业园，彻底改变了粗放的农产品生产经营模式，采用农业联合体经营方式，让过去从事传统农作物种植的贫困群众参与现代设施农业生产，同时建立党员干部"点对点"抓产业项目机制，充分发挥基层党组织和党员干部"桥头堡""排头兵"作用，运用"走出去"学到的专业技术开展干群"传帮带"，着力打造职业农民和产业工人队伍，实现了传统种植业向现代设施农业转型。尼木县现代农业产业园已完成建设智能连栋温室3835.21平方米、日光温室12180平方米及配套设施等，主要栽植经航天育种选育的辣椒、西红柿、西葫芦、茄子、黄瓜、南瓜、西瓜、

甜瓜、树莓9个品种。建成运营以来，持续为98户建档立卡贫困群众兑现劳务分红。

2020年，江苏支援林周县在建援藏项目11个（含交流交往交融项目），总投资1.52亿元，涉及基础设施、社会民生、生态环境、特色产业、文化旅游等方面。其中，续建项目6个，包括林周县强嘎乡乡村振兴示范点、唐古乡旅游集散中心、林周县产业扶贫创业创新基地等；新建项目5个，包括林周县甘曲镇西片区道路提升改造、松盘乡卫生院、林周县公共场所供暖工程（二期）、卡孜乡垃圾转运站、林周县食用菌产业基地等，有力促进了林周县经济社会发展。

四、主动开拓创新，当好全面援藏的开拓者

援藏干部人才把受援地的资源和后发优势同内地的资金、技术、人才、市场等优势有机结合起来，丰富援藏内涵，拓宽援藏渠道，创新援藏方式，开启了全面援藏的新时代。

各省市、各部委援藏干部人才积极探索，形成了诸多好经验、好做法。例如，北京市援藏干部推动拉萨北京商会和北京拉萨商会成立，组织北京国有企业与拉萨国有企业有效对接，引进科技、农业、旅游等方面企业，推动产业扶贫，在京设立消费扶贫双创中心和数百家特色产品专卖店（柜），全方位助力当地产业发展。

江苏省援藏干部加大对口支援四县产业园区建设力度，园区承载能力大幅提升；引进实施直升机通用航空产业项目，帮助培养藏族飞行员，为拉萨提供应急救援、医疗、执法、观光等通用航空飞行业务。

广东省援藏工作队完成投资38亿元的鲁朗国际旅游小镇建设项目，将其打造成为全国为数不多的国家级旅游度假区；引进实施高原集装箱恒温养鱼、3D打印旅游产品等10多个产业扶持项目。

山东省援藏工作队着力打造白朗县有机大棚蔬菜、桑珠孜区特色产业小镇、南木林县"生态+经济林"等特色产业升级版，优化了日喀则农牧产业结构；青岛工作组实施"一乡一业"项目，打造富有现代农业特色的萝卜小镇、土豆小镇、青稞小镇、苗木小镇。

浙江省援藏工作队采取"园区+贫困群众"模式，建设高端玻璃温室大棚和日光温室大棚，攻克了高海拔地区农业发展制约瓶颈。

福建省援藏工作队引进实施石油天然气供应、水泥生产、菌草种植、片仔癀"仿野生生物链"等项目，撬动了昌都产业发展。

陕西省援藏工作队协调陕西省政府、民航西北管理局，促成"西安—拉萨—阿里"航班通航，建立起西藏与陕西交往交流交融的空中航道。

中央和国家机关各援藏工作组充分发挥桥梁纽带作用和自身优势，积极协调派出单位，为西藏自治区经济发展争取了许多政策、项目和资金。17个中央企业援藏工作组与受援地广泛开展经济技术合作交流，大力开展投资开发和项目建设，深入参与经济社会建设，有力带动了西藏经济发展、民生大幅改善和民族团结进步。

五、主动聚焦精准扶贫，当好脱贫攻坚的引领者

援藏干部人才立足本职岗位，聚焦精准扶贫、精准脱贫，主动深入一线，压实工作责任，着力提升当地群众的民生福祉，全力推动贫困群众脱贫致富。他们准确把握新形势，主动适应新要求，推动援藏工作由"整体漫灌"向"精准滴灌"转变，由重物质向重理念智力转变，真正让贫困群众直接受益、广泛受益、持久受益。

援藏干部人才坚持把助力脱贫攻坚作为重大政治任务，不断拓宽援藏领域，指导各援藏工作队突出抓好对口援藏扶贫工作，蹄疾步稳推进医疗、教育人才"组团式"援藏，全力实施产业援藏，大力实施援藏民生民心工程，尽心竭力解民忧、惠民生、暖民心。

如第八批援藏干部人才实施"四个一"援藏民生工程，即在县区建设1所二级医院、1个自来水厂、1个制氧站，在乡镇打1口深水井或修建封闭式引水渠，力争尽快解决基层干部群众吃水难、看病难等问题。组织广大援藏干部人才实施"十项精神文化援藏工程"，致力于创作一批讴歌党、讴歌祖国、讴歌人民的文化援藏精品，打造一批爱党爱国、民族团结教育基地，推出一批展现社会主义制度优越性、引领社会主义新风尚、凝聚社会主义正能量的文化力作，引导各族群众更加自觉感党恩、听党话、跟党走，同以习近平同志为核心的党中央同心同向同行。先后着力打造一批爱党爱国教育基地，推出《文成公主》《梦回古格》历史情景剧、《江孜印迹》史诗剧、《天湖·四季

牧歌》音乐剧、《走进香巴拉》原生态歌舞剧等大量援藏文化精品，助力脱贫攻坚。

党的十八大以来，习近平总书记站在全面建成小康社会、实现中华民族伟大复兴中国梦的战略高度，把脱贫攻坚摆到治国理政突出位置，提出精准扶贫、精准脱贫的方略，要求对口支援紧紧围绕扶贫脱贫来推进。援藏干部人才按照"六个精准""五个一批"精准扶贫要求，援藏项目80%以上聚焦精准扶贫，把产业扶贫作为主攻方向，努力做到户户有增收项目、人人有脱贫门路；把易地搬迁扶贫作为重要补充，确保搬得出、稳得住、能致富；把生态补偿扶贫作为双赢之策，让有劳动能力的实现生态就业；把发展教育扶贫作为治本之计，切断贫困代际传递，确保贫困人口如期实现脱贫。

西藏的干部群众由衷感慨："十八大以来，是西藏城乡面貌变化最大、群众得到实惠最多、生态改善最快、社会局势最为稳定的时期。"西藏老干部边巴说："我是西藏本地干部，我亲眼所见家乡的发展变化，发生了翻天覆地的变化，西藏人民永远不会忘记全国人民的支援，不会忘记党和政府的恩情！"

六、主动真情奉献，当好民族团结的使者

援藏干部还把"三个离不开"贯穿于援藏工作的始终，摆正位置，正确处理同当地少数民族干部群众、长期在藏工作干部以及援藏干部内部的关系，在工作中做到了相互尊重、相互理解、相互支持、相互帮助、共同进步，结下了深厚的情谊。

"豪饮困苦当美酒，笑对冷月著华章"，是援藏干部在藏工作、生活的真实写照。西藏政通人和、百业俱兴、经济发展、社会进步、民族团结、人民安居乐业，离不开援藏干部的倾情奉献和无私支援。

援藏干部人才足迹遍布高原大地，把汗水挥洒在田间地头，把真情倾注到西藏这片热土上。他们八方奔走、四处求援，千方百计引资引才引智引商，为促进西藏经济发展、社会进步和民族团结作出了艰苦努力和重要贡献。

援藏干部人才坚守理想信念，在雪域高原接受重重考验。如有的援藏干部刚进藏就经受了高原病考验，甚至付出了生命代价；连续援藏7年的"值班厅长"刘振伟，在那曲比如县维稳期间，面对冲突危机毫不畏惧、毫不退缩；"4·25"抗震救灾，援藏干部李冬迎着余震，不顾个人安危，安全转

移樟木镇6000余名群众；援藏干部胡志军，个人累计出资3万多元帮助藏族"亲戚"……

而在新型冠状病毒感染的肺炎疫情发生以来，援藏干部更是奋斗在第一线。

南京援藏工作组第一时间成立抗疫物资筹备组，按照习近平总书记关于防控工作的重要指示批示精神，积极行动，同心战疫。工作组通过募集捐赠、采购等多个渠道为墨竹工卡县抗疫一线筹集医用口罩、N95型口罩等。此外，工作组还根据江苏援藏指挥部的部署安排，立足驰援拉萨全市开展物资筹备，为拉萨市联系捐赠了84消毒液、N95型口罩、医用一次性口罩、医用防护服、医用手套，为坚决打赢疫情防控阻击战贡献力量。

"医用外科口罩10.4万只、KN95口罩1.6万只、医用防护服592件、医用护目镜448副、医用手套1.35万副、消毒液4吨，温度计、额温枪、电动喷壶等防疫物资若干，捐款102750元。"这份沉甸甸的援藏物资"清单"，是山东人民和山东第九批援藏干部人才献给西藏自治区日喀则市的一份"爱的礼物"。山东省第九批援藏干部人才与日喀则干部群众休戚与共、心手相连，共同谱写了一曲感人肺腑的抗疫之歌。

自新冠肺炎疫情防控工作开展以来，全区"1+7"医院"组团式"援藏专家团队和各援藏工作队积极行动，全力投入疫情防控工作。疫情发生后，自治区、拉萨市、林芝市、昌都市人民医院"组团式"援藏医疗队领队主动放弃休假，留藏投入到疫情防控工作，并动员各队队员结束休假，及时返回参与疫情防控工作。同时，依托援藏团队专业特长，全区各医院及时组织开展相关科室专业人员培训、防护技术实操演练，全面掌握新冠肺炎预防、诊疗和控制技术等急需技能知识。返藏后按规定居家隔离期间，很多援藏专家通过电话、视频等形式参与医院、科室疫情防控工作指挥和协调、发热病人会诊等。通过牵头搭建远程办公平台、远程会议平台，制作"云"防疫科普视频，接听心理求助电话，提供相关心理咨询。

信念，在雪域高原淬火，闪耀着不变的初心。不忘初心、援藏前行，意味着锤炼党性、不计名利。"立功何须在桑梓，雪域更待洒青春。"

第四节　西藏发展日新月异

改革开放以来，我们党领导全国各族人民不断解放思想、更新观念，凭着一股逢山开路、遇水架桥的闯劲，铁杵磨针、滴水穿石的韧劲，成功走出一条中国特色社会主义发展道路。西藏和全国一样，也历经了一场如火如荼的改革开放洗礼，逐渐从封闭走向开放，从贫困走向富裕，从落后走向进步，经济快速发展、民生大幅改善、民族交往交流交融更加密切、宗教日益和谐、生态保持良好、边疆巩固边境安全、社会和谐稳定，正处在历史上的最好时期。2022年，西藏实现地区生产总值2132.64亿元，全区居民人均可支配收入26675元，城乡居民增幅位列全国第一，特别是农牧民可支配收入实现持续17年两位数增长。这些辉煌成就的取得，反映出了中央西藏工作的正确决策与路径，反映出了西藏党委、政府的坚强领导和各族人民的团结拼搏，也反映出全国对口支援的丰硕成果。

一、经济持续健康发展

在中央关心和全国支援下，西藏发展理念和发展方式不断创新升维，经济社会发生了翻天覆地的变化。特别是党的十八大以来，西藏深入贯彻落实新发展理念，充分发挥市场在资源配置中的决定性作用，同时更好地发挥政府作用，深化经济体制改革，坚持用供给侧结构性改革引领发展，着力补齐发展短板。

2019年，全区固定资产投资总量达1660多亿元，年均增幅达到19.7%；全区公路通车总里程为103579.2公里，其中农村公路74043.9公里，占比71.5%。西藏农村客运网络日益完善，全区开通农村客运班线203条，参与营运农村客运班车411辆。除墨脱县外，其余县均已开通客车，通客车率达98.6%。青藏铁路、拉日铁路建成运营，建成运营民航机场5个，现代交通运输体系基本形成；满拉、旁多等一大批水利枢纽工程建成发电，青藏、川藏电力联网工程架起了电力"天路"。

同时，西藏还不断夯实高原生物产业、旅游文化产业、清洁能源产业等产业基础。2019年，全年接待国内外游客4000多万人次，实现旅游总收入近560亿元；粮食产量稳定在105万吨，其中青稞产量达到81.4万吨；藏电外送实现新突破，累计外送电力21.9亿千瓦·时。

新型城镇化建设也在稳步推进，城镇化率达到30.9%，拉萨市首府城市作用更加凸显，日喀则、山南、林芝、昌都、那曲撤地设市。2022年，全区市场主体达到43.76万户，比上年增长7.6%，为全区经济发展注入新活力。持续深化对内对外开放，着力构建开放型经济新体制，积极融入"一带一路"建设，推进面向南亚的陆路贸易大通道建设，对外贸易规模不断扩大。

二、社会事业全面进步

党的十八大以来，以人民为中心的发展思想在西藏得到了充分的体现。

坚持教育事业优先发展，先后推出15年公费教育。2022年，小学净入学率达到100%，九年义务教育巩固率达到97.73%，学前三年毛入园率达到89.52%。

2022年，全区共有卫生机构1655个，实有床位数19992张，卫生技术人员26127人。西藏卫生健康事业实现历史性跨越，覆盖城乡的医疗卫生服务网络逐步形成，全民基本医保体系基本建立。扎实推进医疗、教育人才"组团式"援藏，基层医疗、教育水平不断提高，初步实现了大病不出自治区、中病不出地市、小病不出县区。

西藏人民的住有所居得到前所未有的改善。2022年，全区城镇居民人均住房面积达到44.82平米，农牧民人均住房面积达到40.18平米，实现了安居乐业。

全国各省市加大对口支援力度，中央企业在藏实施资源开发和促进当地农牧民增加收入，聚焦深度贫困地区和特殊贫困群体，用绣花的功夫全力推进精准扶贫、精准脱贫，脱贫攻坚战取得全面胜利。2019年，西藏是公共服务质量满意度超过全国总体满意度的14个省份之一，相比2018年提升幅度较大。根据《市场监管总局办公厅关于2019年全国公共服务质量监测结果的通报》，2019年西藏公共服务质量满意度全国排名第九位，相比2018年提高了12位。2019年12月，74个县（区）全部脱贫摘帽，绝对贫困得到消除，脱贫攻坚任务全面完成。

三、社会治理能力不断提升

反分裂斗争是维护祖国统一、加强民族团结的核心内容。西藏大力推进社会治理改革创新，着力推动社会治理从"要我稳定"向"我要稳定"转变，构建维护社会稳定的长效机制，全区各族群众的安全感和拉萨市公共安全感，连续多年位居全国前列。不断完善反分裂斗争工作体制机制，构建区市县乡村五位一体维稳工作机制，社会治理体系日趋完善，社会治理能力不断提高。深化落实干部驻村驻寺、网格化管理、"先进双联户"创建等系列措施，推动社会治理重心下移，深入推进平安西藏建设，立体化、信息化社会治安防控体系不断健全。全面贯彻党的宗教工作基本方针，坚持宗教中国化方向，着力在"导"上下功夫，深入开展习近平总书记"政治上靠得住、宗教上有造诣、品德上能服众、关键时起作用"的教育实践活动，淡化宗教消极影响，积极引导藏传佛教与社会主义社会相适应，实现了寺庙和宗教领域整体和谐稳定。广泛开展民族团结教育和民族团结进步创建活动，大力开展树立中华民族视觉形象工作，使"三个离不开""五个认同"思想和中华民族共同体意识深入人心，促进各族人民像石榴子一样紧紧抱在一起。坚持屯兵与安民并举、固边与兴边并重，推进军民融合深度发展，实施兴边富民行动，引导非边境地区群众向边境一线搬迁，让越来越多的群众像格桑花一样扎根在雪域边陲。

四、美丽西藏建设全力推进

西藏始终高度重视生态环境保护工作，牢固树立绿水青山就是金山银山，冰天雪地也是金山银山的理念，坚持"生态保护第一"的原则，大力推进生态文明体制改革，确保雪域高原天蓝地绿水清。深入推进"两江四河"（即雅鲁藏布江、怒江、拉萨河、年楚河、雅砻河、狮泉河）造林绿化工程、"四旁"（即村旁、路旁、水旁、宅旁）植树和消除"无树户、无树村"行动，全区有条件的10.47万"无树户"、1049个"无树村"全部消除，生态环境大幅改善；建立各级各类自然保护区47处、各类生态功能保护区22个，天然林蓄积、乔木林单位面积蓄积、人均森林面积、人均森林蓄积均居全国第一，草原植被覆盖率超过46%，生物多样性得到有效保护。完善落实森林生态效益补偿机制和草原生态保护补助奖励机制，落实各类生态补偿资金296.30亿元，让贫困群众吃上了"生态饭"。实行最严格的生态环境保护制度，着力解决人民群众反映强烈的突出环境问题，大气、水、土壤污染防治行动成效显著，全区主要城镇环境空气优良率保持在95%以上，地表水环境质量全部达到Ⅲ类及以上标准，地级以上城市饮用水水源地水质优良率达到100%。中科院评估认为，西藏高原各类生态系统结构稳定、总体趋好，绝大部分区域处于原生状态，仍然是世界上环境质量最好的地区之一。

五、依法治藏迈出坚实步伐

西藏积极发展社会主义民主政治，坚定坚持党的领导、人民当家做主、依法治国有机统一，民主法治建设迈出重大步伐。党的十八大以来，按照党中央重大决策部署，稳慎推进民主法治领域改革，深入推进科学立法、严格执法、公正司法、全民守法，法治西藏、法治政府、法治社会建设相互促进，开创了全面依法治藏的新境界。毫不动摇坚持、与时俱进完善人民代表大会制度和民族区域自治制度，保证和发展西藏各族人民当家做主的政治权利。西藏现有35963名各级人大代表，其中藏族和其他少数民族代表占92.18%，西藏各族人民通过人民代表大会依法行使国家权力。高举爱国主义、社会主义旗帜，牢牢把握大团结大联合的主题，健全完善统战工作领导机制，团结一切可以团结的力量，特别是对长期与党肝胆相照、同心同德的爱国统战人士及其后代，在西藏和平解放、民主改革等重大历史事件中给予无私支援、鼎力相助的群众以及牺牲群众的后代全力帮扶安排；深入实施"八大工程"，促进非公有制经济健康发展和非公有制经济人士健康成长，着力争取人心、凝聚力量，巩固发展爱国统一战线。同时，推进城乡社区民主协商、企事业单位民主管理，群众依法自我管理、自我服务、自我教育、自我监督能力明显提升。

六、文化事业和文化产业繁荣发展

西藏各民族文化是中华文化不可分割的组成部分，中华文化始终是西藏各民族的情感依托、心灵归宿和精神家园。西藏坚持中国特色社会主义文化发展道路，广泛弘扬社会主义核心价值观和中华优秀传统文化，思想文化建设取得显著成效。党的十八大以来，全面加强党对意识形态工作的领导，文化事业和文化产业蓬勃发展，唱响主旋律、传播正能量，为实现西藏长足发展和长治久安提供有力的思想保证、精神力量、道德滋养和文化条件。持续深化群众性精神文明创建活动，广泛开展理想信念教育、中国梦宣传教育、新旧西藏对比教育、"四讲四爱"群众教育，理直气壮宣传西藏自古以来就是祖国不可分割的一部分，教育引导干部群众自觉与十四世达赖和达赖集团划清界限，深入揭批十四世达赖反动本质。深入实施文化惠民工程，实现地市群艺馆、县区综合文化活动中心、新华书店、乡镇综合文化站和村农家书屋、寺庙书屋全覆盖，全区广播电视台76座，广播、电视人口综合覆盖率分别提高到99.41%和99.56%，形成自治区、市、县、乡四级公共文化设施网络；优秀传统文化得到传承保护，非遗名录体系不断完善，哲学社会科学、新闻出版、文学艺术、科技、体育等事业全面发展；加快特色文化产业发展，推出了《文成公主》等一批具有地方特色、叫响全国的精品力作，文化产值超过40亿元。对外文化交流活动日益丰富，成功举办4届中国西藏旅游文化国际博览会，向全世界展现了一个繁荣稳定、多姿多彩的社会主义新西藏。

七、党的建设全面加强

西藏坚持把加强和改进党的建设作为做好西藏工作的根本保证，主动适应所处历史方位变化，不断加强新形势下党的建设，不断巩固党在西藏的执政地位和执政基础，不断提升党的领导水平和执政能力。党的十八大以来，按照党中央把党的政治建设摆在首位的决策部署，深入推进党的建设制度改革，推动全面从严治党向纵深发展，开创了党的建设新局面，增强了各级党组织的创造力、凝聚力、战斗力和领导力，为西藏各项事业取得历史性成就、发生历史性变革提供了坚强政治保证。

纵观西藏过去的70多年，无论是拓荒年代的开天辟地，还是改革年代的谱写新篇，西藏各级党组织始终坚持以马列主义、毛泽东思想、邓小平理论、"三个代表"重要思想、科学发展观、习近平新时代中国特色社会主义思想为指导，认真贯彻落实中央历次西藏工作座谈会精神。

先后组织开展了"三讲"教育、"三个代表"重要思想学习教育、保持共产党员先进性教育、学习实践科学发展观教育、党的群众路线教育、"三严三实"专题教育，推进"两学一做"学习教育常态化制度化，扎实开展"不忘初心、牢记使命"主题教育，使广大党员干部的"四个意识"显著增强、理想信念更加坚定、党性更加坚强。

完善干部培养、选拔、使用、管理、监督工作，以及改进基层组织和人才队伍建设等党内法规制度体系，提升党建工作制度化规范化水平。树立大抓基层的鲜明导向，整顿软弱涣散基层党组织，创新基层党建工作载体，推动基层党组织全面进步、全面过硬。

2021年7月1日是中国共产党建党100周年，截至2021年12月31日，全区党的基层组织增加到2.2万多个，西藏党员总数达43.3万余名，党员比例继续保持全国前列。机关干部到村担任党支部第一书记实现全覆盖，村（居）"两委"班子成员中党员比例达到100%。人才发展体制机制改革不断深化，推动人才向基层艰苦地区流动，博士服务团人数、西部计划志愿者留藏规模创历史新高，全区人才总量达到37万人。在新冠肺炎疫情暴发期间，西藏组织广大党员干部积极投身疫情防控。对在疫情防控一线表现优秀的干部职工优先提拔使用、晋升职称、入党等，已提拔使用61人，递交入党申请书665人，发展党员10人。统筹750万元党费支持疫情防控，组织全区40多万名党员捐款1.15亿元。

同时，西藏坚持把决战决胜脱贫攻坚作为考核考察领导班子和领导干部的重要内容、选拔任用干部的重要依据、评先选优的重要因素、管理监督干部的重点任务，让吃苦者吃香、有为者有位。加大干部教育培训力度，2020年按要求对10734名新任乡村干部、驻村干部、第一书记轮训实现全覆盖，还培训了3407名乡镇组织委员、乡村振兴专干。

2019年整顿各领域软弱涣散基层党组织1053个，其中农牧区软弱涣散党组织599个；2020年又排查出各领域软弱涣散党组织939个。从2020年开始，开展整顿验收满意度测评工作，凡是党员满意度低于95%、村民代表满意度低于85%的一律重新整顿，确保整顿质量和成色。

西藏的共产党员牢固树立西藏海拔高但学习贯彻习近平新时代中国特色社会主义思想标准更高，牢固树立西藏客观条件特殊但从严治党和反腐倡廉没有任何的特殊性，牢固树立西藏氧气少气压低但坚定理想信念、执行党的纪律标准不能降低，坚持把党的政治建设摆在首要位置，对"七个有之"高度警觉，严明政治纪律和政治规矩，严肃查处对党不忠诚、不老实的"两面人"，坚决维护习近平总书记的核心地位、维护党中央权威和集中统一领导；认真落实"两个责任"，把纪律和监督挺在前面，管党治党实现从宽松软到严紧硬的转变；狠抓中央八项规定精神落实，驰而不息纠正"四风"，坚持无禁区、全覆盖、零容忍，坚持重遏制、强高压、长震慑，营造了西藏风清气正的政治生态。

综上所述，在中央的关心和全国对口支援下，特别是在习近平总书记"治边稳藏"重要战略思想引领下，西藏各级党委、政府带领全区各族人民团结奋斗，西藏经济社会发展持续迈上新台阶，谱写了中华民族伟大复兴中国梦西藏篇章，开创了西藏长足发展和长治久安的新局面，西藏正在走向更加美好的明天。

第三章　全国各省市合力支援西藏

回顾全国对口支援西藏历程，是西藏边疆同祖国内地心连心、同呼吸、共命运的历程。在这一历程中，全国各省市派出优秀干部参与西藏各项建设，持续加大资金投入和项目建设力度，全面开展教育、卫生、科技、产业等援助工作，有效地促进了西藏经济发展、社会稳定、民生改善、文化繁荣、生态保护和民族团结进步。这充分体现了共产党领导的政治优势，体现了社会主义制度的优越性，体现了先富帮后富的改革开放的政策优势，体现了守望相助的中华民族传统美德。

第一节　北京：首善标准铸就援藏丰碑

北京市从1994年中央明确对口支援拉萨市以来，在两地党委、政府的高度重视和坚强领导下，全面贯彻落实党中央的决策部署，树立首要意识，坚持首善标准，发挥首都优势，发扬首创精神，争创首位效益，全方位加大援藏力度，为拉萨市实现跨越式发展和长治久安作出了积极贡献。

一、北京援藏工作的主要做法

28年来，北京市累计派出援藏干部人才超过1200人次，投入援藏资金近60多亿元，建设项目600多个，有效推动了拉萨经济社会的全面发展。2019年国家对口支援考核结果通报显示，北京市援藏工作位列全国首位，6个专项考核均取得优异成绩，在拉萨市2018年整体脱贫的基础上进一步巩固了脱贫成果。

（一）加强体制机制创新，高效推进援藏工作

北京市创新援藏工作运行机制，成立了以市委书记为组长、市长为常务副组长，以及6名"四套班子"领导为副组长的北京市扶贫协作和支援合作领导小组及办公室，领导小组中的55个成员单位还率先在拉萨市设立了北京援藏指挥部，建立了由党委、政府坚强领导，市扶贫协作和支援合作工作领导小组办公室统筹协调，前方指挥部强力推动，各区、各部门协同支持，社会各界广泛参与，全体援藏干部全力投入的工作机制，形成了"前方有抓手、后方有支撑、前后方统筹联动"的工作格局。同时，北京市还创新党建工作模式，充分发挥党组织核心作用，建立网络党建平台，健全指挥部党委领导、纪委监督、党支部、自我管理小组共同发挥作用的工作体系，形成援藏干部管理、服务、提升的工作机制，为高质高效完成援藏各项工作任务提供了坚实的组织保障，奠定了牢固的制度基础。

（二）选优配强援藏干部，充分发挥表率作用

北京市坚持高标准选干部、严要求管干部，援藏干部数量不断增加、质量不断提升、结构不断优化、覆盖不断扩大，人数从第一批的31人次增加到第九批的300多人次（含专职干部和技术人才）；学历从以本科为主向以硕士研究生、博士研究生为主转变；从以机关干部为主向以机关、事业、企业干部并重转变；这些干部有效覆盖到了拉萨市的50多个机关，重要的企事业单位，以及所辖的县（区）。来自北京的援藏干部们政治坚定，在工作中坚持首善标准，满怀热情、全力以赴，主动揽下各项急难险重的工作；维护稳定，促进民族团结，勤政廉政，积极推动拉萨跨越式发展，充分发挥出了首都援藏队伍的表率作用，其中累计有400多人次获得了全国、北京市、西藏自治区和拉萨市的表彰，树立了北京市援藏干部的良好形象。

（三）突出项目援藏，强化拉萨建设基础

北京市援助的资金和项目，围绕拉萨市提出的"党建统市、环境立市、文化兴市、产业强市、民生安市、法治稳市"六大战略展开，以填空白、利长远、惠民生的项目为重点，坚持向农牧区、基层、民生倾斜，确保援藏项

目既符合中央要求，又顺应拉萨需求、满足群众意愿，多个项目填补了拉萨城市功能的空白，极大改善了拉萨市民的生产生活条件。"十二五"以来，北京市超额完成了中央部署的任务，在完成1‰任务的基础上，多拿出15亿元资金支持拉萨市的重点建设项目。

援助过程中，北京市建立了项目责任制，紧抓项目前期，主动沟通衔接，确保项目快速有序推进；始终以质量第一为原则，全方位加强监理监管工作，树立北京援藏项目品牌；按照拉萨市提速跨越发展的要求，加强施工力量和资源统筹，保证项目建设如期或提前完成；建立健全项目安全责任机制，加强全流程安全管理，有效预防了安全生产事故的发生；强化落成项目运营管理，充分发挥其经济、社会、生态效益。

（四）注重产业援藏，增强自我"造血"功能

北京市聚焦扶贫攻坚，着力开展产业扶贫，增强对口支援地区的自我"造血"功能，帮助农牧民增收致富。援藏期间，北京市动员260多家北京优势企业到拉萨投资兴业，投资额超过300亿元。其中，产业带动效益与扶贫效益较好的项目有：拉萨市净土健康产业项目、城关区西藏奶业项目和奶牛养殖基地项目、当雄旅游产业项目和纳木错天然饮用水项目、尼木德青源藏鸡养殖项目、吞巴非遗项目、高原种植业航天育种及产业化推广项目、堆龙德庆羊达设施农业项目、德吉藏家项目、堆龙德庆工业园项目等。

北京市还在北京专门建设了北京消费扶贫双创中心，在各区设立消费扶贫分中心，通过消费帮扶带动农牧民群众增收，支持西藏产业发展。同时安排专项资金，制定了拉萨市国家电子商务示范城市规划、拉萨市商业网点规划、堆龙工业物流园区规划、纳木错景区规划等一批产业规划，充分发挥了首都市场优势，有效带动了拉萨的产业发展，为拉萨市的整体发展奠定了良好基础。

（五）加大文化援藏，加强民族交往交流交融

北京市先后投入近10多亿元援藏资金，建设了拉萨市群众文化体育中心、拉萨电视台、拉萨文化大厦、拉萨人民艺术宫、拉萨歌舞团剧场、德吉罗布儿童乐园、数字文博中心、牦牛博物馆等10多个重点文化项目，极大地改善了拉萨的公共文化设施；对"北京援藏课题"进行研究，支持反映藏汉民族

团结的大型诗史音乐剧《文成公主》在国家大剧院演出，支持《文成公主》大型实景剧的发展，有效带动了周边农牧民群众脱贫致富；策划支持《拉萨百科全书》"西藏岁月丛书（10本）""拉萨文库（100年）"等一批文化产品，填补了拉萨文化发展的空白；开展了首都艺术家、首都媒体拉萨行、"京藏手拉手"读书会、京藏儿童手牵手夏令营、网络媒体红色故土行、首博珍品展览、北京奥运文化展、援藏歌曲创作评选等活动；举办了北京援藏工作展、援藏干部摄影展，出版了《拉萨文库》《北京援藏论文集》《北京援藏新闻报道集》《援藏岁月》《雪域长歌》《守望拉萨》《筑梦拉萨》等出版物，推出了《因为爱，所以爱》《京藏情》《西藏西藏》等数万篇宣传报道。这一系列举措极大丰富了北京市援藏文化的内涵，让文化援藏工作有了新思路、新途径，同时形成了社会各界支持援藏工作的良好氛围。

（六）开展智力援藏，培养各类急需人才

"十二五""十三五""十四五"期间，北京市安排3亿多元资金，派出各类专业人才到拉萨帮助开展课题研究和规划建设工作，培训各类干部人才1万余人次，培训农牧民2万余人次，先后邀请1500余位首都专家学者到拉萨指导工作，开展专题讲座进行"传帮带"，直接受益的西藏干部群众超过10万人次；挂职锻炼与跟岗培训的医生、教师等专业人才多达2000余名，为拉萨留下了一支带不走的人才队伍，让拉萨的干部人才素质得到了有效提升。

（七）实施爱心援藏，增进民族团结

北京市还组织动员了社会的其他力量共同开展援藏工作。首都各界为拉萨捐赠资金、物资和设备达2000多批次，折合人民币6亿多元；援藏干部发起的"温暖行动"，为高海拔学校的农牧民学生送去冬衣，每名援藏干部结对帮扶1~2户困难家庭，累计帮扶困难群众1000多户，累计捐款捐物100余万元；结对帮扶儿童村和福利院，定期为孤儿院送温暖；援藏医生深入农牧区和寺庙，开展义诊、免费体检和送医送药活动。这些形式多样的爱心援藏工作，让相互尊重、相互借鉴、团结友爱的种子在西藏各族干部群众的心中生根发芽，加深了京藏人民情谊，促进了汉藏民族团结。

二、北京援藏成效显著

北京市通过创新体制机制，选派优秀干部，持续加大资金投入，突出项目援藏，注重产业援藏，加大文化援藏，加强智力援藏，实施爱心援藏等多种方式全面开展援藏工作，促进了拉萨市的经济快速发展、社会和谐稳定、民生大幅改善、公共服务水平全面提升、民族团结进步、文化繁荣发展、生态保护良好，为拉萨市实现跨越式发展和长治久安作出了积极的贡献。2018年年底，北京对口支援的城关区、堆龙德庆区、当雄县、尼木县率先全部脱贫，拉萨市实现整体脱贫，在"三区三州"深度贫困地区中属于首例。

（一）促进了拉萨经济快速发展

通过加大对拉萨的基础设施建设、设立专项产业扶持资金、培育高原特色产业、支持经济开发和工业园区建设、优化投资发展环境，北京市的援藏工作有力推动了拉萨的经济快速发展。对口支援28年来，拉萨经济社会发展，百姓得到实惠。拉萨市的生产总值由1994年的14亿元增加到2022年的747.57亿元；财政预算收入由不到1亿元跃升到近355.33亿元；农牧民人均可支配收入由800多元增长到22756元；城镇居民人均可支配收入由4000元增长到51591元；全社会固定资产投资达800多亿元；社会消费品零售总额达353亿元，居民消费品价格涨幅控制在2.6%以内；城镇登记失业率控制在2.2%以内。旅游接待2024万人次，旅游总收入288.91亿元。北京对口支援拉萨市下辖的城关区、堆龙德庆区、当雄县和尼木县生产总值在拉萨市占比从1995年的13.62%增加到65%。

（二）促进了社会和谐稳定

北京市始终把维护拉萨的社会稳定作为援藏工作重点，不断加大拉萨市和谐稳定工作支援力度，着力打造平安拉萨、和谐拉萨，为全市各族群众创造了安居乐业的良好环境。北京指导支持拉萨市建设了网格化管理、数字城管系统、护城河工程和拉萨市民服务中心等，北京投入专项资金建设了拉萨的四大检查站和公检法备勤房，优化了拉萨城市交通管理系统，打牢了维护稳定和社会管理的基础。拉萨市成为全国38个重要城市中安全指数最高的城市。

北京市投入2100万元援建的拉萨市民服务中心、投入1980万元援建的拉萨市数字城管指挥中心、拉萨市网格化管理信息平台，在拉萨城市管理和维稳工作中发挥了重要作用。如拉萨市民服务中心已经成为拉萨市民、企业、商户办理各类事务的一站式服务平台，大大简化了程序，节约了时间。网格化管理模式延伸到拉萨县区、乡镇、村（居），并推广到全区和其他涉藏地区、新疆等地。数字城管从2011年9月投入运行，通过搭建数字城管指挥平台，实行了统一指挥、统一协调、统一调度，对网络资源和相关资讯进行实时监控、演示和智能化管理，及时发现、处理城市管理问题。

（三）促进了民生大幅改善提升

北京援藏工作的重心始终坚持向民生倾斜，扎实推进保障和改善民生项目，在学有所教、劳有所得、病有所医、老有所养、住有所居方面发挥了积极作用。一是拉萨教育条件和水平得到较大提升。北京市先后投入6亿多元资金，援建了拉萨北京中学、北京小学、海淀小学、丰台小学、海城小学等10多所学校，选派400多名教师赴拉萨支教，组织教师开展短期双向交流培训，"组团式"教育援藏覆盖面已扩大至小学、初中、高中和职业学校等多个阶段，并在拉萨北京实验中学组建了首个"京藏宏志班"，让拉萨的贫困学生也能享受到优质的教育资源。这一系列措施改善了拉萨的教育条件，提高了拉萨的教学水平，2019年拉萨北京中学、拉萨北京实验中学高考上线率已接近100%。全市学龄儿童纯入学率达99.99%，义务教育巩固率保持在99.33%。二是拉萨医疗卫生条件得到较大提升。北京市先后派出15期共400多名援藏医生，到拉萨市人民医院、拉萨妇幼保健院、尼木县人民医院、堆龙德庆区人民医院、当雄县人民医院工作，发挥"传帮带"作用；以"组团式"医疗援藏助力拉萨市人民医院以建成"大病不出藏"兜底医院为目标，扎实推进"强三甲"建设；医疗卫生援藏完成多项市县医院门诊、医技综合服务楼基础设施建设，新建了东嘎医院、纳木错卫生院和羊八井镇卫生院，大幅改善了当地的医疗卫生条件；筛查1万多例、成功治愈150多例先心病患儿；深入城乡开展免费义诊和体检活动，实施基层医疗卫生服务人员培养工程，城乡居民和寺庙僧尼免费体检率分别达99.9%、100%。三是当地就业得到有效促进。先后提供5000多个岗位，帮助拉萨籍应届大学生在京就业，通过建设拉萨藏餐培训基地、加强人才培训、设施农业建设等方式促进就业，为拉萨籍大学生全就业、消除零就业家庭作出努力。四是社会保障得到加强。北京援藏工作支持养老院、福利院建设，基本实现了孤残儿童集中供养，老人集中供养率超过80%。五是住房条件大幅改善。北京市投入专项资金支持农牧民安居工程和村容村貌整治工程，推进"八到农家"，农牧民人均住房面积超过40平方米。在中国社科院发布的公共服务蓝皮书9项评价指标中，拉萨市在38个重点城市的整体排名、对公共服务满意度排名均排在首位，拉萨市连续7年被评为百姓幸福感最强城市。这些成绩的取得，无不体现了北京援藏的成果。

（四）促进了民族团结进步

北京援藏工作始终把增进京藏情谊、促进民族团结作为根本，积极推动两地高层互访，不断深化各层次交往交流。广泛开展了各种民族团结活动，如围绕"京藏一家亲"，广泛开展了"结对子、结亲戚、交朋友、手拉手"等活动，开展结对认亲帮扶活动，发挥了桥梁纽带作用，搭建起拉萨与北京的交流合作平台，赢得了拉萨各族干部群众的广泛赞誉；加强与拉萨青少年、宗教团体、社会组织、企业家代表的交往交流，促进相互了解，增进认同；援藏项目重点向基层、向农牧民、向民生倾斜，解决群众的实际困难，使拉萨各族人民广泛感受到首都人民的深情厚谊；以文化活动为载体，推进各民族文化相互包容与相互欣赏，促进对中华文化的认同，建设共有精神家园；形成了首都56个民族拉萨行等一批有影响力的文化品牌；邀请首都相关部门指导工作，动员社会各界开展捐赠活动，传递来自首都的关爱和温暖等，有力促进了民族团结进步，拉萨市被评为民族团结进步示范城市。

（五）促进了文化繁荣发展

投资近8亿元建设的拉萨市群众文化体育中心，成为迄今西藏最大的援藏单体建筑，填补了西藏没有现代化大型体育场所的空白；投资1亿多元建设的牦牛博物馆，成为世界上唯一以牦牛文化为主题的博物馆；投资7000多万元建设的德吉罗布儿童乐园，填补了高原现代化大型游乐项目的空白等。落实扶志扶智，增设拉萨电视台的硬件设施、软件系统、藏语和文化旅游频道；建成的拉萨文化产业发展大厦成为拉萨文化产业发展的孵化器。这些项目凝聚了北京的无私支援和援藏干部的努力。目前，拉萨市共有290家艺术表演团体，广播电视覆盖率达到99.6%。

（六）促进了生态文明保护

北京援藏工作着力创优拉萨生态环境、提升人文环境和优化发展环境。

援藏干部全力推进拉萨市"六城同创"，拉萨市成功创建全国文明城市、全国双拥模范城市、全国卫生城市、全国环保模范城市、全国园林城市、全国民族团结示范城市，提升了拉萨的城市管理水平和文明水平。助推完成拉萨市环境功能区规划、当雄县城规划、纳木错景区规划、堆龙德庆区规划、尼木县城规划等，促进了拉萨市的长远发展。支持堆龙德庆工业园污水处理厂、宗角禄康公园、当雄县和尼木县周转房供暖工程等建设，改善了拉萨的生态环境。2022年，拉萨市空气质量优良天数达364天，全年PM2.5平均温度8μg，全国168个重点城市中排名第一。

三、北京援藏工作主要经验

北京援藏工作成绩的取得，要得益于中央的方针政策正确，得益于北京市委、市政府的重视和领导，得益于西藏自治区、拉萨市党委、政府的信任关怀，得益于北京市各部门各区县的关心支持，得益于全体援藏干部的努力付出。通过多年的援藏工作，形成北京援藏经验：

（一）思想重视是关键

北京市委、市政府历来高度重视援藏工作，从党和国家工作的大局出发，从战略全局的高度充分认识到援藏工作的特殊重要性。北京市委主要领导指出，要把援藏工作作为光荣的政治任务、义不容辞的责任和分内之事，抓紧抓实抓好，按照首善标准完成各项任务。在实践中，发挥好北京在援藏工作中的榜样作用，模范贯彻落实中央确定的方针和部署，把援藏工作纳入北京市的经济社会发展规划，构建起决策、协调、执行"三位一体"工作体系，不断创新体制机制，完善工作制度，按照首善标准，全方位、多层次、高标准推进援藏工作，发挥了引领示范作用。

（二）干部援藏是龙头

北京严格按照"好中选优、优中配强"的援藏干部选拔原则，在全市范围内公开竞争选拔援藏干部，注重从后备干部中筛选，从优秀技术骨干中精选，北京市派出的一批又一批素质好、学历高、能力强、年纪轻、作风硬的优秀援藏干部，为扎实推动各项援藏工作打下了坚实的干部基础。同时，注重严管与厚爱，不断强化援藏干部管理服务，如组织"三学两课"（学藏语、藏歌、藏舞和西藏历史文化课、政治理论课）学习活动，定期安排援藏干部体检，开展丰富多彩的文体活动，提升援藏干部整体素质，发挥桥梁纽带作用。

（三）资金项目是基础

仅"十二五"期间，北京市援藏资金就超过20亿元，"十三五"期间，安排援藏资金23.89亿元，是投入援藏资金最多的省市之一。北京在严格贯彻落实中央关于把上一年财政收入的1‰作为基本援藏资金的基础上，多增加了12多亿元，支持拉萨市急需重点项目建设和脱贫攻坚工作。为调动受援方积极性，北京援藏项目大多采用"交支票"方式，通过选择好的监理公司和强化管理确保工程质量。拉萨市群众文化体育中心等重大工程项目，采用了"交钥匙"方式，引进北京大型国企参与建设，确保了项目进度、工程质量和后期使用效益，荣获鲁班奖。

（四）开拓创新是动力

在援藏工作中，北京市注重总结工作经验，创新工作思路，援藏工作实现了"八个转变"：援藏主体以政府投入为主转变为全社会参与援藏；援藏层面以北京市各区县轮换援助为主转变为全市统筹推进；援藏内容以物质援藏为主转变为物质与精神并重；援藏领域以干部和资金为主转变为科技、人才、智力、文化、教育等全面援藏；援藏重点以注重城市基础建设为主转变为向农牧区、基层、民生重点倾斜；援藏方式以"输血型"援助为主转变为增强"造血型"；项目建设标准以完成项目建设为主转变为注重建设质量与使用效益并重；援藏方式从政府单项无偿援助转变为注重引入市场机制、实现合作双赢。

（五）民族团结是根本

援藏工作的根本是促进民族团结，夯实共同团结奋斗、共同繁荣发展的根基。北京援藏工作持续开展"民族一家亲"活动，为拉萨改革发展稳定各项事业注入了强大动力，让拉萨各族干部群众深切感受到了社会主义祖国大家庭的无比温暖和社会主义制度的优越性，提高了中华民族的凝聚力和向心力，极大地增进了民族团结，有力维护了祖国统一和边防巩固，在雪域高原上树立了不朽的丰碑，谱写了多彩动人的乐章。

（六）制度规范是保障

北京市注重创新援藏工作模式，不断健全工作体制机制和各项制度，推进援藏工作有效开展。如建立了指挥部党组织体系和工作体系，制定了《援藏干部行为规范》《援藏项目管理规定》《援藏资金使用和审计规定》《党委议事规则》等50余项规章制度，推动了北京援藏工作更加科学化、规范化。

四、北京援藏工作努力方向

今后，北京援藏工作将以党的二十大精神为指引，认真贯彻落实习近平总书记"治国必治边，治边先稳藏"的重要战略思想，深化思想认识，自觉从全党全国工作大局的高度，从全面建成小康社会的高度，来认识支援合作工作，不断增强责任感和使命感，真正把这项工作当作自己的分内事，不断理清援藏思路，加大支援力度，创新工作机制，拓宽帮扶领域，提升援藏效益，在支援合作工作中立标杆、作示范，着力推动与受援地区的优势互补、良性互动，让共赢发展的成果惠及更多群众；更加注重脱贫导向和攻坚力度，全力以赴助力拉萨巩固脱贫攻坚成果，促进乡村全面振兴。

（一）继续提高政治站位，推进援藏工作转型升级

援藏工作主要靠政府投入，以干部援藏和物质援助为主，存在重援助轻交流、重干部轻人才、重有形轻无形、重硬件轻软件等问题。随着西藏的发展和援藏形势的变化，援藏工作需要加大交往交流交融，加大干部人才组团援藏，加大产业支持力度，动员企业和社会参与，强化双向合作，不断夯实民族团结的基础，弥补人才总量与质量的不足，增强自我"造血"功能，加大援藏力量和效果，实现双赢和可持续发展。

（二）继续聚焦扶贫脱贫，助力拉萨市巩固脱贫攻坚成果

援藏资金向精准扶贫、精准脱贫倾斜，优先安排、启动、实施有利于精准扶贫、精准脱贫的项目。"十三五"时期，北京共安排援藏资金23.89亿元，其中援助拉萨18.55亿元，援助昌都5.34亿元，实施助力脱贫项目38个；援助拉萨安排计划内扶贫资金7.2亿元，额外支持拉萨5.34亿元，支持昌都1亿元用于助力脱贫攻坚。今后，巩固拉萨和昌都的脱贫攻坚成果，应是北京援藏扶贫重中之重的任务，重点在教育扶贫、健康扶贫和产业扶贫上聚焦发力。

（三）继续发挥首都优势，深化全面援藏工作

结合拉萨实际需求，发挥首都北京得天独厚的优势，充分发挥援藏干部的桥梁纽带作用，进一步深化干部、资金、项目、产业、智力、科技、文化、卫生、社会等各项援藏工作，全面提升援藏质量和效果。

（四）继续完善体制机制，开创援藏工作新格局

完善鼓励援藏干部充分发挥作用和促进全社会参与援藏的政策制度，改进援藏干部的选拔、使用、管理、安置机制，对援藏干部进行跟踪式管理和关怀。健全干部人才常规性双向交流机制，营造干部人才"进得来、用得上、留得住"的政策环境。健全科学量化的援藏评价体系，重点突出打基础、立长远、填空白、惠民生的基础性和战略性工作。鼓励引导社会力量积极参与援藏，加强社会参与和民间交流力度，推动形成更具活力和持久性、更多力量参与的援藏工作新格局。

（五）继续推进产业援藏，增强自我发展能力

当前，拉萨产业发展还存在很多短板，如产业结构单一、规模偏小、水平较低、带动能力不强等。这些是今后援藏工作要重点加以解决的问题。具体而言，产业援藏工作要注重以下几点：一是要注重实现5个结合，当前与长远相结合，"输血"与"造血"相结合，提高物质生活水平与提高科学文化水平相结合，政府投资引导和整合社会资源相结合，首都优势资源和首府实际需求相结合；二是要聚焦文旅、净土健康等产业，把西藏优势和特色资源开发好、利用好，帮助当地产业打出品牌、扩大市场；三是要结合双方资源禀赋，拓宽两地深层次合作，提升拉萨特色产品影响力，如将支援合作工作与对接"一带一路"建设、推进供给侧结构性改革等重大任务有机结合起来，建设京藏交流合作中心，积极推动产业、资金、技术等向拉萨流动。

（六）继续加强民族团结，夯实巩固党的执政基础

采取加大民生投入、开展社会主义核心价值观教育、加强文化交流、干部双向交流、两地大学生异地就业、搭建沟通平台等多种形式和方法，推动北京、拉萨两地人民群众的交流融合，促进民族团结。把援藏项目打造成加强民族团结的典范工程；努力帮助拉萨推出优秀民族文化产品，发挥首都文化资源优势，共同组织创作反映各民族优秀文化、人民群众喜闻乐见的文艺

作品，促进中华文化认同；引导北京社会各界开展慈善爱心帮扶，传递来自首都的关爱和温暖，增进民族团结情谊；发挥援藏干部桥梁纽带作用和工商联、工会、妇联、共青团等社会团体作用，加强各民族间互助合作和理解信任，不断夯实巩固党在西藏的执政基础和执政地位。

（七）继续完善服务管理，充分发挥援藏干部作用

一是继续加强指挥部党委班子建设，坚持"三重一大"集体研究制度、中心组理论学习制度、定期例会制度，形成为民务实清廉的作风；二是完善对援藏干部的服务管理，按照既关心爱护，又严格要求的原则，从学习、生活、工作等方面关心关爱援藏干部，强化党支部作用，开展经常性学习，举办丰富多彩的文体活动，不断增强团队凝聚力；三是确保援藏干部"安全"，严格执行中央八项规定和厉行节约的要求，建立定期谈话制度，及时纠正苗头性问题，确保援藏干部政治、经济、生活、交通、身体等方面的安全。

今后，北京援藏工作将始终按照中央决策部署，坚持首善标准，更加聚焦精准扶贫、精准脱贫，更加强化支持力度，更加注重干部人才组团援藏，更加注重产业帮扶，更加突出对口支援工作实效，以勇创一流的气魄，以改革创新的精神，以大爱奉献的情怀，以饱满的精神状态，以良好扎实的工作作风，继续谱写北京援藏新的辉煌篇章。

第二节　江苏：创新拓宽援藏内涵与领域

根据中央的决策部署，江苏省对口支援西藏拉萨市及其所属曲水、达孜、墨竹工卡、林周等4县。江苏省高度重视援藏工作，坚决贯彻执行中央对口支援西藏的重大战略决策和各项方针部署，先后选派了10批1000多名干部人才到拉萨工作，投入资金61.3亿元建设1000多个项目，通过创新工作方式、深化工作内涵、拓宽工作领域，不断加大支援力度，努力促进拉萨经济跨越式发展、社会和谐稳定。

一、江苏援藏工作主要做法及成效

从1994年中央确定江苏省对口支援拉萨以来，江苏历届省委、省政府把援藏工作作为全省各级党委、政府的一项政治任务，成立专门的工作机构，

安排专项资金，落实结对帮扶目标责任，统筹推进经济支援、干部支援、人才支援、教育支援、科技支援、企业支援等各项工作。2012年4月，江苏省成立了"江苏省对口支援西藏拉萨市前方指挥部"，负责江苏省对口支援西藏拉萨市前方各项工作。这是继北京市后成立前方指挥部的省份，江苏省不断完善援藏工作体制，与时俱进推进援藏扶贫工作提质增效。

（一）资金扶持强化基础

江苏省各级财政累计向西藏受援地区投入援助资金61.3亿元，实施50万元以上的对口支援项目1000多个，其中投入到拉萨基层和基础设施建设的比重超过70%，为拉萨全市提前实现整体脱贫起到了积极的推动作用。

（二）心系基层保障民生

江苏援藏资金总量的70%以上用于实施民生项目。拉萨市人民医院住院部项目、拉萨市妇幼保健院项目、拉萨江苏实验中学建设项目、拉萨市青少年儿童活动中心、拉萨市图书馆项目等一大批惠民工程项目相继完成。积极投入资金用于农牧民安居工程、村级组织活动场所、村容村貌整治、农业设施等基础设施建设，使受援地涉及广大农牧民群众切身利益的就学、就医、饮水、住房、交通等问题得到基本解决。这些项目的建设实施，极大地提升了受援地教学、医疗卫生能力，改善了当地农牧民的居住条件和生活水平，完善了社会公共服务功能，促进了城乡面貌的显著变化。

（三）培养人才转变观念

充分发挥江苏省科教大省优势，将江苏先进的发展理念融入拉萨的经济社会发展中。仅"十二五""十三五"期间，江苏省安排人才智力援助资金近3亿元。江苏组织专业技术人员3000多人次、企业经营管理人员500多人次、基层农牧民3500多人次到江苏学习培训、挂职锻炼；先后组织1000多名基层党组织带头人和大学生村官到江苏考察培训学习，加快培养拉萨社会主义新农村建设带头人。

（四）产业引进促进合作

江苏省与拉萨市签订了《共建苏拉产业合作平台协议》，积极为江苏和西藏产业合作搭建平台。设立"苏拉企业产业扶持资金"，每年投入资金重点扶持两地企业投资发展太阳能、牦牛、藏药、青稞等高原特色优势产业。仅

2012年，就从江苏省引进各类投资项目20个，到位资金19.21亿元。2016年帮助墨竹工卡县引进嘎则温泉酒店等12家企业，总投资47.49亿元；曲水县以光伏产业为重点，招商签约华宝净土等6个项目，总投资29亿元。同时，还组织实施了拉萨市净土健康产业标准化体系建设项目，为九大类产品建成标准体系，已完成藏香、藏鸡、拉萨好水三大产业标准体系制定工作，为确保拉萨产品质量和市场拓展奠定了基础。同时，为助推拉萨特色产品进入江苏市场，江苏省工商联与拉萨市工商联签订对口援助协议，支持消费扶贫行动，带动贫困群众脱贫增收。扶持拉萨6个产业园区发展，引进江苏若航、江苏鱼跃等大型企业进藏投资，促成京东拉萨电商物流园落地，有力推动了区域经济的发展。

二、江苏援藏工作经验和体会

（一）充分尊重受援地的主体地位

江苏省一直坚持围绕拉萨市的中心工作安排援藏项目，优先考虑能满足拉萨群众实际需求的项目，尽最大可能让项目给拉萨带来实惠。援藏干部也是充分尊重拉萨市的需求，按需选派。在编制对口支援规划时，江苏省援藏工作前方指挥部专门组织援藏干部充分征求当地干部群众意见，与拉萨市相关部门共商完成，充分尊重拉萨的主体地位，确保了援藏项目经济效益和社会效益最大化。

（二）坚持把保障和改善民生作为重点

江苏省的援助项目、资金、人才主要向基层一线倾斜，聚焦基层，让广大基层群众切身感受到党和政府的关心关怀。仅2013年就拿出6900万元支持对口支援县村级组织活动场所建设。大力实施教育援藏工程，支持和帮助拉萨及受援县改善教育设施，帮扶困难学生，加强两地师生队伍的互动交流。江苏援藏医疗队多次赴基层开展巡回义诊，"十二五"期间共接诊1.2万余例，开展各类手术800余台次。泰州市成立了"祥泰慈善基金会"，发起"贫困母亲爱心邮包"活动，受援地100余名贫困大学生和500余户当地农牧民家庭得到有效资助帮扶。积极推进苏拉两地青少年交流交往，深入开展"结对子、结亲戚、交朋友、手拉手"活动，拉萨市教育局联合团市委共同组织开展苏拉青少年"书信手拉手"结对活动，共计结对3000余人次，促进了民族团结进步。

（三）把促进经济发展与维护稳定的政治任务有机结合

每年3月份前，江苏援藏指挥部都及时召开全体援藏干部会议，传达西藏自治区和拉萨市两级党委的部署要求。同时，在资金项目的安排上，充分考虑西藏的特殊性，支持基层政权建设，提升基层治理能力。

三、江苏援藏工作努力方向

今后，江苏省将深入学习贯彻习近平新时代中国特色社会主义思想，进一步增强政治责任感，牢固树立全国一盘棋思想，围绕西藏工作的着眼点和落脚点，把巩固脱贫、促进振兴、改善民生、凝聚人心作为检验援藏工作成效的重要标准，紧紧依靠拉萨当地干部群众，满怀深情厚谊，以更大力度做好以下各项工作，推动江苏对口支援工作再上新台阶。

（一）推进产业精准援藏

把吸纳当地群众就业作为援藏工作重点，加大产业援藏推进力度。全力推动达孜、曲水工业园区建设，不断提高园区的产业承载力；支持受援地农牧产业集聚化发展，围绕高原特色，推动实施"净土健康产业"发展战略。积极支持拉萨在农牧业发展基础上开展农牧产品研发加工，形成地方产业集聚发展合力。围绕拉萨市建设国际旅游城市目标，支持拉萨进一步加强旅游配套设施建设，整体提升旅游环境，促进高原特色旅游发展。

（二）推进智力人才支持

加大对教育的投入，支持拉萨完善教育基础设施，提高双语教育水平。建设一批农牧区双语幼儿园（班），加强义务教育学校标准化和寄宿制学校建设，完善配套设施及必要教学设备。帮助拉萨办好特色中职学校，培养教育、医疗、农业等紧缺学科专业人才。继续加大人才智力帮扶力度，不断满足拉萨经济社会发展的需求，使干部人才成为促进拉萨转型发展、长治久安的有力支撑。

（三）推进文化援藏和交往交流

加大推进文化援藏项目投资力度。支持拉萨艺术馆、博物馆、电视台等建设。拓展交往交流领域，提高交往交流频率，丰富交往交流内容，以交往交流促交心交融，努力为民族团结发挥更加积极的作用。继续推动双方干部群众和青少年开展多层次、多方式、多形式的走访互动，广泛开展对口交流、结对共建、考察学习活动，增强受援地各族群众的"五个认同"，筑牢中华民族共同体意识。

（四）维护西藏拉萨社会稳定

拉萨作为影响西藏乃至藏区稳定的重要地区，把支持拉萨长治久安作为重要任务，帮助受援地加强社会治理体制机制、人才队伍和信息化建设，健全完善治安防控专业力量体系，推进受援地社会治理体系和治理能力的提升。

（五）持续激发援藏内生动力

一是狠抓作风建设。加强政治理论教育，使全体援藏干部进一步增强政治意识、大局意识和责任意识，牢记神圣使命，时刻保持清醒的头脑和良好的精神状态，坚定信心，奋发有为，努力完成援藏各项任务。二是创新组织管理，建立和完善激励机制。及时了解掌握援藏干部的思想动态和工作表现，教育引导干部加强自我管理，牢固树立"每一名援藏干部都代表着江苏形象"的责任意识，及时转变角色，在各自岗位积极有效地推进各项援藏工作。三是强化服务保障。帮助解决援藏干部家庭、生活等实际困难。经常性地组织援藏干部开展各类集体活动，加强日常联系，增进团队内部感情，全力打造一支"政治坚定、纪律严明、作风过硬、素质优良"的江苏援藏干部团队。

真情援藏、科学援藏、持续援藏，是江苏省援藏的遵循。江苏援藏工作将进一步增强政治责任感，认真学习领会中央精神，牢记使命，不负重托，加强团结，奋发作为，为推进拉萨跨越式发展和长治久安作出新的更大贡献！

第三节　上海：站在新起点实现新跨越

上海对口支援西藏日喀则市及江孜、拉孜、亚东、定日、萨迦5个县以来，坚决贯彻中央安排部署，把援藏工作作为一项重要的政治任务，不断深化工作方针，牢牢把握"中央要求、当地需求、上海所能"相结合的原则，在政策、人才、资金、项目等方面不断加大援藏工作力度，共投入对口支援资金56亿元，实施项目800多个，派出干部1000多人。围绕脱贫攻坚要求，坚持"两个倾斜"，服务精准扶贫、精准脱贫，工作结对到市、重心下沉到县、帮扶精准到户。上海市的支持援助工作，有力推动了日喀则市经济社会又好又快发展，全力助推对口支援县的脱贫攻坚工作。

一、主要做法及成效

上海市委、市政府高度重视援藏工作，坚决落实中央提出的"向基层倾斜、向民生倾斜、向农牧民倾斜"的要求。上海援藏干部从西藏实际出发，持续为对口支援的日喀则市，特别是重点支援的5个县的经济社会发展注入活力。

（一）完善机制，努力提升援藏工作整体水平

一是有效落实高层往来机制。分别与日喀则市进一步完善了高层往来和干部选派机制，坚持落实领导每年互访机制。上海市及所属5区与日喀则5县间结对不断深化，各层次的党政代表团、考察团、专家团、志愿者代表互访达200余批次。二是优化区县结对关系。对原来的对口支援关系重新进行了调整，开展区县携手奔小康行动，使援藏责任更清晰，关系更紧密，力量更合理，重点更突出，更好地调动了受援区县的积极性。三是做好干部人才选派交流。坚持按照"好中选优、优中挑强"的原则，选派干部人才共1000多名。上海援藏干部、高原来沪挂职的扶贫干部和志愿者成为促进两地扶贫协作的友好使者，架起了沪藏一家亲的"连心桥"。四是建立快速响应保障体系。针对受援5县自然环境等特点，上海援藏工作前后方、各部门、条线和区县形成了有效的对口支援和扶贫工作快速协同反应机制，一有情况，立即响应。如2015年"4·25"日喀则地震后，上海各界及时动员，紧急投入1000余万元用于抗震救灾，数百名灾民受益，受到了当地党委、政府和各族群众的好评。同时，建立了援派干部人才体检、干部调整、家访、医疗保健、安全管理等工作制度以及突发急重症应急处置预案等"5+1"应急响应机制，保证了前后方各项工作有序开展。

（二）坚持规划先行、政策先导，着眼长远推动对口援藏工作

一是坚持规划先行。上海充分发挥自身资源优势，分别编制完成了对口支援西藏日喀则"十二五""十三五"规划。指导8家设计单位约160人参与规划援藏，累计进藏56次，完成80多项规划设计任务，涵盖了城镇体系规划、

城镇总体规划、控制性详细规划、村庄规划、产业区规划等各类项目，夯实了当地长远发展的基础。二是坚持政策先导。以政策为引导，持续加大"三个倾斜"工作力度。2013年与日喀则共同研究出台了《对口支援日喀则项目管理暂行办法》，2014年又形成了《项目管理实施细则》，开展了绩效评估，有效提升了项目管理的科学化、规范化水平。修订出台《上海市对口支援与合作交流专项资金资助企业投资项目实施细则》，使更多的企业参与到对口地区脱贫攻坚，惠及更多的建档立卡贫困农牧民。至2018年年底，由上海援藏干部、江孜县委常务副书记王高安提出的"1+19+X"的园区辐射带动模式，成功带动江孜县22个辐射点的437名建档立卡贫困人员增收脱贫。三是坚持着眼长远。着眼对口藏区经济社会持续发展和长治久安的需要，实现由"交钥匙"向"交支票"的援建模式的各项转变。坚持"两个纳入"，把项目资金纳入当地党委、政府的统一管理，将援藏项目资金纳入当地规划，与当地发展需求融为一体。坚持以帮助日喀则对口5县同步实现全面小康为己任，大力实施精准扶贫工作，注重把上海援藏工作与对口藏区长远发展需求结合起来，不断加大对口支援力度，努力使日喀则5县快速受益、广泛受益、持久受益。

（三）坚持产业带动，扶持当地特色产业发展

不断加大对日喀则的产业扶持力度，多途径带动当地产业发展。如在拉孜，重点扶持唐卡制作、藏毯编织等特色产业。在江孜，重点引入冻干技术，帮助藏区解决松茸、木耳、香菇等菌类加工保鲜问题，发挥上海优势，帮助当地拓展农产品市场，促进受援地"造血"功能的提升。投资3400万元，建成3000平方米育苗温室，年提供蔬菜、花卉、藏药等优质种苗800万株，受益农户2476户11213人。建成2000平方米新技术引进示范区和12座日光温室，为当地开展新技术、新作物示范项目搭建平台。第八批江孜小组进藏后，投入4000万元援藏资金，打造红河谷园区二期项目，进一步拓展红河谷园区引种、孵化等新功能，同时还确定了推进农业现代化，提升农产品附加值的方针，在青藏高原首次规模化成功地栽培了珍贵药材植物藏红花。经过2年试种栽培，2018年秋冬，多达120万株藏红花在红河谷园区内迎风摇曳，全年为江孜县创造产值近500万元。援建一批边贸、农贸市场，促进资源优势转化和农畜商品流通，培育新的经济增长点。依托当地独特的资源禀赋，将文化

旅游资源优势转化为发展优势，倾力支持的《江孜印迹》大型原生态实景剧、萨迦古城保护开发、珠峰旅游服务中心等项目，实现了高原特色景观与民族文化的充分结合，有效推动当地旅游业发展升级。在2016—2018年的三年时间里，第八批援藏干部探索出了"配套扶贫、效益分红扶贫、创造就业扶贫、技能培训扶贫、金融杠杆扶贫、教育医疗扶贫"六大精准扶贫模式，努力激发脱贫攻坚的内生动力，充分提升了当地"造血"能力，同时还将上海人才、资金、技术、市场等优势与日喀则当地特色资源进行对接，除了藏红花，萨迦唐卡和藏香民族手工业、拉孜藏鸡养殖业、亚东鲑鱼和木耳种养加工业、定日高原智慧农业等产业都已发展得初具规模并渐显成效。

（四）着力加强民生项目建设

教育援藏方面，援建日喀则上海实验学校、地区中专教学楼，在5县中学、中心小学建设师生宿舍楼、食堂、浴室等，同时积极组织骨干教师到上海进修学习，促进日喀则市教育事业全面发展。日喀则上海实验学校是全区唯一的十二年一贯制学校，中高考升学率在西藏自治区处于领先地位。卫生援藏方面，上海市先后选派专家进行"组团式"援藏，对日喀则市人民医院开展帮扶工作，使医院的硬件建设、软件建设、内涵建设等得到了全方位大幅度提升。2018年6月，日喀则市人民医院成功创建三级甲等医院，打造了"组团式"援藏工作的"上海模式"。医疗人才"组团式"援藏以来，从全市申康中心、复旦、交大、同济、中医大等23家三级甲等医院选派300多名医疗骨干赴藏开展"组团式"援藏工作，培训全区各类医疗人员5000余人次。上海中山医院、华山医院、瑞金医院等9家医院已与日喀则市人民医院签署了"以院包科"合作协议书，分别对口帮扶医院普外科等9个科室，通过医、教、研、管多方位的扶持，打造一流的临床医学诊疗中心。在援藏专家的带动下，日喀则市医疗人才向区、市两级科技部门申报了74项科研课题和1个国家级医学继续教育项目；有51项新技术、新项目填补了自治区医疗空白：世界上第一例红细胞单采治疗高原红细胞增多症，第一例喉全切加颈部淋巴术清扫治疗喉癌……据统计，2018年日喀则市人民医院门诊人数23万人次，比2014年增长了50.4%；入院人数2万人次，同比增长56.55%；出院者平均住院日下降3.83天；抢救成功率提高至98.32%，正逐步实现"中病不出市"的目标。

健全三级医疗卫生服务体系，改扩建地区人民医院和5个县人民医院，援建人民医院中心供氧站等，不断完善5个县的乡镇卫生院的硬件设施和医疗设备，提升服务能力和水平，做到"小病不出县"。同时，引导上海高原两地医院、学校建立结对关系，开展远程医疗、远程教学，定期组织上海卫生、教育等专业人才赴对口地区开展短期业务交流、轮岗挂职等智力帮扶，带动了当地医疗、教育水平提升。2018年，上海援藏资金始终聚焦脱贫攻坚核心任务，用于扶贫等民生领域的资金3.98亿元，约占年度援藏资金的90%，直接惠及建档立卡户或困难群众约6600人。

（五）不断促进沪藏两地经济合作

把上海在信息、资金、技术、管理和人才方面的优势与日喀则的资源和政策优势结合起来，扶持日喀则发展优势产业和特色经济。发挥上海会展和电商平台优势，宣传推介日喀则地区产品及旅游；促成日喀则农特产品龙头企业参加上海特色产品博览会、农产品展销会等活动，支持日喀则特色农副产品在上海西郊农展中心、上海西藏大厦设立销售总部，开拓上海市场。

（六）切实开展人力资源培训工程

上海采取"走出去"、"请进来"和远程教育三种方式，加强西藏人才培训力度。向西藏赠送3.2万套价值1500万元的中标普华藏文办公软件，培训党政机关、事业单位专业人员3000多人次。2016年开始开展教育"组团式"援藏，每年组织40名教师进藏教学帮带，安排日喀则骨干教师来沪培训，并开展远程教育体系建设，实现了与上海教育资源共享，提升了当地建档立卡贫困人群受教育水平。

二、上海援藏工作经验体会

面对援藏新形势，上海市努力探索新机制，形成新模式，根据各阶段的要求，高效推进援藏工作，形成了宝贵经验。

（一）领导高度重视提供了强大动力

上海市委、市政府始终把援藏工作作为一项重要的政治任务。1994年以来，市领导先后30余次带队到西藏进行实地考察调研，检查指导援藏工作，与自治区和日喀则党委、政府共同协商推进援藏工作。上海市四套班子主要领导出席每两年召开的全市对口支援工作会议，总结经验，表彰先进，推进工作。承担援藏任务的各区县和委办局，经常深入日喀则和对口支援的5县进行对接，跟踪援建项目建设，扎实开展结对帮扶。

（二）健全的长效机制提供了组织保证

援藏之初，上海市就成立了援藏工作领导小组，后调整更名为"上海市对口支援与合作交流工作领导小组"，由市委主要领导任组长，市政府主要领导任第一副组长，共有56个成员单位。领导小组每年召开全体会议，统筹协调、研究决策对口支援工作重大事项。市政府合作交流办承担领导小组办公室职责，负责日常的组织协调工作。市委组织部、市人保局牵头设立对口支援干部选派办公室，加强援藏干部管理工作。上海已形成全市统筹协调、上下联动、分层推进的援藏工作格局，确保了援藏工作的制度化、规范化、持续化。

（三）统筹的资金管理提供了财力支持

自2005年始，上海市政府对市区两级对口支援财政资金进行统筹，设立国内合作交流专项资金，由市政府合作交流办统一管理调配，保证援建资金在逐批递增的基础上足额到位。中央第五次西藏工作座谈会明确对口援藏资金量后，上海市按照中央及财政部要求，年度援藏资金由市财政局直接拨至西藏自治区财政厅统筹管理。在项目管理上，建立由日喀则市委、市政府主要领导担任组长的项目管理领导小组，协同受援单位做好项目建设的协调沟通工作，并制定完善《对口支援日喀则项目管理暂行办法》《项目管理实施细则》和《上海市对口支援与合作交流专项资金资助企业投资项目实施细则》等规章制度，规范提升项目管理。

（四）完善的规划措施提供了政策保障

根据日喀则市和5个县的实际，先后帮助当地编制了2001—2010年、2010—2020年发展规划。特别是着眼日喀则市的长远发展和当前实际需求，认真编制了上海市对口支援西藏日喀则市"十二五""十三五""十四五"规划，并纳入上海市对口支援与合作交流"十二五""十三五""十四五"规划，始终把扶贫作为重点领域、重要内容、重大任务，重点谋划推动。

三、上海援藏努力方向

上海市按照习近平总书记关于对口支援西藏的重要讲话精神和沪藏两地

党委、政府的有关文件精神，结合日喀则市脱贫攻坚工作的形势和任务，不断加强学习，提高政治站位，增强"四个意识"，为进一步做好援藏工作夯实思想基础。各援藏工作小组、工作队以使命为引领、以问题为导向、以任务清单和扶贫目标要求为蓝图，对标一流、克服困难、携手奋进，把安全保障、日常管理、作风建设、项目推进、完善台账、总结提炼、宣传激励、轮换交接等各方面工作做扎实，确保取得优异的工作成绩，巩固脱贫成果，提高全面建成小康社会的成色。

第四节　山东：全方位多层次打造援藏品牌

山东开展对口支援西藏工作以来，省委、省政府始终把对口援藏扶贫作为一项崇高的政治责任，以维护祖国统一、加强民族团结作为工作的着眼点和着力点，举全省之力、集全省之智、汇全省之情，认真做好各项工作。累计投入各类援助资金50多亿元，实施了1000多个项目；先后派出10批900多名干部人才参与援藏工作，援藏干部以"老西藏精神"为指引，牢记使命，忠诚履职，攻坚克难，开拓奋进，为日喀则的发展稳定奉献青春、贡献力量，受到了地区各族干部群众的积极评价。

一、主要做法

（一）强化责任担当，建立健全4个机制

为切实强化保障、压实责任，着力构建了4个机制。一是建立健全组织领导机制。成立由省委书记、省长任组长，常务副省长、组织部部长任副组长，28个省直部门为成员单位的援藏工作领导小组，多次召开专题会议，学习贯彻中央精神，听取前后方工作汇报，研究审议重大事项。二是建立健全结对帮扶机制。选择山东省经济实力最强的济南、青岛、淄博、烟台、潍坊5市，分别对口支援白朗、桑珠孜、昂仁、聂拉木和南木林县区。山东省和承担对口支援任务的5市都设立了援藏专项资金，建立了稳定的援藏资金增长和物资保障机制。三是建立健全政策保障机制。先后制定对口援藏"十大工程包"、援藏37条以及项目管理、资金使用、监督考核等政策措施，为做好对口援藏工作提供了政策保障。四是建立健全协调推进机制。在前方成立了省援藏干部管理组，在后方组建了省对口援藏工作领导小组办公室，建立起双方定期互访、资金筹措、干部选派、信息交流等制度。

（二）突出帮扶重点，纵深推进8项工程

坚持在惠及民生、凝聚人心、助推稳定、促进和谐、增进团结上狠下功夫，认真组织实施了8项重点工程。一是惠民工程。坚持援藏项目和资金向基层、向农牧区倾斜，将80%以上的援助资金集中投向农牧区和农牧民，建设了31个新农村示范点、289个村级活动场所，受益农牧民16.2万户。二是财源工程。重点支持白朗县发展高原蔬菜种植、桑珠孜区工业园区建设。白朗蔬菜产业结束了高原、高寒地区没有蔬菜种植的历史，已有5000多户农民从事蔬菜种植以及相关产业，户均增收2000余元，"西藏蔬菜看白朗"已家喻户晓。三是育人工程。援建了7所中小学和4所职教中心，新增校舍建筑面积2.86万平方米，新增在校生规模1630人。四是人才工程。组织近3000名日喀则县乡村干部、大学生村官和专业技术人员到山东培训，先后有800多人次干部人才到山东挂职，培训农牧民实用人才1.4万人次。五是健康工程。投入2.3亿元，完成了日喀则残疾人服务中心附属工程和乡镇卫生院标准化建设，为市人民医院配备了医疗设备。组织5次"西藏光明行"活动，使754名白内障患者重见光明，为20多名先天性心脏病儿童免费手术治疗。六是生态工程。实施了日喀则年楚河生态综合整治项目，在青藏高原建起了第一座橡胶坝；整合资金1.79亿元，建设雅江北岸生态示范区，形成了80多平方公里的"高原绿洲"。七是融合工程。建成日喀则科技文化中心、非物质文化遗产展示中心、群众文化艺术中心和一批村级文化站、农家书屋、文体广场设施，促进文化惠民。八是平安工程。建设了69个农牧区基层党建示范点和社区服务中心，完成市委党校和党员干部远程教育平台改造，建成武警部队训练中心、消防指挥中心、公安综合指挥调度平台和城市网络监控系统，进一步夯实了维稳工作基础。

（三）聚焦精准脱贫，深入实施六大行动

积极对接日喀则市脱贫攻坚计划，制订了《山东省助推西藏日喀则脱贫攻坚行动计划》，帮助受援县区实施"六大脱贫行动"。一是安居脱贫行动。支持南木林县柳果新村贫困家庭易地扶贫搬迁，加快推进桑珠孜区和白朗、聂拉木、昂仁县贫困村易地扶贫搬迁配套基础设施建设，改善1100户贫困家庭居住环境。实施聂拉木县充堆村贫困家庭地震灾后易地重建项目，配套建设道路、供配电、给排水等公共服务设施。结合美丽乡村建设，支持27个贫困村实施乡村道路硬化、绿化亮化和垃圾集中清运，使1200户贫困家庭受益。二是教育脱贫行动。新建、改扩建104所中小学、幼儿园，解决贫困家庭适龄学生上学难问题；开展"组团式"教育援藏，选派100多名当地急需、教学水平高的教师和教学管理人员到日喀则市第一高级中学支教，提升教育教学质量；选择20所优质中小学、幼儿园与援建县进行"一对一"结对交流，促进交往交流交融；在多所学校安装了取暖设备，让冬天只能靠烧牛粪取暖的日子一去不复返，显著改善了学生、老师的学习和教学环境。另外，援藏工作组还为地处偏远的南木林县卡孜乡完小捐建了一栋崭新的教职工宿舍楼，让教师的基本生活条件有了保障，为防止师资流失贡献了一份宝贵力量。三是健康脱贫行动。为5县区建立医院远程会诊信息系统，为乡镇卫生院配备了医疗救护车，改造边远贫困乡镇卫生院门诊病房楼，改造提升全部贫困村的卫生室设施，开办藏医药专科门诊，解决贫困群众看病远、看病难问题。深入开展"西藏光明行"和"先天性心脏病儿童救助"等医疗扶贫活动，对贫困患者免费手术治疗，解决贫困家庭因病致贫、因病返贫问题。四是产业脱贫行动。通过发展产业的方式助力精准脱贫，实现从"输血"到"造血"的转变是山东援藏的鲜明特色。支持贫困村发展藏药、藏式家具、藏式服装、唐卡、藏刀等特色产品，为560户贫困家庭提供就地就近就业机会，拓展增收渠道。完善"公司+基地+农牧户"生产经营体系，扩大牦牛、藏羊、藏香猪养殖规模，带动2000户贫困家庭增收致富。积极发展乡村旅游，带动300户贫困家庭发展"农家乐""牧家乐""藏家乐"。培育壮大产业园区，扩大白朗蔬菜基地规模，建设"万亩蔬菜产业园"，进一步完善桑珠孜区经济开发区基础设施，2016年后，第八批援藏干部的到来还为日喀则先后打造了光伏农业、蔬菜大棚、生态林业、特色小镇、文化旅游等一大批援藏品牌产业亮点。2019年，占地1300多亩，涵盖智能温室控制、农业展示馆、生态体验馆的日喀则珠峰农业科技现代博览园开园纳客，"萝卜小镇""青稞小镇""苗木小镇"等特色小镇相继涌现，帮助2500余户11000余名建档立卡贫困群众实现精准脱贫。这一系列措施也让海拔4000多米，原本不产蔬菜的白朗县如今瓜菜飘香，创造了高原上的一大奇迹。五是就业脱贫行动。建立高职院校、中职学校与日喀则市及5县区职业学校"多对一"结对帮扶关系，实现了职业学校结对帮扶全覆盖。建设日喀则市职业实训基地二期工程等项目，兜底式支持5县区建档立卡贫困家庭学生到山东接受优质中职教育，毕业后根据学生意愿优先推荐就业。对存量贫困劳动人口和未就业初、高中毕业生，进行国家通用语言文字和就业技能培训，提高就业能力。组织山东企事业单位、劳务中介机构开展"就业援藏专场招聘会"等活动，提供省内就业岗位2000多个，吸纳贫困家庭劳动力转移就业。六是人才脱贫行动。每年组织30名初、高中教师到山东进修培训、挂职锻炼。利用远程会诊平台每年培训医务人员500人次，组织5县区急需的乡卫生院和贫困村乡村医生到山东进修培训或就地培训。组织430名大学生志愿者开展农村基础教育、科技推广、农业技术和旅游扶贫等方面的志愿服务活动，为受援县发展提供了人才支撑，增强了受援县发展的内生动力。

二、工作成效

山东省认真贯彻中央援藏各项方针，坚持科学务实的援藏理念，准确把握受援地之所需、群众之所困、经济社会发展之所急，全面开展干部援藏、人才援藏、项目援藏等工作，建设项目涵盖经济发展、维护稳定、改善民生、社会进步等方面，形成了全方位、多层次、宽领域的对口支援工作新格局。

（一）受援县市全面进步

山东援藏对口支援日喀则市的桑珠孜区、白朗县、昂仁县、聂拉木县、南木林县5县区，以及地直20个部门（单位），5县区在日喀则市中占有重要地位。28年来，各援藏市按照山东援藏中心管理组的统一部署安排，集中精力谋发展，齐心协力抓稳定，促进了县域经济又好又快发展，形成了安定团结的政治局面。受援的5个县区综合实力和群众生活水平均实现大幅提升。桑珠孜区作为日喀则市驻地，在城市建设、环境卫生、产业发展、园区建设等方面不断迈上新台阶，被评为"全国环境卫生综合整治先进市""全国双拥模范城""全国文明城市创建先进城市"。同时，在与上海、吉林、黑龙江及宝钢、中化集团的共同援助下，日喀则全市经济社会发展取得了长足进步，地区生产总值、财政收入、农牧民人均纯收入在分别增长了20倍、35倍、9倍，基础设施滞后状况得到有效改善，城镇建设和新农村建设加快推进，经济实力和发展后劲明显增强，5县区中的白朗县也于2018年10月正式脱贫摘帽。

（二）山东品牌日益显现

山东省着力提升援助的质量和效益，切实让老百姓看见变化、得到实惠，形成了"胸怀大局、着力实际、接续发展、崇尚奉献"的山东援藏精神，尤其是在关注民生、农民增收、产业发展、城镇提升、生态建设等方面，凝聚起一批社会关注、群众受益、具有一定知名度和影响力的工作品牌。经过历批援藏干部的接续努力，白朗县已经成为全区最大的高原反季节蔬菜生产基地，"白朗蔬菜"已经走进千家万户，现已形成5367个蔬菜大棚年产蔬菜5600万斤（2斤等于1千克）的规模，不仅解决了全地区及周边的蔬菜供应问题，而且成为日喀则市农民致富的支柱产业。日喀则山东大厦、山东路改扩建工程是山东对口支援西藏的重点工程，对于推动城市建设、改善城市环境、提升城市品位和形象发挥了积极作用。山东第七批援藏实施的年楚河水生态橡胶坝工程，是迄今世界海拔最高、施工难度最大的大型橡胶坝工程，是高原水生态文明建设的有益探索，对于改善城区气候条件、增加周边湿地功能、营造人水和谐景观具有重要作用。援建的雅江北岸南木林生态示范区，是高原大规模人工植树造林的积极实践，成为自治区政府"两江四河"流域造林绿化工程的启动地，已投入资金7700万元，完成8000亩60万株集中连片的造林绿化规模，对于构建高原生态安全屏障特别是对雅江流域涵养水源、防风固沙、气候改善将会起到重要作用。

（三）鲁藏友谊不断加深

经过对口支援，以历届援藏干部为纽带，以援藏事业为基础，鲁藏两省区的交往、交流与合作日益密切，先后互派人员实地考察、挂职锻炼、培训学习达6000人次。特别是山东第七批援藏干部进藏以来，以对援藏事业高度负责的态度，以推进全地区跨越式发展和长治久安为己任，把后藏大地当故乡，视藏族同胞为亲人，积极探索对口支援工作的新机制，推动两地交流合作上了一个新台阶。日喀则主要领导每年亲率代表团回访山东，逐一到访援藏各市及有关部门，与省市各级领导会面座谈，体现了对山东援藏工作的充分肯定和对援藏干部的深切关爱。山东省主要领导亲切会见和热情接待代表团，省市各级党委、政府表示将进一步加强合作，加大援藏支持力度。山东烟台援藏工作组实施的大型公益行动"高原梦·山海情"，通过整合援藏资金和内地资源，开展实施一系列援藏惠民公益行动，已形成多层次、广覆盖的民生援藏新平台。

三、工作体会

山东历批援藏干部经过持续不断的探索与实践，走出了一条符合上级要求、切合西藏实际、具有山东特点、党委和政府满意、人民群众认可的援藏工作路子。

（一）贯彻中央精神和省委要求是做好援藏工作的前提

中央第五次西藏工作座谈会明确了新时期西藏工作方针，习近平总书记提出的"治国必治边，治边先稳藏"重要战略思想和"五个始终"的援藏工作要求，全国政协主席俞正声提出的"依法治藏、长期建藏、争取人心、夯实基础"重要指示，以及鲁藏两省区特别是自治区党委组织部关于对口支援工作的一系列具体要求，为做好援藏工作指明了方向，是援藏各项行动的根本指示方针。只有认真学习、深刻领会中央领导及各级党委、政府的指示精神和工作部署，准确把握工作思路、目标任务、措施要求，才能做到方向明确、有的放矢，才能确保各项决策部署落到实处，才能真正取得援藏工作的丰硕成果。

（二）赢得地方支持是做好援藏工作的基础

赢得支持、融入环境，才能掌握主动。山东历批援藏干部坚持靠真情赢得信任，靠工作赢得支持，靠作风融入环境，为开展援藏工作创造了良好的外部条件。实践证明，援藏工作只有紧紧围绕地方中心工作，服从服务于地方工作大局，才能赢得地方党委、政府的支持，夯实援藏的基础，推动各项工作顺利开展。

（三）贴近当地实际是做好援藏工作的关键

受援地的急需就是援藏工作的重点。历批山东援藏干部始终把保障改善民生作为首要任务，作为对口支援的努力方向。如第七批援藏干部将工作紧密联系日喀则市实际，确立了"围绕一个目标、把握一个原则、整合两种资源、突出四大重点、强化五项保障"的三年援藏思路，已形成了生态环保、教育培训两个新亮点。在生态环保方面，突出抓好年楚河水生态橡胶坝、雅江北岸大规模植树造林、森林防火指挥中心、市政环保设施、昂仁县高原滨湖生态水域等项目建设；在教育培训方面，着力抓好教师培训基地、公共职业技能实训基地、旅游培训基地、阳光康复中心、地区幼儿园和江当乡小学等项目建设。其中，投资3600万元的公共职业技能实训基地项目年可培训农牧民10000人次；投资600万元的阳光康复中心年可为残疾人提供培训700多人次。这些项目较好地体现了科学务实、实事求是、贴近基层、服务民生的理念。实践证明，只有从受援地实际出发，从人民群众的实际需要来谋划和推进工作，才能发挥援藏的最大效益，赢得社会各方面和人民群众的广泛认可。

（四）保持昂扬斗志是做好援藏工作的保证

历批山东援藏干部以孔繁森同志为榜样，将孔繁森精神与"老西藏精神"紧密结合，充分发扬热爱西藏、奉献西藏，攻坚克难、锐意进取的精神，这成为山东援藏干部的宝贵精神财富。全体援藏干部以大局为重，坚信与其苦熬不如苦干，缺氧不缺精神，淡化个人荣辱，不计个人得失，经受住了各种考验，奠定了干事创业、奋发有为的思想基础。

四、未来工作方向

援藏工作是一项长期任务，需要广大援藏干部的不懈努力。当前，援藏工作既面临着新的机遇，也面临许多压力和挑战。今后，山东将深入学习贯彻党的二十大精神、中央和鲁藏两省区援藏工作方针，学习借鉴兄弟单位经验，进一步增强责任感、使命感，扎实做好对口支援日喀则市各项工作。

（一）围绕中心，维护大局

紧紧围绕中央、鲁藏两省区关于做好援藏工作的一系列战略决策，特别是习近平总书记重要讲话和指示精神开展对口支援工作，时刻与各级党委保持高度一致，不断强化援藏工作的自觉性、主动性。紧紧围绕日喀则市的工作大局开展对口支援工作，服从服务于推进地区跨越式发展和长治久安等一系列决策部署，真正做到方向明确、目标清晰、行动自觉、同频共振。

（二）统筹协调，全力援扶

树牢"大援藏"理念，注重"造血"、注重合作、注重增强软实力，全方位、多领域、深层次开展人才交流、产业发展、就业指导等工作，努力开创对口援藏扶贫工作新局面，确保圆满完成中央交给的光荣政治任务。

（三）聚焦聚力，精准扶贫

深入贯彻好习近平总书记关于精准扶贫、精准脱贫的指示要求和关于深度贫困地区脱贫攻坚的重要讲话精神，把工作重心不折不扣落实到建档立卡贫困户上，落实到具体企业和产业项目上，落实到严格监督考核上，多做雪中送炭的工作，多做打基础、利长远的工作。

（四）着力实际，突出特色

坚持实事求是的原则，以推动受援地可持续发展为目标，以科学援藏、务实援藏、安全援藏为关键，以提升援助效益和水平为根本，着力突出特色、打造亮点，实现援助成果的最大化。重点是坚持"两个着力"：一是着力当前急需，扎实做好残疾人培训、教师培训、旅游服务、五保供养、基础教育等工作，解决好民生所盼和发展瓶颈问题；二是着力长远发展，依托日喀则市水生态橡胶坝、雅江北岸生态示范区、白朗蔬菜、日喀则工业园、城镇化建设等重点项目和品牌，解决好发展基础和发展支撑及"造血"问题。如山东第七批援藏项目达100多个，从中筛选了年楚河水生态橡胶坝工程、南木林生态综合示范区配套建设等10个项目作为重点，确保把各个项目打造成为精品工程、惠民工程。

（五）注重引导，强化主体

着眼于建立对口支援长效机制，坚持内外并重、多管齐下，促进对口支援与提高自我发展能力相结合，推动援藏工作科学健康发展。一方面，注重进一步发挥政府性资金的引导作用，在科学用好援藏资金的同时，积极争取国家、自治区有关项目和资金，不断加大帮扶支持的力度。如山东援藏争取国家林业、交通、财政等部门资金7000万元，解决了相关领域的薄弱环节。另一方面，强化市场主体作用，发挥援藏优势，积极牵线搭桥、招商引资，用好激励政策，进一步借助外力、挖掘潜力、激发内力、提升活力，加快培育市场主体，增强"造血"功能，推动地区可持续发展。

（六）优化环境，激发活力

通过优化内外两个环境，营造支持援藏事业、做好援藏工作的良好氛围。在外部环境方面，积极争取援藏后方、受援地党委政府和相关部门的支持，推动援藏工作顺利开展。在内部环境方面，既要重视援藏干部，加强内部团结，注重人文关怀，积极放手使用，激发援藏干部动力，引导援藏干部在各个岗位上履职尽责，贡献才智，引领示范，创先争优；又要依靠在藏干部，激发干部内力，发挥在藏干部在制定决策、推动工作方面的作用，形成援藏干部与在藏干部良性互动的格局，进一步创优山东援藏品牌，促进鲁藏友谊不断深化，推动援藏事业枝繁叶茂、硕果累累。

第五节　黑龙江：探索"一二三四五"援藏模式

黑龙江省委、省政府高度重视援藏扶贫工作，援藏工作队进藏以来，深入学习贯彻中央精神，结合受援地发展实际，按照"牢记一个使命（全心全意为西藏人民服务），紧紧依靠两级领导（省委、省政府；日喀则市委、市政府），完成三项任务（带好队伍、谋划好援藏项目、做好本职工作），抓住四个重点（讲政治是前提、讲稳定是关键、讲安全是底线、讲纪律是保障），实施五项工程（经济援藏、科技援藏、智力援藏、爱心援藏和接力援藏）"的援藏工作总体思路，先后派出700多名干部人才，投入20多亿元资金，聚焦中心，精准支援，不断拓展援藏工作领域，提升援藏工作层次，取得了阶段性成效。

一、黑龙江援藏工作主要做法和成效

（一）"三个抓好"保援藏

第一，抓好队伍建设。重点打好"四张牌"。一是政治教育牌。把加强学习摆在突出位置，深入学习习近平总书记"治国必治边，治边先稳藏"重要战略思想，建立了理论学习、读书交流等多项学习制度，开展了"十讲"（讲政治、讲学习、讲团结、讲纪律、讲大局、讲安全、讲修养、讲志向、讲形象、讲职责）活动和"援藏为什么、干什么、留什么"大讨论，确保思想统一、步调一致，做到紧跟形势、头脑清晰、行动不"偏"。二是纪律约束牌。先后制定了《援藏工作队内部管理规定》等6项制度。坚持中心组成员与队员交心谈话，了解掌握队员心理状况，做好疏导和警示工作。建立权力约束机制和项目管理办法，中心组成员不担任项目法人，从立项规划到建设实施，全程实行民主决策。三是情感关爱牌。成立"关爱小组"，并以"活动开展好、作用发挥好、精神面貌好、相互帮助好、正能量传递好"为评选条件，定期进行评选表彰活动。援藏工作队员互帮互助，形成了"相互关心、相互理解、不计得失、心齐气顺"的良好氛围。四是榜样示范牌。组织学习孔繁森模范事迹，引导大家向先进模范学习。注重挖掘身边先进典型，总结宣扬"轻伤不下火线，援藏不当逃兵""危难之时显身手"等先进事迹。如技术援藏干部吴海峰成功抢救了多名病危患者，成为远近闻名的"神医"。

第二，抓好援藏项目规划。坚持"发展与稳定并重、项目援建与理念影响并重、物质文明与精神文明并重、继承传统与开拓创新并重"的原则，在充分调查研究论证基础上，按照市、三县资金"二八"分配原则，规划投入资金，大力实施"五项工程"。一是探索途径。紧紧围绕发展和稳定两大主题，深入到县、乡、村、街道、企业、寺庙等，真心实意与广大基层干部群众交朋友，了解他们所思、所想、所需、所求，结合自身力所能及，探寻日喀则跨越式发展的方式途径，力争使每个援藏项目都成为"点睛"之作。二是破解难题。在调研中发现，制约日喀则经济社会发展的难点在于改变农牧民思想观念。对此，提出了"先办学校收学生，再办银行发红利"的要求，在设立援藏项目时，先出钱免费让农牧民进科技培训学校，再提供塑料大棚等成型的致富项目，让广大农牧民亲眼看到科技带来的好处，亲身感受到科技成果带来的实惠，心甘情愿转变固有的观念，实现脱贫致富。三是发挥优势。调研提出建设集存储、交易、物流、检验、包装等为一体的黑龙江粮油综合批发市场。通过这一平台，使黑龙江的优势与日喀则的优势实现强强联手，产生"1+1＞2"的效果。

第三，抓好本职工作。多年来，援藏干部服从在藏工作单位的领导，履行好职责，虚心向在藏干部、职工学习，努力在本职岗位上得到锻炼，增长才干。主要发挥了3个作用：一是引领作用。援藏干部积极发挥聪明才智，尽职尽责，把先进的工作思路理念、经验做法带到受援单位，展示了过硬的综合素质和良好的精神风貌，得到了当地各级领导的充分认可。二是融合作用。

援藏干部们跑遍了全市18个区县、大部分乡镇和主要寺庙，调研了解受援地经济、社会、地理、历史、宗教、民俗等，虚心向藏族干部群众学习，组织队员开展新闻写作、摄影、藏传佛教、高原保健等知识讲座，在最短时间内实现了角色转变。三是维稳作用。牢固树立稳定压倒一切的思想，全体援藏干部积极发挥带头作用，主动参加维稳值班，坚持24小时在岗在位，受到各级领导干部的一致好评和认可。

（二）"四个必须"促援藏

第一，必须坚决贯彻中央决策部署。黑龙江省委、省政府坚决贯彻落实中央决策部署，把桑珠孜区及谢通门、康马、仁布三个县作为黑龙江省的市（县）来对待，对日喀则提出的工作要求最大限度给予支持。援藏工作队中心组和全体援藏干部秉持"做好日喀则的事情就是对家乡人民最好的交代"的共识，全身心地投入到日喀则改革发展稳定各项事业中，真抓实干、务实工作，赢得广泛好评。

第二，必须顺应日喀则人民新期盼。如何在新的起点上推动援藏工作再上新台阶，回应日喀则人民新要求、新期盼，为全面建设小康日喀则作出更大贡献，打好扶贫攻坚战，是工作队必须面对和思考的问题。开展援藏工作的主要对象是农牧民群众。援藏工作必须把改善民生作为出发点和落脚点，坚持政策向基层农牧区倾斜，在资金投入上重点保障民生，在产业规划上着力带动民生，在项目建设上优先改善民生，确保广大农牧民群众切身感受到援藏工作带来的新发展、新变化、新成就。

第三，必须努力打造一支坚强有力的援藏干部队伍。援藏干部进藏后，始终与当地各族干部群众共同团结奋斗，坚持在困难中磨炼自己，在困难中提升自己，积极推动受援地改革发展稳定各项事业，获得了当地干部群众的一致好评，展示了黑龙江干部队伍的精神面貌。面对援藏工作新形势、新任务、新要求，必须进一步加强援藏干部教育管理，切实增强大局意识，树立为国担当的援藏理念，自觉维护黑龙江援藏干部良好形象；要建立健全各项管理制度，确保各项援藏工作顺利有效开展；要积极培养选树援藏工作先进人物和先进事迹，大力弘扬援藏干部忠诚、务实、坚忍、廉洁的风范。

第四，必须适应新形势、新任务需要。通过多年的对口支援，已形成了以干部人才援藏为引领，以项目援藏为主体，以资金援藏为驱动，以产业援藏、智力援藏为两翼的援藏工作新格局。面对对口援藏工作的新形势、新任务、新要求，必须根据形势变化及时调整工作重心，以创新思维、创新理念拓宽援藏工作思路，深化援藏内涵，着力实现"五个转变"：适应指导思想的发展，变偏重速度为注重质效；适应发展的新形势，变偏重经济为注重民生；适应项目援藏新要求，变偏重"输血"为强化"造血"；适应人才援藏新特点，变普通培训为重点培养；适应人民群众新期盼，变偏重城区为城乡并重。

（三）"四项工作"谱新篇

第一，高标准实施好援藏项目。按照"发展和稳定并重、项目建设与理念影响并重、物质文明与精神文明并重、继承传统与开拓创新并重"的援藏思路，在项目援藏工作中做到设计高起点、施工高质量、进展高速度、工程质量高水平，坚决防止和杜绝"豆腐渣"工程，力争把所有项目都建设成为能够经受住时间检验、经得住人民检验的民心工程。

第二，广泛开展调查研究。坚持把智力援藏放在突出位置，围绕破解日喀则经济社会发展的瓶颈问题，群众反映强烈的热点难点问题，确定调研课题，开展调查研究，进行支援帮扶工作。一是围绕产业扶贫，广泛招商对接。通过组织企业对接洽谈、参加展销会等形式，鼓励黑龙江企业到日喀则投资建厂，壮大当地优势产业，解决贫困人员就业。黑龙江省五大连池啤酒有限公司已在日喀则注册成立珠峰啤酒股份有限公司，项目总投资4.2亿元，实现年销售收入7亿元，可带动就业500多人。二是围绕教育援助，加深民族融合。黑龙江省"组团式"教育工作组不断探索实践办学理念、素质教育、特色品牌打造等10个教育援藏模式，深入研究教材、学生、教法、学法，全面推进"三级备课制"（青年教师汇报课、骨干教师示范课、相关教师公开课），全面提升教学质量。加大对藏族教师的"传帮带"力度，建立"一对一"帮扶机制，深入业务交流，提高藏族教师教学水平，打造一支带不走的援藏教师队伍。三是围绕医疗扶贫，开展公益行动。针对西藏眼科疾病多发、因盲致贫突出的实际，组织开展"雪域高原光明行""龙江公益雪域边疆行暨光明行动"等活动，为藏族同胞捐赠现金和科普设备，先后为仁布县、康马县、谢通门县近427人进行了眼病筛查，为111名白内障贫困藏族同胞免费成功实施了白内障复明手术，使他们重见光明。四是围绕科技扶贫，促进产业升级。充分发挥技术援藏优势，分别在仁布县姆乡和德吉林镇设立了4个青稞高产创建试验示范展示田。

第三，努力打造过硬队伍。抓好思想建设，重点加强党的路线方针政策、西藏历史文化和民族宗教政策等方面的学习，着力打造学习型援藏团队。抓好廉政建设，把制度约束、人文关怀和个人自律有机结合起来，做到严格要求、严格管理、严格监督，着力打造廉洁型援藏团队；继续开展"关爱小组"活动，适时开展各项文体活动，以积极、健康、文明、向上的活动，进一步提高队伍的凝聚力和战斗力，展示黑龙江援藏干部的良好精神风貌，着力打造和谐型援藏团队。黑龙江省援藏干部人才响应党中央号召，跨越万水千山，为日喀则的发展与稳定，默默奉献着青春、汗水与热血，在白山黑水与雪域高原之间，用"跨越东西"的深情厚谊在雪域高原树立起黑龙江援藏的永恒丰碑。

第四，促进全方位互动交流。积极发挥桥梁纽带作用，推动黑龙江与日喀则在多层面的交流合作。利用哈洽会等平台，组织日喀则市企业参加经贸洽谈活动，促进两地优势产品互联，创造更多效益。如邀请日喀则党政代表团参加第28届哈洽会暨第4届中俄博览会，组织200余家省内企业参加了招商推荐会。广泛开展科技文化领域交流合作，依托黑龙江技术优势，采取"走出去"和"请进来"的方式，为日喀则市培养更多专业技术人才。大力推动文化交流，择机安排两地文化团体互访互动，促进深层次交流。通过集中办班、挂职培训等形式，深入开展党政干部工作交流、感情交融。

二、黑龙江援藏工作经验和体会

从大兴安岭到喜马拉雅山麓，从松花江畔到雅鲁藏布江两岸，从祖国的最东北到最西南，同一片蓝天下相距万里的黑土地和雪域高原，因援藏队伍而被紧紧连接在一起。

一是动真情、用真爱，开展公益活动。2019年，黑龙江援藏队整合援藏资金，全力组织实施二级医院、标准化自来水厂、氧气站、深水井等工程建设项目，建成2个自来水厂、2个制氧站，修建封闭式水渠1条，帮助基层4075名干部群众解决饮水难、看病难的问题；积极组织进藏义诊活动，捐助价值219万元的药品、医疗器械及科普设备，先后为1000余人进行眼病筛查，为408名白内障贫困藏族同胞免费成功实施复明手术。黑龙江省援藏工作队陆续发起了"阳光"系列公益行动，援藏队员全员参与、全方位帮扶日喀则市福利一院、二院400多名藏族孤儿，相继投资140多万元建设阳光学堂、阳光夜校、阳光超市，开展爱心陪伴、教育辅导等一系列活动，组织爱心人士捐赠学习生活用品3万余件，价值152.7万元，用一腔热血与真情把一缕缕阳光播洒在了雪域高原。

二是俯下身、沉下心，发展特色产业。自2016年起，黑龙江省援藏干部团队在康马、南木林县设立牧草试验小区130块，从青海、黑龙江引进优良品种23个，筛选出适合当地种植的牧草品种和种植管理模式。经测产，甜燕麦等一批适宜引进的品种增产30%以上。2018年，全县4个乡镇8个村落实试验面积550多亩，辐射带动面积3.8万亩。在遭受严重洪灾的情况下，最高亩产量达996斤，最低亩产量527.3斤，带动全县增产粮食337.6万斤，新增产值675.2万元，实现了预期试验效果，当地干部群众向工作队送来锦旗，以表达内心的感激之情。在谢通门县，黑龙江省援藏干部引进内地企业，建成温室大棚57座，种植金丝黄菊20万余株，采取"公司+合作社+农户"的运作模式，带动农户276户335人，人均可增收5000元，实现当地群众不离乡不离土、就地就业增收。

三是塑形象、拓领域，育民族团结花。黑龙江省援藏工作团队通过珠峰走秀、衍生品发布、产业对接等系列活动，探索实践出了"政府、行业、院校、企业"四位一体的合作共享产业体系，并借势推出了"珠峰礼物"系列文旅产品和"喜卡孜"日喀则原创品牌，提升了日喀则文化旅游的影响力。同时，援藏工作队始终围绕"龙藏一家亲"这一主线，精心打造"产业、公益、文化、民生"4个援藏品牌，不断拓展丰富援藏领域。两年间，工作队先后被日喀则市授予"市级文明单位""民族团结先进集体""五四红旗团委"等荣誉称号，被西藏自治区评为"学雷锋志愿服务最佳志愿服务组织""器官（眼角膜）志愿登记荣誉集体"，被黑龙江省授予"五四红旗团委"等荣誉称号。"龙藏一家亲"，让民族团结之花在雅鲁藏布江畔傲然绽放。

三、黑龙江援藏工作发展方向

黑龙江省将把巩固脱贫成果、促进乡村振兴作为援藏工作的重中之重，作为一项必须抓实抓好的政治任务，坚持倾情援助、尽力而为的原则，集中资金、人才、技术，加大支援力度，创新支持方式，提高援助实效，高标准高质量完成援藏扶贫工作任务。

一是积极做好产业援藏。在前期对接联系的基础上，进一步加强两地企业沟通联系，特别是紧紧盯住在哈洽会上已签约的项目，做到意向项目抓签约、签约项目抓开工、开工项目抓进度，使一批项目真正落地、开花结果。省国资委和省工信委将分别组织5家国有企业和5家民营企业与西藏企业结对帮扶，进藏投资兴业，开展产业扶贫，实现互利共赢。

二是积极做好技术援藏。进一步拓展技术支援领域，由省科技厅组织东北农业大学等科研院校（所），尽早到日喀则开展饲草草种筛选试验，引进国内外优良牧草品种，确定生产管理模式，筛选出适宜日喀则环境的牧草品种，促进当地畜牧业发展。同时加强技术指导和试验推广力度，抓好青稞示范田建设，向自治区提交一份数据翔实、可有效推广的科研报告。

三是积极做好就业援藏。面向日喀则市，省人社厅将积极协调省内各市地、省直部门，每年单独考试、定向招录公务员和事业单位工作人员30人。省国资委、省工信委将协调国有和民营企业安排岗位300~500个，帮助解决贫困人员就业问题。

四是积极做好人才援藏。根据日喀则实际需求，省委组织部选派优秀干部到日喀则挂职，组织培训贫困村"两委"成员、致富带头人。省人社厅组织省内职业技术学校开展培训，将日喀则复转军人和有劳动力的贫困人口纳入职业技能培训和实用技术培训体系中，提高就业技能。

五是积极做好教育医疗援藏。在抓好"组团式"教育援藏的基础上，省教育厅和省卫健委，将增派专业技术人才，拓展延伸"组团式"进藏，面向乡村，加大支教、支医力度。

第六节　吉林：援藏促进民族交流融合

吉林省自对口支援西藏日喀则市和定结、吉隆、萨嘎三县以来，先后派出10批580多人次援藏干部进藏开展对口支援工作，投入资金15亿元支持日喀则经济社会发展。

一、主要做法和成效

在两地党委、政府的大力支持下，经过不断探索和实践，吉林省援藏工作步入了规范化轨道，取得了明显成效，有力地推动了受援地跨越式发展和长治久安。

（一）项目援藏有力推动了受援地经济社会发展

吉林省坚持把援藏项目和资金向基层倾斜、向农牧区倾斜、向民生倾斜，关注扶贫协作，突出保障和改善民生，重点支持具有"造血"功能的产业项目。尤其是围绕开展农特产业技术培训、推进企业进藏发展交流、打造精品旅游线路、开发改善藏民生活产品、推动西藏手工艺品发展、支持小康示范村建设等重点项目加大支持力度。兴建了一批利民、富民、兴民的民生项目。"十三五"援藏规划项目涉及产业扶贫的项目达到6个，用于产业扶贫的资金达到1.2亿元。如日喀则市贡觉林湖旅游建设项目总投资2000万元，总占地面积12万平方米；定结县陈塘镇旅游产业精准扶贫项目计划投资4000万元，新建藏嘎村贫困人口经营的特色产品展销中心，改造相关道路，进行旅游宣传推介等，项目从建设施工到落成运行将优先选择陈塘镇精准扶贫的弱势群体80人左右就业；萨嘎县旅游服务中心为产业扶贫项目，计划总投资3000万元，建设5431平方米的旅游服务中心及附属设施，已解决加加镇70名左右特困人口就业；吉隆县蔬菜大棚建设项目，投资290万元建设24座高标准蔬菜大棚；圣康农产品加工厂稻谷加工项目，计划投资300万元，建设年产3000吨稻谷加工车间、设备及附属设施建设。这些项目的实施，增强了受援地经济实力，有力地推动了日喀则市经济社会的全面发展。

（二）智力援藏为受援地发展注入强大动力

投入2000余万元援藏资金，采取"走出去，请进来"等方式，举办各类培训班30余期，培训党政人才、专业技术人才和农村实用技术人才2000多人；先后选派30余名专业技术干部和近百名短期服务人才，进藏推广高新技术成果，促进产业升级发展，为日喀则经济社会发展提供有力的人才支撑和智力保障。

（三）文化援藏促进援受双方交流融合

投入文化援藏资金近8000万元，援建公共文化基础设施，挖掘、保护和弘扬民族特色文化，大力开展文化交流活动，推动受援地特色产业和文化旅游业发展，极大地改善了日喀则市文化基础设施条件，提高了宣传文化队伍业务素质，丰富了受援地人民群众的精神文化生活，增强了日喀则市文化软实力和影响力。援藏干部中心组组织实施文化援藏"五项工程""十件实事"，全力打造全方位的文化援藏体系。吉林文化援藏的成绩和经验得到西藏自治区领导的肯定。

（四）真情援藏密切了藏汉民族关系

坚持带着亲情来援藏，把西藏人民当成自己的亲人，与当地干部群众交朋友，真心实意为群众办实事、谋福祉。先后实施"阳光工程""安居工程""温暖工程"等三大惠民工程，切实改善农牧民生产生活条件。协调吉林省有关方面为日喀则免费诊疗先心病儿童，共选派两批专家组筛查227人次，手术治疗49人，全部成功。大力开展帮扶助学活动，历届援藏干部每人至少资助一名优困学生完成学业。援藏干部进藏以来，走访慰问机关、企事业单位、驻地部队、乡镇、村庄，到边远地区慰问驻村、驻寺干部，与当地困难群众、孤寡老人、优困学生结成了帮扶对子，与受援地干部群众结下了深厚友谊。

（五）坚决维护稳定确保边疆和谐安宁

全体援藏干部强化反分裂斗争意识，认真履行维稳责任，严格执行干部在藏率、在岗率规定，积极承担各单位维稳值班任务，守护日喀则百姓的幸福安乐。定结、吉隆、萨嘎边境线长434公里，占日喀则市边境线全长的1/4，边境稳控任务艰巨。三县始终坚持创新基层政治教育工作方法，开展反分裂斗争教育，筑牢治边稳藏的思想长城。定结县自拉萨"3·14"事件以来，共抓获非法入境人员30多人，收缴自制火枪20支、炸药500多公斤；吉隆县多次有力粉碎藏独分子非法闯关活动；萨嘎县昌果乡义务联防队受到自治区的表扬，经验在全区推广。三县均被授予"自治区平安县"荣誉称号；吉隆县援藏工作组还被自治区授予"民族团结进步先进集体"称号。

二、吉林省援藏工作经验和体会

（一）贯彻落实中央治藏方略是做好援藏工作的根本前提

援藏工作队坚持深入学习领会中央西藏工作方针政策，结合当地实际，创造性地开展援藏工作，不断赋予吉林援藏鲜明的地域特色和时代特征，努力打造成体系、全方位的援藏格局。

（二）两地党委、政府正确领导是做好援藏工作的坚强后盾

西藏、吉林两地党委、政府历来高度重视援藏工作。吉林省牢固树立大局意识、政治意识、责任意识、使命意识，将援藏工作作为重大政治任务，省委、省政府主要领导亲自挂帅，亲自研究、亲自部署、亲自推动。西藏自治区领导对吉林援藏工作作出重要批示，为做好援藏工作指明了方向。

（三）强化援藏干部队伍建设是做好援藏工作的重要保证

历届援藏干部中心组制定完善各类规章制度20项，不断加强学习型援藏团队建设，开展"进藏为什么、在藏干什么、离藏留什么"思想大讨论活动，发扬"老西藏精神"，形成了队伍团结、共事和谐、积极向上的良好氛围，树立了吉林援藏干部的良好形象。

（四）社会各界的参与和支持是做好援藏工作的有力支撑

在援藏工作中，吉林省始终注重引导全社会力量，营造全社会参与氛围，调动社会各界参与援藏工作的积极性。在全国率先建立了吉林文化援藏促进会，吸收会员1700多人，支持以赵春江为代表的一批社会人士关注援藏、宣传援藏，先后出版了"情牵雪域"系列丛书、《松花江到雅鲁藏布江》《生命之于西藏的感悟》《珠穆朗玛的故乡》等10多部200多万字的援藏图书，创作了30集48万字援藏题材电视剧本《离太阳最近的地方》。

三、吉林省援藏工作发展方向

对口援藏是党中央、国务院的重大战略举措，吉林省将高度重视对口援藏工作，深入贯彻习近平总书记关于援藏工作重要指示精神，围绕教育、医疗、科技、文化等方面，大力推进援藏项目，有力有序有效推进对口援藏工

作，深化吉藏两地血脉亲情，不折不扣地完成好党中央交给的任务。

（一）讲政治、顾大局，提高政治站位

把对口援藏作为一项重要政治任务，切实把思想和行动统一到党中央决策部署上来，牢牢记在心上、实实扛在肩上、紧紧抓在手上、真干落实在行动上，确保取得实效。

（二）坚持精心精准精细，扎实做好各项工作

坚持需求导向、问题导向、项目导向、目标导向、效果导向，精心谋划、精准施策、精细管理。聚焦巩固脱贫成果、促进乡村振兴，把项目投到根上、资金用到点上、工作做到心上。聚焦产业发展，找准发力点，抓好产业布局，帮助实现突破。聚焦社会事业，重点帮助改善教育、医疗等条件，形成常态化机制。聚焦生态保护，处理好开发和保护的关系，把握原则、守住底线。聚焦社会稳定，促进民族团结进步。聚焦干部队伍建设，选好援藏干部，展示吉林干部良好形象。

（三）加强组织领导，形成工作合力

把援藏工作摆上重要日程，加大统筹协调力度，加大投入力度，完善工作机制，强化考核监督，营造良好氛围。

第七节　湖南：精准施策协助山南脱贫攻坚

湖南对口援助西藏山南市及贡嘎、扎囊、桑日、隆子4县，共选派10批690多名干部人才进藏工作、投入资金20多亿元。湖南按照中央安排部署，克服自身贫困程度深、脱贫攻坚任务重的实际困难，依托援藏平台，精准施策、精准对接，协力西藏自治区做好脱贫攻坚工作，取得了一定成效。

一、援藏工作主要做法和成效

湖南省委、省政府对援藏工作高度重视，始终把山南发展稳定当作湖南自己的事来办，省里成立了援藏工作领导小组，省委常委、常务副省长任组长，有关部门负责人为领导小组成员。在党中央的亲切关怀下，在包括湖南省在内的"三省一公司"的大力支援下，在自治区党委、政府的坚强领导下，山南市城乡面貌日新月异，服务功能显著增强，城镇化水平明显提高，新农

村建设扎实推进，农牧民生产生活条件明显改善，科教文卫各项事业取得长足发展，群众生活水平显著提升，实现了跨越式发展。

（一）加大援藏资金项目投入，不断夯实发展基础

湖南省累计落实援助资金20多亿元，援建项目500多个，助力山南不断夯实发展基础。基础设施方面，抓好一批城镇建设项目，不断完善城镇功能；抓好小康示范村、农牧民安居工程等，不断改善农牧民生产生活条件；改造一批学校、医院，促进各项社会事业发展。整合各方面力量，协助开发特色旅游、优势矿产、民族手工业等特色优势产业，结合实际，调整产业布局，改善产业结构。重点建设基础设施、配套设施及活动场所等，帮助加强基层党组织建设，协助基层政法维稳工作，不断巩固党的执政基础。一批"基础性、公益性、永久性、标志性"的对口援藏项目，为山南经济社会发展注入了强大动力。"十三五"期间，援藏工作结合山南市脱贫攻坚任务要求，提高扶贫项目比重。经反复对接协调，"十三五"规划中智力扶贫、教育扶贫、医疗扶贫、产业扶贫等项目资金占比达90%左右。

（二）精准推进产业援藏，"五位一体"科技援藏，提升自我发展能力

湖南省注重增强山南自我积累和自我发展的能力，坚持把产业发展促进就业作为援藏扶贫工作的重要抓手，重点支持贫困人口能够受益的产业，积极引湘企进藏，促进更多困难群众就地就近就业，提升贫困人口收入水平，逐步实现了对口援藏工作由"单纯输血"向"输血"和"造血"并重的方式转变。

一是聚焦创造就业岗位，积极做好产业项目建设和招商引资工作。"十三五"规划中，立足于打造产业发展平台和贫困村实现小康社会目标，安排援藏资金1.757亿元，支持建设湖南产业援藏园、4县14个小康示范村项目，占总援藏资金比重达28%。利用湖南卫视等各种媒体，大力宣传山南优势资源及招商引资优惠政策，鼓励和引导内地企业与山南加强经济技术合作。支持湘企进藏兴业，促进山南发展。如湖南省株洲市牦维佳被服开发有限公司、张家界一线天峡谷旅游开发公司等落户山南。湖南建工集团装配式与现代建材工业园、湖南交水建集团山南分公司、长房集团山南分公司等重大项目已落地建设，为山南经济社会发展留下了一支永不离开的"企业湘军"。

二是聚焦农村贫困人口，精准开展农牧业与科技扶贫。找准青稞等农产品产量提升脱贫的切入口，依托湖南农科院、水稻研究中心等单位成立了帮扶青稞增产工作专班。推动袁隆平院士团队骨干成员等顶级旱粮专家赴山南指导青稞种植技术，帮助提高青稞生产水平。在湖南队组织下，湖南省科技厅、湖南省农科院与山南市农技推广中心联合攻关了"青稞增产科技创新项目成果——青稞粉垄栽培新技术"，使青稞的经济产量比常规栽培青稞亩增63.6公斤，增幅达20.03%。2019年，这一技术已从示范时应用的51亩，扩大到了520亩，让山南的青稞增产技术，从"试验田"成功走进了"百姓田"。同期开展的青稞食品检测、牦牛育肥、藏医药特色产品开发等科技创新项目及培育建设自治区级众创空间等工作也取得了显著成效。此外，湖南队还帮助山南依托省内市场营销优势，以打好"高原绿色"品牌为切入点，连续在湖南长沙举办的中国中部（湖南）国际农博会上大力推介山南优质农产品，拓展了西藏高原绿色产品市场。

三是聚焦贫困人口转移就业，积极开展就业服务工作。每年帮助解决100名西藏籍高校毕业生来湘就业，并赴西藏召开专场招聘会，共组织38家国企，提供345个岗位；将西藏籍高校毕业生和来湘就业的离校未就业高校毕业生全部纳入湖南省高校毕业生就业促进计划和创业引领计划进行帮扶；每年安排就业专项资金支持山南市完善基层公共就业服务平台信息化建设。

（三）坚持扶智为脱贫之本，大力开展人才援藏

一是加强受援地党政干部和专业技术人才培训。从2002年起，每年从援藏资金中安排一部分资金，用于山南市党政领导干部和专业技术人才的学历提升、挂职锻炼和业务进修，同时开展优秀领军人才到湖南培养以及海外培训。十八大以来，培训山南各类专业技术人才上万名，为山南脱贫攻坚提供了智力支持。同时，积极开展农牧业技术培训，培训山南农业技术人员700余人次，带动培训农牧民6000余人次。二是积极改善山南市贫困地区教育软、硬件设施，加大教师等人才输送力度，突出解决当地学生上学难和人才缺乏问题，阻断贫困代际传递。"十三五"期间，湖南援藏资金投入1.787亿元，支持山南贫困县小学标准化建设、教育信息化建设等17个教育援藏扶贫项目，改善当地办学条件。扩大教育扶贫效应，创新教育援藏模式。创新合作办学，

省内2所中学、1所职院和1所大学开办西藏班，省内共有西藏学生952人；加强高校招收西藏籍少数民族学生工作，西藏籍在校人数2400多人。开启教育"组团式"援藏"联校模式"，派出120名教师"组团式"援助山南市第三高级中学，还与湖南省级示范中学签订协议，建立长期对口援建关系。三是针对脱贫需求，加大人才选派力度。为给山南打造脱贫智库，湖南根据中央要求和山南市需求，按照择优选派原则，选派援藏干部、短期专业技术人才到山南进行援藏工作。

（四）破解因病返贫难题，积极开展医疗援藏扶贫

针对贫困人口中因病致贫返贫的实际情况，帮助山南市提高基层公共卫生和医疗水平，加大医疗援助，切实降低贫困人口医疗负担。一是聚焦基层和农村贫困人口，完善医疗基础设施条件。"十三五"期间，投入援藏资金1.14亿元，聚焦贫困人口集中的乡镇，围绕"小病不出乡、大病有保障"的目标支持建设4个乡镇卫生院项目、市藏医院功能提升项目，提高当地公共卫生医疗条件。二是聚焦加强当地医疗力量，加大先进人才选派。十八大以来，共向山南市派遣了12批次共计96名卫生医疗援藏干部人才，其中高级职称占75%。开展手术1700多台次，门诊接诊患者70000余人次，多项技术专利填补了西藏自治区和山南市空白；开展培训及授课700余场次，培训带教人员近1万人次。此外，"十三五"开始启动"组团式"医疗援藏，积极探索"组团式"医疗援藏"院帮科"模式，效果显著，有效地协助山南市破解因病返贫难题。三是聚焦贫困人口的医疗需求，多方开展医疗服务。针对山南贫困人口的医疗需求，开展56名先天性心脏病和100名唇腭裂患儿的免费救治等活动，切实解决贫困人口的实际困难。

二、援藏工作发展方向

（一）进一步强化"政治援藏"的意识

近年来，西藏经济社会事业取得长足发展，人民群众生活水平显著提高，呈现出跨越式发展的良好态势。看到成绩的同时，也清醒地认识到，以十四世达赖为首的分裂势力渗透破坏、分裂祖国的图谋一刻没有改变，维护稳定的任务依然艰巨繁重。必须坚决贯彻落实中央治藏兴藏稳藏的系列决策部署，从维护国家长治久安的高度上重视援助工作，强化政治意识和大局意识，带

着感情、带着责任、带着使命，坚持好的经验和做法，以改革创新精神推进对口援助工作，改善农牧民生产条件，提高生活水平，促进西藏和平稳定与长足发展。

（二）进一步树立科学援助的工作理念

当前，如何推动受援地经济社会全面、协调、可持续发展，使对口支援工作真正惠及广大农牧民群众，是对口援藏工作亟待解决的重要问题。新形势下，要深入贯彻落实中央第六次西藏工作座谈会、扶贫开发工作会议、东西部扶贫协作工作座谈会、深度贫困地区脱贫工作座谈会部署要求，从山南的长远发展和长治久安的战略高度出发，进一步更新援助工作理念。一是要坚持抓好长期性、基础性、公益性项目，建成一批支撑受援地经济社会发展、改善当地人民群众生产生活条件的优质项目。二是要着眼于增强受援地自我积累、自我发展能力，在充分利用好市场机制的同时，更好地发挥两地各级政府的组织、引导、协调、推动作用和援藏工作队的桥梁纽带作用，进一步完善互助合作机制，实现产业共兴、互利共赢；要加强科技援藏，广泛开展送科技下乡活动，切实将先进科学技术送到基层，真正让科技知识走进农牧民。三是要着眼于巩固党的执政基础和执政地位，将干部援助重心向县乡倾斜，帮助加强县乡领导班子建设与党员干部队伍建设，为受援地提供有力的人才支撑。

（三）进一步加强援藏干部队伍建设

28年的成功实践和巨大成就充分证明，对口援藏工作已经成为推动西藏跨越式发展的强大助推器，广大援藏干部人才已成为西藏发展的重要力量。要进一步加大干部援藏力度，加强援藏干部队伍建设。一要坚持公正、公开、公平原则，认真选派、严格把好援藏干部的思想、能力、作风和身体条件关。二要加强和规范援藏干部服务、管理和教育，培养他们强烈的政治责任感和事业心，解决援藏干部在身体健康、后勤生活等方面的后顾之忧，为他们认真履行职责、扎实开展工作提供良好条件。三要培养和使用好援藏干部。援藏干部人才在高寒艰苦民族地区、反分裂斗争第一线工作，经受了锻炼和考验，返回内地后，派出单位应进行妥善安置，对在藏期间表现优秀的干部予以提拔重用。

第八节　湖北：创造立体援藏新模式

从1994年起，湖北省对口支援西藏山南市。省委、省政府始终高度重视援藏工作，将山南市与省内市州同等对待，共派出10批546名优秀干部和1070名专业技术人才，累计援助资金、物资21.18亿元，实施援藏项目506个，逐步形成了以干部人才援藏为龙头，资金援助为重点，项目建设为载体，促进共同发展为目标的援藏工作格局，促进了山南市经济社会全面发展、民族团结和社会长治久安。

一、援藏工作主要做法和成效

（一）深入贯彻落实习近平总书记扶贫开发战略思想，着力创新方式方法

湖北省的援藏工作实现了"三个转变"，一是从单纯的项目建设向培植财源、增强"造血"功能转变；二是从无偿援助向促进广泛经贸合作转变；三是从单一的干部援助向综合性人才、技术、管理援助转变。做到了"三个着力"，一是着力招商引资，全方位推动经贸合作；二是着力项目援助，积极推进基础设施建设和社会事业全面发展；三是着力智力援助，为山南经济社会发展提供人才保障。如2003年，湖北省第四批援藏干部在深入考察论证的基础上，引进华新水泥有限公司到山南投资建厂。截至2020年，华新水泥已累计为山南上缴税收15亿元，提供就业岗位800多个。华新水泥的产业援藏模式将内地的资金、技术和先进的管理机制输往山南，极大地增强了当地自身"造血"功能。

（二）坚持立足山南实际，推动经济社会全面发展

一是狠抓项目援藏。湖北省克服自身改革发展任务繁重等困难，前6批共落实援藏资金10亿元，实施市政、交通、财源、产业、新农村和科教文卫等项目410个。第七批援藏资金3亿元，向农牧区和基层倾斜比例达到84%，规划项目主要采取"交支票"方式进行建设，正按照"三年计划两年完成"的要求加快推进。"十三五"规划实施项目共66个，项目援助资金6亿元，其中投向基层的项目52个，援助资金合计5亿元，占援助总资金的83%；投向民生领域直接支援脱贫攻坚的项目共计55个，援助资金合计5亿元，占援助总

资金的83%。重点从教育提升工程、医疗卫生保障工程、生态文明小康示范村建设工程、产业发展及扶贫开发工程、干部人才培养工程、交往交流交融工程、基层组织建设和能力提升工程等七大工程上加大投资力度。

二是强化产业援藏。在总结"华新模式"经验基础上，大力推动大冶有色、丰华能源、黄石东贝、稻花香等省内企业到山南投资兴业，支持山南市建设湖北产业园。各投资项目建成后，每年可实现税收3亿元以上，占山南市财政收入的一半。2017年6月9日，西藏山南市精准援藏暨招商引资推介会在武汉举行，山南市分别与湖北武汉海博瑞科技公司、湖北峡州集团、武汉司马彦文化科技公司等分别签订了8个意向合作项目协议，协议投资资金共计16亿元。2020年，山南市与湖北省武汉宏农农牧有限公司签约，协议投资资金5亿元，建设西藏规模最大的现代化、数字化藏鸡养殖企业，设计养殖规模120万羽，其中工厂化养殖100万羽、带动周边农户养殖藏鸡20万羽，带动500户农户就地就近脱贫增收。

三是突出智力援藏。湖北省先后为山南培训各级各类人才4000多人次。投资两亿多元在武汉市东湖畔兴建了设施齐备、全国一流的西藏中学新校区，学校毕业生在全国高考中实现零淘汰，一类本科上线率达到100%。从2013年开始，湖北省每年选派50名专业技术人才进行为期半年的短期援藏，涉及卫生、农牧、交通、建设等九大行业，其中来自襄阳文理学院的"格桑花"支教团队，仅2014—2019年期间，共派出8批37人次教师赴藏，丰富了当地中学校园文化生活及科技实践活动，有效地促进了教学质量的提高及汉藏民族团结，被中宣部授予"最美支边人物"称号。

四是抓好干部援藏。全体援藏干部主动把工作融入到当地经济社会发展大局中，把感情融入到基层农牧民群众中，把作风融入到脚踏实地办实事中，与受援地区人民群众建立了交往交流交融的和谐关系。援藏干部工作队坚持严格管理、严格要求，以扎实的工作作风和一流的工作业绩，树立起了湖北援藏干部的良好形象。

（三）坚持党委领导、政府组织，不断完善体制机制

湖北省委、省政府高度重视援藏工作，多次召开省委常委会等研究部署有关工作。为深入贯彻落实中央第五、第六次西藏工作座谈会议精神和中央

领导同志对"武汉立体援藏模式"作出的重要批示精神，省委、省政府提出了将"武汉模式"发展成为"湖北模式"的新标杆，推动省直部门单位和武汉、襄阳、宜昌、黄石4市形成全方位、多层次、宽领域的"立体跨越式"援藏工作新格局。根据新一轮对口援藏任务需要，省政府于2011年5月重新调整了省援藏工作领导小组，增加了成员单位，要求各成员单位成立援藏机构，确保一名厅级领导具体负责，固定工作联络员，并积极与山南市各有关部门进行对接，开展援助工作。各对口支援市也重新调整了以市委常委、常务副市长为组长，分管副市长为副组长的市援藏工作领导小组，明确了成员单位和责任部门。

二、援藏工作经验和体会

（一）西藏地区各族干部群众促改革谋发展的决心是做好援藏工作的有力保证

在艰苦环境中，西藏广大干部群众齐心协力，一手抓团结稳定，一手抓改革发展，取得了显著的成绩，也为湖北省做好援藏工作打下了良好的基础。在中央和自治区党委、政府的正确领导下，在山南与援藏省份的共同努力下，山南市各项事业发展迅速，初见成效。

（二）汉藏双方结成的深厚友谊是做好援藏工作的坚实基础

对口支援以来，通过两地友好结对、交流互访等形式，越来越多的山南各族人民群众走出西藏，来到湖北交流学习。援藏工作就像一座桥梁，连接了长江和雅鲁藏布江。有着这样深厚的友谊基础，山南和湖北在工作中全面配合、共同发展，全面完成中央交给湖北省的援藏工作任务。

（三）工作不断创新是做好援藏工作的内生动力

湖北省的援藏工作集中体现了以创新理念深化援藏工作内涵、以创新思路推进现代化进程、以创新经营方式带动各族群众致富、以创新管理促进社会和谐稳定、以创新机制促进各民族交往交流交融的"五个创新"。湖北做好援藏工作必须坚定站在党和国家全局的高度，必须面向基层、面向群众，必须不断创新机制，必须统筹发展与稳定两个大局，把维护西藏稳定作为根本的政治责任，把推进西藏经济社会发展作为根本工作任务。

（四）湖北经济社会发展的良好势头是做好援藏工作的坚实后盾

21世纪以来，湖北省抢抓国家实施促进中部地区崛起战略的历史机遇，保持了经济持续较快发展和社会全面进步的良好势头，经济总量现已进入全国前十，地方财力快速增长也确保了援藏资金不断增加。根据中央确定的新时代援藏工作方针，湖北省明确由经济实力靠前的武汉、襄阳、宜昌、黄石4市对口支援山南市乃东区和琼结、加查、曲松三县，进一步加大了援助力度，助力山南全面发展。

三、湖北援藏工作发展方向

在总结援藏工作成绩的同时，也要看到不足，主要是项目衔接工作力度不够，项目管理、资金拨付方式有待改进，人才援藏工作模式需进一步深化，等等。这些都需要在今后的工作中不断加以改进。

（一）进一步巩固推广湖北省成功经验

认真贯彻落实中央领导的指示精神，继续巩固和推广湖北援藏工作的好经验、好做法。认真落实《湖北省人民政府办公厅关于进一步支持西藏自治区山南市经济社会发展的实施意见》（鄂政办发〔2017〕48号），着力推进教育和医疗卫生援藏，提高公共服务水平；着力加强基础设施建设，切实改善民生条件；着力培育壮大特色优势产业，促进就地就近就业；着力加强智力支援，增强自我发展能力；着力促进稳定发展，提升基层治理能力；着力交往交流交融，增进民族团结。以"改善民生、推动发展、促进团结、维护稳定"为出发点和落脚点，进一步突出"基层优先、民生优先、'造血'优先、扶困优先、团结优先、智力优先、就业优先"，坚持长期援藏、真情援藏。继续创新援藏工作思路和方式方法，大力推动援藏工作向基层拓展，积极引导社会力量投入参与。

（二）进一步健全完善援藏工作机制

完善资金投入机制，严格按中央规定落实有关资金，优化资金拨付方式，完善项目管理办法。协助推动援受双方建立健全援藏工作领导机制、工作机制和考核评价机制。推动建立健全鄂藏双边工作协调机制，加强协调，搞好统筹。

（三）进一步深化鄂藏经贸合作

按照"政府推动、企业跟进、优势互补、共同发展"的工作思路，抓好招商引资工作，大力引进各类产业企业助力援藏扶贫，积极商谈产业园区建设助力援藏扶贫，协助山南市建设好湖北产业园。把山南市特有的水、矿产、藏药、太阳能、建材等资源同湖北省的区位优势和技术优势有机结合起来，抓紧实施双向开发，吸引更多的企业和民营资本到山南投资兴业。

（四）进一步强化项目监管和规划

对项目实施严格监督，对工程质量和施工安全严格要求，切实把好项目设计关、材料关、工序关和竣工验收关，确保将援建项目建成优质工程、样板工程、民心工程。在规划援藏项目时，认真贯彻落实"三个倾斜"的要求，确保资金投向符合国家政策规定。

（五）进一步强化科技合作助力援藏扶贫

突破农牧业、藏医药产业的技术瓶颈，不断提升产业发展能力。省农业厅将提供技术支持，做到有求必应，有难必帮，全力配合山南市青稞增产计划实施；拟在湖北所援4县（区）分别开展冬青稞高产高效技术集成示范区建设；湖北还将引进有实力的企业，建立电子商务平台，拓宽西藏农副产品销售渠道。

（六）进一步抓好人才援藏工作

一是探索建立派出地与受援地的经常性交流平台。以短期援藏技术人才为桥梁、纽带，加大山南各类人才学习、挂职、培训的规模和力度，为当地培养更多高层次专业技术人才。二是探索形成灵活多样的选派方式。抓好短期人才援藏，对当地技术人员进行系统培训，提高服务发展的能力；注重选派连续性，重点部门领域连续选派，循序渐进，真正带活一个领域、一个行业、一个产业。三是健全完善援藏人才教育服务管理制度。对他们委以重任，用其所长、尽其所能，充分发挥"传帮带"作用，推动人才援藏由"输血型"向"造血型"转变。

第九节 安徽：坚持"输血""造血"并重

安徽省对口支援西藏山南市的错那、措美和浪卡子三县。按照"突出重点、深化内涵、谋划长远、讲求实效"的原则，安徽省坚持以干部援藏为龙头，以项目援建为支撑，以保障和改善民生为重点，以增强自我发展能力为方向，不断深化和拓展对口支援工作，为全面推进受援地经济发展、社会进步和民族团结作出了积极贡献，谱写了皖藏友谊的新篇章。

一、安徽援藏工作主要做法

安徽不断创新援藏思路，拓展援藏领域，加大援藏力度，推动援藏工作向纵深发展。安徽省共选派援藏干部人才900多人次，实施援藏项目400多个，累计安排援藏资金20多亿元，为受援地区培养培训各类人才10000余人。

（一）坚持规划先行，引领援藏工作向扶贫攻坚聚焦

立足山南实际，认真谋划援建项目，坚持把援助资金和项目向农牧民倾斜、向基层倾斜、向贫困地区倾斜，整合各类资源向对口支援地区的脱贫攻坚工作集聚。仅安徽省"十三五"援藏规划共安排援藏资金6.526亿元，援藏项目46个。其中县及县以下项目资金占比84.03%，民生领域项目资金占比82.6%。46个规划项目中，直接支援脱贫攻坚类项目37个（资金占比87.09%），可优化调整脱贫攻坚类项目9个。

（二）牢固树立科学援藏理念，切实做到"三个突出"

一是突出发展这个第一要务。按照"一产上水平、二产抓重点、三产大发展"的思路，从受援地资源条件、产业基础和国家战略需要出发，重点培育具有地方特色和比较优势的战略支撑产业，使制约山南市三县发展的瓶颈问题得到一定程度的缓解，增强了受援地区的自我发展能力。如投资兴建了错那县勒布沟旅游接待中心，改善了当地的旅游基础设施，促进了旅游业快速发展。投资兴建安徽大道、英雄路、受援县的县城改造等一批城市建设项目，完善了城镇功能，增强了城镇的经济发展能力。山南地区生产总值、财政收入、农牧民人均纯收入连续多年保持两位数增长。二是突出维稳这个第一责任。牢固树立"稳定压倒一切"的思想，坚决贯彻中央关于反分裂斗争的各项决策部署，坚持谋长久之策、行固本之举，健全和完善反分裂斗争工

作机制，牢牢把握斗争主动权。2008年拉萨"3·14"事件发生后，安徽省援藏干部全部提前结束休假，返回工作岗位，工作战斗在一线，确保了一方平安。他们不顾高原反应和恶劣气候，连续50天战斗在维稳工作第一线。在受援地大力开展"团结稳定是福，分裂动乱是祸""三个离不开"等教育，不断夯实反分裂斗争思想基础。援藏干部在平时还主动加强与当地干部群众的交流交融，积极帮助群众排忧解难，筑牢了维护稳定的群众基础。三是突出保障和改善民生，将民生作为援藏工作的出发点和落脚点。在工作思路上重点关注民生，在产业规划上着力带动民生，在项目建设上优先安排民生。

在援藏资金投入上，80%的援藏资金向农牧区倾斜，着力解决受援地农牧民迫切需要解决的问题，让广大农牧民得到了实惠。加大新农村建设力度。紧密围绕山南市易地扶贫搬迁、新农村和生态建设，在错那、措美、浪卡子三个对口支援县规划投资1.5亿元，参与建成10个小康示范村。抓好以水、电、路、信、广播等为重点的配套设施建设项目，建成农牧民安居工程500余户，让受援三县80%以上的农牧民提前一年住进了安全适用的新房。加大浪卡子县农牧民服务设施建设，兴建了农牧民技术培训中心，新建10个乡镇兽防所，购置相关设备，对低产田进行改造，促进土地增收。

大力推进卫生援藏，开展"组团式"医疗人才援藏，坚持培引并重，打造带不走的队伍。2015年以来，先后选派110名医疗专家赴山南市人民医院开展帮扶工作，按照"省市联动、结对共建"总体思路，由安徽省综合实力或专科能力最强的8家省属医院和医疗资源较为丰富的5个市，结对共建山南市人民医院24个科室，分年度制定具体援助目标任务，全力支持山南市医疗卫生事业发展和等级医院创建工作，2018年7月完成"三等甲级医院"创建任务。利用安徽"组团式"医疗人才援藏平台，在全区率先开展"医联体"试点探索，提升山南市基层诊疗水平。加大医疗基础设施投入。兴建了残疾人康复中心、山南市妇幼保健院康复中心等项目。提前拨付3000万元援藏资金，专项用于山南市人民医院急需医疗设备的采购。解决39个村（居）卫生室短缺和简陋问题，新增床位近200张。投资1.5亿元，改善山南市本级和错那、措美、浪卡子三个对口支援县医疗基础设施和公共卫生服务水平。开展特种疾病诊疗。免费筛查先心病患儿1300人，确诊48人，免费救治31人。2017开始选派多名超声专家和医技人员赴山南牧区开展包虫病筛查和救治工作。

大力推进教育援藏，开展"组团式"教育人才援藏。2016年，安徽首批45名优秀教师赴山南市第二高级中学开展"组团式"支教，充实学校管理和教学力量。同时，通过开展结对帮扶，加速提升山南高中办学水平与教育教学质量。接收山南教师来皖培训进修。通过跟岗培训重点提升山南教师的课堂教学技能和育人管理能力。加强教育基础设施建设，出资兴建山南市第三小学教学楼、措美县职教中心和就业技能培训中心等，投入940万元对错那县三个乡镇完小校舍进行维修改造。计划投资2.5亿元，改善山南市本级和错那、措美、浪卡子三个对口支援县教育基础设施。精心办好安徽内地西藏班，在皖就读的内地西藏班初、高中学生1000多名，集中在三所省市级示范学校。合肥市第三十五中学西藏初中生的中考成绩连续多年位居全国内地西藏班前列。这些惠民措施使广大农牧民切实地得到了实惠。

（三）坚持"输血"与"造血"并重

坚持"两手抓"，一方面，大力推进援建项目建设，不断夯实受援地的物质基础；另一方面，充分发挥安徽省人才智力优势，广泛开展人才援藏、制度援藏，不断增强受援地自我发展的内生动力。

一是高度重视经济援藏工作。根据安徽省经济社会发展情况，逐年加大对受援地区经济援助的力度。

安徽省不同时期援藏项目安排和资金投入情况

时段	项目安排	资金投入
2002—2004年	10个	5200万元
2004—2007年	17个	1亿元
2007—2010年	27个	1.2亿元
2010—2013年	62个	2.46亿元
2013—2015年	30个	3.1亿元
"十三五"时期	46个	6.526亿元

与此同时，安徽省各市也积极开展对口支援工作，认真选择项目，投入大笔资金。首先，抓好城镇基础设施建设。组织实施泽当镇英雄路改扩建，错那、措美、浪卡子三县县城功能提升等公共基础设施的建设，新建市政道路近11公里，使城镇规模扩大了近6平方公里；推进三县县城所在地等中心城镇发展，加快小城镇和农畜产品流通市场基础设施建设；完成措美县河道治理、4个乡镇环境综合治理；完成错那县供水工程，修建蓄水池、沉砂池及给水管。投资建设了错那县勒布沟景区、措美县哲古湖景区和县畜种改良及畜产品深加工等特色产业项目，完善旅游基础设施。其次，帮助实施茶叶蔬菜种植、藏香猪养殖、民族手工艺品开发等特色项目。积极推动山南红土豆、藏鸡蛋等特色农产品通过参加"中国安徽（合肥）农业产业化交易会"开发内地市场，促进产业加快发展，进一步增强山南"造血"功能。再次，谋划实施"1665工程"。即规划建设1个安徽省援藏产业园，在山南市域范围内建成经济实体6个以上，建成易地搬迁配套产业项目6个以上，引进5家以上安徽国有企业落户山南。最后，深化互利合作。大力开发山南和安徽两个市场、两种资源，合肥、芜湖、马鞍山、黄山等市与山南市签署了旅游合作协议，协助山南市在合肥举办招商引资推介会，扩大了山南旅游的知名度。利用安徽卫视、安徽日报、中安在线等各种媒体，大力宣传山南优势资源及招商引资优惠政策，为安徽企业到山南投资兴业提供了平台。组织省旅游集团、水安集团等一批省属企业参加中国西藏旅游文化国际博览会，赴山南市及三县实地投资考察。水安集团与山南市政府签署《合作框架协议》。从内地引进企业开发浪卡子县羊湖旅游资源，租赁经营错那县勒布茶厂，推动了山南特色产业向市场化运作、规模化经营发展。注重依托安徽市场营销优势，以打好"高原绿色"品牌为切入点，在安徽拓展了西藏高原绿色产品市场，增加了农牧民收入，使山南农牧特色产品走出了西藏。

二是切实开展智力援藏工作。通过"请进来，走出去"的双向交流方式，加强对受援地区党政干部和专业技术人员的进修培训。大力推进人才援藏。2013年以来，累计选派120名优秀干部和卫生、教育、交通、水利等领域专业技术人才440余人到山南工作。广大援藏干部人才牢记使命，发扬"老西藏精神"，把山南当作第二故乡，视当地群众为亲人，积极帮助群众排忧解难，受到当地政府和广大干部群众一致称赞，李定松、夏远生两位同志被中央组织部等部委授予"全国对口援藏先进个人"荣誉称号，另有多人受到安徽省和西藏山南市的表彰。首先，开展短期技术援藏。从2013年起，应山南市请求，每年安排50名专业技术人才到山南开展为期半年的技术援藏工作，已累计安排400多人次。其次，加大受援地人才培养培训。通过"送出去与请进来"相结合方式，累计为山南市培养本土人才5000余人。先后组织山南市300余名党政干部来皖挂职锻炼，500名专业技术人员来皖进修培训，定向培训大学生40人、学历教育277人、短期培训1341人次。每年培训山南市扶贫干部50名，培训山南市贫困家庭劳动力50多人。积极开展以农牧区劳动力转移、普及农牧业先进实用技术为主的各类培训，加强农牧民思想道德和科学文化知识教育，提高了市场经济意识和商品意识，培养了一批有文化、懂技术、会经营的新型农牧民和科技示范户。最后，积极做好技术援藏工作。依托安徽省科教优势，积极推进山南市特色农牧产业开发和可再生能源的循环利用。援建了山南市科技成果展览馆，改善了当地科技工作条件。为缓解制约山南经济社会发展的技术瓶颈，组织实施了光伏供电、沼气使用、水利灌溉、有线电视改造和茶厂生产经营等技术项目，解决了新能源建设、广播电视接收、特色产业发展等方面技术难题，改善了民生，促进了社会和谐。

（四）突出抓好干部援藏工作

坚持把干部援藏作为各项援藏工作的龙头，着重在"选、育、管、用"4个方面下功夫。一是"选"。坚持按需选派，西藏需要什么样的干部就选派什么样的干部，西藏需要多少干部就选派多少干部。严格选派条件，突出把好人选的政治关、能力关、廉政关。二是"育"。坚持加强援藏干部思想政治教育，组织他们认真学习中央关于西藏工作的方针政策以及民族宗教政策、西藏历史区情，引导他们牢固树立政治意识、大局意识、忧患意识和责任意识；开展民族团结教育，引导他们与当地干部相互尊重、相互学习、相互支持，形成团结一心干事业的强大合力；开展作风养成教育，引导他们认真学习焦裕禄、孔繁森等先进人物，自觉践行"特别能吃苦、特别能战斗、特别能忍耐、特别能团结、特别能奉献"的"老西藏精神"，真正把援藏作为历练人生的难得机会；注重加强合作共事教育，引导他们加强与本地干部的沟通交流，相互取长补短。三是"管"。制定了援藏干部管理办法，对援藏干部的考核、培训、休假、请假等作出明确规定，经常了解援藏干部的工作、思想、生活等情况。建立援藏工作队内部管理制度，强化自我教育、自我管理。四是"用"。认真贯彻落实《对口支援西藏干部和人才管理办法》，妥善安排任职期满返回的援藏干部，绝大多数得到提拔，不少安排在重要岗位担任领导职务。定期开展慰问援藏干部活动，每年春节均安排人员上门慰问援藏干部及其亲属。认真落实援藏干部经济待遇，逐步提高援藏干部补助标准。各对口支援市和援藏干部所在单位，始终注重从政治上、工作上和生活上关心爱护援藏干部，积极帮助解决家属就业、子女上学等实际困难，努力为援藏干部在藏工作创造良好条件。援藏干部人才主动担当奉献，架起了友谊的桥梁、团结的桥梁、民族交往交流交融的桥梁。

（五）建立健全领导体制和工作机制

一是加强组织领导。省委、省政府将对口援藏作为党中央、国务院交给的一项重要政治任务，始终高度重视，成立了高规格的援藏工作领导小组，统筹协调援藏工作，及时研究解决有关问题。历任省委、省政府主要负责同志多次听取援藏工作汇报、会见西藏代表团成员、看望慰问援藏干部，对援藏工作和援藏干部提出殷切希望，有的还亲自率领党政代表团赴藏，协商重大事宜，解决援建问题，推动援藏工作深入发展。出台了《关于进一步做好对口援藏工作的实施意见》《关于进一步做好对口援藏工作的实施意见的任务分工方案》等政策措施，为做好援藏工作指明方向、提供支撑。承担对口支援任务的省辖市和省直有关单位主要领导多次赴藏慰问援藏干部，增加援助项目，追加援助资金，为援藏工作出点子、想办法，协调解决工作中遇到的实际困难。二是建立健全工作机制。2002年以来，安徽省按照"分片负责、对口支援、定期轮换"的方针，研究确立了"市包县"的工作方式和轮换机制，将16个省辖市分成三批依次承担对口支援任务；省直部门和企事业单位对口支援事宜，则由省委、省政府根据受援地的实际情况和援助要求另行统筹安排。援藏资金由省级财政统筹，援藏项目由省相关部门统一把关。实践证明，这种援藏方式任务具体、责任明确，既有利于保持援藏工作的连续性，也有利于调动和发挥对口支援单位的积极性，效果十分明显。

二、安徽援藏工作主要成效

安徽的对口支援，为山南市特别是对口支援的三个县的经济发展、社会稳定和民族团结作出了重要贡献，深受山南广大干部群众的欢迎。

（一）维护了受援地社会稳定

安徽援藏工作始终把维护祖国统一、加强民族团结、稳定社会局势作为第一责任，在山南市委、市政府的领导下，援藏干部全面贯彻落实反分裂斗争各项措施，全力维护社会稳定。特别是拉萨"3·14"事件发生后，广大援藏干部坚决贯彻中央关于西藏反分裂斗争的重要指示和自治区党委、政府的部署，坚守在反对分裂、维护稳定的第一线，勇敢地站到斗争的最前沿，在全面恢复社会秩序、化解不稳定因素过程中发挥了骨干作用。同时，始终高举民族团结旗帜，密切联系当地各族干部群众，真心实意为群众解难题、办实事、谋利益，使广大群众进一步感受到祖国大家庭的温暖，增强了中华民族的向心力、凝聚力，巩固了民族团结的良好局面。

（二）推进了受援地经济社会发展

20多年来援藏，安徽省对口支援的浪卡子、错那、措美县生产总值分别增长10多倍，财政收入增长10多倍，农牧民人均纯收入大幅提升，民生福祉得到了极大改善。

（三）促进了受援地领导班子和干部队伍建设

援藏干部到山南市工作，改善了当地领导班子结构，提高了干部队伍的整体素质，增添了生机与活力。在工作中，广大援藏干部认真履行职责、影响和带动当地各族干部解放思想、更新观念，进一步提高了领导班子的执政能力和执政水平，巩固了党在西藏的执政基础。同时，积极开展智力援藏，通过组织西藏干部到内地进行学历教育、短期培训和挂职锻炼，选派内地专家到西藏讲学等形式，加强了当地干部队伍和人才队伍建设。

（四）培养锻炼了一批年轻干部

广大援藏干部在藏开展对口支援工作，经受了最深刻的党性教育、最直接的国情教育、最生动的民族团结教育、最严峻的反分裂斗争教育，加深了对国情社情民情和边疆民族地区的认识，增强了政治意识、大局意识、忧患意识和责任意识。在积极投身当地经济社会建设的实践中，提高了能力，开阔了眼界，宽广了胸襟，许多同志返回后成为各条战线的领导骨干和业务骨干，有的还走上重要领导岗位。

三、安徽援藏工作体会及今后工作方向

（一）必须从全局和战略的高度来认识和把握援藏扶贫工作

充分认识做好干部援藏工作对于维护祖国统一和民族团结、构建社会主义和谐社会的重要意义，切实增强新形势下做好干部援藏工作的使命感和责任感。

（二）必须加大援藏扶贫资金投入力度

坚持规划先行，科学合理选择援藏项目，大力加强基础设施建设，着力提高西藏自我发展的能力。

（三）必须加强组织协调和支持引导

充分发挥援藏干部的积极性、主动性和创造性，为援藏工作的顺利开展提供坚强的组织保障。

（四）必须突出援藏工作重点

紧扣西藏经济社会发展需求，聚焦巩固脱贫成果、助力乡村振兴，有针对性地开展援藏工作，切实增强援藏工作的实效性。

（五）必须大力弘扬"老西藏精神"

广泛动员各方面力量，调动各方面积极性，努力形成凝心聚力、共谋发展的良好局面。

（六）必须创新援藏思路

有效整合受援地特色资源优势和安徽省的市场、技术、人才、资金优势，使西藏与安徽实现"互惠互利、共同发展"。

今后，安徽援藏工作将以党的二十大精神、中央第六次西藏工作座谈会精神和习近平总书记"治国必治边，治边先稳藏"重要思想为指导，以只争朝夕的精神、真抓实干的作风，加大援藏扶贫力度，拓宽援藏扶贫领域，丰富援藏扶贫内涵，求真务实、扎实工作，巩固脱贫成果，为实现推进山南市跨越式发展和长治久安作出新的更大贡献。

第十节　广东："一个龙头两翼齐飞"援藏模式

根据中央第三次西藏工作座谈会决策部署，广东省负责对口支援西藏林芝市。广东省委、省政府以高度的政治责任感，从实现国家发展"两个大局"战略出发，高度重视对口援藏工作，从项目、资金、干部、人才等多方面全力支持受援地发展，探索形成了具有广东特色的"一个龙头两翼齐飞"（以民生援藏为龙头，以产业援藏和智力援藏为两翼）援藏工作思路和工作模式，树立了"广东援藏"的品牌和形象。

一、广东援藏主要做法和成效

广东省委、省政府先后选派10批1300多名援藏干部人才进藏工作，截至2022年年底，累计投入资金66亿元，援建1100多个项目，取得了良好的政治效益、经济效益和社会效益。

（一）立足当地，不断夯实发展基础

始终坚持立足林芝实际，以发展为第一要务，以发展来维护稳定、争取人心、夯实基础。28年来，广东省投入的援藏资金超过了林芝市同期财政收入的总和，一大批交通、水利、能源、市政基础设施项目先后建成，如尼洋河防洪堤、八一电厂、南粤大道、深圳大道、广州大道、会展中心、福清河两岸民族特色改造等，使林芝经济发展瓶颈制约大为缓解，经济发展后劲不断增强。

（二）民生为重，全面推进社会事业进步

紧紧围绕贯彻落实习近平总书记治边稳藏方略，始终把保障和改善民生作为援藏扶贫工作的出发点和落脚点，摆在援藏工作的重中之重，如第七批援藏安排民生类项目55个，投资4.76亿元，占"总盘子"的32.2%。按照"三个倾斜"的方针，将80%以上的援藏资金和项目向基层倾斜、向民生倾斜、向农牧民倾斜，始终围绕精准扶贫、精准脱贫，重点推进安居工程、小康示范村、农牧区基础设施、医疗卫生教育设施等项目建设，着力改善农牧民生活生产条件。

自2016年4月起，广东累计派出750名教师支援林芝市教育事业，成为当地群众交口称赞的民心工程。在援藏教师带领下，林芝一中、巴宜区中学、米林县中学、工布江达县中学实现了自治区省级课题"零突破",教育质量大大提升。林芝一中2018年高考815名考生上线率达99.9%,创历史新高。2019年开展"粤藏同心幼教培训工程",培训西藏幼儿教师,旨在发挥广东资源、教育、人才优势,助推西藏自治区幼儿教育事业发展。已培训18期,覆盖西藏7个地市的幼儿教师1800多人。如今,一支优质幼儿教师队伍已渐渐成长起来,扎根雪域高原。

自2015年8月医疗人才"组团式"援藏工作开展以来,广东先后派出5批数百名医疗人才"组团式"援藏,为当地医疗卫生事业长足发展带来一场"革命"。对群众而言,在家门口便可享受大专家的服务,少了奔波的烦恼;对当地医生而言,家门口来了"高手",有了学习提升的机会。植入导丝、打开血管、植入支架等手术相继成功实施。林芝市人民医院2017年成功"创三甲"后,仅2018年医院又开展新技术65项,填补了21个领域的空白。如今,该院急性心梗病人死亡率接近于零、孕产妇死亡率接近于零、重度烧伤患者的死亡率为零。这些工作,促进了林芝卫生事业的全面发展。

(三)围绕产业,增强发展内生动力

小康路上一个都不能掉队,发展产业是实现脱贫的根本之策。广东省紧紧围绕林芝市生态旅游业、藏医药业、特色农牧业等优势产业,狠下功夫,培育扶持、做大做强。林芝市技工学校、3D打印旅游产品、高原生态农牧主题公园、高原集装箱恒温养鱼、有机肥加工厂、藏猪产业园等13个产业扶贫项目,总投资超1.95亿元,有效促进发展。鲁朗国际旅游小镇是广东援藏项目的龙头。广东政府和相关企业6年投入30多亿元,建立起藏式商业街、酒店,打造成藏东南旅游胜地。如今,鲁朗风光与附近的米堆冰川、易贡国家地质公园、南迦巴瓦峰、雅鲁藏布大峡谷、巴松错等,构成一条世界级旅游精品线路。大力扶持特色农牧业形成规模,全力打造以林芝松茸、察隅花生、波密天麻、墨脱香蕉为主的特色产品;着力推动藏医药产业健康发展,扩大灵芝、天麻等藏药材种植规模,大力研发藏医药新产品,促进藏医药走出西藏、走向全国。

(四)智力援藏,提升发展能力

不断加大智力援藏力度,增强智力援藏效果。如第七批援藏安排智力援藏资金0.65亿元，教育、卫生、疾控、科技等单位援藏干部和各县（场）工作组，注重交流、合作与培训有机结合，教师支援与教研开发有机结合，通过"请进来"和"走出去"相结合的方式，借助优势资源，发挥专业特长，邀请广东及区外专家在林芝举办各类培训班80多期，选派林芝各类人才外出培训1000多人次，设立"阳江江城区实训基地"，佛山市还将墨脱县干部人才培训纳入本市年度培训计划。同时，充分发挥援藏干部在本职岗位上的"传帮带"作用，建立了一整套工程质量安监体系，填补了林芝工程安监体系空白；组织专家制订的西藏林芝市精神卫生服务体系建设项目方案，填补了林芝精神卫生工作空白。

（五）动员社会力量，增强援藏合力

广泛宣传动员全社会各界积极参与支持援藏工作，形成前后方互动的援藏格局，营造浓厚的社会氛围。如第七批援藏工作队及援藏干部通过各种渠道，积极争取广东社会各界捐助资金6000余万元，用于4个小康示范村、门珞民族敬老院、中印自卫反击战烈士陵园、幼儿园、市妇幼保健院住院楼等项目建设；动员社会捐赠电脑、文体用品、医药器械、农用物资、衣物等各类物资46批次，其中波密县工作组每月都组织开展一次广东社会力量捐助活动，建立了定期开展社会捐赠的援助机制。

（六）完善援藏机制，增强援藏工作效果

广东省不断创新完善援藏工作机制，确保援藏工作高质量完成。如在援建项目上，形成了以"交钥匙"与"交支票"相结合、原则上以"交支票"为主的方式，充分发挥援藏项目的投资效益和社会效益。

二、广东援藏工作主要经验和体会

广东省坚持实施"六个新"推进援藏工作，即新机制引领经济新发展、新模式迈向脱贫新步伐、新支点带动产业新提升、新举措推动民生新改善、新协作促进民族新融合、新作为树立队伍新标杆。

（一）加强学习、主动融入是做好援藏工作的前提基础

深刻领会习近平新时代中国特色社会主义思想，深刻认识"两个大局"战略思想的重大意义，认真领会中央关于新时代援藏工作和扶贫协作的决策部署，牢固树立政治意识、大局意识、核心意识、看齐意识，切实把思想和

行动统一到中央的部署要求上来，进一步增强做好援藏工作的主动性和责任感。认真学习党的治藏稳藏兴藏方略，特别是中央第三、四、五、六次西藏工作座谈会精神，学习贯彻习近平总书记"治国必治边，治边先稳藏"重要战略思想，不断加强自身修养，主动砥砺品质，有效提高服务本领，尊重西藏各民族风俗习惯，注重抓好与当地干部的团结，与各族群众和睦相处，积极融入适应当地环境，为做好援藏工作打下坚实的基础。

（二）相互支持、密切协作是做好援藏工作的必要条件

把西藏和广东经济社会发展紧密结合，特别是针对受援地的实际条件和客观需要，统筹谋划，统一部署，合理安排，充分发挥双方优势，紧贴受援地脱贫攻坚计划开展对口支援工作，创造性地将中央的要求落到实处，助力当地精准扶贫、精准脱贫。必须紧紧依靠当地党委、政府，将援藏工作纳入当地经济社会发展规划，不断创新工作方式方法，充分发挥双方干部群众的积极性和创造性。在长期的援藏实践中，广东援藏干部在落实援藏资金、实施援藏项目、传播先进理念、促进粤藏交流的同时，从当地干部群众身上学习体悟到了"特别能吃苦、特别能战斗、特别能忍耐、特别能团结、特别能奉献"的"老西藏精神"和艰苦奋斗、自力更生的创业精神。当地干部群众发自内心支持援藏工作，营造了良好的工作氛围和生活环境，为做好援藏工作创造了极为有利的条件。

（三）以民生为龙头、以产业为带动、不断完善"造血"功能是做好援藏工作的关键

援藏工作必须把民生放在首位，充分体现富民优先，坚持援助资金向民生倾斜、向基层和农牧区倾斜，精准扶贫、精准脱贫，不断推进重要民生工程。必须紧抓产业援藏、智力援藏的两翼，坚持强化产业援藏扶贫，以重要项目为龙头带动林芝优势产业发展升级，切实增强受援地内生发展动力。必须持续加大智力援藏力度，加强对受援地各级党政干部、各类专业技术人才及农牧民、藏族学生的培训，不断提升当地干部群众创业致富能力，为受援地打造可持续发展的人才队伍。实践证明，只有持续紧抓产业援藏、智力援藏的两翼，不断完善和巩固援藏工作格局，才能确保援藏工作取得实效。

（四）严格管理、强化自律是做好援藏工作的根本保障

广东援藏干部逐步健全完善了干部管理、资金管理、项目管理、后勤保障等方面的制度，形成了一整套完善的援藏规章制度，使各项援藏工作的开展更加有章可循、有法可依。同时，注重廉政教育和纪律教育，按照为民、务实、清廉的要求，定期开展示范教育、警示教育、廉政教育，不断强化援藏干部自我约束，加强日常监督管理，为做好援藏工作提供了根本保障。

三、广东援藏工作发展愿景

广东援藏工作得到了粤藏两省区的高度评价，时任自治区党委书记陈全国同志批示指出"广东援藏堪称楷模"。今后，广东省援藏将重点做好以下几个方面的工作：

（一）以援藏规划为依托，科学谋划援藏工作

2017年，广东省印发了《广东省"十三五"对口支援西藏林芝市经济社会发展规划》，安排援藏项目171个，援藏资金23.4亿元，安排县及县以下基层领域项目资金占比83%，民生领域项目资金占比81%，其中属于"直接支持脱贫攻坚类"项目115个（占67%），援藏资金15.6亿元（占66.7%）。此外，按照国家要求，"十三五"期间还安排西藏昌都市援藏资金7.8亿元。广东省将进一步加大全面援藏力度，力争圆满完成各项规划任务；同时制定好"十四五"规划，开启巩固援藏脱贫成果的新征程。

（二）深化以精准脱贫为目标的民生援藏

重点抓好关系农牧民群众切身利益的安居工程、劳动就业等民生工程建设，破解脱贫攻坚的瓶颈；结合扶贫搬迁，富民兴边，重点推进108个小康示范村建设和林芝市8个边境小康示范村建设；强化就业帮扶，加大创业就业技能培训，为有劳力能力的困难家庭提供就业帮助。继续推广"公司+基地+农户+网络"乡村旅游项目和庭院经济项目，鼓励和引导群众参与旅游产业和特色农牧业发展；聚焦巩固脱贫成果，用好广东援藏专项资金，实施进村入户的"微型援建"项目；进一步加大对墨脱县、察隅县、察隅农场等相对落后县场的扶持力度。继续引入市场机制，动员广东企业家参与到林芝市公共服务建设中来，提升公共服务水平。

（三）完善以增强内生动力为重点的产业援藏

以旅游业、特色农牧业、藏医药业为重点，支持林芝市发展特色产业体系，为受援地群众增收致富提供有效平台。重点打造以鲁朗国际旅游小镇为龙头的藏东南精品旅游线路，带动林芝市生态旅游产业发展；协助林芝市申报4A、5A级景区和世界自然遗产，加大旅游宣传和产品促销；助推特色农牧业发展，围绕林芝市"一园一带五基地两提升"的发展战略，推广"龙头企业+合作社+农牧民户"等经营模式，支持林芝市农牧产品在粤设立展销中心，拓宽援藏消费帮扶。

（四）突出以培养当地人才为抓手的智力援藏

重点抓好受援地致富带头人的创业培训。扎实推进医疗、教育"组团式"援藏；优化援藏干部人才结构，加大专业技术人才比例，在资金项目安排上加大专业技术人员的柔性援藏保障力度；积极搭建交往交流交融平台，密切援藏干部队伍与当地各民族同胞的血肉联系，发现培养一批脱贫致富带头人；积极鼓励和引导广东实力强、信誉好的企业到林芝参与援藏帮扶、投资兴业；鼓励既有爱心，又有产业基础和组织能力的社会人士共同参与援藏工作。

（五）抓好各项对口援藏工作的落实

省级层面，将不折不扣地把已经确定的援藏规划、资金、项目等落实到位，统筹工作力量，明确工作进度，加强与西藏自治区的沟通衔接，及时研究解决工作中的困难和问题，确保如期高质量完成任务。督促广东省援藏工作队，按照广东省和西藏自治区双方商定的工作计划，在自治区各级党委、政府的领导下，紧密依靠当地干部群众，扎扎实实做好对口援藏各项工作。同时，落实好对口援藏工作机制，按照既定结对关系，统筹利用前方工作机构、后方各有关地市和部门的力量，增强工作合力。

（六）以转移援藏干部工作重心为抓手，发挥好其在本职岗位作用

28年来，一批批援藏干部，带着党的殷殷重托和全国人民的深情厚谊，以造福各族群众和促进民族团结为己任，为西藏的改革发展稳定作出了突出贡献。未来要推动援藏干部工作重心由以管理援藏项目建设为主，向带动当地干群共同进步为主的方向转变，引导援藏干部立足本职岗位，真抓实干、开拓创新，把内地先进理念和管理经验带到当地，在教育、医疗、工程、农

牧等领域广泛开展送教带训、技术交流、互联互动等活动，发挥专业技术援藏干部的示范带动作用，促使当地干部解放思想、更新观念、提高水平。

（七）以完善援藏机制为保障，充分调动援受双方"两个积极性"

完善组织协调机制，加强请示汇报，认真听取当地意见建议；完善援藏项目和资金安排使用方式，加强援藏项目建设和资金管理；完善援藏项目资金管理制度，落实好《广东省对口支援林芝市援藏项目与资金管理办法》，形成靠制度管人管事、管钱管物的长效机制。

广东人民把党中央的关怀温暖和深情厚谊传递给了边疆各族人民，越来越多的林芝各族干部群众走出西藏，来到南粤大地，加深了粤藏两地的兄弟情谊。今后，在党中央、国务院的坚强领导下，粤藏两省区党委、政府携手奋斗，全体援藏干部共同努力，援藏工作一定能够取得新的更大的成绩，西藏也必将迎来更加美好灿烂的明天！

第十一节　福建：突出抓好援藏项目带动发展

1995—2015年福建省对口支援西藏林芝市，2016年起支援西藏昌都市。福建历届省委、省政府坚决贯彻中央战略决策，高度重视援藏工作，从干部、人才、资金、项目、技术、信息等方面对口支援西藏林芝市和昌都市，形成了以干部人才为主体、以项目资金为支撑、以共同发展为目标的援藏工作格局，促进了受援地区经济发展、社会进步和民族团结。

一、福建援藏工作主要做法

（一）加强组织领导，统筹各方面力量推进援藏工作

省委、省政府认真贯彻中央关于西藏工作的一系列方针政策，把援藏工作摆上重要议事日程，纳入全省总体发展规划。一是领导高度重视。省委、省政府主要领导亲自抓，经常过问援藏工作，多次就援藏工作作出批示。每批援藏干部进藏赴任前，省委、省政府都召开送行会，省委书记、省长都到场看望慰问援藏干部，组织动员，提出要求。1998年，时任省委副书记、省援藏工作领导小组组长习近平同志亲自陪送第二批援藏干部进藏，深入考察援藏工作，接回期满的第一批援藏干部，并亲自协调研究援藏干部返回后的

岗位安排问题，体现了对援藏工作的高度重视和对西藏人民的深厚感情。二是加强协调指导。省委、省政府先后下发了《关于进一步做好新时期援藏工作的意见》《关于对口支援干部有关待遇意见的通知》等文件，进一步加强和规范援藏工作。每批援藏工作轮换时，省委、省政府均下发文件进行部署，对人员选派、项目安排、资金筹措等方面作出具体安排。三是形成工作合力。省里和承担对口援藏工作的市、县三级都成立援藏工作领导小组，主要领导担任组长，班子成员分工负责，有关部门通力配合，形成援藏工作合力。省委组织部、省经信委、省人社厅指定有关职能处室，专门负责援藏工作的协调服务，建立健全了援藏工作重大情况请示报告、定期汇报、情况通报等制度，畅通信息沟通与交流渠道，加强前方工作队与后方的联系，切实把援藏各项任务落到实处。

（二）坚持选优配强，为推进援藏工作提供组织保证

坚持把干部参加援藏工作作为加强干部队伍建设的一项重要措施，鼓励干部到艰苦地区和基层一线锻炼成长。一是严把人选条件。切实把思想政治素质好、有基层领导工作经验、善于做群众工作的优秀干部选派进藏。特别对援藏县委书记人选，严格按照综合素质好、工作能力强且具有两个处级领导岗位经历等条件来挑选，确保进藏后能够尽快进入角色、担起重任。福建省已选派10批700多名党政管理干部和医疗、教育、文化、建设等方面的专业技术人才进藏工作。从2014年开始，根据受援地的要求，福建又从公安系统和医疗卫生系统选派专业技术人才进藏开展短期援助，弥补西藏干部人才不足，锻炼培养了一大批优秀干部人才。二是实施有效激励。福建省从第五批开始实行"平级进藏"管理办法，根据受援单位的岗位设置和职位要求选派同级职务的干部人才进藏。在援藏工作期间，对任职条件符合要求、业绩突出、受援地干部群众认可的干部，进行考察提拔。实践表明，这一管理办法，对激发援藏干部干事创业积极性、推动援藏工作有效开展具有十分重要的促进作用。三是严格管理监督。认真执行中组部有关援藏干部管理办法，并结合实际，制定了援藏干部的思想政治、勤政廉政、作风建设、学习培训等制度规定，切实加强援藏干部队伍建设。前方工作队注意加强援藏干部日常管理和考核，注重考核在藏率、在岗率，使广大援藏干部经受住了艰苦条

件、复杂环境的锻炼和考验，增强了党性，锤炼了品质，增长了才干，创出了实效。

（三）突出项目带动，推动受援地区跨越式发展和长治久安

坚持强化资源统配，把林芝和昌都当作福建第十个地市共谋发展，充分发挥闽藏结合、山海协作的资源互补优势。

一是注重项目援建。28年来，福建投入援藏资金25亿元，援建了涵盖市政、新农村、基层政权、科教文卫和特色产业建设等领域700多个项目。"十三五"期间福建对口支援昌都市安排援藏资金6.7559亿元、援藏项目34个。坚持援建资金、援建项目向农牧区和基层倾斜，突出保障和改善民生，着力改善农牧民生产生活条件，开展精准扶贫精准脱贫，全力提升援藏扶贫实效。坚持把新农村建设作为援藏扶贫工作的重要抓手，"十三五"规划内安排援藏资金1.7304亿元建设11个福建新村；在此基础上，追加安排规划外的援藏资金8000万元，为对口支援的八宿、左贡、洛隆和边坝4个县各建一个示范村，精准用于建档立卡的国家级贫困户脱贫。引进知名光伏企业，在洛隆县孜托镇、八宿县益青乡部分集中扶贫搬迁点试点太阳能分布式光伏扶贫项目，探索拓展贫困户稳定增收的新路子。加快昌都市第三高级中学改造提升，不断改善第三高级中学教育教学条件。支持昌都市疾病预防控制中心业务用房建设和4个县的人民医院建设，帮助改善当地医疗条件。安排规划外的援藏资金1亿元用于支持昌都市妇产儿童医院门诊大楼建设。

二是创新援建模式。坚持基础设施建设与产业发展并举，培育发展地区优势特色产业和主导产业，增强经济内生动力和自我发展能力。既重视增强"造血"功能，又着力创新机制，大力引进总部经济、培育当地支柱产业。如根据昌都市五大养殖基地和七大种植基地的产业特点及招商项目情况，充分发挥福建民营经济发达和对台优势，促成一批具体合作项目生成落地。大力推进产业对接与合作，培育昌都特色产业。利用福建省新能源技术、食品加工和农畜产品加工的优势，结合当地矿产资源，尤其是锂矿资源丰富等优势，组织新能源、食品加工及农产品龙头企业到昌都市考察，引导鼓励有实力的企业到昌都投资兴业，加强与昌都市在能源资源开发利用、农畜产品加工、生态旅游业等方面的合作力度，把资源优势转化为产业发展优势、经济优势，

增强昌都市自我发展的内生动力。召开在藏福建企业恳谈会，成立昌都市福建商会筹备组，发挥以商引商的作用。已有60多家福建企业在昌都落地。引进福建兴业银行到西藏落地，为脱贫攻坚提供金融支持。积极协调推进特色产品展销平台建设。筹划在福州、厦门以市场运作方式，设立昌都产品展示中心，加大昌都农牧产品的营销宣传力度。

由福建牵头成立的"藏香猪产业小组团"便是近年来产业援藏的典范，一方面，充分发挥福建市场优势，积极引进福建供销集团、夏商集团等国企平台，以销售倒逼高原农特产品产业链优化升级，再以溯源解决品牌信任度促进销售，形成优质藏香猪肉品进入内地市场的有效闭环。2020年春节期间，首批昌都藏香猪冷鲜产品已成功上架福建厦门、福州等城市主流商超。另一方面，充分发挥援藏队内多位畜牧养殖相关专业博（硕）士人才"催化"作用，探索以藏香猪的保种、扩繁、屠宰、加工、销售为重点，采取"公司＋基地＋农户＋物流＋市场"的模式，着力解决冷链运输、屠宰加工、检验检疫等困难，打通闽昌两地产销对接的障碍，2020年年底全市养殖规模达14万头，年出栏达9万头，真正将藏香猪产业打造成为保障贫困群众稳定脱贫持续增收的坚实载体。

对口援助林芝市期间，工作队还先后举办各类技术培训班170多批次，培训16400多人次。对昌都市援助期间，充分发挥援藏队医生的技术优势，发挥援藏医生的"传帮带"作用，填补了昌都多项医疗空白。推进医疗人才短期援藏，从全省重点医院、省立医院、厦门市立医院等选派医术精湛的医务人员到昌都开展包虫病筛查，协调北大人民医院专家到昌都市开展大骨节病诊治。围绕脱贫攻坚加大干部培训力度，邀请福建专家到昌都举办"学习摆脱贫困、推进脱贫攻坚"讲座，发放习近平总书记的著作《摆脱贫困》。在福建分层次举办强基惠民、美丽乡村培训班等近20个班次，约800人次参加培训，接收87人到福建挂职，接洽昌都市500多人次到福建考察调研。同时，重视援建工作的政治性，投入资金维护稳定、巩固边防事业。福建援藏扶贫以来，工作模式实现了从单一的"输血"援助向"输血"与"造血"援助并重转变，从单一的干部援助向全方位援助转变，从单向的援助向双向合作、共同发展的援助转变。

三是注重保持连续性，深化对口帮扶。一方面，历届工作队注重保持援藏项目建设的衔接，使援藏资金、项目的效益发挥叠加效应。福建对口援藏也极大地促进了林芝市和昌都市的思想解放、管理创新，为社会跨越式发展和长治久安注入了强劲动力。另一方面，不断深化结对帮扶实效。在福建省对口支援昌都市，福州、厦门、泉州、漳州和龙岩市对口支援八宿、左贡、洛隆、边坝县的基础上，积极探索区域结对、部门结对、学校结对、医院结对，把县与乡、强镇对村的结对作为重点，开展援藏干部人才与当地干部群众结亲交友活动，完成了福建省7个较大的镇、街道与昌都市贫困村结对工作，签订结对帮扶协议，扎实开展结对帮扶工作。鼓励个人结对，每位援藏队员与一户贫困户结对，援藏教师每人与昌都市第三高级中学一名贫困生、一名青年教师结对，结对帮扶覆盖面不断拓展。"十三五"期间，通过结对帮扶，安排计划外财政资金4879.6万元，加大援藏扶贫力度。同时发动社会力量，集聚帮扶合力，提高帮扶后劲。福建省广泛动员社会各界和海外侨胞开展公益活动，与昌都贫困群众结对，让福建群众和侨胞了解昌都实际情况，帮助协调解决捐助工作相关渠道，为内地公益力量找到释放点。在昌都市第三高级中学设立福建励志奖学金，在洛隆县设立格桑爱心帮扶基金，举办以关爱贫困儿童为重点的"爱在昌都·益起进藏"大型公益活动，募集价值近百万元图书建设多个"福建书屋"，形成了各方踊跃参与援藏扶贫的生动局面。

二、福建援藏工作成效

在省委、省政府的正确领导下，在各方面的共同努力下，福建省援藏工作取得了明显成效。

（一）推进了经济发展

坚持把援藏工作与当地经济发展相结合，把实施援藏项目与提高受援地发展后劲相结合，把支援帮扶和互利合作相结合，大力开展外引内联、招商引资，促进了当地经济发展。

（二）增进了民生福祉

坚持把改善农牧民生产生活条件、增加农牧民收入作为援藏工作的重要任务，围绕农牧民所忧所盼，集中力量办了一大批实事好事，最大限度地使广大群众享受到援藏工作的成果。

（三）锻炼了干部人才

援藏干部在基层一线、艰苦岗位经受锻炼，进一步加深了对国情社情民情和边疆民族地区的认识，增强了政治意识、大局意识，提高了驾驭复杂局面、领导科学发展的能力。许多干部现在已成为各级领导班子的骨干力量，有的还走上了重要领导岗位。

（四）促进了交流交往

援藏干部全心全意融入到当地人民生产生活中，尽心尽力为他们办实事、谋福利，使他们深切感受到中华民族大家庭的温暖与民族团结的强大力量，闽藏两地干部群众交流更加深入、联系更加紧密，筑牢了中华民族共同体意识。

三、援藏工作主要经验和体会

（一）着力促进发展

发展是硬道理，发展是改变林芝市和昌都市经济社会面貌的根本。随着内地经济社会的发展，要不断加大援建力度，着重帮助推动受援地区旅游业、特色农牧业、藏医药业、水利水电业、文化产业等主导产业转型升级，抓好城乡居民住房、农牧区基础设施、社会事业、基层组织阵地建设、生态建设、职业教育培训等急需项目建设，帮助受援地改善发展条件，夯实发展基础。

（二）着力改善民生

坚持把保障和改善民生摆在援藏工作的突出位置，积极推动受援地区基层农牧区建设和各项社会事业向前发展。要通过多办看得见、摸得着的好事实事，让受援地人民更多地享受到对口支援的成果。

（三）着力优化结构

做好新时代的援藏工作，不仅仅是简单地给钱给物给人，更重要的是讲求援藏工作的科学性、发展性，以及援藏干部人才的开拓性、先进性。因此，干部选派要注重结构和素质，选派的援藏干部既能谋发展、促发展，还要能发挥"传帮带"作用，给当地留下一支带不走的"工作队"、一条可持续的"发展路子"、一套务实管用的"工作机制"。

（四）着力创新机制

围绕全面援藏、共同发展的目标，不断拓展援藏领域，创新援藏机制，提升援藏水平。认真研究并切实用足用好中央赋予西藏的财政、税收、金融政策，大力开展招商引资，借助外力扩大援藏扶贫效果。坚持经济援助、人才援助与科技援助相结合，进一步拓宽援藏渠道，更加重视人才、技术、装备等方面援藏，进一步改变受援地干部群众思想观念，提升受援地的"软实力"，真正实现变"被动"为"主动"，变"输血"为"造血"，不断增强自我发展的后劲。

四、援藏工作发展思考

（一）合理确定援藏干部人才的规模和结构

近年来，援藏干部人才呈现出选派规模越来越大、专业技术人才比例越来越高的特点。在合理安排援藏干部人才的规模和结构上，既要满足受援地的实际需要，也要兼顾派出地的实际可能。一是适当控制专业技术人才尤其是高级职称专业技术人才的比例。由于派出地自身人才也较紧缺，加上对专业技术人才的激励措施相对较少，高级职称专业技术人才晋升空间更为狭窄，导致选派专业技术人才尤其是高级职称专业技术人才难度加大。在选派时，专业技术人才的比例应适当掌握，高级职称的更要从严控制。二是适当加大向基层单位选派比例。经过20多年的援建工作，受援地市级和县级单位无论是干部素质、工作水平还是硬件设施建设都已经有了很大进步，当前更急需支援的是基层乡镇、学校、医院等部门。今后，建议探索开展选派援藏乡镇党委书记及基层专业技术人才的工作，夯实基层组织和群众基础。

（二）强化保障激励机制

一是完善援藏干部晋升办法。在党政管理干部方面，要切实做好援藏干部返回后的安置工作，在严格遵守干部选拔任用规定的前提下，对援藏干部适当倾斜、大胆使用。在专业技术人才方面，由于他们在行政职务上无法提拔，返回后参加职称评审缺乏可操作的优惠条件。建议由西藏自治区有关部门定期开展援藏专业技术人才在藏期间的职称评审，符合条件的予以晋级，援藏任务结束返回后，派出地要予以确认。二是努力为援藏干部人才发挥作用创造条件。受援地在提出援藏干部需求计划时，对其进藏后所要担任的职务、承担的工作或任务，任职的资格条件，尽量具体明确，为选准干部人才提供依据。援藏干部人才进藏后，受援单位要帮助他们搭建工作平台、拟定工作项目，充分发挥援藏干部的优势。三是帮助援藏干部人才解决后顾之忧。大多数援藏干部人才在藏期间承担着大量工作，许多骨干更是经常加班加点、超负荷运转，再加上西藏医疗卫生条件滞后、自然环境恶劣，有的干部身心健康受到较大影响。建议有关部门定期组织援藏干部进行体检，对援藏干部的家属工作安排、子女入托、升学及就业等方面予以关心照顾，帮助解决后顾之忧。

（三）加强援藏干部人才选派渠道的整合

有多种渠道选派援藏干部人才。中组部统一组织选派的援藏干部中，包含医疗卫生、教育系统的援藏干部，卫健委、教育部也要在本系统选派援藏医疗队、援藏支教队。从2013年开始，林芝市提出了选派短期人才援藏的要求，其中最急切需求是医疗卫生及教育系统的人才。这些选派要求，最终都要由同一个省直厅局单位来落实。但进藏后管理主体不同、支援期限不同、享受政策不同、待遇标准不同，根据了解，各省市都有类似做法。为此，建议对选派援藏干部人才的不同渠道加以整合、规范管理，有利于调动各类干部人才的积极性。

（四）加大对援藏工作及援藏干部的宣传力度

充分发挥报纸、广播、电视、网络等新闻媒体作用，消除社会上对援藏工作及援藏干部的认识误区，在全社会树立起鲜明导向，激发援藏干部卫国戍边、奉献边疆的工作热情，影响带动更多的干部、人才踊跃报名、志愿支边。加强援藏先进个人表彰宣传，在人选产生上要把期满考核情况作为重要依据，由西藏自治区党委组织部征求派出地组织人事部门意见后，按照有关规定给予表彰。要用好表彰结果，把表彰情况存入本人档案，作为职务晋升、工资调整的依据之一，这样可形成重视援藏扶贫、尊重援藏干部人才的浓厚氛围。

第十二节　天津："四位一体"推动跨越发展

天津市委、市政府高度重视援藏工作，始终从讲政治、维护民族团结和边疆稳定与发展的高度推动对口支援工作，坚持科学援藏、务实援藏，先后选派了10批780多名干部人才赴藏工作，实施援藏项目350多个，落实援藏资金和物资21亿元，在津培训了1000余名昌都市党政干部、教育卫生等专业技术人员，探索出"资金援藏、智力援藏、产业援藏、干部援藏""四位一体"的援藏模式，有力地促进了当地经济社会发展，得到了受援地区干部群众的充分认可。

一、援藏工作主要做法及成效

天津市在深入开展调研的基础上，研究提出了"改善民计民生、配套基础设施、扶持优势产业、提高收入水平、加大智力支援"的发展目标。在援助工作中，注重从民生改善、促进发展、人才交流等方面入手，不断加大帮扶力度，取得了明显成效。2019年，天津市援助的贡觉县成功脱贫摘帽，这是"一区三县"中最后脱贫摘帽的区县，标志着援藏工作进入了一个新的阶段。

（一）注重改善民生，提升公共服务能力

始终把保障和改善民生作为援藏工作的首要任务，把资金和项目不断向农牧区和农牧民倾斜，真正让农牧民群众得到更多实惠。"十二五"期间，天津市援藏资金的90%用于重点支援的昌都县（今卡若区）、江达县、丁青县改善农牧民基本生产生活条件和新农村建设等项目，10%用于建设昌都市重点基础设施和促发展、保稳定的重大工程。一是改善生产生活条件。20多年来，投入财政资金11.86亿元，用于改善当地基层干部群众生产生活条件，提高公共基础设施和公共服务水平，有效缓解当地"乡不通村、村不通户"问题。特别是2015年11月正式通车的天津大桥，是天津市援藏单体工程最大项目，解决了周边9个村5000多名农牧民的出行难问题；丁青县集中供暖工程，彻底结束了西藏高海拔县城没有集中供暖的历史；丁青县协雄乡廊通村整体搬迁项目，成为昌都市规模最大、标准最高、配套设施最齐全的社会主义新农村建设示范点。二是促进当地文化教育事业发展。加强文化基础设施建设，

援建了澜沧江天津广场、昌都市西路环境综合整治、津昌体育文化活动中心、昌都市会议中心、广电中心、校园网改造等一批载体项目；在江达县组建了全地区第一个电视台藏文编辑部，开办藏语新闻自办栏目，率先实现了县级电视节目藏汉双语播出。选派80名骨干教师及学校管理人员入藏支教，将天津先进的教学理念和管理制度带进昌都学校。已经建立健全了30余项教育制度，编辑完成了3本校本教材。援建的"3D科技探究创新实验室"和"航模科技探究实验室"已经正式投入使用，改变了昌都中学生没有科技类实验室的历史，第一次让藏族学生感受到了科学技术的神奇与魅力。三是提高医疗卫生水平。组织天津市区县医院与当地区县医院开展结对帮扶，努力把当地藏医院打造成"以藏医为主，藏西医结合"的特色医院。同时，连续多年选派医疗卫生专家赴昌都农牧区进行义诊和体检，启动实施了"西藏昌都市宫颈癌普查公益工程"，免费开展先心病儿童筛查、诊治和白内障复明手术，让众多农牧民群众不出藏就享受到医疗救治。

（二）注重智力援助，提高人才队伍素质

累计为昌都培养了700余名党政干部和专业技术人才，构建起多层次的"智力援藏"新格局。在党政干部方面，组织当地基层干部到天津挂职锻炼，开展面向卡若区、丁青县、江达县所有基层党政干部的在津轮训三年行动，现已完成1000多名干部培训任务，有效提高了当地干部的工作水平和能力。在教育师资方面，援藏教师主动与当地教师"一帮一""结对子"，传授教学经验，注重"传帮带"，特别是发挥"组团式"教育援藏优势，与80多位教师建立师徒关系，结成"一帮一、齐步走"对子；天津职业技术师范大学与西藏等地签署了免费培养中等职业师范生合作协议，连续5年为西藏培养职业师范人才；培养了昌都首批60名艺术类高职特长生，开创了内地培训藏族艺术特长生规模、门类、学制之最。在医疗卫生方面，组织当地医疗骨干定期来津参加培训，援藏医生定期免费开展医疗知识讲座，受益医护工作者达5000余人次，有力促进了当地医疗水平的提升。

（三）注重产业合作，增强自我"造血"能力

坚持支援与合作并重，充分发挥"两个积极性"，利用昌都资源特色和天津的市场技术优势，积极挖掘合作潜力，不断拓宽产业发展合作领域。截至

2019年，藏药材集中收购加工、昌都首驿种植、生态蔬菜大棚、阿甘生态农场、昌都天津双创交流基地等一大批产业合作项目均已实施，有力促进了当地经济结构调整和产业升级，切实增强当地自我发展能力。为了扶持阿旺绵羊这一重点优势特色品种，进一步做大做强高原生物产业，天津充分发挥在农业科技方面的优势，援助昌都打造了集科研核心和技术培训中心为一体的阿旺绵羊胚胎中心。该项目是昌都解放70周年大庆的重点项目，投资额度达7000万元，由天津食品集团负责建设运营，主要解决现代羊养殖技术在阿旺绵羊保种、扩繁、养殖的应用过程中所遇到的各种问题，并通过胚胎移植技术应用，快速扩大纯种阿旺绵羊种群，为阿旺绵羊产业发展奠定基础。

增强"造血"能力主要表现出四大方面特点。一是实施"三个一百"工程。结合昌都资源特色和天津市技术优势，在三个区县16个村实施"三个一百"工程（解决100个技术难点、引进示范100个蔬菜新品种、培训100名农牧民），使百余个适合当地种植和消费的新品种得到示范推广，农牧民收入由单纯种植青稞的几百元提高到4000元以上。二是加大招商引资力度。引进龙头企业稳定就业，推动天津食品集团、多兴庄园、百利种苗、奥群牧业、亿泰宏远市政工程、生宝农业科技等20余家企业与昌都方面达成了合作意向。已有9家天津企业签订了投资协议，计划投资额20亿元，资金到位额3100万元。三是积极组织产业对接。利用"津洽会""藏博会"等平台，促成天大求实、百米马（天津）有限公司、鼎焱投资等企业和机构到昌都投资发展，形成了新的经济增长点。百米马集团与昌都市政府合资成立了第一个混合所有制企业——津昌股份，已在昌都综合投资达3000万元，解决当地数十名贫困户就业。四是积极解决就业促增收。规范和完善藏家乐旅游，已建成藏家乐61家，成为昌都新的经济增长点。援建的江达岗托农副产品及手工业交易中心可解决近百名当地群众就业，每年为县财政增收76万元。大力促进两地大黄药材产销合作，累计采购大黄210吨，人均增收4000元，新增就业岗位30余个，为当地群众和企业增收100余万元。这些项目的实施，对改善农牧业结构，促进农牧民增收发挥了积极作用。

（四）注重全方位援助，动员社会共参与

积极动员天津市各部门、各区县，特别是教育、卫生、文化、科技等领域开展与昌都市的对接，发挥自身优势，加大援藏力度，逐步形成全方位、多领域的援藏工作新格局。同时，充分发挥市场机制和援藏干部桥梁纽带作用，把昌都市的资源、政策优势和天津市的资金、技术、管理、信息等优势相结合，积极推进招商引资和经济技术交流合作，鼓励天津市企业发挥技术优势，参与昌都市的资源开发与经济建设。同时注重动员社会力量，加大对昌都市的援助力度。据不完全统计，天津市有关部门、区县和社会各界向昌都市援助资金和物资价值累计1.27亿元，主要用于建设希望小学、改善教学条件、推进城市建设、提高办公现代化水平等。

（五）注重机制创新，选优配强援藏干部

一是从2010年起，根据工作需要，在昌都成立了对口支援西藏工作前方指挥部，建立完善了项目计划、资金拨付、项目实施、监督考评等一系列工作制度，同时坚持科学统筹规划，与受援地党委、政府共同制定援藏5年规划，构建起全方位援藏工作机制。二是逐步加大专业技术人才援藏的力度，选派了100多名短期援藏干部，领域涉及教育、卫生、文化、城建、金融、科技等，帮助当地解决技术难题，加强基础管理，提高所在单位的业务能力和技术水平，为昌都经济社会发展作出了积极贡献。三是按照党中央、国务院的部署要求，深入实施"携手奔小康"行动，推动静海区、北辰区、武清区、宁河区分别与昌都市的卡若区、丁青县、江达县、贡觉县结成帮扶对子，全面推进多领域交流合作，并逐步探索街镇、行政村以及医院、学校、产业园区之间的"一对一"帮扶模式，助推当地加快实现脱贫目标。

二、天津援藏基本经验

28年援藏历程，天津市积累了宝贵的经验，主要是：一要坚持升级加力，加大援藏资金、项目投入力度；坚持"多层全覆盖、有限与无限相结合"，构建市、区、街道（乡镇）全方位援藏对接机制，用好有限财政资金，以无限感情推动企业等社会力量参与。二要坚持精准扶贫、精准脱贫，聚焦农牧民增收和生活改善；坚持扶志与扶智相结合，发挥天津职教优势，做好教育、文化、医疗援藏。三要坚持以提升当地生产力水平为目标，结合西藏生态优势和天津港口、智能制造等优势，推动产业发展；坚持交往交流交融，注重心与心的沟通，增进津藏各族人民兄弟情谊。

三、天津援藏工作发展方向

天津将全面贯彻党中央、国务院关于对口援藏工作的一系列会议精神，特别是要按照习近平总书记在中央第六次西藏工作座谈会和在深度贫困地区脱贫攻坚座谈会上的重要讲话精神，紧紧围绕维护祖国统一、加强民族团结这个着眼点和着力点，牢牢把握改善民生、凝聚人心这个出发点和落脚点，坚持"有限与无限相结合"的帮扶思路，在健全"多层全覆盖"帮扶体系上下功夫，在精准"滴灌"帮扶上用心力，在"开发式援助"上做文章，为昌都全面打赢精准脱贫攻坚战贡献天津的力量。重点做到以下4个"升级加力"：

（一）在产业援藏上升级加力，着力抓好合作平台建设

利用昌都农牧产品、饮用水、建材等资源优势，推动三产扶贫工程，推介一批天津优势企业到昌都市兴业发展，吸纳更多贫困人口就业。一是大力发展畜牧业。建立一批牦牛、康巴香猪、康巴香鸡、阿旺绵羊养殖基地，进行肉类深加工，打造特色品牌；依托京津冀大市场，打造昌都农副产品销售窗口。二是支持发展文化旅游业。大力推广昌都市文化、旅游资源，吸引天津市民营资本帮助昌都市打造国际性和区域性的城市文化旅游品牌。同时，加强与今晚传媒合作，建设康巴文化展览馆。三是加大招商引资力度。增强昌都市内生动力和"造血"功能，每年引进4~5家天津企业到昌投资，促进当地产业发展，5年内力争企业投资额达到30亿元左右。同时，不断加大政策支持和资金扶持力度，鼓励百米马、天大求实等已在昌投资的企业做优做强，促进当地劳动力就业增收，让群众有更多获得感。

（二）在智力援藏上升级加力，着力抓好干部交流

按照中央要求，继续选派优秀干部赴昌都市开展干部援助工作，继续通过双向挂职、两地培训、委托培养和"组团式"支教、支医、支农等方式，加大对受援地区重点领域的人才支持。一是抓好教育人才培训培养。坚持开展"组团式"教育援助，定期选派教育管理团队提升管教水平，每年安排当地30名教师到天津进行交流培训，助推当地教育事业发展。二是抓好医疗人才培训培养。实施"小组团、大协作"医疗援藏模式，统筹协调天津在藏医疗资源，定期组织各专业技术骨干在开展巡诊的同时，加强对当地医疗人员的在职培训，教技术、传经验、谈体会，全面提升医疗服务水平。同时，利

用天津市技术和师资的优势，用5年时间为昌都市定向培养20~30名助产方向的专业护士。三是抓好专业技术指导和培训。以农牧业为重点，选派专家通过现场指导、技术培训、视频互动等方式，对基层农业技术人员和农牧民进行技术指导和科技服务，提高专业技能。另外，建立人才培训机制，每年培训50名昌都市党政干部和50名专业技术干部。

（三）在就业援藏上升级加力，着力抓好人才就业

着眼于提高就业技能和就业率，加强贫困村致富带头人、种养殖能手和建档立卡贫困人口的实用技能培训。一是建设昌都市职业教育学院，并与天津海河职业教育园区相关学校建立对口合作机制，在师资、管理、资金等方面加大扶持力度。二是与昌都开展合作，建立一批职业实训基地，加强对重点行业和紧缺人才的培养。三是鼓励和引导天津市更多劳动密集型企业到昌都投资，吸纳当地劳动力就业；引导昌都市大中专应届毕业生到天津就业，同等条件下优先录取。

（四）在实施"携手奔小康"行动上升级加力，着力抓好结对帮扶

进一步强化与"一区三县"、乡镇和村三级结对帮扶体系建设，鼓励结对双方在教育、文化、卫生、科技、产业和人才等方面开展交流合作，组织4家以上企业分别与"一区三县"的一个村开展精准扶贫，确保结对双方帮到点上、扶到根上，逐步形成政府、社会、企业和个人共同参与的帮扶格局，助力昌都全面巩固脱贫攻坚成果。

在新的历史时期，天津市坚决履行好党中央赋予的神圣职责，紧密结合新阶段西藏发展新需求，科学把握"供血"与"造血"等关系，创新援藏思路举措，助推当地实现新发展。

第十三节　重庆："五位一体"援藏成效显著

1995年以来，重庆市委、市政府按照中央安排部署，对口支援西藏昌都市及其所辖芒康、类乌齐两县，2016年起增加援助察雅县。28年来，重庆共选派10批援藏干部825人、专业技术人才800余人，累计援助昌都资金项目物资30多亿元，有力推动了昌都市经济社会又好又快发展。2019年年底，察雅、

芒康两县顺利实现脱贫摘帽。

一、重庆援藏工作主要做法

（一）始终高度重视对口援藏工作

重庆市委、市政府始终把对口支援西藏工作，作为事关祖国统一和安全，事关民族团结和社会稳定的大事来抓。1997年直辖市成立后，专门组建了对口支援西藏昌都市工作领导小组，由市委、市政府领导任组长，组织部、发改委、财政、经信委、农委等10多个市级部门为成员单位，领导小组在市经信委设立援藏办。为切实加大对口帮扶力度，每批选择条件相对较好的主城和渝西4个区，重点对口支援昌都市芒康、类乌齐两县，在干部选派、资金项目投入上给予专项扶持。市委、市政府主要领导对昌都经济社会发展稳定高度关注，每年至少两次专题听取援藏工作汇报，每次昌都领导到重庆衔接工作都亲自接见。重庆日报、重庆电视台等主要新闻媒体大力宣传对口援藏的重大意义和重庆市对口援藏取得的成绩，全市上下形成了对口援藏的良好氛围。不少对口支援区结束了三年对口支援任务后，仍然心系受援县，每年继续给予资金、项目、人才支持。

（二）精心选派高素质援藏干部

始终把援藏干部选派作为重要基础和前提，采取自愿报名与组织推荐相结合，定向选派与面向全市选拔相结合，层层遴选与严格考察、组织审定相结合的方式，坚持把握"三个坚持"（坚持选派标准，人选必须符合援藏干部的基本条件和工作岗位所需的资格条件；坚持对口选派，芒康、类乌齐县常务副书记和两县县委常委、副县长人选，分别从市政府确定的对口援藏区县中选派，其他干部尽可能在全市范围相同系统选派；坚持比选择优，重点依据综合素质、工作经历比选，坚持好中选优、优中选强），突出"三个注重"（注重人岗匹配，突出岗位需求与干部任职经历、教育背景等因素的匹配；注重选派年轻干部，原则上选派40岁以下的干部；注重优化团队，统筹考虑人选职级、年龄、专业知识以及推荐单位分布情况，有利于团结协作和整合援藏资源），确保选派切合受援地发展需求的高素质援藏干部。

（三）坚持多措并举，提高工作实效

一是着力惠民援藏。如2016年，针对性地组织主城区县及人力资源联盟

企业分别在拉萨市、昌都市举办就业援藏专场招聘会，提供岗位300余个。2017年，筹资6500万元为12829户建档立卡贫困户和281个贫困村捐赠摩托车13110辆，极大地改善了受援地区农牧民生产生活条件，协助加强了基层政权建设，便利了工作出行，为维护社会稳定提供了有力保障。各重点支援区主动对接，在产业和民生项目上加大扶持力度。江北区政府于2017年4月与类乌齐县政府签订了对口支援协议书，就进一步加强财政资金援藏工作达成协议，江北区除安排1800万元财政资金外，三年内每年安排600万元资金，共计3600万元资金，用于支持类乌齐县的社会事业、基础设施建设和产业发展等项目。

二是推进智力援藏扶贫。重庆市每年选派优秀教师到西藏地区中小学支教。2016年，选派了45名优秀教师和5名学校管理人员赴昌都第一高中开展"组团式"教育援藏工作，为昌都的长远发展奠定了人才基础。2017年，投资6400万元援建的一批幼儿园项目已完成选址，协调到位建设资金3215万元，项目建成后将大大提升昌都市幼儿学前教育水平。援藏干部还发起募集400万元设立了"渝援阳光书屋"，组织资金500万元建设儿童福利院等。在助力教育质量提升上，在援藏工作队的帮助下，昌都第一高中的教育教学质量明显提升，援藏教师任教年级在2018学年的期末考试中，语、数、外等学科平均分提升10~20分。

三是积极助推医疗援藏。为昌都市开展医疗基础设施建设、医疗人才培养和技术提升服务，筹集6500万元支持昌都市人民医院改造和儿童活动中心建设；积极协调重庆市相关医院同昌都市人民医院开展远程诊断工作。第三军医大学大坪医院"爱助童心"医疗队定期赴昌都开展义诊，并赴类乌齐、丁青两县，为先心病患儿免费提供手术治疗。这些做法，为昌都市医疗装备和医技水平的提档升级提供了强大助力，为当地群众就医的软、硬件环境改善提供了有力的保障。

四是坚持产业援藏助推经济发展。在产业援藏助力脱贫攻坚方面，重庆大力帮助昌都培育发展牦牛、藏香猪、葡萄、芫根、川贝母等特色产业，同时大力实施消费扶贫，在重庆设立多个昌都产品专柜，打通藏香猪重庆销售渠道。同时，在重庆市援藏队员们的努力下，距城区33公里、面积8.08平方公里的昌都市经济技术开发区实现了从无到有，从小到大，从"不毛之地"到"投资热土"的跨越，集聚了特色产品加工、生物制药、风能、物流运输和光伏等现代化产业，逐步成为西藏自治区东部的"产业龙头"。此外，朗顶康姆、天堂类乌齐旅游开发项目、昌都干部职工重庆退养基地建设项目也取得积极进展，为昌都市和受援县经济发展和社会稳定作出了积极贡献，得到了国家有关部门的肯定和受援地区党委、政府以及藏族同胞的一致好评。

（四）严格管理，树好形象

积极配合昌都市委、市政府做好援藏干部的教育管理工作，着力培养造就一批思想素质过硬、政治立场坚定、工作能力突出、适应艰苦环境、律己清廉的干部队伍。一是成立援藏干部工作队。明确由援藏干部领队担任队长，市委组织部援藏副部长担任联络员。从第六批援藏干部开始，设立援藏干部工作队临时党委，明确党委委员任务分工，使援藏干部都处于严密的组织管理之中。援藏干部临时党委认真研究确定整体工作思路，定期对援藏干部思想、工作、生活等方面情况进行调查、分析，及时解决问题，很好地发挥了组织领导核心的作用。二是建立系列规章制度。探索建立了援藏干部会议制度、学习制度、公文办理制度、民主生活会制度等一系列工作制度，切实加强援藏干部自我管理。三是提出严格纪律要求。临时党委要求全体援藏干部在受援单位尊重领导、服从安排，尽职尽责做好单位交办的各项工作任务，自觉遵守单位的各项工作制度和纪律要求。定期向派出单位汇报在藏工作生活情况，争取派出单位关心与支持。四是定期开展交心谈心。工作队通过定期与援藏干部交心谈心、走访援藏干部所在单位等方式，了解援藏干部的思想动态和现实表现，收集意见建议，及时研究处理，让他们充分感受组织的关怀和温暖。

（五）充分调动援藏干部积极性

积极探索建立健全援藏干部激励机制，妥善做好援藏干部返渝工作安排，积极协调资金为援藏干部建立文体活动室，购置文娱、健身器械，使援藏干部在藏期间安心工作、开心工作。通过进藏考察慰问、召开迎春座谈会、组织健康体检等方式，对援藏干部做到工作上支持、生活上照顾。组织援藏干部家属、市内主要新闻媒体记者，对援藏干部进行慰问和采访，并就有关援藏干部工作与昌都市委、市政府主要领导交换意见。注重"人文关怀"，通过建设集体食堂、每月举办集体生日、组织文体活动等，营造快乐温暖的大家庭氛围。临时党委成员之间经常交流沟通、团结合作共事、遇事主动向领队汇报请示，大家心往一处想，劲往一处使，形成援藏工作合力。

（六）加强沟通联系，促进合作交流

党的十八大以来，重庆市每年均派工作人员前往昌都市及受援县，与昌都市相关部门、受援县及援藏前方指挥部沟通情况，实地解决工作、生活中存在的困难和问题。市卫健委、市教委等援藏领导小组成员单位和对口支援区也把对口援藏工作纳入本单位工作重点，每年均由相关领导带队赴受援地区，实地了解本单位援藏工作进度及当地需求，与受援单位共同商议进一步做好援藏工作的措施。昌都市及受援县每年均派出党政代表团前往重庆市及对口支援区回访，进一步加强与重庆市及相关部门和对口支援区的交流沟通，使对口援藏工作每年都有新项目、新举措。

二、重庆援藏工作成效

（一）培养了一批优秀干部人才

重庆派出一批批援藏党政干部人才，在援藏中得到了锻炼，思想政治更加坚定，工作能力水平进一步提高。同时，积极为昌都市培养干部，先后分4批选派了1142名村（社区）党支部书记赴重庆进行为期2个月的挂职锻炼。每年选派20名党政干部到重庆对口区县挂职半年，每年安排80名党政干部赴重庆市委党校培训。根据中组部、人社部《对口支援西藏干部和人才管理办法》，重庆市委研究出台了《关于援藏干部管理的若干意见（暂行）》，对援藏干部的选派、管理、使用、轮换、返回安排和服务保障等相关事项作出了明确规定，进一步规范了援藏干部管理。

（二）解决了一批技术难题

1995年以来，向昌都市选派三年期专业技术干部和企业管理人员。从2013年开始，重庆市连续为昌都市选派短期援藏专业技术干部进藏工作。专业技术援藏干部进藏后，充分发挥专业特长，为受援地区传授知识技能、培养人才、促进科技进步，为发展教育、城乡建设、水利、农业、卫生等事业作出了重要贡献。地、县教育局专业技术援藏干部深入乡镇和农牧民家庭实地调研和家访，深入基层学校听课、指导，组织开展教研活动和课题研讨，规范、指导办学行为和教育管理；城乡建设、国土和水利系统专业技术援藏干部整天忙碌在建设工地，或走访住户，或实地丈量勘察，积极推动城乡建设规划研制和实施；农业系统专业技术援藏干部驻村进户，大力推广农牧新技术；卫生系统专业技术援藏干部深入农牧民家庭、卫生医疗机构和疫情发生地，广泛开展调查、普查和监测，指导医疗卫生和防疫工作，为提高老百姓医疗卫生水平出谋划策；地震系统专业技术援藏干部大部分时间都在县、乡、村等地震灾区现场或地质灾害隐患点，积极开展救灾、监测和勘探工作；党校系统专业技术援藏干部凭借自身独特优势，免费培训地直部门、县乡等基层干部，得到受援地区干部群众的肯定和赞扬。

（三）援建了一批民生项目

党的十八大以来，累计筹措援助资金、物资共计近13亿元，建成昌都昌庆街及广场、市委党校、昌都图书馆、芒康县行政大楼、重庆大道、巴渝广场，改造了类乌齐县政府广场、广播电视台、幼儿园等项目300余个，完成了一大批经济效益佳的产业项目。"十二五"期间，按照中央要求，重庆市计划内援藏资金以2011年5300万元为基准，每年递增8%，5年累计拨付计划内援藏资金3.11亿元，由市财政全额保障。同时，在2013—2015年期间，安排1.32亿元计划外专项资金。除按中央规定援助昌都的资金外，将援藏资金每年递增比例由中央规定的8%提高到16%，另外再安排1亿元，用于昌都市提升行政能力和改善民生工程项目，有力地推动了昌都市经济建设和社会发展。

（四）助推了一批科技示范项目

自1996年第一次科技援藏大会以来，重庆市通过科研项目合作、技术支持、人才培训等多种形式开展科技援藏工作，先后落实科技援藏项目10余个，推动昌都市科技工作上了一个新台阶。重庆市科委援助的"昌都市八宿县微水发电"项目，解决了当地56户521人的生活用电问题。重庆市农技推广总站按期派出援藏专家组赴昌都市开展测土配方施肥技术援藏工作。重庆市教科院派出由教研员和重庆市重点、示范中小学校一线优秀教师组成团队赴昌都献课讲学，开展了教科研援藏活动。第三军医大学大坪医院"爱助童心"医疗队定期赴昌都开展义诊，组织医疗专家奔赴类乌齐、丁青两县，对先心病患儿进行筛查和回访。通过科技援藏，帮助昌都破解经济社会发展中的技术难题，为昌都市培养了一支带不走的专业技术援助人才队伍。

三、重庆援藏经验

重庆市紧紧围绕"地区有发展、群众得实惠、干部受锻炼"三大目标，努力打造"组团式"医疗、"组团式"教育、民生民心、招商引资、援藏铁军"五大品牌"，推动援藏工作落地见效。

（一）打造"组团式"医疗援藏品牌，推动藏东卫生事业上台阶

按照人才、资金、资源三个方面加大援助力度，全面提升昌都市人民医院的综合实力，切实帮助市人民医院成功创建"三甲"。仅第八批援藏期间，重庆市从市级综合"三甲"医院分三批选派53名医疗人才和33名短期人才到昌都市人民医院开展"组团式"医疗援藏工作，协调计划外援藏资金6800万元，引进医务人员61人，以"院包科"模式打造重点科室11个，53名医疗人才"师带徒"103名本地医护人员，推广新技术121项，培训本地医疗人才2200余人次。

（二）打造"组团式"教育援藏品牌，推动昌都教育事业上水平

积极推进"三为"课堂改革，协调重庆市教委与昌都市教育局签订《"十三五"期间对口支援协议书》，明确"组团式"教育援藏、"昌都班"学生代培、师资培训、信息技术、职业教育、结对帮扶、贫困生资助等7个方面的援助内容。2018年高考，昌都市第一高级中学重本上线人数创历史新高，总上线率达到99.1%，刷新该校高考上线率纪录。

（三）打造民生民心援藏品牌，推动改革发展成果广覆盖

坚持资金、项目、人才向民生领域倾斜，将计划内援藏资金的80.2%调整到91%，用于教育、医疗、新农村建设等民生领域，将计划外增加的3.6亿元援藏资金用于民生项目建设。启动实施小康示范村建设项目6个，建成芒康县拉乌村等村级活动阵地三个，实施"虫草增产、荞麦深加工、蜜蜂繁殖、藏香猪养殖"对口援助系统帮扶项目10个，投入500余万元为饮水困难的乡镇、村居打井20口，协调沙坪坝区等6个区的街镇与对口三县26个乡镇开展结对帮扶。

（四）打造招商引资援藏品牌，推动当地社会经济新发展

充分发挥昌都金融、税收等政策优势，坚持以商招商和项目招商齐头并进，有力推进全市招商引资工作深入开展。截至2018年，重庆成功帮助引进西南大学君亲农业科技有限公司在昌投资4.5亿元建立10万吨青稞深加工项目；举办在昌企业主题交流活动5次，引进龙者新材等25家企业，促成企业与市政府达成合作意向100个，签订投资协议83个，到位投资10.2亿元。

（五）打造藏东"铁军"援藏品牌，推动援藏干部队伍展新貌

及时成立临时党委和指挥部，加强援藏工作的领导与援藏资金的统筹，制定指挥部会议制度和重大事项议事规则、《重庆市第八批援藏干部管理制度》及财务管理等10余项规章制度，做到按规则办事、按制度管人；指挥部与全体援藏干部人才签订《安全责任书》，经常性开展多层次谈心谈话制度，扎实开展党性教育、主题实践、专题研讨活动，定期召开座谈会交心谈心，解决援藏干部实际困难。

四、重庆援藏工作发展方向

重庆市援藏干部工作队将按照市委、市政府的要求，继续秉承"先做昌都人，再干昌都事，做好昌都人，干好昌都事"的援藏理念和"朴朴实实做儿女、认认真真干工作，缺氧不缺精神、艰苦不降标准"的援藏精神，按照干部援藏、技术援藏、经济援藏、科技援藏、就业援藏"五位一体"的工作要求，本着"帮忙不添乱，到位不越位，献计又出力"的原则，进一步理清工作思路，全力推动四大工程，全面提升援藏工作水平。

（一）着力抓好项目示范工程

按照援藏计划，对接昌都市发改委和芒康、类乌齐两县，大力推进基础设施配套工程、蔬菜肉食自给工程、新农村建设工程、农牧民教育培训工程等，做出形象、做成样板，给老百姓带来看得见、摸得着的实惠。

（二）着力抓好水电开发工程

全力协调重庆能投集团，做好项目前期工作，提供优质服务，解决后顾之忧，尽快实现开工，形成产能，切实增强"造血"功能，推动昌都经济持续健康发展。

（三）着力抓好交通瓶颈工程

在成功促成昌都—重庆直航的基础上，尽可能协助多开通区外航线，缓解交通发展瓶颈。

（四）着力抓好招商引资工程

以协调重庆北部新区结对昌都经开区为抓手，围绕昌都经开区、俄洛新区、地区投资公司和芒康、类乌齐两县等重点，八仙过海，各显神通，内引外联，广开门路，加快推进地区重大项目建设，尽快实现项目落地、开工投产。

第十四节　浙江："三大机制"助推援藏工作

浙江省对口支援那曲市。浙江省不断加大援助力度，创新援藏方式，丰富援藏内涵，拓宽援藏领域，逐步形成了"党政主导、各方参与、前后联动"的援藏工作格局，累计选派援藏干部人才10批700余名，投入援藏资金40多亿元，实施500多个援助项目。截至2019年，那曲市1个贫困县、10个深度贫困县（区）全部脱贫摘帽，全面消除绝对贫困，极大地推动了受援地经济社会跨越式发展和长治久安。

一、援藏工作主要做法

浙江省紧紧围绕中央援藏战略目标和决策部署，主动适应新形势、新任务、新要求，积极探索援藏工作特点、规律，着力构建"三大机制"，有力有序推动援藏工作不断迈上新台阶。

（一）建立健全工作协调机制，确保援建聚合力

通过强有力的统筹协调机制建设，聚全省之力、集全民之智，形成了全省援藏的强大合力和浓厚氛围。

一是率先建立高层互访机制。中央明确浙江对口支援那曲市之后，浙藏两地就建立了高层互访机制。省区、地市领导定期互访、共商发展大计。2004年，时任省委书记习近平批示要求"第四批援藏项目要总结前三批的经验教训，把项目选好，使之既有意义，又有影响"。省委、省政府随即派出由省长为团长、两位副省长为副团长，省直有关部门领导和11个市市长组成

的考察团赴藏考察调研。随着援藏工作的深入推进，高层互访机制不断完善，沟通交流不断深入，新的共识不断达成，部门交流日益实现常态化。

二是建立健全援藏工作机构。1995年，浙江省成立以分管副省长为组长的省援藏工作领导小组，在省发改委设立省援藏办。2010年，新一轮对口援藏工作启动实施，成立了由省委书记任组长，省长任常务副组长，省委、省政府分管省领导（常务副省长、组织部部长）为副组长，由30多个省级部门（单位）组成的高规格领导小组。省委、省政府领导高度重视援藏工作，每年召开省领导小组会议和全省对口支援工作会议，听取专题工作汇报，研究援藏重大问题，部署援藏工作。

三是加强日常沟通协调。省援藏指挥部建立了联席会议、督查考核等制度，与那曲建立了协作联动机制。省援藏工作机构切实履行"牵头抓总、综合协调"职能，充分发挥参谋部、执行部、服务部的作用，不间断协调上下左右、前方后方，分解任务，检查落实。遇到重大事项，及时协调相关部门解决，较好地保证了援藏工作的正常有序运行。

（二）建立健全项目运转机制，确保援建显品质

项目是援藏工作的载体和核心。特别是新一轮援藏工作实施以来，浙江省按照"项目一个本子、资金一个盘子、统计一个口子"的原则，总结了"事前、事中、事后"立体、多维、全方位的管理监督经验做法，切实做到了"规划可评估、实施可检查、成果可考核"。

一是严把项目立项关。突出民生项目、中小项目、公益项目，坚持向基层、农牧区倾斜，统筹考虑项目配套、运营，充分体现"项目不大合民心、投资不多功能全"。对照项目立项的合法性、合规性、合理性要求，帮助那曲市建立了重大项目库，做到实施一批、储备一批、筹划一批，实现了项目实施长流水、不断线，良性滚动、有序推进。

二是严把项目建设关。始终坚持"创援建精品、树浙江形象"，突出全额投资类项目重点，做深做实前期，依法依规招标，加强监督管理，严格审计验收。选派最优的管理团队、最强的施工队伍、最严的监督监理，辅之以"项目推进月""质量检查周""安全检查日"等活动，确保杜绝废品、不出次品、铸造精品，得到当地党委、政府和人民群众的称赞。

三是严把项目监督关。省援藏工作机构坚持规矩先立、制度先行，援藏工作伊始，就建立了援藏项目、资金管理办法，前方工作机构跟进制定实施细则。省纪检、监察、审计等部门联合当地相关部门，关口前移，全程介入，跟进服务，开展联合稽查和检查，确保阳光援建、高效援建、廉洁援建。

（三）建立健全持续"造血"机制，确保援建增后劲

增强受援地"造血"功能、激发内生发展动力，是实现国家援藏战略的重要路径，也是浙江援藏的着力之点。

一是注重规划带动作用。帮助配套编制了那曲市及色尼区（原那曲县）、比如县、嘉黎三县区域、城市、土地利用和重要集镇规划，形成了完善的城乡建设和土地利用规划体系。2012年全国国土系统援藏工作座谈会，推广了浙江省帮助受援地编制县级土地利用总体规划的经验做法。编制"十三五"规划时，明确把"大力助推精准扶贫精准脱贫"作为对口援藏的重要任务，提出通过帮助发展生产、增加就业岗位、增强就业能力和协助易地搬迁等多种形式，帮助受援地实现精准脱贫，助推那曲市2020年全部实现脱贫，实施扶贫项目39个、投资16.49亿元。在年度项目资金计划安排上，优先重点考虑农牧民经济合作组织培育和失地群众安置等扶贫攻坚项目。

二是注重开展科技援藏。引入"科教兴地"思路理念，确定"科教兴地"工作重点。帮助那曲市筹备召开了首届科技大会。依托省内高校及农科院等机构的科研力量，帮助当地在青稞、冬虫夏草等特色农产品提质丰产、大棚果蔬种植等方面开展技术攻关。建成蔬菜示范基地和牧区牦牛育肥基地，成功试种玛卡、蔬菜、草莓等经济作物。多次组织专家到那曲，帮助提高草业栽培、蘑菇种植、农业标准化生产、农产品质量检测、品牌建设等方面的水平。经过数年的科技帮扶，那曲青稞亩产从60斤跃升至500斤，冬虫夏草产量提高了一倍多，结束了那曲不能自供果蔬的历史。2020年，在"强基础、立长远、重保护"的援藏工作思路指导下，浙江队还着力在色瓦绵羊品种特性研究、种质资源保护、肉奶制品工艺优化、品牌保护体系建设、养殖配套设施改善等5方面取得成效，努力让色瓦绵羊真正成为班戈县的一个富民产业，通过科技手段促进班戈色瓦绵羊产业化发展，让牧民能够切实地增收致富。

三是注重推动产业合作。充分利用对口支援平台，发挥浙江市场经济方面的优势，立足当地产业发展需要，组织浙江企业进行信息交流、产业对接、以商引商。定期组织当地干部赴浙学习考察，参加"浙洽会""农博会""食博会"等经贸活动，在浙举办畜产品加工、旅游、藏药等特色产品推介招商会。通过阿里巴巴、淘宝等电商平台，扩大那曲冬虫夏草、牛羊肉、黄蘑菇、藏药等特色优质农副产品销往浙江，帮助那曲发展旅游、矿泉水、医药、矿业等产业。发挥浙商群体优势，积极推动浙藏两地开展产业合作，招商引资取得良好成效，浙江贝珠雅药业已投资1.5亿元，5个产品上市。协调支持成立西藏浙江商会，在藏浙商超过万人。仅第八批援藏干部人才进藏以来，介绍引进17家企业，其业务范围主要是结合那曲建设发展的建材、能源、物流仓储和运输等产业。

四是推动社会爱心援藏扶贫。如助推设立了"那曲市防盲治盲指导中心"，支持"光明行动""中国微笑行动"走进那曲，为200多名白内障和唇腭裂患者成功实施手术；开展结对困难农牧民活动；设立爱心、教育、大病医疗等基金近1000万元；在节假日和重大灾害时节，看望慰问困难弱势群众；仅第八批援藏干部人才援藏期间，浙江省已计划外爱心捐款8000多万元。

二、援藏工作主要成效

浙江省援藏工作取得了明显成效，主要体现在6个方面：

（一）内生发展动力不断增强

大批援助项目的实施，改善了投资环境，扩大了投资规模，为那曲经济发展持续保持两位数增长奠定了坚实基础。通过开展各类培训、办好内地西藏班、结对共建、开展远程教育、专家那曲行、短期支医支教、"组团式"教育援藏等多种方式的智力帮扶，极大地改变了那曲各方面人才紧缺的情况，增强了其内生发展动力。

（二）生产生活条件极大改善

坚持集中力量办大事，实施浙江小区、杭嘉小区等安居工程，使2万余户农牧民由原始居住方式直接进入现代化居住方式，解决了5000余户农牧民用电困难；完成100多座桥梁新建（改造），解决20余个乡镇农牧民出行难的问题。

（三）社会公共事业稳步推进

以入学、就医、养老为重点，新建了藏北一流的浙江中学以及敬老院、老年活动中心等一大批社会公共设施，医疗卫生基础设施条件得到全方位提升改造。那曲色尼区杭嘉中学，是浙江省"十三五"援藏规划中最大的单体项目，一期工程投资9000万元，其中浙江援藏资金投入8000万元，已经成为西藏硬件软件设施一流的示范中学。在医疗方面实现多个第一，减少因病返贫、贫困辍学概率；连续两年率先组织医疗专家帮助那曲实地开展包虫病调查筛查，覆盖30万人次；认真实施"双百"工程，即整合各方力量开展100名先心病人筛选救治，举办网络和现场招聘会，积极帮助100名西藏籍大学生就业。

（四）城镇集聚功能有效增强

不断推进城镇化建设，加强市政基础设施和路网等建设，乡镇集聚功能得到强化。新建藏北格萨尔文化的标志性建筑——那曲赛马场、富民安居工程、嘉黎浙江路和比如大礼堂等一批重点工程，有效提升了那曲城市形象。支持重点乡镇配套基础设施建设，城乡纽带作用不断增强，辐射带动农村的功能趋于强化。

（五）基层阵地建设不断加强

大力支持地区行政信息化建设，提升基层社区服务能力，不断完善强化基层党员活动平台建设，首创"流动司法所"，实现基层司法所从无到有的突破。

（六）两地交往交流不断深化

高层互访不断，部门交流频繁，民间交往增多。培训当地干部人才万余人次。在藏浙商超过万人，近年来浙江赴藏旅游人数增加两成以上。

三、援藏工作主要经验和体会

坚决执行党中央的决策部署是实现援藏战略目标的根本保证，充分发挥受援地主体作用是援藏工作取得实效的关键所在，坚持规划统领是援受双方有效推进援藏工作的共同基础，确保民生优先是援藏工作取信于民的重要前提，助力以就业为中心的特色产业发展是援藏工作的重要内容，传递现代文化正能量是援藏工作的长期任务。因此，要下功夫做好"结合"、"整合"和

"融合"的文章。

（一）换位思考，加强沟通

要承认差异，尊重差异，求同存异。只有换位思考、主动沟通、增强互信，才能争取支持、做好工作。

（二）立足当前，着眼长远

必须立足长远谋势，把当前与长远、全局与局部联系起来思考、结合起来实践，才能达成最终目标。

（三）注重民生，科学援建

坚持以人为本、民生优先，制定规划时聚焦民生，项目选择时突出民生，资金安排时倾斜民生，统筹考虑民生项目的建设、管理、运营。如2016—2018年浙江省财政到位计划内援藏资金10.07亿元，共援建113个援藏项目，项目资金坚持向基层改善民生和精准扶贫倾斜，让当地人民群众切实得到看得见、摸得着的实惠。

（四）助生内力，强基固本

以强化提升内生发展能力为核心，坚持"输血"与"造血"、"请进来"与"走出去"相结合，才能不断提高当地干部人才服务水平和创新能力。针对那曲产业基础薄弱、自身"造血"功能不强的现状，援藏干部重点把那曲独特的畜牧产业资源与浙江产业优势有机结合起来，着力在"特"字上做文章，培育壮大畜牧特色产业，增强那曲产业发展活力。例如，浙江第八批援藏干部成功引进浙江唯新实业在那曲投资牦牛产业开发，重点开发生产高端牦牛肉松、高端藏香猪肉制品。该公司生产的那曲牦牛肉酥、肉丸已批量投放市场。

（五）求真务实，无私奉献

那曲地区气候恶劣，条件艰苦。浙江援藏干部坚持"崇学、严管、厚爱"，以"艰苦不怕吃苦，缺氧不缺精神"的毅力和精神，满怀激情扎根雪域高原，前赴后继，担当有为，谱写了可歌可泣、感人至深的援藏故事，先后有5名援藏干部将宝贵的生命献给高原。他们坚持以"浙江精神"和"老西藏精神"作为推进援藏工作的强大精神动力，真心援助、真诚相待、真情奉献，推动援藏工作向纵深开展。

四、浙江援藏工作发展方向

浙江援藏将继续保持鲜明特色，推动援助方式、工作内涵不断拓展深化：一是从干部人才援助为主，转向经济、干部、教育、科技、产业等各领域的综合援助；二是从"输血式"援助，转向"输血"与"造血"并举式援助；三是从工程项目"硬件"援助，转向"硬件"与"软件"相结合援助；四是从单向援助，转向援受双方合作发展。浙江省今后的对口支援工作，将集中体现"五个不断"，即工作内涵不断深化，工作链条不断延伸，工作方式不断创新，工作水平不断提升，工作成效不断显现。

第十五节　辽宁：统筹援藏工作取得新成效

辽宁省对口支援西藏那曲市及所属的安多、索县、巴青三县。承担对口支援任务以来，省委、省政府深入贯彻落实党中央关于西藏工作和东西部扶贫协作的各项战略决策部署，紧紧围绕西藏经济社会发展和长治久安，与西藏那曲市委、市政府密切配合，创新工作方式，提高工作水平，细化工作措施，建立全方位对口援藏工作新格局，先后选派10批700多名援藏干部人才进藏工作，投入20多亿元建设600多个项目，有力促进了那曲经济发展和社会进步。

一、辽宁援藏工作主要做法和成效

（一）加强领导，健全工作机制

辽宁省委、省政府始终坚持把对口支援西藏工作作为一项政治任务，摆上重要工作日程，成立领导小组，专门负责对口支援工作。中央第五次西藏工作座谈会后，进一步调整领导机构，对口支援工作领导小组组长改由省长担任，副组长由省委、省政府分管领导担任，相应增加了领导小组成员单位。20多年来，省委、省政府领导先后20余次赴西藏及那曲市实地调研和指导工作，看望援藏干部。研究制定《辽宁省进一步加强对口支援和省内对口帮扶工作实施方案》，进一步明确重点任务、落实工作责任。围绕加强援助资金管理、规范项目实施，专门制定了《辽宁省对口支援资金和项目管理办法》，保证援藏资金足额及时到位，保证援藏工作稳步推进。

（二）坚持标准，严格援藏干部选派和管理

按照中央确定的"分片负责、对口支援、定期轮换"的原则，在援藏干部选派中始终做到"五个坚持"：一是坚持按需选派，受援地需要什么干部，就选派什么干部；二是坚持高标准，切实把好援藏干部的政治素质关、业务能力关和身体条件关；三是坚持待遇从优，绝大多数干部在进藏前都进行了提拔，生活补贴标准不断提高；四是坚持跟踪管理，经常了解和掌握援藏干部在藏期间的工作表现，及时发现和解决苗头性、倾向性问题；五是坚持人文关怀，帮助援藏干部解决子女入学、家属就业等实际问题，消除后顾之忧。

（三）倾情投入，扎实推进援藏项目建设

省委、省政府着眼于推动那曲市跨越式发展，不断增加资金投入，加大项目支持力度。1995年以来，围绕保障改善民生，重点实施了辽宁小区安居工程、市藏医院搬迁改造、色尼区（原那曲县）居民安居集中工程、农牧区光明工程、游牧民温暖工程等一批惠农、支农项目；围绕能源、交通、市场等发展瓶颈问题，援建了聂荣县水电站、那曲综合市场、那曲客运大厦等项目；围绕市政设施问题，援建了辽宁路、那曲广场、市公安处指挥中心等一批基础建设项目；围绕社会事业发展，援建了那曲小学、那曲消防中心、那曲市人民医院急诊楼等项目。

（四）搭建平台，强化人才培训和智力支持

本着为受援地培养一支高素质干部人才队伍为目标，不断扩大培训规模，拓宽培训专业，累计组织3400多名党政干部、专业技术人员、管理人员、农牧民群众到辽宁进行实地考察、业务培训和挂职锻炼，有力促进了受援地干部人才更新观念、开阔思路，进一步加深了两省区交往交流。建立两地互访制度，加强人员往来，先后有3600余名干部往来两地，开展各种交流活动。逐年加大对内地西藏班投入力度，共有7所学校开设内地西藏高中班、初中班和中职班，累计培养人才4500人次，高考本科录取率95%以上。大力推进本地大学生就业，每年为西藏籍高校毕业生提供100个事业单位和国企岗位。

（五）因地制宜，积极探索产业援助新模式

辽宁省始终将加大产业援助作为东西部扶贫协作和对口援藏的重要工作内容，坚持"输血"与"造血"并举，积极鼓励和引导本省企业到西藏投资兴业，吸纳贫困人口就业，实现优势互补、合作共赢、共同发展。特别是"银川会议"以来，辽宁省依托当地优势资源，把发展现代农业、生态畜牧业、藏医藏药产业和旅游文化产业作为那曲产业发展的重点。积极开展招商引资，已为索县引进20家以农牧业为主导的企业落户，注册资金达10.42亿元，实际落地资金13.7亿元，提供近3000个就业岗位。此外，辽宁省城乡建设集团有限责任公司、辽宁文旅集团、辽宁省水资源管理集团有限公司等三家企业与那曲市达成合作意向；为支持那曲小康村建设，辽宁省零能源装配式建筑企业即将正式落地那曲；吸引社会资本在那曲建设影视基地，项目远期投入计划10亿元，达产后年税收2000万元以上，可带动2000人精准脱贫，已使当地百姓实现创收200多万元；在索县开展藜麦、琉璃苣、芜根等经济作物种植及推广"公司＋合作社＋牧户"模式的万头牦牛养殖深加工项目，实践"一个产业，全县致富"的目标。

（六）全面动员，开展多层次宽领域携手奔小康行动

充分借鉴"闽宁合作模式"，本着发展定位相近、发展特点相似、发展可借鉴的原则，在原建立对口支援结对关系基础上，引导省市相关部门积极参与结对帮扶和开展携手奔小康行动。省发改委、省高法、交通厅、环保厅等20余家省直厅局与西藏那曲开展结对帮扶活动，从人才智力培训、就业技能指导、产业合作、送温暖献爱心等方面，全力助推脱贫攻坚；沈阳、大连市组织18个乡镇（街道办事处）与对口支援县开展"一对一"定点对接帮扶活动，探索开展援受双方行政村间进行结对帮扶；注重发挥团省委等群团组织的群众性、基础性和广泛性特点，定期开展两地青少年"手拉手民族团结一家亲"活动，建立学校、家庭间"一对一"结对关系，社会各界捐款捐物合计5000多万元。

（七）旗帜鲜明，坚决维护稳定促和谐

始终把加强民族团结、维护社会稳定作为第一责任，认真贯彻落实中央和自治区党委维护社会稳定的系列决策部署，认真落实维稳措施，全面排查基层隐患，深入开展反分裂斗争主题教育活动，援藏干部在敏感期间自觉放弃休假参与维稳，靠前指挥，冲锋在前，为维护社会局势持续稳定、长期稳定、全面稳定发挥了积极作用。

二、援藏工作主要经验和体会

（一）全面贯彻落实中央系列决策部署，是做好对口援藏工作的根本要求

中央始终高度重视西藏工作，先后召开7次西藏工作座谈会研究部署西藏工作。特别是党的十八大以来，习近平总书记提出了"治国必治边，治边先稳藏"的重要战略思想和"努力实现西藏持续稳定、长期稳定、全面稳定"的重要指示，进一步强调了西藏工作的特殊重要性，进一步明确了做好西藏工作和援藏工作需要准确把握的方针政策。同时，必须结合受援地实际，创造性地开展工作。

（二）坚持统筹发展稳定两件大事，是做好对口援藏工作的核心任务

必须坚定不移地抓好发展这个第一要务，发挥干部援藏的龙头作用，坚持与经济援藏、人才援藏、科技援藏相结合，紧紧围绕推进西藏跨越式发展做好各项工作；必须牢固树立稳定压倒一切的思想，始终把维护稳定作为硬任务和第一责任，时刻保持清醒政治头脑，坚定政治立场，全面贯彻"旗帜鲜明、针锋相对、掌握主动、强基固本"方针，谋长久之策，行固本之举，在维护西藏社会持续稳定、促进西藏长治久安上下功夫。

（三）坚持科学推进项目建设，是做好对口援藏工作的关键

必须坚持以科学发展观为统领，按照"突出重点、关注民生、立足长远、倾斜基层"的要求，注重与脱贫攻坚相衔接，更加向民生、向基层倾斜，更加向贫困地区和贫困群众倾斜，突出精准扶贫、精准脱贫，结合受援地实际，科学谋划援藏思路，精心编制援藏规划。必须把编制援藏工作规划与当地经济社会发展规划相衔接，围绕当地支柱产业来定位，充分发挥援藏项目和资金的撬动作用，最大限度地提高援藏项目的经济效益和社会效益。必须不断完善有关制度，着力抓好项目建设和资金管理，定期分析研判援藏项目和资金管理情况，确保建成一个项目，增加一个亮点。

（四）坚持推动各民族团结和谐，是做好对口援藏工作的前提

民族团结是西藏各族人民的生命线。援藏干部进藏工作承担着非常重要的政治任务，应切实发挥表率作用，准确把握和正确执行党在西藏的民族宗教政策，把握"民族平等、民族团结、共同繁荣"的基本原则，努力提高在

民族地区的工作水平，进一步唱响各民族共同团结奋斗、共同繁荣发展的时代主旋律。

（五）坚持加强援藏干部队伍自身建设，是做好对口援藏工作的保证

援藏干部是援藏工作的主体，只有打造一支政治可靠、业务精通、作风过硬的队伍，才能确保各项援藏工作得到有效落实。要注重抓好援藏干部的思想武装，加强党的路线方针政策、民族宗教政策的学习，切实打牢做好援藏工作的基础；要针对援藏干部工作生活特点，不断完善各项制度，健全完善管理制度，坚持制度管人管事，加强行为约束，强化内部管理，积极倡导"健康、安全、有为、团结、守纪"的基本行为准则；要加强人文关怀，定期组织开展各类活动，帮助援藏干部消除后顾之忧，让他们安心工作。

三、辽宁援藏工作发展方向

今后，辽宁省将深入贯彻落实中央历次西藏工作座谈会精神，以"深化对口援藏扶贫工作会议"精神为导向，进一步深化对口援藏扶贫内涵，拓宽对口援藏扶贫渠道，提高对口援藏扶贫水平，以更大的决心、更明确的思路、更精准的举措，为西藏脱贫攻坚、社会稳定和长治久安作出更大更新的贡献。

（一）坚持规划引领，加大实施力度

进一步调整完善"十三五"综合规划，重点实施小康村建设和整体搬迁配套工程；统筹推进水电路气等与老百姓密切相关的配套基础设施和公共服务设施建设，确保农牧民和贫困人口生产生活条件显著改善，收入水平不断提高，城镇化进程逐步加快。

（二）强化精准施策，着力补齐短板

按照"受援地需求什么、援助什么"的原则，突出精准扶贫。实施以促进就业为第一要务的产业扶持项目，重点针对贫困人群实施符合受援地实际的产业发展项目；探索"飞地经济模式"，打破那曲产业发展瓶颈；探索"组团式"教育、医疗援助向县乡镇基层下沉；加大劳动力就业培训工作力度，努力开展劳务输出；鼓励辽宁省高等院校、科研院所与受援地联合共建，采取柔性引才的方式，多领域、全方位做好"传帮带"工作。

（三）加强经济文化合作，促进共同繁荣发展

通过结对帮扶、互学互助、社会参与的协作交流机制，鼓励辽宁省经济

发达县与那曲对口支援县开展"携手奔小康"活动,建立各种"一对一"结对帮扶关系;鼓励和引导辽宁本地企业赴西藏投资兴业,积极参加"藏博会"等展会,实现互惠互利,合作双赢。

(四)积极发挥干部援藏作用

带动经济援藏、人才援藏、科技援藏全面发展;充分发挥援藏干部桥梁纽带作用,促进援受双方在更深层次开展合作、交流交往。加强援藏干部自身建设和管理,完善政策,落实待遇,调动援藏干部在藏期间工作的积极性、主动性、创造性。

第十六节 河北:燕赵真情暖边陲

按照中央的统一部署,河北省从1995年开始,对口支援西藏阿里地区,重点支援日土、札达两县。河北省委、省政府按照"突出重点、深化内涵、谋划长远、讲求实效"的原则,坚持以干部援藏为龙头,以项目援藏为支撑,以增强自我发展能力为方向,以保障和改善民生为重点,以培养锻炼干部为抓手,大力实施干部援藏、项目援藏、资金援藏、智力援藏工作,不断拓宽领域、丰富内涵,先后选派10批500多名干部人才援藏,投入20多亿元,围绕阿里地区的城乡基础设施建设、民生改善、产业培育等重点,对阿里地区经济社会发展特别是扶贫攻坚进行大力支援,为全面推进阿里地区经济发展、民生改善、社会稳定、边防巩固和民族团结作出了积极贡献。

一、援藏工作主要做法与成效

(一)保持政治敏锐,维护和谐稳定

河北省委、省政府强调,援藏工作要始终把反对分裂、维护团结、促进稳定作为第一责任。全体援藏队员牢固树立"稳定压倒一切"的思想,积极投入到反分裂斗争中,促进了阿里地区和谐稳定。

一是注重创新维稳措施。认真贯彻落实中央、西藏自治区党委及阿里地委的决策部署,坚持奋战在维稳一线,进村入户蹲点指导维稳工作,推动维稳措施落实。同时,针对日土、札达两县的实际,在日土县探索实施了"一村一警一干部一村官"警务工作模式,在札达县探索实施了"一体化"维稳模式，形成全方位、多角度的防控格局，收到了良好成效。

二是注重加强基层基础。立足筑牢党的执政基础，投入900万元，用于加强农牧区基层组织建设，进一步提高和巩固基层政权。围绕提高维稳处突能力，多方筹措资金，加强维稳基础设施建设。投资800余万元修建了日土县民兵训练基地，协调1000万元加强地区干警培训中心、特警支队和交警支队建设，安排2000万元建设阿里军分区民兵训练中心，投入290.7万余元支付执勤民兵误工补贴、生活费开支，投入451万元为人武部整修围墙、硬化地面、打井、修建温室暖廊等。

三是注重强化教育引导。援藏工作队队员充分认识打牢思想基础是做好维稳工作根本所在，一方面认真学习领会中央、自治区党委关于做好维稳工作的指示要求，强化理想信念，增强党性原则，提高政治鉴别力和政治敏锐性，站稳立场，坚定不移反分裂。另一方面以"反对分裂、维护稳定、加强团结、促进发展"教育和创先争优强基础惠民生、党的群众路线教育实践活动等为契机，主动深入基层，向群众宣传党的政策，积极帮助群众排忧解难，筑牢群众基础。

（二）立足增强自我发展能力，推进经济发展

河北省委、省政府立足阿里实际，科学规划设计援藏项目，特别是围绕贯彻落实中央第五次西藏工作座谈会精神，研究制定了《河北省对口支援西藏"十二五"规划（2011—2015）》和《河北省"十三五"对口支援西藏经济社会发展规划》（以下简称《"十三五"规划》），把保障民生、精准扶贫作为《"十三五"规划》的着眼点、着力点，明确围绕培育市场、扶持支柱产业发展等方面，加大项目、资金投入力度，持续为阿里地区特别是重点支援的日土、札达两县经济发展注入了活力，实现阿里地区及日土、札达两县国内生产总值保持两位数的增长。

一是积极培育市场。针对阿里市场发展滞后、群众缺乏市场意识等实际，立足阿里地区特别是日土、札达两县的资源优势、区位优势等，投资700万元，扶持农牧业合作经济组织建设和民族手工艺品、农牧产品、旅游纪念品开发；投资1500万元，大力支持边贸市场、农贸市场、商贸市场建设。同时，大力招商引资，吸引区内外企业特别是河北省企业落户阿里，参与当地经济

建设，激发市场活力。如2016年7月，唐山莲华之宝文化艺术有限公司入驻日土县，项目投资1.9亿元，生产绘画唐卡、酥油茶碗、日用陶瓷、礼品陶瓷等文化艺术特色系列产品，已安排就业岗位100多个，其中建档立卡贫困人口50多人。

二是大力扶持特色产业。大力实施"一产上水平、二产抓重点、三产大发展"经济发展战略，着力培育有特色、前景好、附加值高的优势产业，发展壮大特色经济。确定以白绒山羊养殖、旅游开发为重点，推进产业发展，先后投入3100万元援建了白绒山羊养殖基地、原种培育中心等，建设乡村选育点9个、科技示范户408户，在13个行政村成立羊绒协会；投入2800多万元开发"日土县城至日土宗、县城至班公湖、班公湖至乌江村"三条旅游干线，建设日土县旅游服务中心、德汝度假村、多玛旅游自驾服务站和20余家旅游家庭饭店旅馆。针对札达县确定以种植业、旅游业为突破口促进产业发展，投资655万元建设科技推广服务站、蔬菜大棚；投资2000万元开发和维护古格王朝遗址、札达土林等旅游项目，改善旅游基础设施，建设乡村饭店旅馆，培育了新的经济增长点。2018年藏博会期间，河北还与阿里地区签订了8亿元的旅游深度开发合作协议，引进河北唐山企业投资1.2亿元建设阿里莲华之宝文化艺术有限公司，依托阿里文化内涵研发生产100多种阿里特色陶瓷产品，解决150多位建档立卡贫困户和贫困农牧民子女就业；引进河北宏奕有限公司投资1700万元在日土县建设羊绒羊毛加工厂，年产值达4000余万元，每年收购当地羊绒羊毛250余吨，带动当地农牧民增收达1200余万元。

三是加强基础设施建设。重点突破制约经济社会发展的瓶颈。围绕产业发展，投资5000多万元，帮助改善交通、能源和农田水利设施、旅游配套设施等，极大地促进了产业发展；围绕加快招商引资，投资建设阿里地区接待楼、行署驻拉萨办事处河北宾馆和日土、札达两县的招商服务项目等；围绕改善服务条件和环境，投资400余万元，改善服务行业、窗口单位基础设施，提高了阿里地区的综合发展水平。

四是推进城镇化建设。针对城镇辐射吸引能力不强、功能不齐全等实际，投资3500多万元，实施了阿里文化东路和日土、札达两县旧城区改造等一批项目，投资1700多万元对日土、札达两县城镇道路实施硬化改造，改变了城镇面貌，使城镇功能进一步提升，辐射带动能力进一步增强。

（三）狠抓社会建设，着力改善民生

河北省委、省政府坚持把保障和改善民生作为支援阿里地区经济社会发展的出发点和落脚点，有计划、有针对性地安排资金1.5亿元，建设了教育、卫生、医疗等一批民生项目，让农民切实得到了看得见、摸得着的实惠。

一是改善干部群众工作生活条件。投资800万元建设三个小康示范村，投资900余万元实施日土、札达两县安居工程和村级基础设施建设，投资2800余万元建设地区劳动技能培训中心、影剧院和札达、日土文化图书馆等，投资160万元建设日土多玛加油站、札达县加油站，投资2200万元建设阿里会堂、会议中心和地区国土资源管理中心、札达县广电中心等项目，拿出2900万元用于改扩建札达、日土、改则、普兰、噶尔5县干部职工住房。同时，加大农牧民技能培训，建立农牧民劳务创收队，鼓励农牧民外出打工，增加群众现金收入。

二是支持教育事业发展。投资3100万元，建设阿里地区体育场、职业技术教育学校和日土、札达两县幼儿园，实施地区中学、地区孔繁森小学和日土、札达两县中学、小学改扩建工程，配套建设师生宿舍楼、食堂等，配置课桌、电脑、图书、仪器等设备，组织骨干教师到河北进修学习，极大改善师生教学条件、生活条件，有力地促进了阿里地区教育事业的发展。

三是加强医疗卫生和社会保障工作。投资2000万元，改扩建地区人民医院、藏医院和日土、札达两县卫生服务中心，配置医疗设备，改善就医环境和医疗条件。加强医务人员交流培训，选派41名医疗技术人员到阿里地区人民医院和日土、札达两县人民医院工作，阿里地区选派500多名医疗技术人员到河北省参加基层培训，不断提高医疗服务水平和能力，有力地促进了阿里地区医疗卫生事业的发展。

四是延伸结对，扶贫济困。大力实施扶贫帮困工程，河北省援藏工作队队员在深入调研的基础上，针对阿里地区和日土、札达两县的实际，从谋长远、利发展、促增收的高度出发，每批次安排援藏资金200万元以上，累计建设扶贫项目105个。同时，开展送温暖、扶贫济困和帮扶工作，地县级领导干部积极落实扶贫联系点制度，深入开展捐资助学、结对认亲活动。按照习近平总书记在东西部扶贫协作座谈会上关于"完善结对，深化帮扶"的讲话要求，2016年10月，在省对口支援阿里地区的基础上，拓展延伸结对支援关系，由石家庄市对口支援札达县、唐山市对口支援日土县，再由两市选择经济实力较强的县（市、区）与阿里地区两县的所有乡镇建立对口支援关系。结对双方已就"十三五"时期在人才技术支援、产业带动就业、提升受援地"造血"功能等方面进行了筹划、对接、落实。

（四）进一步加大智力援阿工作，促进干部成长和人才培养

河北省委、省政府立足为阿里建设一支高素质的干部队伍和人才队伍，进一步创建了阿里干部能力提升平台，为阿里经济社会发展提供强有力的智力保障和人才支持。

一是建立智力援藏工作机制。根据阿里地区的实际需求，2005年正式启动智力援阿工作，2010年河北省委、省政府和阿里地委、行署研究制定了《关于进一步加大智力援阿工作的意见》，明确将阿里地区独立事业单位管理人员、独立科级单位负责人纳入挂职锻炼的范围；每年从河北省省属高等院校引进一定数量的高学历（高校应届毕业生）专业技术人才进藏工作；根据阿里重大建设项目需要，每年选派一些完成专题重大项目的行政、技术干部来阿开展工作；根据阿里地区需要，每年协调相关行业或领域的专家（教授）赴阿里开展知识讲座、技术指导等，开展技术援助工作。每年选派5名副县级干部，4名乡（镇）党委书记、乡（镇）长，4名中小学校长，4名医生，4名组工干部，赴河北省挂职锻炼、跟班学习。同时实施学历教育计划，5年培养100人，河北省省委党校单独举办阿里干部理论培训班，每年培训20人。

二是积极开展智力援阿工作。通过"请进来，走出去"的方式，先后组织140名党政干部到河北省挂职锻炼，600名专业技术人员到河北省进修培训，选派240名干部职工到河北省提升学历，90余名农牧、国土、卫生、科技、市政建设和文化广播等方面专业技术人才赴阿工作，30多名相关行业或领域的专家（教授）赴阿里开展知识讲座、技术指导等，帮助提高当地生产技术和医疗技术水平。2012年以来，选派地、县、乡、村四级共200多名干部赴河北参观学习。

（五）强化团队管理，树立良好形象

河北省委、省政府坚持把干部援藏作为各项援藏工作的龙头，狠抓援藏干部选派、管理等环节工作，为扎实有效做好援藏工作奠定了坚实的组织和干部基础。

一是明确工作要求，完善工作机制。在河北省委的统一领导下，为便于援藏工作的开展，成立了河北省援藏工作前方党支部，建立党小组。建立健全各项工作制度，建立定期通报、研究援藏工作制度，制定援藏干部工作规则、学习制度、请销假制度等内部管理制度，强调干部要做到政治上十分坚定、工作上十分务实、作风上十分亲民、团结上十分自觉、廉政上十分自律，把阿里人民当作"亲人"，把阿里当作"第二故乡"。

二是强化思想教育，全身心投入。河北省援藏工作队队员积极融入当地工作环境和生活环境，自觉学习党的民族宗教政策、西藏历史文化知识和西藏干部群众的优秀品质，掌握阿里地区经济社会发展情况和民俗，提高做好工作的责任感和自觉性。同时，以援藏工作和本职工作为重，思想上投入、精力上投入、状态上投入，带头钻研，与干部群众交流、研讨，带动阿里的干部进一步改进工作方式，提高工作水平。

三是以身作则，无私奉献。全体援藏队队员以建设阿里为己任，发扬"老西藏精神"、孔繁森精神，不畏艰苦、顽强拼搏、奋发进取、无私奉献，保持较高的在藏、在岗率。积极深入基层、深入一线，熟悉环境、掌握情况，了解群众疾苦，蹲点指导发展稳定工作，与群众同吃、同住、同劳动。据统计，河北省援藏干部每年在岗率达90%以上，每年深入基层人均50天以上，自掏腰包为群众办实事、好事1100多件，以实际行动赢得了"素质高、纪律严、作风硬、团结好，是真正为各族群众办好事、实事"的好队伍的赞誉，涌现出荣获全国"五一劳动奖章"的翁树文、"西藏自治区劳动模范"的李龙等一批先进典型。

二、援藏工作主要经验和体会

（一）团结是做好援藏工作的基础

西藏是边疆民族地区，正确处理民族关系，搞好团结是顺利开展援藏工作的基础。援藏干部要真正把自己当作受援地的"主人"，自觉置身于当地党委、政府的领导下，维护民族团结，紧紧依靠当地干部群众开展工作。同时，援藏干部工作队之间也要搞好团结，在工作上互相支持、生活上互相关心、感情上相互信任、决策上共同商议，做到"依靠团结谋事，依靠团结创业"。

（二）实干是做好援藏工作的根本

回首20多年河北省援藏工作历程，踏实勤恳、敢于突破是历届援藏工作队队员的突出特质，每批援藏工作队进藏之初都开展"进藏为什么，在藏干什么，离藏留什么"讨论活动，树立正确的人生观、事业观、价值观，做到"不负众望、不辱使命、不留遗憾"。比如第六批援藏队员中的方士武同志，当时担任日土县人民政府副县长，他在该县热角村驻村一待就是几个月，为村民办实事、解难事，把群众当亲人，群众亲切地叫他"老头"，当他援藏期满时，热角村村民含着泪水为他送行。正是这种求真务实的态度和贴近实际的工作作风换来了阿里地委、行署和各族人民群众对河北省援藏干部的高度赞誉和充分认可。

（三）保持工作连续性是做好援藏工作的关键

要正确认识援藏工作，坚决摒弃短期意识，牢固树立"功成不必在我"的思想，从受援地长远发展出发，保持援藏政策的延续性，不搞一任班子一张蓝图，统筹兼顾，正确处理继承和发展的关系、当前与长远的关系，求实效，谋长远，以前有基础、当前有成效的工作持续干，当前有成效、长远可持续的工作放胆干，当前不见成效、长远打基础的努力干。

（四）发挥优势是做好援藏工作的巧手

坚持从阿里地区的实际出发，发掘阿里地区的优势资源是河北省做好援藏工作的重要经验之一。"好钢用在刀刃上"，在努力发挥资金、技术、管理和人才等优势的同时，更加注重推动"高地更高"，突出特色、抓住亮点，着力把资源优势转化为经济优势，有力促进了阿里地区经济社会的快速发展。

三、援藏工作发展方向

今后，河北省将继续按照中央部署要求，坚持需求导向、问题导向和目标导向，把保障和改善民生作为援藏工作的主战场，进一步突出扶贫工作重点，密切沟通，协调联动，精准发力、合力攻坚，全力做好援藏扶贫工作。

（一）提高认识，加强领导

进一步把思想和行动统一到中央巩固拓展脱贫成果要求上来，落实到工作安排和实践中去。坚持主要领导亲自抓，分管领导具体抓，部门协调组织，与对口支援地区搞好衔接落实的工作机制。把已脱贫的农牧民人口作为主要目标，进一步加大帮扶力度。

（二）完善规划，聚焦脱贫

按照国家统一部署要求，提早做好规划中期调整准备，把更多援助资金和项目重点向贫困村、贫困群众倾斜，切实做到精准帮扶，扶到点上、扶到根上。

（三）产业援藏，巩固脱贫

制定产业援藏扶持资金适用办法，组织和鼓励更多优势企业到阿里地区特别是两县投资兴业，巩固脱贫成果，助推乡村振兴。

（四）智力援藏，巩固脱贫

按需增加教育、文化、卫生、科技等领域专业技术人才选派数量，促进观念互通、思路互动、技术互学、作风互鉴。加大阿里地区干部特别是基层干部、贫困村致富带头人的培训力度，打造一支留得住、能战斗、带不走的人才队伍。

第十七节　陕西：用心用情推进民生改善

根据中央安排，陕西省自1995年以来对口支援阿里地区。陕西省高度重视援藏工作，坚决贯彻落实中央精神和决策部署，共选派10批450名干部人才赴藏工作，援助建设资金15亿元，建成了一批标志性、关键性的重大项目，有力推动了阿里地区经济社会快速发展。历批陕西省援藏干部坚持新时代西藏工作指导方针，继承发扬"延安精神"和"老西藏精神"，立足高原，满腔热情，扎实工作，斗志昂扬，将内地的先进经验、创新思路带到阿里，较好地完成了各项援藏工作任务，赢得了阿里广大干部群众的广泛赞誉。

一、援藏工作主要做法和成效

（一）坚持提高政治站位，不断完善体制机制

陕西省委、省政府始终从战略上高度重视对口支援西藏工作，认真学习

习近平总书记关于援藏工作和在东西部扶贫协作座谈会上等重要讲话精神，把思想和行动统一到中央精神上来，切实增强政治意识、大局意识、核心意识、看齐意识。一是成立机构，明确责任。1994年成立了以主管副省长为组长，省有关部门领导为成员的援藏建设领导小组，领导小组下设办公室，负责日常工作。1999年以来又先后成立援藏干部办公室和援藏项目建设办公室等工作机构。同时，进一步加强与阿里地区的沟通合作，省政府成立了援藏前方工作协调小组。二是加强对接，交流合作。省委、省政府主要领导赴西藏阿里实地考察援藏项目，看望援藏干部，省里不定期组团赴阿里进行考察、沟通和交流，定期对援藏项目建设进展情况进行检查，积极协助解决项目建设中出现的问题。阿里地区每年多次组织有关人员来陕参观考察。

（二）注重调查研究，坚持规划引领

广大援藏干部努力克服高原恶劣气候环境等困难，坚持深入群众、农牧区和企事业单位开展调研，在对阿里的社情民情全面掌握的基础上，有的放矢开展工作。陕西援藏干部在调研的基础上，先后撰写了《阿里干部队伍现状及存在的问题》《市场经济条件下人才引进的几点思考》《国有企业的改革与发展》《关于加快阿里地区公路交通建设的意见》《噶尔县经济发展需要解决好的几个问题》《论普兰县发展旅游业》等百余篇调研报告。陕西援藏坚持规划引领，项目支撑。经反复与西藏自治区政府和阿里地区行署沟通，编制完成了《陕西省"十二五"时期对口支援西藏经济社会发展规划》和《陕西省"十三五"对口支援西藏阿里地区经济社会发展规划》。这些规划实施以来，极大地促进了阿里地区经济社会发展、农牧民生产生活条件和城镇面貌改善，进一步增强了阿里地区自我发展能力。

（三）以项目为支撑，推进基础建设

陕西省先后为阿里的文化、教育、医疗、卫生等公益性事业和市政建设、能源、交通等基础性事业援助建设资金10多亿元，建成了典角边境示范村、阿里地区商务中心、孔雀河防洪堤、广电中心、农牧民建筑施工技能培训站、小康示范村等一批标志性、关键性的重大项目。"十三五"援藏规划安排民生改善、基础设施、特色产业、生态环境、干部人才援藏和深化合作交流等八大类27个重大项目，总投资10亿元（其中，按国家要求安排投资5.7亿元，西藏民族大学1亿元，产业发展基金1亿元，备选项目2.3亿元）。在阿里加快经济社会发展、完善城镇服务功能、推进生态文明建设及维护社会和谐稳定等方面发挥了良好作用。陕西援藏干部在做好本职工作的同时，还千方百计为阿里争取资金，特别是积极向国家部委和陕西省有关部门汇报情况，反映困难，争取援助和投资。援藏干部争取到的资金和物资，重点用于阿里地区基础设施完善、边贸市场建设、教育卫生医疗、人才培训、农牧区群众生产生活改善等方面，在一定程度上改善了阿里地区各方面条件。截至2020年，噶尔县农牧区聚居社区项目、陕西实验小学项目、噶尔县农牧业综合开发等8个重点项目已经完工投入使用。

（四）以民生为本，推进民生改善

坚持把保障和改善民生作为对口支援工作的首要任务，认真落实以人民为中心的发展思想，在发展思路上突出关注民生，在资金投入上重点保障民生，在产业发展上着力带动民生，在项目建设上优先安排民生，集中力量解决当地群众最关心、最切身的社会民生问题。如投入资金1270万元、自治区配套730万元实施的典角边境示范村项目，除全村群众住进通水通电的新居外，还实施了村委会办公楼、村民活动广场、硬化路面、路灯、篮球场、绿化带等一系列配套工程，成为陕西项目援藏标志工程。教育方面，为改善西藏学生在西安上学条件，在西安浐灞生态区建设西藏中学（西安浐灞一中），规模800人，18个班，总投资1.87亿元，2012年10月学校建成投用，西藏班学生基本实现吃、住、行、医疗及社会实践的全免费。2014年陕西省投资2.5亿元，按照西安浐灞一中标准，在阿里地区建设陕西阿里实验学校。医疗卫生方面，支持阿里地区人民医院、藏医院发展，积极开展医院内设科室设置与项目支援，先后建成了阿里地区中心血站、制氧站、120急救中心、疾病预防控制中心等一批重大项目，提升全区医疗服务能力；"组团式"医疗援藏有力推动了地区医疗水平的提质增效，援藏专家与本地医务人员结成"帮带对子"，多次组织开展医学教育系列讲座，分批选派部分专业技术人员进行短期集中学习和培训，开展常态化远程教学，让3D打印修复颅骨、腹腔镜等10余种现代医疗手术得以在阿里地区成功开展；全地区6个县医院在2020年完成了"二乙"创建，阿里地区医疗卫生事业发生了格局性变化，实现了历史性进步。精准扶贫方面，严格按照国家发改委规定的80%资金用于基层、用于农牧区的要求，"十三五"规划内用于精准扶贫易地搬迁项目资金4000万元，安排资金6000万元用于小康示范村建设。打破了海拔4000米以上不能种植紫花苜蓿等优质牧草的理论禁区，大力发展人工种草项目，面积已达5350亩，占全县人工种草面积的1/4以上，亩产鲜草2500~3000公斤，极大拓宽了农牧民增收渠道。

（五）坚持统筹协调，形成工作合力

一是积极做好人才、智力援藏。加大赴藏服务人员选派力度，从在岗培训、技术指导、学术交流入手，形成中短期培训、学历培训、学术讲座与专项技术培训、学术交流与科研项目合作为主要内容的智力援阿工作新格局。积极组织实施阿里干部来陕挂职锻炼、专业技术干部进修、后备干部培训、财会人员培训等援助工作，先后为阿里培训党政干部、专业技术人员、企业经营管理人才670多人次。二是高度重视卫生医疗援藏。实施选派医疗队援藏工作，"十二五"期间，从省直系统和西安、宝鸡等6市抽调临床、医技、护理等专业技术骨干，组建了援藏医疗队对口支援阿里地区和县级医院，开展了受援医院中长期专业技术人员在职培训，帮助受援医院培养学科带头人，建立专业学科5个，接收阿里地区医疗卫生工作者来陕进修学习9批47人。三是依托优势做好技术援藏。支持阿里地区技术攻关项目6个，区域能力建设项目10个，在陕西组织农牧技术、科技管理等培训7期培训200余人次。四是积极实施"双百工程"。从2012年开始，每年安置100名西藏籍高校毕业生赴陕西工作，免费救治100名先心病患者。

（六）积极开展反分裂斗争，确保社会局势稳定

在反分裂斗争形势依然严峻的情况下，陕西援藏干部的到来，成为了阿里地区反分裂斗争的重要力量。普兰县地处印、尼、中三国交界，属国家二级口岸，人员往来频繁，敌情社情复杂，该县援藏干部结合实际，强化军警民联防，加强安全保卫工作，有效地震慑和打击了境内外敌特分子。噶尔县的援藏干部积极开展对寺庙的爱国主义教育和清理整顿工作，加强边境地区农牧民思想教育和反分裂斗争教育，重大节日期间还亲自带队，开展武装巡逻，确保了全县社会稳定。

二、援藏工作主要经验和体会

（一）深入宣传、统一认识为援藏工作的顺利开展奠定了良好基础

中央第三、四、五、六次西藏工作座谈会以来，阿里地区组织广大干部群众认真学习领会中央精神，牢牢把握新时代西藏工作指导方针，出台下发了一系列文件规定，要求各受援单位要摆正位置，虚心向援藏干部学习，提高了干部群众的认识，为顺利开展对口支援工作创造了良好的氛围和条件。

（二）各级全力支持、援藏干部无私奉献是做好援藏工作的关键因素

陕西省委、省政府始终将对口支援阿里作为份内之事，把对口支援工作列入重要议事日程，把选派干部到西藏艰苦地区工作，作为培养选拔优秀青年干部的重要途径之一；把安排好援藏项目和资金，作为革命老区人民对边疆兄弟民族的关心和帮助，无不周密计划、认真落实。援藏干部把西藏作为第二故乡，努力克服工作、生活、语言等诸多困难，投身阿里改革发展事业，扎实工作，无私奉献，为阿里政治稳定和经济社会发展做了大量卓有成效的工作。第六批优秀县委书记张宇同志，更是牺牲在工作岗位上。2013年5月22日，时任中共中央政治局常委、全国政协主席俞正声批示：陕西援藏干部忠于祖国、忠于职责，全心全意、奋不顾身地为西藏的发展、人民生活的改善、社会和谐而努力工作，业绩喜人、事迹感人，建议宣传他们的事迹，同时要关心他们的身体，使他们健康地工作和生活。

（三）各方的关心厚爱，激发援藏干部人才更好奉献西藏各项建设

阿里地区离拉萨遥远，交通不便，援藏干部来往阿里十分不易，在拉萨停留期间，经常得到自治区党委、政府、相关部门的关心和工作上的支持，特别是一些援藏干部生病到拉萨治病时，自治区有关部门能够在联系医院、安排治疗、看望慰问上给予许多照顾和精心安排，很让援藏干部感动，感到组织的关怀无处不在，增强了做好援藏工作的积极性、主动性和创造性，不断为推进阿里快速发展作出贡献。

三、陕西援藏工作发展方向

（一）继续高度重视援藏工作

阿里作为西藏的一个重要地区，在我国经济发展和社会稳定中具有十分重要的战略地位。阿里虽然已经实现脱贫，但由于自然环境恶劣和发展基础

薄弱，巩固脱贫的任务更艰巨，需要继续加大支持力度，实现持久稳定脱贫，共享全国小康。

（二）继续关心援藏干部人才

援藏干部上有老下有小，克服家庭困难，义无反顾地服从组织决定，奔赴阿里、扎根阿里。阿里路途遥远，交通不便，工作条件艰苦，生活条件恶劣，需要各级党委和派出单位切实关心援藏干部及其家庭，解决他们的后顾之忧，关注他们的成长进步，支持他们心无旁骛投入西藏工作。

（三）继续推进干部援藏与经济支援相结合

阿里地区各方面条件艰苦，经济发展滞后，2020年西藏同全国一道实现全面建成小康社会的宏伟目标，这就需要选优配强援藏干部，同时在经济上大力支援，加大产业扶持力度，增强自我"造血"能力。

（四）继续着力加强人才援藏工作

对阿里来说，资金支持是急需的，但人才匮乏也是当前亟待解决的问题。因此，应充分利用陕西省教育、科技、人才资源充足的优势，把为阿里培养各类专业技术人才作为援藏的一项重要内容，增强自我"造血"功能，培养一支长期建藏、永不离藏的当地专业技术队伍。

第四章　中央和国家机关支援西藏

　　自西藏和平解放以来，这片离天空最近的净土经过了近70年的岁月洗礼。在中央的深切关怀下，一个团结、民主、富裕、文明、和谐的社会主义新西藏，巍然屹立于高原之巅。而1994年召开的第三次西藏工作座谈会，更是让西藏展示出蓬勃的生机。

　　第三次西藏工作座谈会确定各省市"对口援藏"，同时明确了中央各部委对口支援西藏自治区各部门，开启了中央和国家机关与西藏各部门对口支援的新征程。

　　中央和国家机关的对口援藏主要通过三种形式来实现：一是派出优秀干部人才参与援藏工作；二是利用自身资源支持西藏对口部门的建设发展；三是力所能及地帮助西藏对口部门解决实际困难，推动西藏治理能力和工作水平的提升。在对口援藏工作中，中央和国家机关充分发挥自身特点，结合自身优势，主动担当，在对口援藏工作中起到了重要作用。

第一节　中共中央直属机构系统援藏

　　中共中央直属机构历来高度重视援藏工作，坚决贯彻落实中央关于西藏工作的指示精神和战略部署，积极参加对口援藏工作。多年来，中央办公厅、中组部、中央政法委、中编办等单位选派十批优秀干部援藏，每批援藏干部很快融入西藏，弘扬"老西藏精神"，脚踏实地地工作，创造了骄人的业绩，留下了很好的口碑。

中共中央直属机构系统大力支持援藏工作，对援藏干部提出严格的工作要求，积极帮助援藏干部解决生活中的问题，同时积极帮助协调解决援藏工作方面的问题。各单位的援藏干部在援藏期间，讲政治、顾大局，表现出坚强的党性和坚定的立场，坚定维护祖国统一、民族团结。在反分裂斗争中，保持清醒头脑，始终做到认识不含糊、态度不暧昧、行动不动摇，立场坚定，旗帜鲜明，与党中央、西藏自治区党委保持高度一致。

一、中央办公厅援藏

多年来，中央办公厅选派30多名优秀干部援藏，有力支持帮助了西藏自治区党委办公厅的工作。中办援藏干部着眼大局，无私奉献，以真诚、细致和开创性的工作，树立了援藏干部的良好形象，为援藏工作赢得了良好的声誉。

（一）强化学习引领，加强自我管理

中办援藏干部严格遵守西藏自治区党委和办公厅的各项规定，坚决服从组织安排，不断加强自我管理，成立了"中办援藏自我管理小组"，研究制定了《中办援藏干部守则》，提出了"双学双提"的目标要求，即："学理论，提思想；学业务，提素质。"

在"学理论，提思想"中，中办援藏小组从"学党史、学西藏史"入手，抓住西藏是民族地区、经济欠发达地区和反分裂斗争一线的特点，提高自身驾驭复杂局面和棘手问题的能力。如中办援藏干部赵如发，在做好区党委副秘书长工作的同时，每月负责组织援藏干部读书学习，亲自为援藏干部讲课。援藏干部认真学习中央西藏工作座谈会精神，深入开展"四观两论""老西藏精神""新旧西藏对比"等教育活动，积极参加密切联系群众、创先争优、推进学习型党组织建设、强基惠民等专题活动，使大家党性修养和政治思想水平得到升华和提高。

在"学业务，提素质"中，中办援藏干部要求自身先当学生再当先生，在工作中以严谨自律的作风向基层同志虚心求教。中办援藏干部来自不同部门，工作经历也不尽相同，加之西藏特殊的历史文化和政治环境，因此更有必要在基本业务上从头学、认真学、不懈学，通过学习指导实践，提升素质，推动工作。

中办援藏干部凝聚成一个务实奋进、勇于拼搏、和谐团结的集体，倾情倾力推动各项工作上水平，上台阶，增强党性意识、宗旨意识，激发创业精神、实干作风。如第六批中办援藏干部积极响应"强基础、惠民生"主题教育活动的号召，先后深入那曲申扎县塔尔玛乡9村驻村工作三个月。塔尔玛乡平均海拔5000米，年均8级以上大风100多天，援藏干部赵如发、姜长树、任俊伟、周国良等毫无怨言，注重与当地老百姓的团结，深入牧区和牧民家庭，了解情况并为百姓排忧解难。援藏期间，中办援藏干部乐观豁达地面对高原带来的种种不适，没有人叫一声苦，没有人喊一声累。为援藏事业努力奉献是他们共同的精神追求，也是战胜艰苦环境的精神支柱。

（二）强化主人翁观念，立足本职，勤奋敬业

西藏自治区党委办公厅是直接为党委领导服务的部门，工作任务重、要求高。中办援藏干部不断强化主人翁观念，以西藏为故乡，全力以赴融入当地，高质量完成了分管分工的各项任务。"身体可以拖一拖，但工作决不能拖"，誓言背后是他们雷厉风行的工作作风。白天，是忙忙碌碌的身影；夜晚，办公室不眠的灯光又在诉说着他们的勤勉辛劳。

中办援藏干部王政曾先后赴区内各级档案部门、直属机关和企业，就档案安全、基层档案工作进行专项调研。根据国家档案局"档案安全体系"建设的总体部署，促成拉萨市与苏州市、日喀则市与潍坊市、阿里地区与秦皇岛市的档案部门结为结对帮扶单位。

为做好西藏档案工作，王政积极协调国家发改委、国家档案局等单位，帮助西藏74个县（区）建设县级综合档案馆，开展西藏历史档案抢救工程等，争取更多的资金支持。他还努力加强西藏与内地档案部门的联系，充分利用接待内地同志进藏考察的机会，宣传西藏档案工作，让他们了解西藏基层档案工作情况，为西藏档案工作人员在业务培训、技术交流等方面提供支持。对档案数字化和档案利用工作，他更是亲历亲为严格要求，强调查档手续一定要齐全，提供档案一定要细致审查、准确无误。

中办援藏干部成勇紧紧抓住中央加强和改进西藏密码工作的大好机遇，

积极推进西藏密码工作跨越式发展。中央投资2亿多元实施了17个专项工程，作为分管领导，成勇认真组织好全区党政机关内部通信工作，参加24小时值班，牵头实施机关通信项目和自治区党政大院电信维护项目，确保了中央和自治区党委指示政令畅通。为加强部门基层基础建设，成勇先后赴4地（市）23个县级密码部门进行规范化建设达标复查，对多家区直单位进行密码安全保密大检查，完成了区强基惠民等单位设立机要户头的审查工作。

根据工作安排，他还以岗位练兵活动为载体，筹备组织了全区系统内业务技能比赛。他先后3次共带领西藏51个县级部门65名基层干部到北京接受培训。他还为区内本系统授课多期，受训人员达600余人次。此外，他还着眼于制度化建设，督促建立完善部门有关规章制度，起草了《西藏自治区党政密码部门考评办法（试行）》《西藏自治区密码工作人员离职交接管理办法（试行）》等，推动了西藏密码工作走向制度化、规范化。

中办第六批援藏干部姜长树在担任自治区党委办公厅督查室副主任期间，他先后组织实地督查40余次，主持完成了中央第五次西藏工作座谈会贯彻落实情况、中央及西藏自治区经济工作会议落实情况、自治区贯彻落实习近平一系列重要讲话精神等重要督查工作。他还承办了全国人大转西藏办理的议案、自治区人大代表议案，政协提案共计50余件；牵头筹办了自治区第一次议提案办理答复工作情况通报会，所办议提案答复满意度达到100%。

他积极配合主要负责同志开展工作，先后参与西藏自治区党风廉政责任制建设与自治区创新和加强寺庙工作领导小组交办的督导调研工作等。组织开展实地维稳督查工作，覆盖了自治区的所有县市，参与了所有实地督查工作。从每次下乡之前动员部署、车辆安排、材料准备以及衣物药品的购置，到督查现场工作底稿填写、工作内容核实，直到现场工作结束后的汇总、报告整理以及回访落实等工作，他无不严谨细致、亲力亲为。

中办援藏干部任俊伟援藏期间认真抓好保密宣传工作，参与组织"全国窃密泄密案例警示教育展"西藏展、"信息化条件下窃密泄密技术演示"等活动。他联系《保密工作》杂志进藏报道，组织编发《西藏保密》。他还做好保密教育培训，为山南地区和驻西藏中直单位进行保密知识讲座近30次，组织各地（市）和区直单位保密干部赴南京大学国家保密学院集中培训。

任俊伟参加了西藏自治区2011年全区专项保密检查、2012年全区网络清理检查、2013年维稳单位保密检查。他带队深入山南市、日喀则市、林芝市和部分中直单位检查，协助政府办公厅信息处开展政府信息公开情况专项检查；参与起草制定了《西藏自治区"十二五"时期保密事业发展规划》《西藏自治区"六五"保密法制宣传教育规划》《西藏自治区国家保密载体销毁管理规定》等文件，就《西藏自治区测绘条例》《西藏自治区档案条例》等法规草案提出修改意见。他还带队对涉密资质单位进行年审，组织对公安厅、国家安全厅等单位提供的材料进行密级鉴定等。

中办援藏干部还围绕党委办公厅工作大局，积极参加自治区党代会和全区经济工作会议等会议服务。中办援藏干部的敬业奉献，不但使自己在援藏这个广阔的平台上增长了才干，也赢得了普遍赞誉。

（三）强化身体力行，促进民族团结进步

援藏期间，中办援藏干部与纯朴的西藏人民从陌生到熟悉，结下了深厚的友情。中办援藏干部学会了喝酥油茶、吃糌粑，每逢汉藏节日，总得到藏族同志的盛情邀请；哪位同志伤风感冒，总有嘘寒问暖的问候。

友爱是牢固的精神纽带。中办援藏干部积极参加社会公益性活动，主动为贫困地区的农牧民和孤残儿童捐款捐物，奉献爱心。在密切联系群众主题教育活动中，中办援藏干部带队走访拉萨市困难群众，与他们拉家常，讲政策，力所能及地为群众解决实际困难。在强基惠民驻村活动中，中办援藏干部走遍驻村的家家户户，与他们结下了深厚的友情。西藏自治区发出设立西藏先天性心脏病儿童救助基金会的号召后，中办援藏干部立即积极响应，踊跃捐款，发挥了表率作用。

西藏，是一片神奇的土地。援藏，是一项神圣的工作。为了西藏的繁荣发展，为了中华民族的伟大复兴，一批又一批援藏干部踏上高原，中办援藏干部作为他们当中优秀的一分子，在这片圣洁的土地上努力着，奋斗着，留下了坚实的足迹。

二、中组部援藏

中组部站在战略全局高度，统筹谋划援藏干部人才规划，制定选派援藏干部制度和待遇，做好组织选派、管理服务、安排使用等工作。1995年由中组部和人事部会签下发的《关于做好为西藏选派干部工作有关问题的通知》（组通字〔1995〕8号）就是落实中央选派援藏干部的第一份历史性文件，开展干部对口援藏工作并延续至今，与援藏干部有关的建设性制度规定都发端于此，同时根据不同时期的需要适时作出调整完善，有力推动了援藏工作健康有序开展。每批援藏时，中组部都从机关选派优秀干部作为领队和服务团队，加强援藏期间全过程、全方位的服务和管理，为高质高效完成援藏任务提供了坚强的组织保障。

（一）制定首批援藏干部政策：对口支援、定期轮换

为了贯彻落实党中央、国务院召开的第三次西藏工作座谈会精神，1995年3月6日，中组部下发《关于做好为西藏选派干部工作有关问题的通知》（组通字〔1995〕8号），提出了各省市、中央和国家机关部委选派援藏干部的任务，其中，西藏7个地（市）需要的干部，由分片负责的14个省（市）负责选派；在西藏的中央国家机关直属单位需要的干部，按系统对口选派；西藏自治区直属机关需要的干部，由中央和国家机关有关部委负责选派。

《通知》中指出，"今后，西藏需要内地选派干部，请西藏自治区党委、人民政府提出计划，与有关省（市）和部委进行协商，报中组部、人事部审核后，下达给有关省（市）和部委负责选派"。"应根据西藏提出的对内地选派各级、各类干部的要求，选派相应职务的干部进藏。对少数比较优秀、需提拔任职的，要严格把关，办理任职手续后，再安排进藏工作。"对于选派进藏的干部，"要能够坚决贯彻党的基本路线和方针、政策，有坚定的党性和较强的革命事业心，吃苦耐劳，勇于奉献，有胜任本职工作的能力，身体健康。县处级以下干部年龄一般应在40岁以下，县处级（含县处级）以上干部年龄一般应在45岁以下。为了加强对后备干部的培养工作，各单位可有计划地选派一定数量的后备干部到西藏工作，使他们在艰苦条件下经受锻炼和考验"。

中组部还对援藏干部进藏前的培训作出了规定，"14个省（市）选派进藏的干部，由省（市）组织、人事部门负责进行培训，需要西藏有关地（市）在培训期间介绍情况的，西藏有关地（市）应派人前往。中央、国家机关有关部委选派进藏的干部，由中央组织部和人事部统一组织培训"。"培训时要认真组织进藏干部学习中央的有关文件，领会中央对西藏工作的方针、政策

和措施，同时，要进行党的民族、宗教政策教育，西藏风俗、民俗教育，西藏的社会、经济、历史和地理知识教育，使进藏干部初步了解西藏，认识西藏，为进藏后做好工作打下良好的思想基础。"

关于采取"对口支援、分片负责、定期轮换"的办法，中组部在《通知》中首次提出了援藏干部轮换制度和定期轮换的时间。规定定期轮换的时间原则上定为5年。根据实际情况和西藏的工作需要，以及进藏干部所担任的职务，分片负责的省（市）在10年之内，可以分2批或3批轮换进藏的干部。每批干部轮换的具体事宜，由西藏自治区组织、人事部门直接与有关省（市）和部委的组织、人事部门联系办理。

对于选派干部的管理，中组部指出选派干部进藏后实行双重管理，以西藏地方党委管理为主。进藏时要转组织关系，不转户口和工资关系。为了加强对进藏干部的管理，有关省（市）和部委应将进藏干部的履历表、工资表及鉴定材料，在送干部进藏时转交西藏自治区党委组织部和人事厅。

对进藏干部的年度考核工作，由西藏自治区按照干部管理权限进行，考核结果抄送派出省（市）和部委的组织、人事部门；在西藏工作期满后，由派出省（市）和部委的组织、人事部门会同西藏自治区组织、人事部门共同考核，考核结果作为使用干部的重要依据；选派干部在西藏工作期间需提拔任职的，西藏自治区有关组织、人事部门要按照干部管理权限，征得派出省（市）和部委同意后，再办理任职手续。

对于选派干部的待遇，中组部规定定期轮换进藏的干部，除和派出单位同类同级干部一样享受在内地的住房、工资福利等各项待遇外，他们在西藏工作期间，由西藏按当地同类同级干部的工资标准（含补贴）计发差额，并享受在西藏工作人员的其他各项待遇。

《通知》在大力提倡奉献精神的同时，指出要切实解决好援藏干部的实际困难，对援藏干部发放一次性补助和每月定期补助，切实解决好援藏干部家庭生活中的实际困难。

《通知》还强调，各省市、党委要加强对选派干部工作的领导和管理，高度重视选派干部进藏的工作。积极宣传为西藏选派干部工作的重要意义，认真总结推广援藏工作的先进经验，表彰进藏干部中的优秀人物。为了加强对选派干部工作的领导，各有关省（市）、部委和组织、人事部门，要确定一名负责同志分管这项工作，并要有专人负责落实。

（二）第二批援藏干部轮换工作：先进后出、注重衔接

1998年，首批选派的援藏干部在西藏工作期满，需要轮换。为做好第二批选派干部的工作，中组部在1998年4月9日下发《关于做好为西藏选派第二批干部工作有关问题的通知》（组通字〔1998〕17号），在选派办法，选派干部的条件、方法及进藏干部的培训、管理、待遇等方面，提出原则上仍按组通字〔1995〕8号有关规定执行。

在进藏的时间和培训上，考虑到中央和国家机关进行机构改革等实际情况，1998年选派的干部要求在6、7月份以前全部进藏。其中，分片负责的各省（市）的干部于6月底前进藏，具体日期由各有关省（市）与西藏自治区党委组织部、对口支援地区商定。中央和国家机关有关部委对口支援西藏的干部于7月底前进藏。进藏干部的轮换，一般采取先进后出的方式，注重搞好工作交接。

《通知》指出，首批援藏干部在艰苦条件下经受了锻炼和考验，圆满地完成了工作任务，为西藏的稳定和发展作出积极的贡献，要妥善安排好他们的工作。援藏干部所在单位在机构改革中被调整的，有关的组织、人事部门要认真负责地落实好他们的工作单位和岗位。援藏干部返回后，要按有关规定安排好他们的休假，假期内工资待遇不变，各级组织、人事部门要切实把选派干部各项具体工作做好，为加快西藏发展、维护社会稳定，作出应有的贡献。

（三）第三批援藏干部：公开报名、择优选拔

2001年4月6日，中组部和人事部会签《关于做好为西藏选派第三批干部工作有关问题的通知》（组通字〔2001〕18号）下发全国各有关省、自治区、直辖市党委组织部和人民政府人事厅（局），中央和国家机关各有关部委干部人事部门。

该《通知》继续沿袭上两轮援藏干部轮换模式安排援藏任务，规定第三批援藏干部具体名额为686名。此次选派工作对援藏人员的选拔和爱护提出了新的要求。提出要注意贯彻年轻干部成长需要到艰苦环境和地区经受锻炼的

精神，坚持选派优秀年轻干部到西藏工作。各有关省市和部门选派的进藏干部中，要有省部级、地厅级后备干部。还要采取公开报名、择优选拔的方法，从近几年选调到基层工作的优秀大学毕业生中选派一些干部到西藏工作。为体现对进藏干部在藏期间人身安全和身体健康的关心，各有关省市和部委在干部进藏时，要为其办理一次性人身意外伤害等方面的保险。

（四）第四、五批援藏干部人才：严格要求、注重创新

中组部会同人事部分别在2004年、2007年派出第四、五批援藏干部。这期间要求对援藏干部选派坚持高标准、严要求，扎实做好各项工作。

2006年12月1日，中组部和人事部在成都召开第四次对口支援西藏干部工作座谈会，总结了第四批对口支援干部进藏以来的工作情况，交流对口支援工作的经验和做法，协商第五批对口支援干部需求计划，研究部署进一步做好对口支援西藏干部工作。中组部领导在会议上强调要不断开创干部援藏工作新局面，要更加注重"输血"型援藏和"造血"型援藏的有机结合，把西藏农牧区作为干部援藏工作的重中之重，更加注重把西藏的政策优势发挥出来。

（五）第六、七批援藏干部人才：加强考核、注重基层

2013年1月19日，中组部、人力资源和社会保障部在成都召开援藏干部人才选派计划协调会，总结中央历次西藏工作座谈会以来援藏工作情况，交流第六批干部人才援藏工作情况，研究部署今后的干部援藏工作。

中组部领导从坚持工作原则、完善工作机制、加大援藏力度、狠抓措施落实等4个方面对第六批对口支援西藏干部工作取得的成绩给予了充分肯定。会议要求各援藏省市、中央企业要严格制订好援藏干部选派计划，做好培训工作，加强考核管理工作，严格要求。

会议总结强调要突出重点，不断深化干部人才援藏工作；要周密部署，认真做好第六、七批援藏干部轮换、衔接工作；要加强组织领导，确保干部人才援藏工作顺利开展。

（六）第八、九批、十批援藏干部人才：平职进藏、聚焦脱贫

2016年1月20日，第八批援藏干部人才选派计划协调会在成都召开。会议强调要充分利用对口支援平台，培养锻炼年轻干部。会议指出，对于援藏

干部人才轮换工作，一要加强工作整体谋划，确保第七、八批援藏干部人才轮换工作顺利开展；二要着力抓好干部人才选派和培训工作；三要加强干部人才考核，最大限度调动援藏干部人才的积极性和工作热情；四要加强组织领导，确保干部人才援藏工作顺利开展。会议明确，对援藏干部人才，坚持政治上充分信任、工作上放手使用、生活上热情关心、作用上充分发挥，为第八批援藏干部人才施展才华创造条件。

2018年，为深入贯彻落实党的十九大关于坚决打赢脱贫攻坚战的要求，中央组织部发出通知，要求援派干部聚焦脱贫攻坚，岗位安排紧紧围绕脱贫攻坚工作需要，以事择人、人事相宜，立足科学精准，以能否承担起脱贫攻坚任务作为选派干部的重要标准。派出的干部政治素质好、年富力强；援派干部根据东西部扶贫协作和中央单位定点扶贫结对关系，不忘初心、牢记使命，坚持精准扶贫脱贫，深入扶贫一线，带着感情，带着责任在脱贫攻坚主战场真抓实干，发挥好自身优势和作用，真正成为一支脱贫攻坚的生力军，为打好精准脱贫攻坚战、决胜全面建成小康社会贡献力量。

2020年年底，西藏同全国一道打赢了脱贫攻坚战，全区贫困县和贫困人口全部脱贫，建成全面小康任务。2021年开始，援藏任务也实现了历史性的转移，即从聚焦精准扶贫、精准脱贫，转向巩固拓展脱贫成果，实施推进全面乡村振兴；加强交往交流交融，促进民族团结进步，铸牢中华民族共同体意识。

三、中央政法委援藏

治国必治边，治边先稳藏。自1994年中央确定对口援藏以来，中央政法机关不遗余力履行自身职责，不断对西藏输入人力、财力、物力，有力改善了西藏政法机关办公条件，提升了队伍整体素质、业务水平，推动了"平安西藏"建设，为西藏跨越式发展和长治久安作出了积极贡献。

（一）思想高度重视

中央政法委牢固树立稳定压倒一切的思想，主要领导多次带队赴西藏指导维稳工作，解决维稳工作实际困难，坚决贯彻落实反分裂斗争的各项措施，有力维护了西藏社会和谐稳定。

（二）精挑细选援藏干部

中央政法委机关精挑细选派出援藏干部，先后选派50多名援藏干部进藏工作。他们政治坚定、作风优良，不仅承担了急难险重的办案任务，还充分发挥"传帮带"作用，将系统治理理念丰富的办案经验、先进的执法手段传授给当地政法干警。

他们始终坚守反对分裂、维护稳定的第一线，主动放弃休假，积极参加干部驻村驻寺、城镇网格化管理、督查巡逻、维稳处突、智慧管理等工作，除了各自分管的业务领域，他们都要按期到自治区维稳指挥部值班，还要经常深入田间地头与农家牧户访贫问苦、结亲认友、增进情感。

中央政法委机关援藏干部尽职尽责、任劳任怨，凭着一腔工作热情，全身心投入政法维稳综治工作中，忠诚履职、艰苦奋斗、扎实工作，严格按照西藏自治区党委、政府和维稳指挥部关于维护稳定的一系列重要决策和部署，坚持稳定压倒一切、一切服从于稳定、一切服务于稳定，坚守在反分裂斗争、维护国家安全的第一线，以高度的政治责任感和历史使命感，为努力推进西藏地区实现跨越式发展和社会长治久安作出了重要贡献，受到西藏自治区党委、政府的充分肯定。西藏自治区党委、自治区人民政府授予王雪鹏等政法委机关援藏干部"全区维护稳定先进个人""优秀援藏干部"等荣誉称号。

（三）加大智力援藏力度，注重思想政治教育

中央政法机关不断加强对西藏政法机关的业务指导，通过智力支持，帮助解决执法办案中的难点问题。在对口援藏过程中，政法机关不仅仅是简单"输血"，还积极帮助西藏政法机关建立"造血"功能，建立完善稳定队伍、吸引人才、培养人才的良好机制，推动西藏政法机关长远发展。

中央政法机关同时注重政法队伍的思想政治教育，通过组织开展全区政法、综治、维稳及主题教育实践活动及表彰会、政法文化汇报演出等活动，积极开展政法队伍思想政治教育活动。如积极开展西藏自治区政法系统主题教育实践活动，组织召开了全区政法系统"双百"表彰电视电话会议，集中表彰了近年来在反分裂斗争和维护稳定工作中涌现的先进基层党组织和优秀共产党员，通过表彰先进典型，在各级政法机关和广大干警中掀起学先进、赶先进、争优秀、比贡献的热潮。还举办了旨在传播法治理念、讴歌法治力

量、推进法治宣传的专题文艺晚会《忠诚颂》，晚会反映了新时代西藏政法干警可歌可泣的动人事迹，展示了全区政法干警昂扬向上的精神风貌，得到广大政法干警的一致好评。

又如组织召开了全国优秀检察官金淑萍先进事迹报告会，深入宣传金淑萍的先进事迹，展现其崇高的精神境界和高尚的思想品格，使干部群众受到一次光荣传统教育、理想信念教育、爱岗敬业教育和廉洁从政教育，掀起了"学先进、比贡献、保稳定、促发展"的热潮。

（四）物力智力共助西藏发展

单位没食堂，浴室没热水，办公没电脑，办案无车辆……这些问题曾经广泛困扰着西藏基层政法机关。全国政法机关对西藏大力实施物质资金援助，有效改善了西藏政法干警的办公生活条件。车辆、电脑、打印机……一批又一批捐赠物资运往西藏政法机关，办公条件大为改善，办案效率大大提高。中央政法委机关援藏干部还积极协调，以实际行动支持自治区党委开展的"强基惠民"活动，为自治区党委政法委驻村工作队无电村解决了光能发电机，解决了村民用电难的问题。

中央政法机关对口援藏工作的大力实施，充分体现了中国特色社会主义制度的优越性，祖国大家庭对边疆少数民族地区的关怀和温暖，促进了民族团结。

四、中编办援藏

援藏工作让西藏这片充满希望的沃土，每天都在奏响奋进的凯歌。西藏的每一个角落，都留下了援藏人员的身影。对口援藏28多年，在漫长的时间中或许只是一颗闪着微弱光泽的星星，但它所展现的"西藏速度"不仅震惊了世界，也让每个中国人感到骄傲。这当中，我们也自然不能忘记中编办为落实中央有关援藏的决策部署所做的工作。

中编办自开展对口援藏工作以来，始终高度重视援藏工作，选派优秀的援藏干部履职尽责，有力支持推进了西藏的机构编制工作，全面提升西藏治理体系和治理能力现代化。

（一）支持推动西藏机构改革，加强基层政权力量

在对西藏自治区7个地（市）进行充分考察调研的基础上，中编办援藏干

部起草了《西藏自治区关于开展乡镇机构改革进一步加强乡镇组织和政权建设的意见》等文件，推动全区乡镇机构改革工作，强化了西藏基层政权建设。2018年，按照中央统一部署，中编办援藏干部指导西藏开展新一轮的机构改革，进展平稳顺利，强化了党对西藏各项工作的领导，夯实了各级政权基础。

（二）支持推进西藏事业单位改革

中编办援藏干部提出了分类推进西藏事业单位改革的思路，并积极推进成立自治区及各地（市）分类推进事业单位改革工作领导小组及办公室。中编办援藏干部还参与和领导了地县事业单位的清理规范工作，整合撤销了部分职能划转或减弱的事业单位，核减收回了部分事业编制。为了解决西藏分类推进事业单位改革中存在的特殊困难，中编办同意将西藏的分类目录作为个案处理，支持西藏事业单位改革。

（三）支持机构编制"围绕中心、服务大局"工作

一是为加强寺庙服务管理，向各级宗教领导小组办公室及各寺庙管理委员会灵活配备事业编制，为西藏长治久安打好机构编治和治理基础；二是中编办增加了西藏民生、经济等领域的事业编制，提升专业化水平，有效推动西藏长足发展和民生改善。

（四）支持西藏自治区完善机构编制工作

中编办援藏干部通过深入调研，加强沟通协调，补齐西藏治理机构编制短板，如促成设立了西藏自治区应急管理办公室；西藏自治区供销合作社、拉萨经济技术开发区升格为副厅级；西藏自治区林业局更名为林业厅；西藏自治区外事办更名为外事侨务办公室，推动机构设置与时俱进，更符合西藏实际需要。

（五）支持西藏自治区完善编制管理工作

中编办援藏干部参与和主持了高海拔地区编制配备相关因素研究课题，协调成立了自治区编办体制改革处和机构编制监督检查处，增强了西藏编办的研究力量，完善了工作体制，促进了工作提升。

在对口援藏过程中，中编办援藏干部在西藏干部配备、培养人才、推进机构改革、完善编制管理等方面发挥了独特而重要的作用，为推动西藏跨越发展和长治久安提供了坚强的机构编制保证。

第二节　国务院部委系统援藏

"输血而援，造血而兴。"国务院各部委援藏工作在做好"输血"型援藏的同时，更加注重"造血"型援藏，不断增强受援地区的自我积累与自我发展能力。人社部、国家发改委、财政部、审计署、国家统计局、民政部、生态环境部等国家部委，在多年援藏工作中，自觉承担对口援藏的历史责任，促进援藏工作向纵深发展，形成了全方位、多层次、宽领域的援藏格局。

一、国务院办公厅援藏

作为协助国务院领导同志处理国务院日常工作的机构，国务院办公厅对于援藏工作有着深刻认识，认真贯彻落实中央援藏战略部署，积极参加对口支援工作，选派优秀干部援藏，以过硬的素质和优良的作风，围绕增强受援地自我发展、可持续发展能力，充分调动各方面积极性，提高公共服务能力，着力改善民生，加强交往交流交融，为促进西藏自治区跨越式发展和长治久安发挥了重要作用。

（一）发挥桥梁纽带作用，推进西藏经济社会发展

国办援藏干部积极履行职责，发挥了桥梁纽带作用。国务院办公厅第二批援藏干部孟扬曾说："我的足迹遍及西藏7个地区50多个县，有时遇到特别复杂的情况和各种各样的困难，有时因过度劳累和超负荷工作，几乎累倒在岗位上，但我无悔。因为一个'情'字，一种对党和人民的赤诚情怀。"正是怀着这样的赤诚情怀，国务院办公厅系统的援藏干部们以辛勤的工作为雪域高原增添了亮丽的颜色。

长期以来，投资拉动一直是西藏经济发展的主要动力和重要支撑。西藏要实现跨越式发展，必须依赖大量投资，通过大规模项目建设来改善发展的基础条件，这既是当前的现实需要，也是西藏跨越式发展的必经之路。

拉萨到林芝距离400公里，由于道路狭窄、弯道多，林芝到拉萨通常要走上七八个小时，运输时间长、成本高。西藏自治区因此提出修建拉林铁路（拉萨市至林芝铁路），为此国办援藏干部多次赴北京汇报沟通，陪同领导和专家实地踏勘，2012年11月，拉林铁路项目建议书在国家发改委获得批准，并得以顺利实施。

为加强西藏与内地的沟通联系，国办援藏干部积极推进增加进藏航班的密度、申请17个援藏省市与西藏实现通航，筹备并召开西藏自治区与中国民航局关于推进西藏民航跨越式发展协调领导小组会议，进一步提高民航业对西藏经济社会发展的服务功能。

在国办援藏干部的积极协调下，西藏自治区人民政府与青海省人民政府正式签订建设格尔木藏青工业园区的协议，并推动藏青工业园区建设，使地域相连、文化相融、资源富集的青海、西藏两省区优势互补、合作共赢。

为促进西藏扩大开放，实现又好又快发展，在自治区党委、政府的领导下，国办援藏干部积极搭建平台，率队参加调研了哈洽会、青洽会、西安投资洽谈会、新疆亚欧博览会、成都西博会等贸易合作平台，并向国务院提出举办"西藏博览会"的申请，得到批准。此后，西藏博览会成为展示西藏形象的窗口、连接外部的桥梁纽带。

为落实西藏自治区口岸发展战略，国办援藏干部多次到吉隆口岸现场办公，召开专题协调会，推动吉隆口岸规划、基础设施建设、机构设置等工作；在落实西藏自治区党委、政府关于设立那曲综合保税区的决策部署中，国办援藏干部为推动西藏自治区内外贸发展，拉动内需、促进消费，多次赴商务部汇报工作，参加与商务部的部区合作协调小组会，争取商务部加大对西藏的支持力度；在加快西藏公路建设、强化危险化学品运输、石油的储运与销售等安全管理工作、协助海关总署开展打击走私的"国门之盾"行动、净化市场环境和秩序、严把产品质量等方面，国办援藏干部主动协调，推动工作取得成效。

（二）发挥自身优势特长，积极宣讲中央精神

在西藏期间，国办援藏干部发挥自身政治特长，积极宣讲中央有关会议精神。如2012年11月，党的十八大在北京隆重召开，梅玉宝作为西藏自治区党委十八大宣讲团成员，认真学习十八大报告和中宣部的宣讲提纲，深刻领会十八大精神，紧密结合西藏实际和切身感受，在最短时间内写出宣讲材料，并根据宣讲内容，辅以大量图片，力图宣讲生动形象。

在最缺氧的11月，梅玉宝奔赴平均海拔4500米的阿里地区和嘎尔县宣讲党的十八大精神。在阿里，他强忍着极度缺氧带来的头疼、胸闷、气短、失

眠等不适，以饱满的热情，为阿里地区的干部群众讲好每一堂课，把党的十八大精神传达到干部群众心中，受到了广泛好评。

（三）发扬办公厅优良作风，认真做好行政工作

援藏期间，国办援藏干部将国务院办公厅的优良作风带到西藏，认真做好行政事务性工作，狠抓建章立制，有效推进了西藏自治区政府办公厅的工作。如张洪亮担任自治区政府副秘书长期间，日常事务繁忙，但无论多忙，他对公文都严格审核把关，做到精益求精、万无一失，进一步规范了自治区政府办公厅的公文格式。

张洪亮还多次受邀到西藏自治区党校和区直有关部门授课，并组织全区所有区、中直部门、驻藏部队的办公室主任和工作人员进行集中培训，提升了西藏自治区各行政机关办公室工作人员的工作水平，受到大家普遍欢迎。

日常工作生活中，张洪亮坚决遵守领导干部廉洁从政的相关规定，时刻自重自警自省，慎言慎行，严守底线，清清白白做人，干干净净干事，树立了援藏干部的良好形象。

（四）发扬"老西藏精神"，以行动促进民族团结

国办援藏干部发扬"老西藏精神"，克服种种困难，忘我地工作。如因西藏特殊的地理环境，使得头疼、失眠等高原反应一直困扰着他们，几乎天天都要靠吸氧才能入睡；每次到北京出差，因忙于工作，很少有时间回家，真可谓"三过家门而不入"。正如梅玉宝所说："奉献是一种追求、一种境界。"

援藏期间，国办援藏干部经常深入基层，积极解决群众生产生活中遇到的难题，受到群众的称赞。如经常深入山南市琼结县和日喀则市南木林县的"强基础、惠民生"活动驻村点，看望办公厅驻村工作队，解决村民的实际困难。在国办援藏干部的协调努力下，解决了办公厅所驻村的"万村千乡"工程和村里的实际困难。又如当得知琼结县拉玉乡日玛岗村14岁女孩尼玛卓玛因癫痫病辍学在家的情况后，想方设法帮助她住院治疗，过上正常生活。正是这样一点一滴的行动，拉近了援藏干部与藏族同胞的距离，使民族团结于无声中得到促进。

对口援藏工作开展以来，正是一批批国办的援藏干部，讲政治、重奉献，善于学习交流，表现出强烈的事业心和责任感，以高标准要求自己，体现出

自身的优良作风，树立了良好形象。他们讲团结、促和谐，珍惜与各族干部群众的团结，表现出对西藏各族人民的深情厚谊。他们识大局、肯钻研，虚心向当地各族干部群众学习，弘扬"老西藏精神"，立足本职，勤奋敬业，真诚付出，以实际行动服务西藏全区改革、发展、稳定大局。

二、人社部援藏

援藏工作是一项长期系统工程，重在全面提升"系统自发展能力"。人力资源和社会保障系统援藏，除了配合组织部门做好援藏干部人才选派，在稳就业、促保障、惠民生方面做了大量工作，对促进西藏的经济社会稳定快速发展发挥了重要作用。

（一）保持持续稳定的就业格局

为了落实中央提出的"千方百计扩大就业"精神，人社部援藏干部通过政策倾斜、资金支持、西藏公益岗位开发、职业技能培训、西藏专场招聘、信息对接等多种形式，促进西藏的就业工作。

在人社部和全国有关省市的支持下，就业援藏被纳入各省市对口援藏总体规划之中。西藏自治区党委、政府通过实施积极的就业政策，建立完善就业援藏机制，坚持统筹城乡就业，抓好以高校毕业生为重点的各类群体就业工作，深入实施以送政策、送岗位、送技能、送服务为主题的"四送工程"，全区就业规模不断扩大；通过提高农村劳动力转移就业组织化程度，强化农牧民单项劳动技能培训，打造劳务输出品牌县、乡等方式，大力推进了农牧区劳动力转移就业，市场吸纳农牧区转移劳动力就业能力不断增强，劳动者收入显著增长。如2019年，开发高校毕业生就业岗位6万多个，实现就业2.3万人，城镇零就业家庭持续动态清零。城镇登记失业率控制在3%以内，城镇调查失业率控制在5%左右，城镇新增就业5.2万人。

人社部援藏干部支持鼓励西藏内引外联，进一步加强职业能力建设，采取以行业企业为主体、职业院校为基础、学校教育和企业培养紧密联系、政府推动与社会支持相结合的高技能人才培养模式，全面提升就业能力和就业水平。

人社部援藏干部还大力开展技能人才队伍建设工作，在高等院校推行"双证制"，在农牧民中推行"专项职业资格证书"制度。加大人才培训，提升就业能力。如第七批11名人社部援藏干部，充当桥梁纽带，组织各类人才到内地培训达5000多人次。

（二）支持西藏建立覆盖城乡的社会保障体系

中央第三次西藏工作座谈会提出"帮助西藏建立完善社会保障体系"以来，人社部援藏干部积极指导推动，提供了政策支持保障。2007年年底，人社部援藏干部指导全区建立了企业职工五大保险，新型农村社会养老保险制度在2010年实现了全覆盖。2011年，城镇居民社会养老保险制度在全区实现了全覆盖。2013年年底，全区各项社会保险参保人数248.89万人次，到2019年年底，全区各项社会保险参保人数达658万人次。

经过人社部、17个省市人社厅局和自治区党委、政府20多年的不懈努力，西藏自治区老百姓的社会保险制度不断完善，覆盖范围不断扩大，待遇水平不断提高。以基本养老保险、基本医疗保险、失业保险、工伤保险、生育保险为内容的覆盖城乡的社会保障体系全面建立并实现全区统筹，社会保险在政策层面全覆盖，人人享有社会保障的目标在全区已实现。

（三）支持西藏加大公职人员考录力度

对口援藏以来，人社部和17个省市人社系统积极推动在西藏开展公务员对口培训，积极为西藏培训骨干公务员；积极落实中央提出的"有计划地选派应届大专以上毕业生到基层工作"精神和人社部关于"西藏做好从高校毕业生中公开考录公职人员"的安排部署。对口援藏以来，通过公开考录、定向派遣等方式，共向基层输送10万多名公务员、事业单位工作人员和专业技术人员，为西藏发展稳定提供了有力的组织保证。

（四）支持西藏稳步提升工资收入水平

人社部通过建立西藏特殊津贴动态调整制度，较大幅度地提高了西藏机关事业单位人员的工资收入水平。自中央第三次西藏工作座谈会确定西藏实行特殊工资政策以来，人社部先后10多次为自治区干部职工调整工资和特殊津贴标准，为稳定西藏干部队伍提供了强有力的保证。

在人社部援藏干部的协助下，西藏的企业工资收入分配制度也进一步完善，按照国家"两低于"原则审批企业增资方案，建立企业工资正常增长机制，逐步提高劳动报酬在初次分配中的比重，企业工资集体协商工作进展顺利。

（五）支持西藏构建和谐劳动关系

按照中央提出的"加强劳动者权益保障，构建和谐劳动关系"要求，人社部不断加强劳动保障监察与劳动人事争议调解仲裁工作，推行劳动合同制度和集体合同制度，健全劳动关系三方协调机制。

《劳动合同法》正式实施后，人社部及全国人社系统会同自治区党委和政府推动该法在西藏的贯彻实施，开展农民工劳动合同签订"春暖计划"和小企业劳动合同制度实施专项行动；开展国有企业劳动争议预防调解示范工作，帮助示范企业增强自主预防和调解劳动争议的能力。

截止到2016年，西藏自治区国有企业劳动合同签订率达100%，农牧民工劳动合同签订率为93.4%。劳动保障监察执法力度不断加大，劳动人事争议调解仲裁工作扎实推进，劳动人事争议仲裁员队伍建设进一步加强，仲裁院实体化建设稳步推进，办案水平和质量进一步提高。

三、国家发改委援藏

国家发改委积极发挥职能作用，以规划为引领，在资金、项目、政策等方面大力支持西藏发展，统筹推进干部、人才、教育、科技、卫生、产业、就业等领域援藏工作，努力推动西藏和全国共同团结奋斗、共同繁荣发展。

多年来，国家发改委援藏干部以坚强的信念，扎实工作，全情投入，积极推进体制创新，夯实西藏产业基础，关注西藏民生改善，努力服务基层农牧民群众；时刻从国家核心利益出发，勤谋划推项目，促进当地经济发展，改善人民基本生活条件，让西藏百姓真正享受到改革开放所带来的利益。

（一）领导高度重视，专题会议部署

国家发改委贯彻落实中央有关精神，统筹部署对口支援西藏工作。为贯彻落实中央西藏工作座谈会精神，每次会后国家发改委及时组织召开经济对口支援西藏工作座谈会，阐明了经济对口支援西藏工作的重要性和重大意义，明确了全面推进经济对口支援西藏工作的具体要求。如2010年、2014年，国家发改委分别在成都、武汉组织召开全国对口支援工作会议。

为了做好"十三五"时期对口支援西藏工作，国家发改委于2015年8月4—5日在拉萨市召开了"十三五"时期对口支援西藏经济社会发展规划编制工作座谈会，安排部署推动"十三五"时期对口援藏规划编制工作。

（二）强化规划引领，协调统筹推进

国家发改委先后指导编写了西藏自治区"十一五""十二五""十三五"时期国民经济和社会发展规划纲要，主持编制了西藏自治区主体功能区规划，促进了西藏规划编制质量的不断提高。

国家发改委在制订全国经济和社会发展规划时，专题研究对口支援西藏工作，明确规划编制突出重点、体现特色，坚持民生优先，把项目和资金最大限度向民生倾斜、向基层倾斜、向农牧区倾斜编制规划坚持责任共担，发挥好援受双方的积极性，坚持统筹协调，坚持领导挂帅，成立专班，配置好力量，力求编制的规划突出科学性、可操作性，符合中央要求和当地需求。

在日常工作中，国家发改委持续加大对西藏的支持力度，做好集中连片特困地区区域发展与精准脱贫攻坚工作。推动落实支持西藏经济社会发展的有关政策，深入推进开发开放，把推进西藏跨越式发展放在突出重要的位置，牵头制订支持西藏跨越式发展的政策措施和重大项目。

（三）充分发挥挂职干部作用，推进体制创新，夯实产业基础

国家发改委援藏干部紧密围绕西藏自治区中心工作，从全区改革发展稳定的全局出发，不断推动全区发展改革工作迈上新台阶。

国家发改委援藏干部始终坚持发挥带头作用，通过大量的协调沟通，促进西藏地区建立健全自治区经济动员组织体系工作，给西藏地区有关边境县配备了办公设备，使县级经济动员工作逐步走上正规化，使自治区装备动员办得以挂牌成立。

国家发改委援藏干部结合西藏内外经济形势，及时对自治区经济运行情况进行综合分析研判，完善了西藏地区经济运行分析联席会议制度，健全了西藏经济运行季度分析和预警机制；完善了西藏地区价格联席会议制度，有针对性地提出调控建议，为西藏自治区党委、政府科学决策提供可靠参考。

在援藏干部联系协调下，国家发改委加快推进了拉萨城市供暖工程、"9·18"地震灾后重建等急需项目以及拉日铁路项目、旁多水利枢纽项目、藏木水电站项目、青藏直流电并网项目、扎墨公路等重点项目的建设。拉林铁路、拉洛水利枢纽工程项目、金沙江上游水电规划工作、雅鲁藏布江上游

水电规划工作、国道317线类乌齐至丁青段项目、国道317线斜拉山至巴青段等自治区重大项目得到了有效推进。同时，能源、矿产、食（饮）品加工、藏医药、民族手工业、建材等重点产业加快发展。

国家发改委援藏干部还积极引导财政、金融、税务等部门支持中小企业加快发展，推进西藏形成具有地方特色和比较优势的产业体系。

（四）切实发挥综合考评"指挥棒"作用，为援藏工作保驾护航

国家发改委紧紧围绕中央确定的对口支援任务，科学制定考核评价标准，形成相对公正合理的考核细化方案。

2020年6月18日，国家发改委印发了《对口支援西藏绩效综合考核评价办法》，考核评价工作以表彰先进明确导向、交流经验共同提高、强化监督提升水平为目标，建立健全考核评价和反馈改进良性循环机制，以保障坚持日常指导和考核评价相结合，完整准确贯彻落实党中央、国务院决策部署，更好地助力西藏地区经济社会发展和长治久安。

考核评价工作遵循以下原则：一是统筹全面，突出重点；二是基础为本，实效为要；三是定量为主，定性为辅；四是严格规范，科学高效；五是实事求是，公平公正。

考核评价内容包括完成基础工作、落实规划重点任务、组织领导和制度化等三大指标，突出受援双方担当共同责任。

完成基础工作指标主要反映对口支援规划计划完成情况，包括规划计划的科学性、维护规划严肃性、计划与规划衔接计划执行情况、资金到位和项目实施效率与质量等内容，体现基础性。

落实规划重点任务指标以对口支援规划为基础，主要反映中央要求和鼓励的对口支援重点任务完成情况，包括智力支援、产业支援，促进就业保障和改善民生，促进各民族交往交流交融文化教育支援等，内容体现导向性。

组织领导和制度化指标主要反映受援双方对支援工作的组织领导和检查及其落实情况，包括各支援省市负责同志实地调研指导，双方沟通协商与工作机构对口支援工作制度制定及运行等内容，体现保障性。

四、财政部援藏

西藏和平解放以来，中央财政对西藏财政的转移支付力度不断加大。

2010年中央召开的第五次西藏工作座谈会明确，在现行体制下各援藏省市按上年度地方财政一般性预算收入的千分之一安排援藏资金，并建立了每年递增机制。这些措施的安排体现了党中央、国务院对西藏人民的亲切关怀，体现了祖国大家庭的温暖，促进了西藏社会进步和经济建设事业的蓬勃发展。财政部按照中央部署，先后选派多批次援藏干部，从资金、项目、人才等多方面支持西藏发展。

（一）经济发展上给予特殊支持

西藏和平解放后，中央财政调剂资金，尽最大限度满足了进藏人员和上层统战工作及争取群众工作所需经费，为西藏实行民主改革、群众生产生活和社会主义建设提供了有力保障。从1980年起，中央财政对西藏实行了免征农牧业税等一系列有利于休养生息和恢复发展的财政政策措施。1994年，中央财政对西藏实行了"核实基数、定额递增、专项扶持"的财政补贴政策和"税制一致，适当变通，从轻从简"的税收政策。特别是由中央政府组织对西藏进行支援的"62项工程"，有力推动西藏经济迈向新世纪。

（二）中央财政支持力度越来越大

进入21世纪之后，国家对西藏的财政支持力度越来越大。党中央在第五次西藏工作座谈会上明确表示，"十二五"期间，中央对西藏继续实行"收入全留、补助递增、专项扶持"的财政政策。"十三五"期间，中央规划投资超过了3888亿元。

（三）财政人才智力援藏稳步推进

在全力做好资金支持的同时，财政部高度重视干部援藏、人才援藏。1994年第三次西藏工作座谈会召开后，财政部扎实有效地贯彻会议精神，先后派出10批援藏干部赴西藏工作。

财政部援藏干部到西藏后，被安排在财政厅不同的工作岗位，分别担负不同的领导职务。日常工作中，他们在财政部党组的高度重视和亲切关怀下，在部领导和各司局的理解支持下，积极发挥自己在地方与中央财政沟通联系中的桥梁纽带作用，吃苦耐劳、甘于奉献，最大限度争取中央对西藏政策、资金、技术的支持，为发展壮大西藏地方财力、深化财政改革、保障改善民生、加强资金监管付出了实实在在的艰苦努力，取得了突出的成绩。

（四）注重援藏工作制度保障

财政部援藏干部协助研究制定了一大批制度规范和法规规章，对推进西藏财政工作科学化、规范化起到了重要作用。

在拓宽财政职能范围方面，财政部援藏干部善于创造性地开展工作，积极研究新问题、开创新思路、拓展新业务，通过深入思考、努力争取，拓宽西藏财政管理职能范围。

在政策研究方面，他们积极为自治区党委、政府、厅党组发挥参谋助手作用，积极建言献策，及时将理论研究成果直接转化为实践工作依据，得到自治区党委、政府的充分肯定。

在财政改革方面，他们注重建立健全西藏财政健康、有序、快速发展的长效机制，立足西藏财政管理现实，积极研究探讨，寻找体制突破，推进重大改革。

在日常管理方面，财政部援藏干部立足各自岗位，积极探索创新加强和改进财政管理工作，贯彻落实财政科学化、精细化管理思路。

中央财政对西藏的特殊优惠政策、巨大财力支持和人才支持，为西藏经济社会发展注入了强大动力，促进了西藏财政事业沿着科学发展的道路阔步前行。

五、国家审计署援藏

审计署着力推动现代审计理念、干部人才、项目技术、组织管理等立体援藏模式的形成。在审计署大力支持和援藏干部的努力下，西藏审计机关创新了审计组织管理，扩大了审计机关的审计覆盖范围；审计人才队伍建设得到加强，依法审计能力快速提升，为西藏审计事业持续发展提供了人才保证和智力支持。

（一）领导高度重视，选派优秀干部援藏

多年来，审计署在选派援藏人员时，都高度重视、认真把关、选优配强，确保选派人员政治过硬、业务过硬，并对选派干部进行跟踪调研服务。审计署援藏干部开创性地工作，在政治坚定，工作务实，爱藏为民、团结协作，廉洁自律，克服困难、无私奉献等5个方面发挥表率作用。

（二）加强业务交流与培训，提升西藏审计队伍能力

审计署援藏干部不断总结工作经验，在援藏工作中采取多种方式加强培训和交流，提升西藏审计工作水平，推动形成了立体的交流培训援藏模式。一是在总结工作经验的基础上，拟定了《关于落实审计署推进西藏审计机关与审计署、对口支援省（市）审计机关干部双向交流和培训的方案》。二是落实干部双向交流制度，从2012年开始，审计署与西藏审计机关开始互派干部挂职锻炼。三是协调派遣审计骨干进藏做技术顾问、技术指导，加强了西藏审计人才队伍建设，提高了西藏审计队伍依法审计能力，审计业务素质大为提升，受到西藏自治区党委组织部的充分肯定。

（三）加强技术和项目援藏，切实见到实效

审计署在西藏积极推进以计算机审计为代表的现代审计技术。经过多年的技术援藏，西藏审计信息化建设得到了快速发展。2005年9月，"审计助手"软件援助西藏工作圆满完成。2012年，西藏审计机关视频会商系统全面投入使用，实现了西藏计算机审计案例零的突破。此外，审计署积极协调中国时代经济出版社出资为西藏配备审计书刊，为自治区审计厅和7个地（市）审计局建立起了8个审计书屋，营造学习上进的学习氛围。

多年来，审计署加快西藏审计信息化建设，通过信息化、数字化，提高了西藏审计监督能力、过程控制能力、决策支撑能力和机关事务管理能力。

（四）加强制度建设，推进审计组织管理创新

审计署援藏干部整理了《西藏政府投资审计常用法规汇编》等审计法律制度，方便审计人员平时查阅和学习，受到西藏审计人员的一致好评。

他们在西藏地区探索执行了县级政府向本级人大常委会报告审计情况的工作制度，提升了西藏审计的效能。针对西藏县级政府尚未成立审计机构，西藏县域之间存在经济社会发展不平衡、地域人口差别较大、审计业务人才不足、编制和经费难以一次性解决等实际情况，审计署援藏干部积极推进完善西藏审计组织体系，加强地方审计机构建设，提升审计工作能力。如第六批援藏干部在调查的基础上，提出可以在西藏各个地（市）条件成熟的地区设立2~3个审计派出机构，解决当地审计力量不足、编制和经费困难的问题，也为将来成立县级审计机构培养储备审计骨干。该项工作受到自治区领导的

认可并得以延续。

审计署援藏干部还积极推动了自治区审计厅牵头组织各地（市）审计局采用"上下联动"的审计方式，扩大了审计覆盖范围。西藏审计系统利用此方式完成了"全国援藏资金审计""义务教育两基迎国检""林芝尼洋河堤防工程""墨达灌区水利工程""西藏中小企业扶持资金""西藏财政专项资金"等审计任务，取得较好效果。

"上下联动""整合全厅审计资源"的审计组织管理方式已逐步成为西藏的主要审计组织管理方式，推进审计人员逐步从审计业务型向审计业务管理型转变。

（五）依法履行审计重点监督职责，服务西藏发展稳定

审计署充分发挥审计的体检作用和"免疫系统"功能，全力保障援藏资金项目的安全。多次组织对援藏工作进行审计，同时指导各省市审计部门加大对援藏资金项目的审计，实现审计全覆盖。

例如，北京市每年对援藏项目资金开展审计，从项目的投入方向、进展情况、资金效益等开展全方位的审计，确保资金效益和安全。又如2017年9月，在审计署的部署下，济南市审计局对对口支援的西藏自治区日喀则市白朗县从2016至2017年6月底的资金和项目进行了审计，审计重点关注了涉及民生援建项目的绩效情况，对萨福克羊繁殖基地、卫生服务中心、觉如镇特色产品展示厅、花卉智能温室大棚等建设项目进行了实地调查。在审计中，坚持严肃揭露和查处重大违法违规问题，推动援藏项目阳光廉洁。

（六）加强新理念援藏，提高审计服务意识

审计署援藏干部加强对西藏审计人员现代审计理念的培养。在新的理念指引下，西藏审计工作注重处理好建设性和批判性的关系，注重在揭露问题的同时，从促进发展、保障发展方面发挥建设性的作用，很好地发挥了审计在国家治理中的免疫系统功能。

经过多年审计援藏，西藏审计事业不断发展，审计能力日益提升，审计效能日益凸显，西藏审计的影响力日益扩大，西藏审计真正成为了雪域高原的公共财政"卫士"。

六、国家统计局援藏

自2007年4月起，国家统计局在统计系统范围内开展对口援藏工作。统计系统援藏工作坚持"加强协调、及时沟通、统筹规划、先易后难、量力而行、分步实施"的原则，立足西藏统计工作发展实际，以统计基础建设为突破口，以培养人才、提高素质为起点，以提高和发展西藏统计事业为出发点，采取资金援藏与人才技术援藏相结合的方式，促进西藏统计工作规范提升，为西藏经济社会又好又快发展作出了贡献。

（一）加强组织领导，健全体制机制

国家统计局不断加强组织领导，强化责任担当，多次召开专题会议研究部署援藏工作，如先后在成都、拉萨、林芝召开全国统计援藏工作会议。同时注重制订规划，统筹推进统计援藏工作，制定了《"十四五"统计援藏规划》。

（二）突出智力援藏

多年来，国家统计局组织统计系统采取多种措施加强智力援藏工作，加强统计人员业务培训，提升西藏统计干部业务能力，培养西藏统计人才，提高西藏统计系统人才队伍素质，提升西藏统计工作水平。

国家统计局先后在北京、成都举办西藏自治区地（市）、县统计局局长培训班；在拉萨举办西藏统计干部业务培训班，西藏自治区各单位及各地（市）统计局、调查队的负责同志1000余人次参加了培训，覆盖了西藏县以上统计调查人员的90%。同时，国家统计局组织各省市统计部门派出业务骨干赴藏开展短期援助，如2016年，承担对口援藏任务的省市选派16名统计干部支援西藏统计工作。

援藏挂职干部用自己多年的专业特长和丰富的实践经验，帮助西藏建立了经济形势分析预测、统计信息化建设、固定资产管理等方面的工作机制，发挥了"传帮带"作用，取得了良好的效果。

（三）加强全方位援藏力度

一是加强业务援藏，夯实西藏统计业务基础，改进统计调查方式方法，推进西藏地区统计部门现代信息技术推广应用，切实变革统计生产方式，帮助西藏统计机构从业人员不断提升服务地方经济社会发展的水平。二是加强统计领域项目援藏，将统计援藏资金项目统一纳入援藏工作总体规划，国家统计局有关资金尽可能向西藏地区倾斜。三是加强统计对口援藏,不断加强扶贫、小康、生态文明等联合监测研究,及时准确反映西藏经济社会跨越式发展实际,为中央和地方对口支援提供精准有力的统计支撑,为自治区党委、政府各项决策提供科学、客观、准确的统计基础。

七、民政部援藏

时间浩瀚无边,但有些时刻,则可以在漫漫的历史长河中凝固成永恒。对于西藏来说,1994年召开的第三次西藏工作座谈会,是永恒星空最闪耀的一刻。从这刻起,民政部启动了对口援藏工作,根据西藏实际情况,连年增加投入,效果不断彰显,有力地促进了西藏地区民政事业的发展。

(一)积极协调加强福利资金支持西藏

1995年对口援藏之初,民政部解决经费50万元维修山南、日喀则烈士陵园。1995—1996年,中国福利募捐委员会解决140万元用于西藏社会福利企业的发展。1996年民政部、中国福利募捐委员会解决500万元,修建面积达2900平方米的西藏福利服务中心楼。1997年,民政部确定该年为全国民政系统"援藏年",同年,民政部从全国各地发行销售福利彩票所积累的社会福利资金中筹集1亿元,用于发展西藏的社会福利事业,确定了拉萨殡仪馆、西藏儿童福利院、西藏社区服务中心、昌都地区儿童福利院、昌都地区殡仪馆和日喀则地区、林芝地区、山南地区、那曲地区、阿里地区5所社会福利院等新建福利项目,维修了拉萨市社会福利院。

(二)强化民政项目、政策和资金援藏工作

民政部在"十五"期间,援助西藏1.2亿元用于自治区7地(市)及28个重点县的综合性老年活动和社区服务中心建设;投资1050万元,用于社区老年福利服务"金光计划"项目建设。北京市、上海市、重庆市、四川省、南宁市、山东省、湖北等省市还为西藏培训民政专业人才。据不完全统计,"十一五"以来,除中央专项资金外,民政系统投入援藏款物10多亿元,帮助西藏民政事业发展。

(三)加强民政长效援藏体制机制建设

2011年8月15日,全国民政系统对口支援西藏民政事业发展工作座谈会在西藏自治区拉萨市召开。座谈会期间,民政部与西藏自治区人民政府签署

《加快推进西藏自治区民政事业改革发展会谈纪要》，共同明确支持西藏民政事业发展的政策措施。2016年7月，民政部印发了《民政部贯彻实施中共中央关于进一步推进西藏及四省藏区经济社会发展和长治久安意见的意见》，对全国民政系统做好新一轮对口援藏工作进行了安排部署。

（四）积极动员社会力量参与民政援藏工作

2016年1月28日下午，国家社会组织管理局在京召开"情暖高原、大爱西藏——全国性社会组织援助西藏年活动"动员会，民政部相关领导出席会议并讲话，中华慈善总会、神华公益基金会介绍了援藏工作经验，中国银行业协会等就做好援藏工作发言。参加动员会的全国性社会组织就援藏事宜展开了务实而热烈的讨论。中国银行业协会、中国对外承包商会、中国机电产品进出口商会、中国研究型医院学会、中国光华科技基金会、中国援助西藏发展基金会等纷纷表示，一定要站在国家战略发展高度，积极响应中央号召，有钱出钱，有力出力，为西藏地区扶贫济困、民生改善，作出自己的贡献。

八、生态环境部援藏

西藏作为国家重要的生态保护屏障，长期以来，生态环境部、各省市生态环境局（厅）站在讲政治、讲大局的高度，认真贯彻落实国家援藏政策，努力创新全国生态环境系统援藏政策机制，不断加大资金、人才援藏力度，促进了西藏环保事业的快速发展。

（一）对口支援执法取证设备

西藏自治区的环境监测工作起步于20世纪80年代末。通过对口援藏，生态环境部为西藏7个地（市）和23个县（区、市）环境监察执法机构配备了环境监察执法车及必要的执法取证设备，使这些环保机构具备了开展业务的基本手段和条件。

（二）加强西藏生态环境保护规划与基础性建设工作

国务院在1998年和2000年制定的《全国生态环境建设规划》和《全国生态环境保护纲要》中，将青藏高原冻融区作为全国八大生态建设区之一进行专门规划。自此，生态环境部通过对口援藏加大对西藏环境保护的支持力度，专题开展西藏生态环境的专项规划，积极推动环境保护工作，使青藏高原保持了良好的生态环境。

（三）加强西藏生态环境保护与建设立法工作

在生态环境部的大力支持下，西藏的环境保护与生态文明建设事业在法制化的轨道上不断发展，形成了比较系统的地方性生态环境保护法规体系。西藏自治区人民代表大会、自治区人民政府颁布实施了《西藏自治区环境保护条例》《西藏自治区实施〈中华人民共和国草原法〉细则》《西藏自治区实施〈中华人民共和国野生动物保护法〉办法》《西藏自治区人民政府实施〈国务院关于落实科学发展观加强环境保护的决定〉的意见》等一系列关于环境保护和生态文明建设方面的地方性法规、规章以及规范性文件。

九、交通运输部援藏

西藏和平解放前，西藏没有一条公路，如今铁路、航空、公路四通八达，继青藏铁路开通后，青藏高原第一条电气化铁路川藏铁路拉萨至林芝段全线通车，林芝至雅安段加快建设，高速公路不断延伸，初步建立起以公路、铁路、航空、管道为主的综合交通运输体系。在交通项目投资安排、项目审批、资金落实等方面，交通运输部和各对口援藏省市交通运输部门按照中央援藏政策，始终给予西藏特殊关照。仅从交通援藏投资的一组数字看，"十一五"期间是201亿元，"十二五"期间，交通系统投资达461亿元。在交通运输部的积极协助下，自治区交通运输厅提出了"十三五"交通运输发展"654321"的工作思路和目标，确定"十三五"期间交通运输的发展目标，公路交通基础设施建设计划投资5431亿元，争取完成2388亿元。

（一）上下齐心，交通援藏聚合力

交通具有战略性、先导性、基础性、全局性作用。交通运输部坚持以"优先考虑，特事特办"的原则，为西藏地区交通运输事业的发展谋长远、出政策、给优惠。

交通运输部多次召开全国交通援藏干部座谈会，研究解决西藏交通发展瓶颈问题；建立了援藏牵头联络机制，确定由对口援藏省市交通运输部门与西藏受援地（市）交通运输局具体协商援藏事宜，同时交通运输部和各对口援藏省厅明确具体负责人和联络员；建立了援藏工作定期会商机制，每年会商一次，就当年援藏任务落实情况进行交流总结。西藏公路建设由国家全额投资，这是全国最为特殊的投资政策，体现了中央的关心关爱。

（二）无私奉献，雪域高原筑天路

针对西藏特殊的地理和气候环境，交通运输部加大科技援藏力度，多次组织实施科技项目，委派专家团队，集中力量科研攻关，举行业之力，兴西藏交通。对口援藏以来，交通运输部机关、部属单位先后有10批40多名援藏干部，支援西藏自治区交通运输厅及直属单位工作。交通运输部援藏干部和西藏交通运输系统干部职工携手同行，发扬"老西藏精神"，努力推进西藏道路工程技术的发展，提升西藏工程建设管理工作水平。

（三）交通引领，助力西藏百姓致富

2013年墨脱公路通车后，从墨脱县城到林芝县八一镇的运输时间从原来的3~7天缩短为1天，运输成本每斤下降0.65元。要致富先通路，交通给当地百姓带来了财富。西藏经济逐步由"输血"型向"造血"型转化，交通援藏工作发挥了基础性作用。

中央实施对口支援西藏以来，交通运输部门持续推动全国交通运输系统深入实施项目资金援藏、设备物资援藏、干部人才援藏和科技教育援藏，西藏公路建设取得了划时代的辉煌成就。仅就2018年而言，"十三五"规划新开工的43个重点项目已开工41个，开工率达95.3%。全年新增公路8044公里。川藏公路矮拉山、米拉山、珠角拉山隧道顺利贯通。G6那曲至羊八井段、G4218拉萨至日喀则机场段控制性工程2条高等级公路提前开工，G318竹巴笼至林芝（海通沟段、觉巴拉山段）、G349边坝至嘉黎、G216区界至改则段等9个普通国省道项目如期开工。

西藏已建成以拉萨为中心，以"三纵、两横、六个通道"为主骨架，以5个机场、20条国省道干线公路、74条专用公路和众多农村公路为基础，基本辐射藏中、藏东、藏西三个经济区的公路网。"进藏难""出行难"都已成为历史，雪域高原天上西藏已不遥远。

十、自然资源部援藏

自然资源部门开展对口援藏工作以来，先后落实项目经费、援助资金和有关设备资金约60亿元，先后派出200多名干部和专业技术人才援藏，摸清西藏资源家底，推进地质找矿新机制，为西藏建立国家重要战略资源储备基地，推进资源优势转化为经济优势，积极促进西藏国土资源管理工作不断发展进步发挥着重要的基础性作用。

（一）加大项目和资金支持力度

1999年实施国土资源大调查以来，原国土部精心部署，一直将西藏地区作为全国地质调查工作的重点区域。2007年经国务院批准，原国土部启动实施青藏高原地质矿产调查评价专项（简称青藏专项），加大西藏地质调查工作力度，坚持资金援藏、项目援藏相结合，6年累计投入26亿元。

通过青藏专项的实施，原国土部全面完成了西藏地区1：25万区调工作，累计调查面积达108万平方公里，填补了我国陆域中比例尺区域地质调查的空白。2011年，青藏专项集成成果"青藏高原地质理论创新与找矿重点突破"项目获得该年度国家科技进步特等奖，原国土部将100万元奖金全部捐赠给西藏大学，建立地学类优秀学生奖学基金，积极支持西藏教育培养地学人才。

（二）持续增强政策和业务支持力度

自然资源部对西藏地区实施政策倾斜，优先保障合理用地需求和灾后恢复重建。积极实施差别化用地政策，逐年加大对西藏的支持力度，占用农用地和耕地指标逐年增加，并按照特事特办的原则，建立了西藏重点建设项目用地预审快速审批通道，对关乎西藏经济发展的重点项目用地，安排专人跟踪负责，提高建设项目用地预审和审批效率，保障重点项目用地。

自然资源部还积极推进西藏地质灾害防治，安排开展了74个县（市、区）的地质灾害调查工作，在防地质灾害、服务民生和重大工程建设方面发挥了重要作用。

自然资源部援藏干部完成了八宿县城、拉萨市等8个市县泥石流或滑坡治理等地质灾害勘查与治理工程12项。初步查清喜马拉雅山地区滑坡、泥石流、冰川终碛湖及崩塌的分布和发育规律。此外，围绕青藏铁路设计施工需求，先后完成昆仑山隧道等地应力测量，系统开展青藏铁路沿线活动断层与地质灾害调查，提出相关防灾建议，逐步建立青藏铁路沿线活动断裂的综合监测系统平台，对确保青藏铁路顺利建设和安全运营具有重大意义。

针对西藏干旱少水、多数地区人民群众喝不上安全饮用水的情况，自然资源部援藏干部将为西藏人民找水打井工作列为重点援助工作任务，积极开展地下找水工作。他们分别在日喀则市拉孜县锡钦乡，开展严重缺水地区人畜饮用地下水勘查示范工程；在江孜等5个干旱县开展地下水资源调查评价工作；在谢通门、桑日等地方病严重地区，实施地下水勘查与供水安全示范工程。在查明水文地质条件的基础上，施工探采打井，为当地群众提供了安全饮用地下水水源，积累了西藏地区地下找水经验。

（三）持续加大技术支持力度

援藏之初，自然资源部就非常重视支持西藏国土资源信息化建设，加强技术培训和信息技术的推广应用。自然资源部采用"系统集中，远程维护"模式，建立了西藏国土资源门户网站群，这个网站群涵盖了西藏国土资源厅和拉萨、昌都、山南、日喀则、那曲、阿里、林芝7个地（市）局。

门户网站群已成为西藏国土资源系统政务公开、办事服务、政民互动的重要窗口。自然资源部还协助支持西藏国土资源系统建设了电子政务系统，实现了西藏自治区和各地（市）联网运行，逐步实现数据远程报送和网上在线审批，西藏国土资源信息化水平明显提高。

（四）加大人才支援力度

自然资源系统先后派出200余名援藏干部和技术人才到西藏国土资源系统工作，同时接收100余名西藏自然资源系统干部到内地相关部门挂职锻炼，为西藏地区国土资源管理工作带去了创新理念和先进经验。

广大援藏干部和技术人才进藏后，坚持开展"送教上门"等多种形式的援藏培训，为西藏自然资源管理建设高素质的干部队伍。每年为西藏自然资源系统干部举办一期培训班，累计培训西藏自然资源管理干部近3000人次，培训地质调查等专业技术人员近2000人次。

为西藏自然资源部筹集办班经费300余万元，自然资源部免费提供《国土资源管理·乡镇篇》等培训教材10000余册，受到西藏自然资源系统干部的好评。

他们还向西藏自治区各级党委、政府领导干部和国土管理部门免费赠送《国土资源管理实用手册》，对地方政府了解支持自然资源管理工作、依法行政决策起到了重要的作用。

（五）加大技术装备支持力度

原国土部援助了西藏基层国土部门价值4300万元的82台车辆和办公设

备。开展"青藏专项"时，支持西藏地勘单位装备67台套，涵盖越野车及车载设备、野外应急装备等设备，价值1223万元。多年来，自然资源部直接或间接援助西藏基层自然资源部门装备累计3亿多元。此外，还投入经费2400余万元援建了西藏国土资源科研业务中心。

自然资源部通过加大基础设施建设，捐赠办公设备和野外勘探设备，大大改善了西藏自然资源系统的办公和野外工作条件。

十一、住房和城乡建设部援藏

住房和城乡建设部从党和国家工作全局出发，不断健全对口援藏帮扶机制，狠抓支援项目，改善民生，在西藏保障性安居工程建设、农村危房改造、西藏城乡规划、城镇市政公用基础设施建设等方面加大工作力度，支援西藏住房城乡建设事业跨越式发展，谱写了一首首激动人心的城乡建设"新曲"。

（一）落实责任，组织签署框架协议

2010年，全国住房城乡建设系统对口支援西藏工作座谈会在拉萨召开，此次会议深入贯彻落实中央第五次西藏工作座谈会和西部大开发工作会议精神，在这次会议中，住房和城乡建设部与西藏自治区人民政府签署了《关于进一步推进西藏住房城乡建设发展的框架协议》。17个对口援藏省市住房城乡建设部门按照统一部署，通过与受援地签订框架协议等方式，分年度细化重点任务，积极推进实施。

2013年7月，第二次全国住房城乡建设系统对口支援西藏工作会议在林芝地区召开，会议确定在保障房建设、农村危房改造、城乡规划、城镇市政公用基础设施等方面加大工作力度，推动住房城乡建设系统对口援藏工作再上新台阶。

2016年8月，第三次全国住房城乡建设系统对口支援西藏工作会议在拉萨召开，会议确定全面启动西藏总体规划以及西藏在城乡建设方面的基本原则，积极申报世界自然遗产，进一步加大对西藏人才支援的力度，帮助受援地区抓好基层、打好基础，为西藏长足发展和长治久安再立新功。

（二）助力打造历史文化品牌，健全风景名胜体系

住建系统援藏干部指导和配合西藏各级人民政府逐步开展西藏历史文化名镇（名村）的研究、保护和利用工作，并积极主动地协调组织各级政府开

展申报工作。在他们的帮助下，那曲市唐古拉山—怒江源、拉萨市纳木错—念青唐古拉山已经正式被国务院批准为国家级风景名胜区；纳木错、格拉丹东—长江源、土林—古格三个项目均被准予列入第二批《中国国家自然遗产、国家自然与文化双遗产预备名录》。

住建系统援藏干部组织申报那曲市尼玛县牧民户用太阳能发电项目、拉萨市政府办公楼、政府会议中心屋顶光伏并网示范应用项目，落实国家补贴资金455万元，邀请国内外专家组织召开"建筑节能与再生能源建筑应用交流会"，对指导西藏建筑节能工作产生了指导性作用。

此外，住建系统援藏干部还开展了民用建筑节能材料和产品备案工作，完成了自治区建设科技委员会的前期筹备工作，在"两房"建设中单列建筑节能资金，推进了建筑节能工作的进程。

（三）支持建立住房公积金网络管理体系

住建系统援藏干部积极筹建并开通了全区住房公积金网络管理系统，强化了对全区住房公积金的监管力度，增强了住房公积金使用的安全性，保障了缴存人的合法权益。他们还与区建筑勘察设计院对"四房一金"工作进行了大量的实地调研和检查工作，在此基础上拟定了《西藏自治区基层党政机关、事业单位周转房建设规划（2009—2011年）》《西藏自治区党政机关、事业单位周转住房管理暂行办法》，出台了《西藏住房公积金管理实施细则》。

（四）促进住房和城乡建设系统行政管理法规体系建设

为了进一步完善和加强西藏住房和城乡建设系统行政管理法规体系，从而对西藏自治区的住房和城乡建设管理进行有效指导和监管，住房和城乡建设部村镇司副司长、高级工程师卢英方牵头成立了"西藏自治区住房和城乡建设法规体系研究课题组"，在相关职能处室的配合下，对西藏自治区城乡建设与管理、城乡规划、建筑市场、房地产业及保障性住房（含住房公积金）、建筑与市政科技等领域进行研究，编制和修订出版了《西藏自治区城乡建设与管理文件汇编》《西藏自治区城乡规划管理文件汇编》《西藏自治区房地产业及保障性住房管理文件汇编》《西藏自治区建筑市场管理文件汇编》《西藏自治区建筑与市政科技管理文件汇编》等，完善集成法规体系，为提升业务水平打下坚实的基础。

（五）经济援藏、技术援藏工作成效显著

住建部落实援藏项目18项，投入财政经费14项共773万元，还积极协调配合区住建厅及地方建设部门的规划项目，联系由内地规划设计单位承担的规划项目共6项710万元，其中，中国城市规划设计研究院承担的昌都和狮泉河总体规划各120万元，城镇体系编制250万元，唐古拉风景区、纳木错风景区申报材料各60万元；住建部城市建设研究院承担的安多县总共100万元。

（六）加大协调统筹力度，促进行业企业援藏工作

住房和城乡建设部协调西藏自治区住房和城乡建设厅和大唐电信集团、中咨公司、中国铁建、中国交通集团、中国建筑设计研究院、国机集团、葛洲坝集团、中国中铁等8家中央企业及其有关下属企业，在人才、智力、资金等方面支持西藏住房和城乡建设工作。

如8家中央企业为西藏自治区住房和城乡建设厅捐赠资金80余万元，设备和项目援助价值180多万元。大唐电信、中国建筑设计研究院和葛洲坝集团还与西藏住建部门签署了对口支援的框架协议，建立了长期支援合作关系，助力西藏住房和城乡建设各项工作的顺利开展。

第三节　宣传文化旅游系统援藏

宣传文化旅游系统深入贯彻中央历次西藏工作座谈会精神，高度重视对口支援工作，成立了援藏工作领导机构和办事机构，建立健全对口支援体系机制，完善各项规章制度，举全系统之力，从人力、物力、财力、智力等方面，全方位、多层次、宽领域支援西藏宣传文化事业发展。

宣传文化旅游系统着眼于提高西藏宣传文化旅游公共服务能力、传播影响能力、市场推广和服务能力、文物（非物质文化遗产）保护能力和市场监管能力等，组织实施了一系列重大项目援藏、资金援藏、人才援藏和智力援藏等项目，有效夯实了西藏宣传文化旅游事业的发展基础。各对口支援单位选派出优秀干部和本领域优秀专家人才支援西藏相关领域建设，参与援藏的干部和专家人才，发挥专业优势，全力做好各项工作，积极开展干部人才"传

帮带"，为西藏宣传文化旅游系统培养了一批干部人才，显著提升了西藏宣传文化旅游事业发展的能力和水平。

宣传文化旅游援藏注重从西藏人民群众实际需求出发，不断完善公共文化和旅游设施及服务，满足西藏各族人民精神文化需求，满足世界旅游目的地建设的需求；注重爱国主义教育，积极建设西藏各族人民共同的精神家园。经过多年援藏，西藏的文物（非物质文化遗产）得到很好的保护，西藏文化得到很好的传承和发展，西藏的旅游资源得到很好的保护和提升，西藏各族人民的民族认同越来越强，幸福感愈来愈强，呈现出良好的精神状态和发展态势。

宣传文化旅游系统还发挥本系统优势，建立健全相关机制，积极向世界宣传报道西藏经济社会真实发展情况，为西藏的发展营造了良好的舆论氛围，为维护西藏稳定大局、确保西藏长治久安、推进西藏跨越式发展作出了积极而重要的贡献。

一、新闻出版广电系统援藏

1996年，原国家广播电影电视总局在北京召开了全国广播影视系统援藏会议，确定援藏工作的总体目标、基本原则、方针和主要任务，制定了广播影视系统"九五"援藏工作规划。20多年来，全国新闻出版广播影视系统援藏工作实现了"四个落实"，取得了丰硕成果。至2022年，国家新闻出版广电系统累计支援西藏重大工程项目建设资金达40多亿元；对口援助省市新闻出版广电系统以及企业实施援藏项目300个，落实援藏资金近6亿元，极大地促进了西藏新闻出版和广播电视文化事业发展。

（一）新闻出版广电系统援藏主要做法

长期以来，新闻出版广电系统高度重视和大力支持西藏新闻出版广电事业，举全系统之力，从人力、物力、财力、智力等全方位、多层次、宽领域支援西藏新闻出版广电事业发展。如原新闻出版总署积极贯彻落实中央对口援藏的各项方针政策，研究制定了《关于进一步加强和完善新闻出版系统对口援藏工作的意见》，指导全国新闻出版系统做好对口援藏工作，各省市新闻出版广电部门站在讲政治、讲大局的高度，把援藏工作作为一项重大政治任务，列入重要工作日程，对西藏新闻出版业给予了资金、项目、人才、物资等多方面大力支持和无私援助。至2022年，累计落实援藏项目资金10多亿元，为推动西藏新闻出版业繁荣发展奠定了坚实的基础。

1. 突出规划先行，形成"全国援藏"体系

新闻出版广电系统高度重视援藏规划编制工作。如原新闻出版总署于2005年召开了全国对口支援西藏新闻出版会议，确定了一系列战略性援藏项目。2011年6月，编制完成了《"十二五"少数民族新闻出版东风工程建设规划》，明确落实了"十二五"西藏新闻出版东风工程建设规划13个重点建设项目，总投资2.1488亿元。

根据中央确定的对口援藏结对关系，由17个省市新闻出版广电部门对口支援西藏7个地市各县（市、区），分别为北京市和江苏省对口支援拉萨市，天津市和重庆市对口支援昌都地区，湖北省、湖南省和安徽省对口支援山南地区，上海市、山东省、吉林省和黑龙江省对口支援日喀则地区，浙江省和辽宁省对口支援那曲地区，河北省和陕西省对口支援阿里地区，广东省和福建省对口支援林芝地区。[①]

另外，为实施好少数民族新闻出版东风工程项目建设，成立了自治区工程建设领导小组及办事机构，制定了项目和资金管理办法。建立完善了相关工作机制，从而形成了新闻出版广电系统"全国援藏"体系。

2. 加强资金项目援藏，夯实西藏新闻传媒物质基础

新闻出版广电系统不断加大资金和项目支持力度，为西藏新闻传媒事业奠定了坚实的物质基础。如2012年，新闻出版广电系统投入资金9960万元，其中投资8520万元建设西藏65个县级及边境口岸新华书店发行网点，投资1440万元购置72辆流动售（送）书车。建成了新闻采编大楼，启用了新闻采编新系统，同时引进了上海高斯印刷设备，办报印刷条件实现了升级换代。

新闻出版广电系统落实援藏项目资金1558万元，重点援助自治区地（市）、县一级新闻出版系统的办公设备、业务培训、优秀出版物赠送、"扫黄打非"及市场监管设备等项目资金，为推动西藏基层公益性新闻出版事业发

---

① 根据国务院批复，2014年日喀则地区、昌都地区撤地设市，2015年林芝地区撤地设市，2016年山南地区撤地设市，2017年那曲地区撤地设市。如无特别注明，本书中统一用新名称"日喀则市、昌都市、林芝市、山南市、那曲市"。

展提供了有力支撑。

新闻出版广电系统还通过设立国家出版基金、民族文字出版专项资金、人才培训资金、提供办案经费等方式资助西藏新闻出版事业发展。推动广播影视进寺庙工程,西藏全区所有1787座寺庙实现了广播影视全覆盖,其中971座已通电寺庙实现舍舍通。"十三五"时期,自治区计划完成12.9万户广播电视"村村通"、816座寺庙"舍舍通"建设任务,更换全区34.1万套直播卫星接收设备。

3. 注重智力援藏,提升西藏新闻出版广电发展水平

国家新闻出版广电系统通过选拔优秀干部人才进藏工作、派人实地指导、交流任职、办培训班、成立培训基地等形式,开展智力援藏,帮助西藏培养人才,提升西藏新闻出版广播影视事业发展水平。

原新闻出版总署和各援藏省(市)新闻出版局、新闻出版企事业单位多次组织专业人员赴西藏出版、印刷、发行单位,进行手把手、面对面的技术指导,着力解决长期困扰西藏新闻出版业发展的人才短缺瓶颈。如举办了新闻出版、"扫黄打非"和印刷技能人才培训班,北京印刷学院在西藏新华印刷厂成立面向全区的印刷技能人才培训基地,原新闻出版总署等中央有关部门领导和高校专家亲自赴藏授课。

北京援藏干部积极推动拉萨电视台编播质量的提升,拉萨电视台从一个频道增至3个频道,藏语频道还上了直播卫星频道。每年,北京、江苏向拉萨电视台捐赠节目,并派出主持人、技术人员进行支持。中央电视台和西藏电视台互相派出新闻、制作等岗位工作人员交流指导。随着援藏交流工作的稳步展开,西藏广播影视节目质量明显提高,节目吸引力显著增强,有力促进了西藏广播影视事业的快速发展。

4. 注重文化惠民,满足西藏各族人民精神文化需求

国家新闻出版广电系统立足西藏实际,推动新闻出版广电影视公共服务全面实施,不断满足西藏各族人民的精神文化需求。原新闻出版总署实施农家书屋和寺庙书屋建设。截至2012年,完成了5451个农家书屋、1700多个寺庙书屋建设任务,实现了每个行政村有农家书屋、寺寺有寺庙书屋的目标。

每个农家书屋配备了1000多种3000余册(盘)出版物,总价值达到5万

多元；每个寺庙书屋配备了500多种1500余册（盘）出版物和10个书架，总价值达到3万多元。农家书屋、寺庙书屋有效解决了西藏基层干部群众、僧尼"借书难、看书难、用书难"的问题，切实发挥了书屋传播社会主义先进文化的阵地作用、学习科技知识和提升自身素养的培训基地作用、了解方针政策和增收致富的信息窗口作用，受到了农牧民群众和僧尼的热烈欢迎，赢得了社会各界的普遍赞誉。

5. 加强宣传力度，营造良好舆论氛围

新闻出版广电系统发挥自身优势，不断加强对西藏的宣传力度，为西藏经济社会发展稳定营造了良好的国际国内舆论氛围，成为援藏工作的重要方面。如原国家新闻出版总署扶持西藏实施出版物"走出去"，支持办好尼泊尔中国西藏书展，宣传新西藏新发展新变化新生活新风貌，有效回击了达赖集团散布的所谓"西藏文化毁灭论"。

中央广播电视总台积极参与西藏重大事件、重要活动的采访报道工作，特别是抓住西藏自治区成立50周年、青藏铁路通车、西藏民主改革60周年和西藏"百万农奴解放纪念日"等契机加大宣传报道力度。

新闻出版广电系统支持西藏相关部门严格执法，净化文化发展环境。如原新闻出版总署支持西藏打击达赖集团反动出版物及宣传品渗透的行动，先后查处违禁歌曲光盘等各类案件20多起，收缴各类非法出版物100万余件，保持打击反动出版物的高压态势，有效维护了意识形态安全和西藏和谐稳定。

（二）新闻出版广电系统援藏成效显著

经过多年的援藏工作，西藏的新闻出版广电事业迅速发展，在推动西藏跨越式发展中发挥了重要作用。

一是新闻出版事业发展迅速。通过援藏干部和全区新闻出版战线干部职工的艰苦奋斗，各项工作特色突出、亮点纷呈、成效显著，形成跨越式发展的良好态势。仅2018年，西藏新闻出版业总产值达到8.94亿元，实现增加值达到1.39亿元，同比增长12%。西藏全面启用新闻采编系统，实现无纸化采编。

二是西藏广播电视事业不断发展壮大。全国新闻出版广电系统一批又一批援藏干部肩负党和人民的重托，怀着建设西藏、巩固边疆、为西藏人民服务的满腔热情，放弃内地优越的工作和生活环境来到西藏，在高寒缺氧、环境复杂、任务艰巨、生活艰苦的条件下，充分发挥援藏干部"传帮带"作用，使西藏广播电视事业从无到有，从城镇发展到农牧区，有了长足的进步。如第七批中央电视台援藏干部王跃华任西藏电视台台长期间，推动了一系列的改革，电视台的节目采编水平、制作能力、创收能力都有了较大幅度的提升。

截止到2018年，西藏广播、电视人口综合覆盖率达98.78%和98.91%。西藏人民广播电台的听众遍及世界五大洲50多个国家和地区。西藏人民广播电台藏、汉语节目和调频立体声广播全天播音时间达38小时，并且完整地转播中央人民广播电台一、二套节目和藏语节目，每天总播出时间居全国电台的前10名之列。广播影视进寺庙工程成效突出，全区所有1787座寺庙实现了广播影视全覆盖，其中已通电寺庙实现"舍舍通"。

三是西藏电影事业获得长足发展。截至2018年，西藏各地（市）有电影发行放映公司，各县有电影管理站，有电影队450个，年放映达15多万场次，观众3000万人次，年译制藏语影片30多部，转录500个拷贝。西藏自治区电影公司也不断提高各类影片的藏语译制能力，截至2018年年底，累计译制各类影片2200多部、电视剧80多部，为农牧区群众提供越来越多喜闻乐见的藏语电影电视节目。

二、人民日报社援藏

多年来，人民日报社深入贯彻落实中央治边稳藏一系列决策部署，始终关注西藏各项事业发展，非常重视援藏工作。

一方面，积极发挥职能作用，大力宣传西藏，为西藏发展稳定创造良好的舆论氛围。《人民日报》作为党中央的机关报，充分发挥国家权威媒体的舆论引导作用，积极宣传西藏的成功实践，充分展现西藏的发展成就，对西藏各项发展稳定工作给予有力的舆论支持，得到了西藏自治区各族干部群众的赞誉。另一方面，人民日报社全力做好技术援藏等工作，积极拓展援藏工作广度深度，积极发挥自身知识储备、理念经验和技术优势，传播先进理念、经验和技术，不断加大援藏力度，为西藏报业的发展发挥了重要作用。人民日报社不断总结援藏工作经验，不断创新援藏方式，从传统援藏方式发展到现在的以"组团式"技术援藏为主的方式，有力推动了西藏报业全面快速发展。

（一）加强西藏报业发展基础

一是加强西藏报业硬件基础。如2009年7月，人民日报社向西藏日报社捐赠了一套CTP制版设备，提高了《西藏日报》印刷水平。二是建设西藏分社，发行藏文版《人民日报》，强化西藏报业力量。2009年8月，《人民日报》藏文版出版发行，同时设立人民日报社西藏分社。

《人民日报》藏文版是第一份用少数民族文字出版发行的党中央机关报，对于进一步宣传党的理论和路线方针政策，不断打牢干部群众团结奋斗的共同思想基础，进一步壮大西藏宣传阵地，掌握宣传舆论斗争主动权都具有重大的意义。《人民日报》藏文版创办发行以来，坚持把党中央的声音传递到千家万户的神圣职责，成为丰富藏族群众精神文化生活、益心益智益脑的良师益友。

（二）"组团式"援藏力推西藏报业发展

人民日报社高度重视"组团式"技术援藏工作，先后派出多批援藏干部人才团队，支持报社管理、网络安全、媒体融合、报纸印刷、新媒体发展等方面工作，有力推动了西藏报业发展和媒体融合发展。

一是提升报社管理水平。如第五、第六批人民日报社派出的援藏干部崔世鑫，先后担任《西藏日报》副总编、总编，推动了日报采编、发行改革，《西藏日报》的质量得到了长足的提高。二是加强西藏日报社的网络安全建设。技术援藏团队通过全网统一更新杀毒软件、优化管理参数、全面梳理网络结构等手段解决了西藏日报社互联网网速不稳定、病毒传播不易控制等问题，确保了网络安全顺畅。三是帮助提高印刷技术。通过完善印前准备工作流程，控制润版液供应量方式，调整控制系统和控制纸张温湿度方法等方式解决了废报过多、张力不足等问题；多次开设专题讲座，有效提高了报纸印刷和图片制作质量。援藏团队还就印刷厂搬迁、新建畅流系统等问题提出了多项技术建议。四是加强新媒体应用，帮助西藏日报社分析微信集群发展情况。五是推进传统媒体与新兴媒体融合发展。

（三）加强爱国主义教育强化民族认同

人民日报社将爱国主义教育作为援藏工作的重要内容，通过提供展品、帮助建设爱国主义教育基地等形式加强爱国主义教育，强化民族认同。如2010年，人民日报社西藏分社精心整理、挑选了自20世纪50年代以来，各个历史时期《人民日报》对克松村的宣传报道，将有关稿件和版面制作成首批6件展品，并配上汉藏两种文字说明，生动完整地展示克松村自20世纪50年代末从封建农奴制社会迈向社会主义新社会的历程。

人民日报社提供的这些展品图文并茂、活泼生动、通俗易懂，是对广大青少年以及农牧民群众进行爱国主义教育的好材料，具有很好的文献价值和展览价值。

人民日报社将这些爱国主义纪念展品赠送给西藏山南市乃东区昌珠镇克松村，帮助其建立爱国主义教育基地，成为开展反分裂斗争的阵地。

三、文化文物系统援藏

党中央、国务院历来高度重视西藏文化的保护与发展，对西藏文化事业发展作出了一系列重要安排部署。原文化部按照党中央、国务院的统一部署，与国家文物局联合成立了"文化部支持西藏文化建设领导小组"，加强了文化援藏工作的组织保障，建立健全了全国文化援藏工作机制，有效组织开展了一系列文化援藏工作。

文化援藏不是单向支援西藏文化建设，而是西藏与内地文化双向交流的过程。在文化援藏中，内地先进的理念在高原得到传播运用，西藏的优秀传统文化也会在交流中被认可和接受。文化的交往、交流、交融，推动共建中华民族的共有精神家园，实现民族的大团结、大融合。

经过多年的文化援藏，西藏的文化建设工作取得长足进展，优秀传统文化得到传承和保护，文物事业快速发展，公共文化服务水平不断提高，文化产业加快发展，西藏文化事业取得了举世瞩目的成就。

（一）支援西藏民族文化建设，推出精品力作

原文化部组织动员全国文化系统积极开展援藏工作，西藏歌舞团、藏剧团、话剧团等专业艺术团体在各方支持下，继承藏民族优秀传统文化，创作推出了乐舞《珠穆朗玛》、大型歌舞《多彩哈达》《天上西藏》、话剧《扎西岗》、新编藏戏《多雄的春天》等一批具有鲜明民族特色的文艺作品，在国内外产生了积极影响。2007年打造的大型西藏原生态歌舞《幸福在路上》代

表西藏去北京参加奥运会献礼展演，入选"国家文化旅游重点项目"名录。2013年成功上演的《文成公主》实景剧，成为全国文化扶贫的典范，在国内外享有较高知名度。

为了促进西藏文化的传承和发展，原文化部与西藏自治区于2011年联合启动了"文化大发展大繁荣"工程，通过采取加大财政投入、培养优秀文化人才、弘扬主旋律、发展公益性文化事业、打造精品文化产品和特色文化产业等措施，力争使西藏成为"重要的中华民族特色文化保护地"。濒临灭绝的民族民间文化因此得到全面抢救和有效保护。《西藏歌谣》《西藏民间音乐囊玛》《中国戏曲志·西藏卷》《中国民族民间舞蹈集成·西藏卷》《中国民间器乐集成·西藏卷》《西藏百科全书》《西藏百科全书·拉萨卷》等一批文艺书籍陆续整理出版。

在原文化部援藏干部的支持下，西藏对外文化交流在规模、广度、深度、精度和频次等各方面也呈现出逐步加大的趋势。西藏人民政府派出多批次团（组）访问了美国等50多个国家和地区，在弘扬西藏民族优秀文化，有力回击达赖集团"西藏文化毁灭论"方面发挥了重要作用。

（二）加强项目援藏，提高公共文化服务水平

全国文化系统不断加强文化项目援藏力度，加强文化基础设施建设。在全国文化系统的支持下，西藏建成了群众艺术馆8座、图书馆8座、博物馆20多座、自然科学馆1座、县级综合文化活动中心74个、乡镇综合文化站500多个、村文化室2000余个；文化信息资源共享工程自治区中心1个、地市分中心7个、县支分中心74个；乡村卫星三级站62个、流动舞台车13部。以县综合文化活动中心为纽带，以乡（镇）、村文化站（室）为基础的基层文化网络格局，自治区、地市、县、乡四级公共文化设施网络初步形成。

文化援藏有力推动了西藏文化设施建设、资源共享、人员培训、基层服务等工作，西藏公共文化服务体系建设不断完善。2010年，完成了《八大藏戏》《西藏民间舞蹈》等作品的数字化建设工作，结束了文化共享工程在西藏没有地方资源的历史。同时，文化共享工程西藏分中心还举办了多期县支中心技术人员培训和县级数字图书馆推广计划培训，覆盖全区74个县支中心。

2010年以来，全国文化系统为西藏各级演出团体配备了流动舞台车和下

乡演出客车，开展了"春雨工程——全国文化志愿者边疆行活动"，组织北京、上海、重庆、广州、福建、青岛、厦门等内地省市文化部门到西藏进行文艺演出、展览、培训等各项援助活动。

2018年以来，全国文化系统充分利用自身专业、资源优势，加快推进西藏数字文化馆建设，实现了西藏大型文艺活动的首次网络直播。西藏首个数字文化平台建设由于起点高、理念先进，一举让西藏数字文化平台的架构设计走在了全国数字文化馆的前列。

原文化部还安排西藏文化信息资源共享工程补助地方专项资金、电子阅览室建设资金，依托全国文化信息资源共享工程，与西藏分中心共同建设文化共享工程及自治区图书馆汉藏双语版网站。仅2012年以来，原文化部落实中央预算内资金20多亿元，用于西藏文化设施建设，有力促进文化惠民工程。

（三）加强文物保护工作，取得世人瞩目的成效

一是文物古迹得到有效保护。2009年8月，历时7年总投资达到4亿元的西藏布达拉宫、罗布林卡和萨迦寺三大重点文物维修工程正式完工。该维修工程对布达拉宫红宫、白宫和雪城16处古建筑和壁画、罗布林卡格桑颇章等六大宫区内的所有古建筑和壁画以及萨迦南寺的主殿、城墙、敌楼、角楼和壁画进行了维修，共保护、修复壁画5100多平方米，对于布达拉宫的维修保护，联合国教科文组织认为是"古建筑保护史上的奇迹，对藏文化乃至世界文化保护作出了巨大贡献"。

近年来，国家对西藏文物保护投入稳步增长，"十三五"时期，中央安排资金18.4亿元，比"十二五"时期增长84%。另外，西藏把文物保护纳入国民经济和社会发展规划，每年安排7000万元专用于文物保护工作。

二是西藏博物馆建设方兴未艾。1994年，国家安排资金9600万元，修建了西藏博物馆，被列为国家一级博物馆，收藏有300多万件重要历史档案。1999年，西藏博物馆推出"西藏历史文化基本陈列"，荣获全国"十大精品展"。

三是加大文物研究出版工作。在原文化部和国家文物局的支持下，西藏自治区各级文物单位积极开展文物的研究工作，先后出版《昌都卡若》等多部画册，以及拉萨市、乃东县等市县文物志等作品。

四是大力推进文物市场规范发展。强化流散文物管理工作，逐年加大对文物盗窃、走私以及非法买卖等犯罪活动的打击力度，有效地保障文物流通领域的正常秩序。

（四）加强非遗保护，传承发展西藏优秀传统文化

文化文物系统非常重视西藏非物质文化遗产的保护，全力支援西藏非物质文化遗产保护事业，成为提升西藏文物保护水平的关键力量。

2006—2011年，原文化部对西藏非物质文化遗产保护工程补助地方专项资金达近6000万元。2015年，藏戏和格萨尔两个项目入选联合国人类非物质文化遗产代表作名录，共4批89个项目、3批68名代表性传承人列入国家级名录；2018年，西藏的"藏医药浴法——中国藏族有关生命健康和疾病防治的知识与实践"被列入联合国人类非物质文化遗产代表作名录。"十三五"期间，国家文物局继续加大援藏力度，投入大量资金，加大西藏非物质文化遗产的保护。

在文化文物系统援藏干部的支持下，西藏的传统音乐、舞蹈、民间故事、谚语、民谣等民族民间文化遗产不断得到抢救、收集、整理、研究、编辑和出版，史诗《格萨尔王传》是其中的成功范例。同时还出版了《中国戏曲志·西藏卷》《中国民间歌谣集成·西藏卷》《中国民族民间舞蹈集成·西藏卷》《中国谚语集成·西藏卷》及有200余位中国专家学者先后参与对勘藏文的《大藏经》，编纂了西藏曲艺、民族民间歌曲、戏曲音乐、民间故事文艺集成。

西藏基本形成了国家、自治区、市、县四级非物质文化遗产名录体系，包括民间文学、佛教音乐、传统音乐、传统舞蹈、藏戏、曲艺、藏族邦典、藏刀技艺、卡垫织造、藏族造纸、传统医药等14种非物质文化遗产种类，基本涵盖了非物质文化遗产包含的所有种类。各类传承队伍已发展壮大到2万多人，全区民间藏戏队数量已由2009年的不足50支，增长到2016年的133支，西藏的非遗得到了有效保护。

（五）加强人才培养力度，提高文化建设能力

多年来，文化文物系统援藏着重能力建设，加强人才培养。先后派数十名行政和专业技术人员来西藏工作，并投资近100万元，举办了9期各类培训班，对西藏400余名文化管理人员进行培训。

国家文物局统一规划协调各支援省市文物部门做好援藏人才选派工作，提供政策保障、生活保障和服务保障。举办了西藏壁画保护修复技术人员培训班和西藏文物进出境责任鉴定员培训班等培训活动，选派中国文化遗产研究院、故宫博物院、中国社会科学院考古研究、部分省市文物局等单位的专家进藏参与重点文物保护工程等重大项目、卡若遗址和曲贡遗址等重大考古发掘、青藏铁路西藏段文物调查等工作，对西藏文物工作进行"传帮带"，为西藏培养了大量文博人才。

全国文化文物系统以强烈的政治责任感和高度的担当意识，按照中央援藏工作的新要求和西藏经济社会发展的新特点，不忘初心，继续前行，担当起文化援藏的历史责任，为建设一个团结、民主、富裕、文明、和谐的社会主义新西藏作出贡献。

四、旅游系统援藏

在西藏这片充满希望的热土上，每一个微笑，每一分努力，无不展现出在建设全面小康社会的过程中，西藏各族人民昂扬向上的精神面貌。这种精神面貌是在党和政府的坚强领导下，在对口援藏部门大力支持下，西藏各族人民携手共创美好未来的集中体现。

为了西藏各族人民的微笑永远持续下去，全国旅游系统加大政策扶持、资金投入、项目落实、人才援藏等力度，带动和促进了旅游业在西藏各行业中率先实现了从小规模起步到跨越式发展的历史性转变。西藏旅游产业发展突飞猛进，2018年全区接待游客3368.7万人次，实现旅游收入490.14亿元；2019年，接待游客超过4000万人次，实现旅游收入560亿元，带动40万农牧民脱贫增收，西藏旅游业迎来了全新的跨越式发展黄金期，在全区经济结构调整、经济发展方式转变、社会稳定团结和生态环境保护等方面发挥着积极的促进作用。

一是高度重视，落实对口援藏要求。为加强领导，原国家旅游局成立了旅游援藏工作领导小组，西藏自治区及23个有旅游援藏任务的省市旅游局局长为领导小组成员。2012年以来，原国家旅游局多次召开全国旅游援藏工作座谈会，有力推动西藏旅游业的发展。

二是专项培养西藏旅游人才。自2003年开始，原国家旅游局每年开办西藏旅游经济发展研讨班，并对西藏自治区旅游行政管理人员进行培训。自2008年以来，原国家旅游局结合导游员年审工作，每年指导自治区导游员开展一次大规模轮训，参加轮训的导游员近两万人次。此外，对口援藏省市旅游行政主管部门举办农牧民旅游培训班，共对3万余人次的西藏地区农牧民群众进行了旅游服务专业培训。

三是组织协调全国导游援藏服务。西藏导游队伍力量明显不足，特别是英语和小语种导游员严重短缺，成为西藏旅游业大发展的制约因素。导游援藏工作是党中央、国务院交给全国旅游战线的一项光荣而艰巨的政治任务，截至2019年，全国旅游系统共派遣了17个批次的1000多名优秀外语导游员作为援藏导游，共接待团队12000多个。

四是组织协调各地旅游部门全方位支援西藏旅游工作。近年来，各对口援藏省市旅游主管部门以及旅游企业有力推进了西藏建设"重要的世界旅游目的地"进程。北京市、江苏省、山东省旅游系统对口援助西藏的旅游业发展工作，在项目、人才、资金、政策措施上给予了大力援助和支持。上海市、黑龙江省、吉林省和中石化、宝钢通过项目援藏、教学援助、科研援扶、服务援帮，帮助西藏提高当地旅游人才"造血"能力。

第四节　政法系统援藏

西藏作为反分裂斗争的前沿，维护稳定任务异常繁重艰巨。中央政法系统根据各自的工作领域和业务特点，加大对口援藏工作，采取智力援助、人才援助、项目援助等多种方式，有力提升了西藏政法系统的工作水平和维稳能力。

法院系统通过整体推进与突出重点相互结合，积极而富有成效地开展对口援藏工作，不断加强对西藏地方法院工作的指导和援助。

检察系统重点突出业务支持和人才智力援助，促使西藏地方检察工作在检察业务、干部人才、教育培训、资金项目等方面取得很好的成效。

公安系统始终坚决贯彻习近平总书记治边稳藏的方略，在干部人才、技术智力、资金项目等方面关心支持西藏公安事业的发展进步。

司法部门加强业务交流、人才培训、普法教育、物质帮助等支持，助推西藏自治区司法行政水平的提升。

一、最高人民法院援藏

1995年1月7日，最高人民法院召开全国法院援助西藏法院工作座谈会。在此次会议上，中央决定由最高人民法院牵头，分别由两个省（市）法院对口支援西藏一个地（市）法院。20多年来，法院系统按照立足西藏地区实际、着眼长远的原则，不断促进援藏工作上台阶，有力地促进了西藏地区法院能力水平的提升，取得了显著的效益。

（一）提高认识，加强领导

在最高人民法院的领导下，全国法院系统援藏始终从维护民族地区团结、保持边疆地区稳定、促进全社会和谐的大局出发，认真落实全国法院历次援藏工作座谈会部署，科学制订和实施对口支援规划。

对口支援西藏以来，法院系统深刻认识到，人民法院在西藏改革发展稳定工作中肩负着重要职责，承担着促进发展和维护稳定的双重责任。法院系统依法办理危害国家安全案件，妥善处理重大敏感案件，旗帜鲜明地维护祖国统一和民族团结，坚定维护国家安全和全社会稳定，对国家安全和推动西藏地区经济社会实现跨越式发展具有重要作用。

法院系统不断加强援藏工作的组织领导，做好统筹协调工作，扎扎实实、不折不扣地完成好对口援藏任务，确保援藏工作取得实实在在的成效。

（二）围绕主业，加大人才支持

对口援藏以来，最高人民法院把开发人力资源作为援藏的主攻方向，增加西藏法院的编制，缓解人员短缺压力，改进援藏干部选派方式，加强业务援藏工作，围绕执法办案第一要务加强审判业务援藏，加强对审判案件的指导，加大工作交流力度，提高西藏法院的办案水平和司法管理水平。

为解决西藏法官短缺问题，最高人民法院与中组部等联合下发《关于缓解西部地区法官短缺的意见》，启动法官助理试点；通过积极开展政法干警定向招录培养体制改革试点，为西藏法院定向招录培养双语人才220余名。同时，积极协调中央有关部门适当增加西藏法院的编制、定向招录培养政法干警、推进法官助理试点、西部基层法院志愿服务以缓解人员短缺压力。持续加大对西藏法院教育培训工作扶持力度，切实帮助西藏法院提高法官队伍素质。法院系统援藏逐渐建立坚持人才以用为本、内部培养、外部增援，以人才智力援助为龙头，以审判业务援助为抓手，以援藏项目和援助资金为支撑，形成全方位、多层次、宽领域的援藏工作格局。

（三）及时研究问题，深度调研群体性案件

最高人民法院及时研究解决西藏法院在审判工作中遇到的问题，密切关注西藏地区危害国家安全案件和敏感性案件的相关情况，及时制定出台有关司法解释和指导性文件。组织力量对涉青藏铁路案件、旅游案件、因矿山、草场、虫草等资源引发的群体性案件等开展深度调研，提出指导性意见，推动西藏法院审判水平不断提升。

（四）加大物质援助，提高整体援助水平

最高人民法院加强对西藏法院的物质援藏工作，推动西藏法院办案业务条件改善，重点援建"温馨工程"等项目，在加强物质资金援藏上注重实效。将西藏法院新建或改扩建的基础设施项目纳入建设规划方案，以"天平工程"和实施司法公开"三大平台"建设为主要抓手，大力推进法院系统信息化建设，提高案件审判质量和审判效率。

（五）倾情奉献，树立良好口碑形象

全国法院系统援藏干部兢兢业业、扎实工作、言传身教、倾囊相授，在审判工作实践中培养和带出了一大批审判业务骨干，有力推动了西藏法院审判工作质量和效率的提升。

第五批最高人民法院援藏干部续文钢于2007年援藏，按规定，援藏干部每年有两个月假期，可以回内地休整，但他全身心投入工作，援藏3年没有休过一次假。

2008年3月14日，拉萨发生打砸抢烧重大暴乱事件，续文钢被任命为"3·14"专案工作领导小组副组长、案件审理指导组组长，在续文钢带领下，西藏法院圆满完成了"3·14"专案等一批重大案件的审判工作。由于长时间在高原超负荷工作，续文钢经常剧烈头痛，在工作中突发心肌梗死，经全力抢救才脱离生命危险。鉴于其突出表现，最高人民法院为续文钢记一等功。

二、最高人民检察院援藏

（一）检察援藏概述

自1994年以来，最高人民检察院先后多次召开检察援藏工作会议，就做好对口援藏工作作出一系列部署。最高人民检察院在援藏工作中，重点突出业务和人才智力援助，不断加大对西藏检察院的援助力度，推动检察业务、干部人才、教育培训、资金项目等援助。西藏各级检察机关积极行动，坚持借助外力、用好内力、重视合力，切实加强和改进检察工作，以此推动西藏长治久安和检察事业科学发展。

全国检察系统先后选派了10批共计300多名干部检察业务专家和骨干进藏工作，指导帮助开展工作，受训人员达8000多人次。

最高人民检察院协调财政部安排西藏检察机关中央政法转移支付资金共计12亿元，检察系统援助资金物资超过2亿元，有效解决了西藏检察机关的实际困难。

（二）检察援藏主要做法

1. 加强业务指导，推进检察文化建设。根据西藏实际需要，最高人民检察院组织全国检察业务专家和骨干力量实地指导工作，建立起了最高人民检察院业务部门对口指导机制。同时，不断加大检察文化人才、文化项目资金、检察文化交流培训等检察文化援藏力度，注重挖掘西藏地域特色、民族特色文化资源，挖掘创作扎根西藏的各族检察官典型人物，推动形成独具特色的西藏检察文化。

2. 创新人才支援方式，促进西藏检察事业发展。西藏检察机关与内地检察机关共同商议，探索出了干部援藏与互派挂职相结合、"走出去"培训与"派进藏"讲授相结合的智力援助新模式。从2005年至2020年，最高人民检察院组织协调先后安排西藏自治区600多名干警到最高人民检察院和对口援助检察机关进行岗位锻炼、挂职锻炼和跟班锻炼，通过实战培训，帮助西藏培养了一大批业务骨干。

在教育培训方面，最高人民检察院优先把培训资源向西藏地区倾斜，进行业务培训与指导一体化巡讲，同时加强西藏地区师资培养，加大对全国检察机关藏汉双语培训基地的支持力度。全国检察教育培训讲师团先后赴林芝检察分院、昌都检察分院、那曲检察分院、山南检察分院，开展了数十场专题授课和座谈交流，提升了西藏地区检察机关"人才造血"功能。

3. 援藏干部全力投入，发挥"传帮带"作用。最高人民检察院派出的援藏干部以优良的作风和过硬的业务素质，推动了西藏检察事业不断向前发展。在援藏干部的积极协调下，通过检察官学院代培代训，依托北京大学等高校远程教育，选派检察业务专家和骨干赴藏等形式，培养了大量西藏检察人员。如今，西藏检察机关队伍结构明显改善，整体素质与内地检察机关的差距逐步缩小。

第五批援藏干部罗庆东经常回忆起这样的场景：在燃烧着的牛粪火堆旁，和那曲安多县人民检察院的同志们促膝长谈；在日喀则蹲点的一个月里，跑遍该地区所有县检察院……正是一次次不辞辛苦的一线调研，在充分了解实际情况的基础上，探索开展西藏检察系统首次检校合作，参与推动了《西部地区检察官短缺问题研究》国家级重点课题研究，组织编纂了《汉藏法律大词典》等，推动西藏检察事业不断进步。

（三）检察援藏主要成效

检察援藏极大地促进了西藏检察机关自我发展能力的提升，特别是检察系统的援藏干部以其先进的法治理念、办案思路、法学知识提升了西藏检察系统的法治理念、执法水平。

西藏自治区检察院原检察长张培中认为，检察系统的援藏干部"把先进的法治理念和法治思维带进雪域高原，既提高了各级检察机关领导班子的决策水平和整体执法能力，又较好地发挥了'传帮带'作用，为西藏检察事业的科学发展作出了积极贡献。通过教育培训和人才援藏工程，真正实现由'人才输血'型援藏向'人才造血'型援藏的转变。西藏检察机关真正受益在于其'人才造血'功能已经初步具备"。

三、公安系统援藏

（一）公安系统援藏概述

挑战极限创一流，雪域高原写忠诚。为了一方安定，公安部和各对口援藏公安机关先后选派10批1400多名援藏干部进藏工作，提供智力援助2.5万人次，增强了西藏公安机关的自我发展能力，实现了检验鉴定不出西藏自治区，公安信息实现全覆盖，西藏公安综合指挥通信体系基本搭建完成。

公安系统援藏带来的这些变化，为西藏地区公安机关"下好先手棋、打好主动仗"提供了有力支撑，在提高西藏地区公安机关装备水平和提高维稳实战能力方面发挥了积极作用。

（二）公安系统援藏主要做法

1.高度重视，整体谋划。公安部党委高度重视对口援藏工作，深刻认识做好西藏工作以及对口支援西藏工作的特殊重要意义，举全警之力支持西藏公安工作。公安部党委多次专题研究公安对口援藏工作，扎实推动援藏各项任务落实。

2.从需求出发，加强基础设施建设。公安系统援藏以来，不断加大对西藏公安机关技术、设备上的援助，从整体上提高了西藏公安机关装备保障水平，大幅提升维稳实战能力。如2010年，浙江省公安机关向西藏援助了信息化平台，扭转了以往人工书写、发传真、打电话或者发机要的形式，为三级指挥机关处置各类警务信息提供了专业化的信息平台，大大提高了工作效率和准确度。2016年，广东省公安厅援藏干部阮星帮助西藏公安机关建设全区公安机关三台合一接处警暨"12120"短信报警系统。这个系统建设成功，全区公安工作将会实现一个质的飞跃。

对口支援省市公安机关还有针对性地根据西藏公安机关的需要援助了一批建设项目，建成办案基地、档案陈列馆、训练室、警犬基地等。

3.注重人才优化，突出智力援藏。对口援藏28年来，西藏公安机关接受智力援助人数2万余人次，"请进来"1000余人次，接受培训1.6万人次；以学习培训、跟班作业、挂职锻炼、交流考察等方式"走出去"3000余人次。

援藏干部还发挥"传帮带"作用。如安徽省马鞍山市公安局信息中心副主任周克武从零开始帮助当地公安部门建成了"藏区办案系统"、OA办公自动化信息系统、公安民警在线训练考试信息平台、西藏公安基层警务工作平台等8个信息系统平台和公安处门户网站以及公安刑侦、治安、公安装备财务、警务综合行动等36个专业门户网站，总共开展信息化业务培训35期，培训民警3000余名，帮助西藏当地公安机关培养建立了一支35人的信息化专业技术队伍。

4.加强业务交流，建立警务合作机制。公安部开展对口援藏工作以来，援受双方积极搭建援助工作交流平台，建立警务合作机制，广泛开展合作，实现了西藏公安机关与内地公安机关的交流合作。如建立了跨区域打击刑事犯罪、追逃、禁毒、治爆、缉枪等专项合作机制，形成了互通有无的信息合作机制等。公安部还组织开展了"送教上门"活动，为西藏公安机关送去先进的警务理念、务实的培训内容和科学的训练方法。

5.援藏干部无私奉献，发挥了积极而重要的作用。公安机关选派援藏干部时，全面考察德、能、勤、绩、廉等各方面情况，把表现最优秀、西藏最急需的干部选派到西藏。公安系统援藏干部出色完成了各项援藏工作，得到了西藏各级党委、政府和各族群众的高度评价和充分肯定。在西藏，援藏干部失去的是青春甚至是生命，换来的却是西藏的不断发展进步，还有人民群众的安全幸福。

公安部援藏干部刘振伟是西藏政法系统的楷模，他援藏8年间，先后任西藏自治区公安厅副厅长、司法厅厅长。刘振伟被很多人称为"值班厅长"，自2010年援藏任自治区公安厅副厅长以来，刘振伟除去下到基层一线执行任务，所有的时间基本上都在带班、值班、加班，因为任务繁重，他从未主动请过一次假，从未休过一次年假，每年回家的天数不超过25天。

为了工作，他深夜冒雨走过通麦天险，疲惫患病走过阿里无人区和险滩沼泽，遭遇过山体滑坡和塌方，一线指挥处置过形势复杂的维稳任务。面对身体不适、死亡威胁和恶劣条件，他克服各种艰难困苦，始终勇往直前。刘振伟的"热心""耐心""真心"换来了各族群众的高度赞誉，他与许多接待过的群众成为了朋友，每到重大节日，当地群众都会把刘振伟邀请到家中做客。

刘振伟援藏期间，带领指导全区公安信访部门成功化解了290余起重点信访案件，中央政法委、公安部交办重点信访案件化解率达到100%，积案化解率达到92%。"没有在西藏工作的经历，很难理解民族团结的重要性，也很难体悟到维护西藏发展稳定对国家的战略意义，更难感受到国家与个人命运如此息息相关。""把西藏当成自己的家，把各族群众当成自己的亲人，才能对这里投入真挚的感情，工作才能有所依靠、有所作为。""我所经历的一切，都是那么刻骨铭心，难以忘怀。"

支援西藏的2800多个日日夜夜，刘振伟全身心地融入当地，践行了一名共产党员的铮铮誓言。

四、司法系统援藏

开展对口支援西藏工作以来，司法部和各级司法行政机关认真贯彻落实党中央、国务院关于西藏工作的决策部署，积极主动开展援藏各项工作，提高西藏各级司法行政机关、广大司法行政干警和法律服务工作者履职水平，使其更好地发挥职能作用，为西藏跨越式发展和长治久安提供更加有力的法律保障和优质高效的法律服务，为推进西藏经济社会发展、维护西藏社会和谐稳定作出了积极贡献。

1.加强组织领导。司法部高度重视对口援藏工作，充分认识做好援藏工作的重大意义，切实增强援藏工作责任感和使命感。司法部党组专题研究对口援藏工作，派出由部领导带队的调研组赴西藏开展援藏工作专题调研，制定并下发了关于贯彻中央关于西藏工作座谈会精神的意见，对司法系统全面做好新形势下援藏工作作出部署。

司法部不断加强对司法行政系统援藏工作的组织领导，要求对口支援司法行政机关把援藏工作作为重要的政治任务，列入重要议程，健全援藏工作机制，明确工作责任，狠抓工作落实，努力完成援藏工作各项任务。各级司法行政机关深入贯彻落实中央关于援藏工作精神和司法部援藏工作部署，全面做好司法行政系统援藏工作，促进了西藏司法行政工作又好又快发展。

2.加强业务工作援助。司法系统援藏干部积极帮助西藏司法行政机关更好地服务西藏中心工作，围绕西藏跨越式发展的要求，切实加强对西藏开展专项法律服务活动、推进政府和企业法律顾问等工作的指导，司法部还加强对西藏监狱工作的业务指导，及时就加强罪犯监管、开展教育改造的方式方法、关押管理等提出指导意见，同时加大对罪犯劳动技能培训项目的支持力度，努力提高教育改造效果。

3.加强干部和人才援助。司法部积极组织实施好西藏地区的国家司法考试，做好司法行政专业人才赴西藏开展业务交流和技术指导工作，加强西藏司法行政系统干部教育培训工作，帮助西藏司法行政系统干部和法律服务工作者提高政治素质和业务素质。仅第六批援藏工作期间，司法部援藏干部就先后组织了西藏300多名司法行政及相关人员到内地培训，邀请120名司法行政方面的专家、学者进藏交流指导工作。

国家司法考试制度（2018年，国家司法考试改为国家统一法律职业资格考试）实施以来，司法部立足西藏现状，对西藏实行放宽报名学历条件和降分录取政策，对使用藏族语言文字试卷考生实施优惠政策，有效地缓解了西藏法律人才缺乏的状况，促进了西藏司法队伍建设。

针对西部律师短缺的问题，司法部推动实施了"西部基层法律援助志愿服务计划"和"1+1"法律援助志愿者行动，完善律师到西藏执业或提供志愿服务等政策扶持措施。司法部系统先后选派400多名律师支援西藏，解决西藏无律师县问题。

4.加强科技援助。司法部积极支持西藏司法行政系统信息化建设，支持西藏各级司法行政机关应用和推广科学技术，为加快推进西藏司法行政工作科技进步提供有力支持。

5.加强资金和项目援助。司法部落实好对西藏司法行政工作的倾斜政策，加大经费支持力度。2009—2018年，从转移支付资金中专门给西藏安排司法行政系统办案业务费和装备补助费达3.57亿元。协调财政部、发改委等加强并帮助西藏做好监狱布局调整项目以及监狱场所改扩建和监狱狱政设施更新改造建设。

6.加强基层基础设施和装备援助。在第六批司法部援藏干部的协调推动下，林芝县百巴镇建成全区第一个乡镇司法所，安多县建成全区第一个法律服务综合窗口，建成那曲、比如、索县、安多4个县流动司法所，江孜、拉孜、聂拉木法律援助服务楼、法律便民服务大厅和法律援助工作站项目等如雨后春笋般在西藏各地落地生根，大大改善了西藏司法行政机关工作条件，有力地推进了西藏基层司法行政基础工作的发展。

第五节　教育系统援藏

教育援藏是促进西藏发展的百年大计。对口援藏28年来，教育部和各省市教育行政系统从人力、物力、财力和技术等多方面开展对口支援工作，取得了巨大成就，极大地促进了西藏教育事业的进步，得到了中央的充分肯定和西藏各族干部群众的好评。

一、全国教育系统援藏概述

全国教育系统援藏大大改善了西藏的办学条件，大幅提高了教学水平，培养了一大批教育人才，为西藏全面发展进步打下了坚实基础。

在全国教育系统的大力支持与帮助下，2012年，西藏在全国率先实现了15年免费教育。西藏自治区政府扎实推进西藏学前双语教育第三期行动计划，确保毛入学率持续提升。同时实施义务教育均衡发展工程，完成县域义务教育均衡发展国家评估验收。统筹普通高中与中等职业教育协调发展，深化西藏大学"双一流"建设。

西藏扫盲人口覆盖率达到100%，青壮年文盲率下降到0.8%，15周岁以上人口人均受教育年限达到8.4年。西藏已初步建立起完整的现代教育体系，实现了学前教育、基础教育、职业教育、高等教育、成人教育、特殊教育全覆盖。

二、新时代教育援藏的主要做法和成效

（一）继续办好西藏班

教育部在《关于加强"十三五"期间教育对口支援西藏和四省藏区工作的意见》中指出，要继续办好内地西藏班、中职班，适度扩大内地西藏高中班、中职班的招生规模，加强教育管理服务，探索内地班教学改革，提升教育教学质量。

（二）通过国家扶持、对口支援等多种形式，重点帮助西藏发展基础教育和中等职业技术教育

由北京、天津、上海、江苏、浙江等17个省、直辖市对口支援拉萨、昌都、山南、日喀则、那曲、林芝、阿里7个地（市），援助西藏基础教育和中等职业技术教育的发展。

17个省、直辖市重点支持西藏改扩建15所普通高中和中等专业学校，并集中组织一个或几个地级市（区）对口支援西藏自治区的一个县，重点帮助每一个对口县改扩建2所当地中小学。对口支援西藏教育任务的各省、直辖市人民政府，可采取多种措施，培训对口支援学校的骨干教师和行政管理人员。

（三）加强对西藏高等教育事业的支援

1.国家安排了专项资金支持西藏大学的建设和发展。先后建成和改造了西藏大学的新、老校区，扩大西藏大学人才教育规模，逐步提高了培养质量，为西藏经济建设和社会发展培养了大批高层次专门人才。

2."十三五"期间，由北京大学、中国人民大学、北京中医药大学、西北农林科技大学、东北师范大学、中国人民公安大学等27所高校对口支援西藏6所高校。同时，教育部直属的中国教育科学研究院、职业技术教育中心研究所、科技发展中心、语言文字应用研究所、国家开放大学、中央电化教育馆、中国教育电视台、民族教育发展中心、中国教育报刊社、考试中心、学位与研究生教育发展中心、中国教育出版传媒集团所属的人民教育出版社、高等教育出版社、语文出版社，以及学生体育协会联合秘书处等15个单位负责对口支援西藏自治区教育厅所属有关单位以及西藏自治区藏语委办。

3.由教育部、原人事部在中国人民大学等8所高等院校建立了西藏干部教育培训基地，开展了西藏在职干部专升本和攻读硕士研究生等学历教育，先后培养了西藏在职干部3000多名。

4.根据西藏实际需要情况，从2004年起，采取适当降低录取分数、定向培养和分配的办法，由中国农业大学等13所高校，每年从四川、安徽等内地应届高中毕业生中招收500名学生定向培养，毕业后在藏工作时间原则上不少于15年，给学生在校学习费用予以补助。根据西藏的需要，这类学生所学专业以师范、农牧、管理和经济为主。同时，从2004年起，每年从内地高等院校选调800名（其中师范院校毕业生400名）本科以上非西藏生源的毕业生到西藏工作，在藏工作8年。从2018年开始，利用3年时间，由四川大学、复旦大学、浙江大学3所高校，每年定向在西藏招收120名在职干部攻读公共管理硕士研究生。

（四）"组团式"教育援藏，开启教育援藏新篇章

教育人才"组团式"援藏工作自2016年4月正式启动，来自17个对口援藏省市和教育部直属高校附属中小学的首批88名管理人员和712名专任教师于当年秋季开学全部到岗并开展工作。组团方式为以每10~50名教师组成1个团队集中对口支援一所中小学的形式，集中援助西藏20所中小学校，帮助西

藏打造一批高水平的示范性高中和标准化中小学校。与此同时，410名西藏中小学置换选派的骨干教师和学校管理干部赴对口援藏省市和教育部直属高校附属中小学校进行跟岗培训。

教育人才"组团式"援藏工作开展6年来，取得明显成效。按照"建好一所学校、代管一所学校、示范一个地区"的总要求，援藏教育团队一进藏，就开始谋划援藏的目标任务，提出了每一所学校的发展目标。启动"百校手拉手"活动，选择西藏100所中小学、幼儿园与对口援藏省市的100所优质中小学、幼儿园结成帮扶关系，在师资培训、教学交流、资源共享、科研教改等方面开展"手拉手"帮扶活动。实施"青蓝工程"，通过师徒结对、新老结对、课程结对、专业结对、学科帮扶等多种方式，援藏教师与当地教师共同承担教学任务、共同备课、共同制订教学计划，促进援藏教师与区内教师之间的深度交流和共同成长。建立援助学校与受援学校共享优质教育资源、共同培育学生的机制，大胆尝试"联校模式"，探索出一条"组团式"教育援藏的新路子。广泛开展送教下县下乡活动，援藏教师分成小团队，克服高原反应，深入到基层学校送教，有的在当地学校开展了"蹲点式"视导，培训当地教师，帮助解决教学困难，充分发挥了辐射带动作用。

教育人才"组团式"援藏工作，不仅有效促进了西藏教育的发展，也深入促进了民族交往、交流、交融。援藏教师主动了解西藏历史文化和风土人情，与本地师生结对子、交朋友，开展家访，积极融入学校、融入教师、融入学生。赴内地培训的西藏教师，不但学习内地先进教学管理模式和理念，而且同内地学校教师共居共学、共事共乐，提升了民族凝聚力，促进了民族团结。

从起初单一经费投入的教育援藏到如今教育人才"组团式"援藏，在教育援藏事业发展过程中，西藏的教育规模不断扩大，质量不断提升，有效地促进了西藏义务教育的普及，也提高了人才培养的质量。

当前，教育人才"组团式"援藏已成为西藏教育发展不可或缺的重要组成部分，成为"十三五"时期西藏加快补齐教育短板的有效方式，为西藏全面建成小康社会提供坚强的智力支持和人才保障。

三、中央党校援藏

2009年，中央党校组织召开了全国党校系统援助西藏党校工作会议，时任中央党校校长习近平同志对对口支援西藏党校作了重要批示，要求"精心准备，开好会议，推进西藏党校事业和干教事业新发展""要积极推动各地党校开展援藏工作"。多年以来，中央党校援藏干部用自己的爱心赢得了藏族同胞的信任，用行动把先进理念播撒在雪域高原，用先进的管理和教学模式，推动西藏党校工作不断前进。在中央党校及全国党校系统的大力支持下，西藏党校工作不断迈上新的台阶。

（一）在智力援助上狠下功夫

中央党校援藏干部利用各种场合、各种机会，反复强调党校队伍建设的重点是教师队伍建设，通过制定和实施人才强校战略，造就了一批政治强、业务精、作风正的高素质教学科研人才。援藏干部积极协调中央党校和国家行政学院，为西藏自治区党校系统举办师资培训班，培养博士生、研究生、"西部之光"访问学者，联系挂职锻炼，落实专家教授进藏讲学，提高了西藏自治区党校的整体教学水平。

（二）加大项目资金援藏力度

中央党校直接投入资金2000多万元为西藏党校建设教学拓展楼，改善了西藏自治区党校的教学基础设施；建成了在全国党校系统中较先进的情景模拟教室和10多个功能齐全的多媒体教室，建成了西藏自治区委党校外网、内网，办公自动化网络，实现了中央党校、西藏自治区委党校和地委党校的网络一体化，实现了教学、科研和管理资源共享，帮助西藏党校建立起了一支信息化管理队伍。

中央党校援藏干部充分利用各种机会，向中央党校领导和有关部门汇报西藏党校情况，争取了中央党校援助西藏研究生项目、信息化软硬件、国家图书馆援藏项目，协调安徽省委组织部援建了西藏干部在线学习平台等，促进西藏自治区党校软硬件水平提升。

（三）不断拓宽西藏干部学习培训渠道

中央党校自第五批援藏开办研究生教育，拓宽了西藏干部学习培训的渠道。至2013年，研究生教育专业已扩展到经济管理、法学、党建和行政管理等多个专业，专兼职导师达到50多名，已有3批360名研究生顺利毕业，在校研究生规模达500余人。援藏干部积极开办西藏干部教育学习平台、国家西部办远程学习网、西藏农村党员干部远程学习网，每年可招收学员600余人。

（四）积极抓好西藏党校特色学科建设

中央党校援藏干部紧紧围绕西藏自治区委党校的办学实际，发挥中央党校从事学位、学科的工作经验，从学科建设基础性工作抓起，制定了《西藏自治区委党校、西藏自治区行政学院学科建设规划》，提出了学科建设重点，进一步充实和完善了哲学、经济学、法学、管理学、党的学说和党的建设、民族宗教等急需的学科专业。

（五）努力促进党校图书馆管理工作的规范化、制度化

中央党校援藏干部带来先进的办学理念和管理经验，协助促进西藏自治区委党校强化图书馆文化功能，突出图书馆在文化强区中的作用。援藏干部帮助西藏自治区委党校规划了新图书馆布局，设立了专业阅览室，对旧书刊重新整理，录入MARC数据，对工作人员进行业务培训，启用金盘管理系统，拓展采购渠道、更新采购方式，扩大了图书馆的服务范围，使图书馆成为党校教学、科研、文化生活的重要组成部分。

（六）西藏党校系统在受援中功能日益完善，作用得到充分凸显

在中央党校及全国党校系统的对口支援下，西藏自治区党校系统的功能日益完善，在治边稳藏、培训干部、宣贯党的精神、意识形态建设和咨政智库等方面发挥着越来越重要的作用。

四、全国高校援藏

北京大学、清华大学、中国人民大学、北京师范大学、中国地质大学、南开大学、复旦大学、山东大学、四川大学、西南交通大学、电子科技大学、武汉大学、中央财经大学、华南师范大学、大连理工大学、西南财经大学等高校把对口支援西藏作为一项重要的政治任务来抓，认真落实对口支援协议，在政策支持、项目安排、人员选派、联合培养、协调调度等方面对西藏大学给予支持，开展了一系列卓有成效的工作，有力促进了西藏大学在师资队伍水平、人才培养质量、科研服务能力和学校管理水平等方面的显著提升，为西藏大学乃至西藏的高等教育事业发展作出了十分重要的贡献。

对口支援高校的援藏干部认真履行职责，在各自不同的岗位上，扎扎实实工作，在西藏大学人才培养、学科建设、队伍建设、科学研究、科学管理方面做了大量卓有成效的工作，成为加快西藏大学建设发展的中坚力量。

（一）多措并举，逐步提高西藏大学教学质量

来自内地各高校的援藏干部们利用自己在学科和管理方面的优势，把内地先进的教学经验、管理方法带到西藏大学，在教学、科研、管理活动中，探索新思路，寻找新方法，积极参与学校的教学改革、教学督导、实践教学等活动，采取各种措施提高教学质量。

援藏教师一直坚持听课制度，课后与授课教师交换意见，发现问题，提出建议，逐步促进教学质量不断提高。援藏教师认真研究改进学校的教材管理工作，提高教材管理水平，严把教材质量关，使学生所用教材更符合教改的需要。

援藏干部积极发挥纽带作用，积极与派出高校沟通协调，多次促成内地多所高校接收西藏大学推荐的免试研究生，为逐步提高西藏人才培养水平牵线搭桥，拓宽人才培养渠道。

（二）努力促进学科建设和师资队伍建设

在各高校援藏干部的努力下，西藏大学申报的中国语言文学（藏语言文学）等国家级重点学科和"中国少数民族经济"等自治区级重点学科获得批准；完成了西藏自治区级重点学科计算机科学与技术、建筑设计及理论的建设等工作。

在对口支援高校的帮助下，西藏大学的一级学科和二级学科数量大幅增加。对口支援高校还帮助西藏大学逐步推进"211工程"项目建设，同时进一步提高研究生培养与管理水平，健全相关制度，加快学位点建设；加强学科梯队人才建设，优化师资结构，推动实施"双百"工程等高层次人才培养工作。对口支援高校同时积极帮助西藏大学开展硕士生导师遴选、学位点"研究生培养方案"的修订、申请增列为同等学历人员授予硕士学位单位等工作。

中国人民大学支持西藏大学举办了首次"硕士研究生导师培训会"和"研究生导师工作会"，西藏大学博士立项建设工作通过了国务院学位办验收。复旦大学推动西藏大学生物学硕士点获得批准，"生态学"博士点建设通过教育

部（国家学位办）的验收，实现了西藏大学乃至西藏自治区博士学位点"零的突破"。西南交大积极推动西藏大学获得了中国少数民族经济博士学位授予权。南开大学援藏干部结合多年的教学思考和教学体会所做的"英汉翻译之我见""英语教学的文化依托"等学术讲座，贴近教学一线的具体操作，有效提升了西藏大学相关教师的教学水平，受到西藏大学师生的热烈欢迎。多年来，在对口支援高校以及援藏干部的积极推动下，西藏大学的学科建设和师资队伍建设取得了长足进展。

（三）推动西藏大学提升科研与管理水平

对口支援高校以及援藏干部们积极发挥学科与专业优势，帮助西藏大学组建学术团队，联合申报课题。北京大学帮助西藏大学首次成功举办了主题为"新世纪文学研究的新视野、新问题与新方法"的全国性文学研讨会，扩大了西藏大学与内地科研机构的学术联系。

对口支援高校的援藏干部还参与西藏大学国有资产采购与管理、图书资料建设、网络安全管理等工作。同时，积极改进技术手段服务师生，提高教育资源利用率。他们帮助修订了《西藏大学研究生培养方案指导意见》《西藏大学研究生管理文件汇编》《西藏大学"211工程"三期创新人才培养实施方案》等文件，有效提高了西藏大学的制度建设水平。

四川大学援藏干部帮助西藏大学建立了一套适合西藏的医学专业研究招生、培养和管理制度以及具有西藏特色的医学研究生管理模式。西南交大帮助西藏大学科研项目的申报率、获批率和教师发表学术论文的数量、质量都有了大幅提升。电子科技大学援藏干部利用自己长期从事数字图书馆和图书馆自动化方面的工作经验和专业优势，促进了西藏大学图书馆以及数字校园信息化建设，并促成西藏大学图书馆和电子科技大学图书馆结为友好馆，电子科技大学图书馆为西藏大学图书馆各项工作提供长期支持。在援藏干部和西藏大学教师们的共同努力下，西藏大学的科研与管理工作跨上了一个新的台阶。

（四）全国高校援藏工作成效明显

高校援藏干部们积极发挥桥梁纽带作用，充分利用对口支援的各项政策，积极协调派出高校，借助对口支援单独招生计划、少数民族骨干计划、援派教师和接收教师进修等途径，帮助西藏大学教师提升专业水平。

通过科研课题联合申报等方式，各对口支援高校援藏干部积极融汇派出高校智力密集优势和西藏大学地缘特色优势，努力发挥科研服务西藏的旗帜作用，科研服务西藏经济社会发展的能力显著提高，西藏大学科研水平和自主创新能力得到明显提升。

在派出高校的主动作为和相关援藏干部的谋划布局下，西藏大学的学科布局更加注重平台建设，更加注重交叉、协同与合作，更加注重高层次人才对学科方向的引领，更加契合西藏全面建成小康社会进程和聚焦中央对西藏的定位，为把西藏大学建设成为西藏创新驱动发展的引擎、西藏高水平人才培养基地和西藏高层次人才会聚高地奠定了坚实的基础。

来自北京大学、天津大学、四川大学等高校的援藏干部到西藏大学担任副校长和相关部门负责人，他们把内地优秀的管理理念、开阔的管理视野、先进的管理手段带到西藏大学，切实提升了西藏大学治理体系和治理能力现代化水平。

五、北京"成建制"教育援藏模式

北京市在教育援藏工作中弘扬首善精神，发挥北京教育资源优势，率先探索拉萨教育规划、建设、教学、管理均由北京主导的"成建制"援藏新模式。北京市委、市政府与拉萨市委、市政府积极配合，充分发挥援藏教师和本地教师积极性，整合北京、拉萨两地教育资源，重视藏语和汉语双语教学，实现应试和素质教育有机结合，推动两地管理团队的高度融合，促进拉萨教育改革发展，带动教育质量提升，使广大农牧民孩子广泛受益，办出了人民群众满意的教育。

（一）北京的主要做法

一是抓好规划。2013年年初，北京按照突出民族特色、智慧校园的原则，设计拉萨北京实验中学的发展路径、办学模式、学校特色。制定了"探索实践精细化管理，打造学校办学特色，促进学校内涵发展"的发展策略；确立了"民主办学、师生共进、关注人生、服务社会"的办学思想；致力于打造绿色、人文、智慧、阳光、书香"五彩校园"，从而实现"培养热爱祖国，热爱家乡，维护民族团结，具有学习能力、创新能力、领导能力的栋梁之材"

的育人目标。

二是建好学校。北京市援助2.5亿元资金新建的拉萨北京实验中学占地207亩，总建筑面积47878平方米。整所学校布局合理、功能齐全，教学、办公、生活、体育、文化等设施一体化建设，各族师生共生共融、共同发展。

三是选好教师。北京市委、市政府积极满足拉萨市关于选派优秀援藏教师的需求，严格选派援藏教师。按照援藏教师必须为中共党员或入党积极分子、中级以上职称、教龄10年以上、能够适应高原工作等要求，从人大附中、北京四中、北京二十中等学校选派5批300多名优秀老师到拉萨援藏，并为其安排反分裂斗争和历史文化、高原保健、拉萨教育发展等专题讲座，使援藏教师到拉萨能够尽快熟悉情况，转变角色，投入工作。

四是建好机制。北京市委、市政府以拉萨需求为基础、北京师资资源为依托，通过相互协商，选派优秀教师到拉萨开展援教工作。建立援藏教师激励机制。学校管理团队全部由北京选派，同时保证北京先进的教育理念得到有效实施。制定实施了《教师援藏优惠待遇执行办法》，落实了教职员工职务（职称）晋升、工资待遇、子女升学、路费、医疗费用、援藏生活补贴、表彰奖励等方面的优惠政策。建立援藏教师作用发挥机制。通过"传帮带"、参与教科研、师资培训等形式，发挥援藏教师在教学、科研、管理等方面的作用。建立援藏教师管理机制。严格出藏请销假、定期体检、述职考核等制度，保障援藏教师身体、健康、工作等方面的安全。

五是用好资源。拉萨北京实验中学坚持用好援藏教师、本地教师两个资源，积极发挥硬件建设、信息化教学、远程教育等方面的优势，充分激发办学活力，建立了教学科研、校本培训的新模式和新途径。援藏教师带来了现代教育的最前沿知识，带来了首都教育的先进经验，他们把自己在教育教学中积累的知识、技能，采取公开课、教科研、报告会等形式，无私地倾囊相授，尽快与当地教师交流互通，进一步提高了当地教师的教学水平。

拉萨北京实验中学在加强自身建设的同时，依托首都强大的教学资源和援藏教师的力量，在区域教育中通过资源共享、交流互动等方式主动发挥作用，联合其他学校共同开展教研活动，共同进行学生学业水平测试。拉萨北京实验中学还与那曲双湖县等开展合作，帮助培训初高中师资，成为教育培训基地校。

（二）成效明显

一是教学质量不断提升。拉萨北京实验中学提倡追求不增加学生负担、不损害学生个性发展的绿色教学成绩，向课堂要质量，向45分钟要效益，通过加强教学管理，加强教师培训，使教师的教学能力得到迅速提升。

拉萨北京实验中学建成后，经过北京教师管理团队、援藏教师骨干与当地教师的共同努力，2017年到2022年，高考上线率达到了100%，普通高中录取分数线比第二名高出30分，两项指标创造历史最高纪录，跃升至西藏自治区普通高中前茅。

二是教学管理不断规范。拉萨北京实验中学在学校管理团队的带领之下，在全校干部教师的支持下，制订了"十三五"发展规划，确定了学校文化基调，改进了学校管理机制，奠定了学校课程基础，校风校貌发生了巨大的变化，学校成为了拉萨乃至西藏地区最美校园。

学校特别重视学生管理工作，提出了争创"六好"学校（民族团结最好、文明礼貌最好、校园环境最好、宿舍规范最好、校内无烟最好、爱护公物最好）的倡议，教育学生改掉了吸烟、不讲个人卫生、损害公物等不良习惯，身心素质也得到了进一步提高。

三是学校特色不断彰显。拉萨北京实验中学的蓬勃发展在当地各族人民当中赢得了良好的口碑，学校的品牌效应开始显现。学校特色建设开始实施，着力打造民族文化特色，以创建非物质文化遗产传承学校（西藏民间乐器扎念琴）为突破，打造民族艺术特色和民族体育特色；根据校情创新课堂教学模式，打造学校课程特色，例如依靠北京外研社的力量打造英语教学特色。

（三）经验总结

一是政策保障到位。北京市组织教育、财政、人社等部门专门出台文件，制定援藏教师的专业职称、工资待遇、医疗保险和子女探亲等事项的优惠政策，鼓励更多优秀教师赴藏工作，领导专程到学校看望慰问援藏老师，为老师们送去问候与温暖。拉萨市委、市政府修建星级宾馆式援藏教师公寓，免费提供供氧、供暖、宽带网络，为教师创造良好工作生活条件。在北京、拉萨各级领导与部门的关心关爱下，援藏教师心无旁骛、专心致志地投入教学工作。

二是融入融合到位。在真情融入方面，北京援藏教师们干在前头，敢于担当，赢得了当地教职员工的肯定。北京援藏老师们一丝不苟地备课和批改，尊重当地的民俗生活习惯，受到本地教师的赞誉和同学们的爱戴。在两地教育方法有机融合方面，拉萨北京实验中学坚持让北京和拉萨教育经验做法互补相融，大胆采取"北京理念＋拉萨特色"模式，发挥1+1>2的整体效益，这是拉萨北京实验中学取得成功的经验。在校园文化的交流交融方面，在北京援藏教师情感融入、教学和管理方法契合的基础上，学校设计出了体现内地文化与藏民族文化特色的"五彩校园"文化理念。漫步学校，从一廊一窗的设计、一草一木的呵护、孩子们幸福的眼神中，能够感受到民族融合文化气息在学校中荡漾。

三是首善引领到位。北京市提出充分利用北京的教育资源，按照首善标准规划好、建设好、管理好拉萨北京实验中学，创造一流的教育水平，发挥示范引领作用，全力做好"带学科""带队伍""带全面"的"三带"工作。

"带学科"，促进首都教育理念和方法的拉萨本土化进程。"带队伍"，提升本地教师自我发展能力，打造一支带不走的教师队伍。"带全面"，把拉萨北京实验中学打造成科研、教学、管理的示范基地，帮助带动拉萨乃至全区的学校，让"首善标准"永远留在拉萨，造福西藏。

第六节　卫生健康系统援藏

对口援藏以来，全国卫生健康系统创新思路，突出重点，在西藏基础设施、仪器设备、医疗技术、人才培养及资金支持等方面全方位开展支援工作。卫生健康系统和17个援藏省市从项目、人才大力支持西藏卫生事业发展，为西藏7个地市援助了卫生项目800多个，选派卫生行政干部120多名、技术人员2000多名到西藏援助，帮助西藏培训各类卫生技术人员近3000人次，援助项目、设备和资金折合人民币50多亿元。

在全国卫生健康系统的持续支援下，2021年，西藏地区孕产妇和婴儿的死亡率分别达到45.5/10万和7.5‰，孕产妇和婴儿死亡率降至历史最低值。目前，西藏人均预期寿命已达到71.1岁，是1951年35.5岁两倍。西藏医疗卫生事业的发展，为边疆地区生产力发展、西藏经济发展、社会局势稳定、民族交融团结、边防巩固作出了重要贡献。

一、国家卫生健康委援藏主要做法和成效

（一）统一部署、指导全国卫生健康系统项目援藏工作

原卫生部先后召开5次全国卫生援藏会议，安排部署卫生援藏工作，签订了以人才培训、基础设施建设和资金援助等为重点的卫生援藏项目协议，有力促进了西藏医疗卫生事业的发展。从1994年到2022年，各类援藏项目促成西藏各级各类医疗机构由1068个发展到1655个，医院床位由5042张发展到19992张，西藏卫生人员由10424名发展到31512名。国家中医药管理局对口支援西藏卫生厅藏医药管理处（局），解决了交通工具和改善办公设施条件，并负责免费培训管理干部。

（二）统筹协调社会各界医疗卫生援藏

在原卫生部和中央有关部委指导协调下，社会各界也在援助西藏医疗卫生事业上献出了爱心。部队医院支援西藏15个县级医院。中华慈善总会发起的少数民族贫困家庭罹患先天性心脏病儿童救助活动，为西藏老百姓实施免费医疗。"慈善援藏"让超过12万名西藏先心病各族儿童受益。

（三）构建以拉萨为中心辐射全区的城乡医疗卫生服务体系

原卫生部在党中央、国务院支持下协调自治区按照"让各族群众少得病、看得起病、看得好病"的要求，采取有效措施，长期坚持把医疗卫生工作的重点放在农牧区，加大投入，完善网络，构建以县医院为龙头的农牧区三级医疗卫生服务网络体系。

"十五"期间，原卫生部共安排9.5亿元，用于加强和完善西藏医疗卫生基础设施建设。"十一五"期间，中央专项投资25.6亿元，对西藏的医疗卫生事业发展进行高强度的援助与支持。"十三五"期间，中央专项投资40多亿元，支持815个县级医院、乡镇卫生院、村卫生室等基础设施建设和基本设备购置；安排西藏农牧区卫生基础设施建设资金12亿多元，先后对74个县卫生服务中心和683个乡（镇）卫生院业务用房进行改扩建或新建。实施"万名医

师支援农村医疗卫生"工程，组织三甲医院医务人员对口支援西藏县级医院。2018年，西藏每个县有1所标准化医院，每个乡有1所中心乡镇卫生院，每个行政村都有卫生室，每个街道办事处都有社区卫生服务中心，形成了以县、乡、村为基础的三级卫生服务网络体系。

二、"组团式"医疗援藏全面提升西藏卫生健康水平

近年来，在中组部、国家卫生健康委员会等部委的高位推动下，在对口支援省市和单位的无私援助下，医疗人才援藏变"分散选派"为"组团式"，变"输血"为"造血"，有力推动"1+7"医院（自治区人民医院和7地市人民医院）发生了整体性变化，实现了历史性进步，辐射带动全区医疗卫生事业更好更快更大发展，西藏自治区各族干部群众在家门口享受到了内地高水平的医疗服务。医疗人才"组团式"援藏工作被评为"2016年全国人才工作十件大事"之一，医疗人才"组团式"援藏工作队获得全国唯一的"最美医生团队"荣誉称号。

（一）强保障聚合力，"组团式"医疗援藏工作阔步前行

自治区党委、政府多次召开常委会和专题会议，出台《深入扎实推进医疗人才"组团式"援藏工作的实施意见》，制定10条专项推进举措。自治区党委组织部始终将这项工作作为"组织部长工程"抓紧抓实，召开专题会议37次，研究具体推进落实措施；自治区卫健、人社、教育、财政、发改、编办、住建、科技和宣传等部门密切配合、协同作战，形成了强大工作合力。

领导小组办公室制订任务分解方案，列出任务清单，建立工作台账，明确路线图、时间表、责任人，实施"销号式"管理。每月组织工作力量深入"1+7"医院蹲点调研，高标准严要求督导落实，同步协调整体推进，各项任务落地较快、见效明显。

自治区研究制定财政专项支持意见，建立稳定投入机制，整合各级财政资金18.98亿元、投入项目资金6.58亿元保障支持医院建设发展。北京、上海、安徽、广东、重庆、辽宁、陕西7省市和牵头单位充分发挥后方保障作用，把医疗人才"组团式"援藏纳入对口支援"总盘子"，选择最好的医院，组建最好的团队，派出最好的医生倾力帮扶，无偿援助资金4.2亿元，助力受援医院发展。

（二）坚持培引并重，"永不走"的医疗队渐成规模

在全国卫生健康系统的支持下，西藏全面落实"团队带团队""专家带骨干""师傅带徒弟"等培养机制，精心挑选971名本地医务人员组成413个承接团队结对跟学，培养医疗骨干533名，每名医生能独立开展1~2种新手术。同时不断拓展人才培养路径，邀请内地专家上门培训、授课指导685场次，选派1000多名有潜力的医务人员到对口支援医院培训进修，选派200多名管理人员到对口支援省市挂职锻炼，培养"订单式"定向医学生500人，与北京协和医院、北京友谊医院、北京大学医学部、四川大学医学院、武汉大学医学部建立长期合作机制，开展"组团式"培训。实施更加积极、更加开放、更加有效的引才政策，以最大诚意、最优服务改善软硬环境，通过区外引进、区内选调、公开招聘等方式，引进急需紧缺医务人员800多人，为引进人才提供发挥作用的平台。

（三）建好建强科室，医疗水平实现大幅跃升

西藏依托8家牵头单位65家包科医院重点建设164个科室，安排优秀"组团式"援藏医疗人才担任科室主任、牵头科室发展，坚持好中选优原则选聘首席专家24人，开通援受医院间的远程诊疗平台，加挂包科医院特色专科牌子30多个，实现支援医院与受援科室"捆绑"发展。

着眼群众就医需求和医院长远发展需要，"1+7"医院普遍建立ICU、导管室、血透中心等科室，建立健全病理、检验、影像等基础科室覆盖齐全的科室体系，各受援医院平均增加科室12个。围绕"两降一升"和"三不出"目标，聚焦提升"大病""中病"诊治能力，集中优势兵力打造心血管内科、妇产科、儿科等75个具有高原特色、符合就医需求的拳头科室。

"1+7"医院大力依托包科医院的人才、资源、技术优势，"打包移植"内地先进经验和技术成果480项，攻关技术难题514个，填补刷新区域内医疗技术领域空白430项。仅2018年，"1+7"医院共开展三、四级手术3000多台，危急重症病人抢救成功率达到95.05%，比2014年提高21.57个百分点；门诊量、住院量、手术量分别比2014年增长28.79%、20.23%、10.4%。

（四）锐意破冰前行，医院改革红利不断释放

"组团式"医疗援藏带动医院推进"放管服"改革。如下放用人权，受援

医院可任免中层及以下干部，引进人才先签订协议再报批报备，新增878名编制内人员，由医院自主招聘、自主考核、自主调整、自主淘汰；下放采购权，大型设备、医疗耗材经自治区人民政府同意后，可直接实施政府采购；医疗服务所需药品，受援医院可直接实施网上采购。

同时，改变以往吃大锅饭的平均主义，大力支持"1+7"医院改革薪酬分配制度，明确医院技术劳务收入的70%以上可用于绩效工资。为受援医院、援藏医疗人才量身定制3类41项考核指标，强化考核结果运用，树立起干事创业的鲜明导向。

对标现代医院管理，健全完善民主决策、医疗质量安全、人力资源、财务资产、绩效考核、人才培养培训、科研、后勤、信息等服务管理制度5300项，优化和再造护理、质控等业务流程200多个，患者满意度从原来的89%提高到97.15%。

（五）积极稳健攻坚，等级医院建设取得重大突破

西藏卫生健康系统精心编制形成8个总体规划和133个专科发展规划，审慎提出到2020年前自治区人民医院达到西部省会城市医院"三甲"平均水平、拉萨等6地市人民医院创"三甲"、阿里地区人民医院创"三乙"的目标。同时积极争取国家卫生健康委员会支持，在全国先行先试，率先推行新的等级医院评审标准。研究出台《西藏自治区医院评价标准实施细则》，结合区情实际对34项条款作出合理调整，提出"跳起来摸高"的创建指标。

西藏卫生健康系统还整合援受双方资金36.68亿元，补齐补好医院发展短板。2015年，林芝、昌都人民医院成功创建"三乙"医院；2016年，阿里地区人民医院创成"二甲"医院，结束了全国最后一个没有评级的地级医院历史。2017年，拉萨市人民医院成功创建"三甲"医院，日喀则、林芝市人民医院通过"三甲"医院评审。

（六）倾情用心浇灌，民族团结之花美丽绽放

援藏医疗专家在临床一线倾尽所能传道授业，在救死扶伤中诠释仁心大爱，在坚忍奉献中践行家国情怀，用深情大爱在广袤雪域高原铺设了一条健康"丝绸之路"，以实际行动浇灌了壮美的民族团结之花。通过接续奋斗，已有367种"大病"不出自治区、2208种"中病"不出市地、一些常见病在县

区就能治疗，全区婴儿死亡率下降至7.5‰，孕产妇死亡率45.5/10万，孕产妇住院分娩率98%，全区各族群众得到了更多看得见、摸得着的实惠，健康指数、幸福指数不断攀升，切身感受到了以习近平同志为核心的党中央的关心关怀，更加坚定了永远跟党走的信心和决心。

第七节　科研系统援藏

1994年以来，以科学技术部、中国社会科学院、中国科学院为代表的科研系统努力不懈，加大对口援藏力度，让科技的力量惠及雪域高原，在青藏高原上树立了一座座丰碑。特别是党的十八大以来，在政策、项目、资金、平台、人才等方面大力开展科技援藏，为打赢脱贫攻坚战，加快西藏高质量发展提供了有力支撑。如今，在雪域高原，科研系统援藏干部的足迹无处不在。

一、科学技术部援藏

科学技术部不断深化科技援藏内容，从人才、技术、资金和设备等方面支援西藏科技发展，助推西藏科技事业得到长足发展。

（一）统筹规划，逐步建立科技援藏长效机制

1995年8月，原国家科学技术委员会（1998年更名为科学技术部）向全国各省、自治区、直辖市、计划单列市科学技术委员会发出了《关于认真做好科技援藏的通知》。1996年1月，原国家科学技术委员会再次向全国各省、自治区、直辖市、计划单列市科学技术委员会发出了《关于进一步落实科技援藏项目的通知》。到1998年年底，科技援藏项目达到133个，项目总经费达2864.88万元，其他技术援藏项目所产生的经济和社会效益无法估量。2009年8月，为落实中央第五次西藏工作座谈会精神，科学技术部与西藏自治区召开部区工作会商会议，会商议定的各项任务已得到了落实。2009年支持西藏地区科技项目50余个，累计援助资金5000多万元。十三五期间，科技部支持西藏219项2.63亿元；各对口省市援藏科技项目170项1.25亿元；国家自然科学基金委支持西藏23个项目5980万元。

（二）科技援助项目落地生根，实施科技富民强县计划

科技部围绕西藏农牧业发展的热点问题和重大科技需求，依靠国家科技富民强县专项行动计划以及一批批全国各省市援藏项目资金，一批像"高精度地基授时系统""青藏高原科学研究中心""清洁能源技术创新中心""工布江达县藏丹参种植与开发"科技项目在农业示范基地生根、开花、结果。北京市科学技术委员会援助的"当雄县种山羊基地建设"项目、江苏省科学技术厅援助的"墨竹工卡优质小油菜种子繁育及产业化"项目和山西省科学技术厅援助的"阿里地区农作物优良品种的引进示范"项目，有效地增加了农牧民收入。

科技部构建"政府引导、科技支撑、企业引领、合作社带动、贫困户增收"的科技扶贫机制，带动建档立卡贫困户2321户8988人脱贫。

（三）建立部区会商机制，通过部区联动的方式促进西藏科技发展

为落实中央第五次、第六次西藏工作座谈会精神，科学技术部与自治区政府建立部区会商制度，推动高层互访和科技援藏工作。如今，科学技术部和西藏自治区会商机制已成为西藏与国家科技发展战略有效对接的重要渠道。近年来，在科学技术部支持下，西藏共承担国家计划项目200项，项目经费近3亿元。

（四）加强人才培养，提升西藏自身科技发展能力

自2007年起，科学技术部每年为西藏地区举办一期科技管理人员培训班，为西藏地区培养科技管理干部和专业技术人才，各省市科技系统也积极帮助西藏开展科技人才培训。截至2022年，科学技术部通过"科技兴藏人才培训项目"，为西藏培训科技管理干部和专业技术人才776人次。截至2020年，西藏地区科技人才总量达到6万多人，西藏的科技人才队伍正逐步形成。

（五）持续发力，巩固科技援藏工作成就

科技援藏显著提高了西藏地区农牧民增收致富能力，培育了一批区域性的优势特色产业，加强了农牧业新品种的引进与示范，推进了农牧业产业结构调整，加强了藏药研究和新产品开发，推进了藏药产业化进程，为西藏生态建设和社会可持续发展提供了关键技术支撑，西藏科技工作基础能力得到了显著提升，形成了全国科技界合理支持西藏发展的良好社会氛围和

机制。

二、中国社会科学院援藏

中国社会科学院已派出10批人员进藏进行对口援助工作，对口援助的部门从期刊、科研管理到研究机构，社科援藏工作逐渐深入拓展。在中国社会科学院的大力支持下，西藏社会科学院的各项工作快速发展，科研水平有了大幅提升，推出了一批有分量的科研成果，为西藏经济社会发展作出了贡献。

（一）高度重视，加强领导

中国社会科学院多次召开会议研究援藏工作。2000年8月7—10日在西藏拉萨召开的全国社会科学院院长联席会暨社会科学援藏研讨会，向与会代表传达了时任中国社会科学院党组书记、院长李铁映的亲切关怀，并就加强社会科学院间联系与合作以及社会科学援藏问题作了讲话。与会者就社会科学援藏等问题，进行了深入探讨研究，对西藏自治区的改革、发展、稳定工作及西藏开发规划加深了认识，并就西藏经济社会发展提出了许多宝贵意见。

中国社会科学院领导还多次与西藏自治区社会科学院领导沟通援藏事宜。2009年5月5日，时任全国政协副主席、中国社会科学院院长陈奎元与西藏自治区政协副主席、西藏社会科学院院长白玛朗杰就援藏相关问题进行了沟通；2015年2月9日，时任中国社会科学院院长王伟光和副院长赵胜轩、李培林以及相关厅局的领导与西藏自治区政协副主席、西藏社会科学院院长白玛朗杰一行就援藏有关事宜和合作事项进行深入沟通协商。在援藏事宜上，历任中国社会科学院领导都表示全力支持。

中国社会科学院领导还非常关心援藏干部的工作，2012年，西藏自治区派驻的区社会科学院驻昌都地区芒康县毛尼村工作队队长、中国社会科学院援藏干部陈亚联同志致信全国政协副主席、中国社会科学院院长陈奎元，汇报驻村工作有关情况。陈奎元亲笔回信陈亚联同志，提出殷切希望。

（二）加强资金、项目援藏

在中国社会科学院的大力支持下，西藏自治区社会科学院的网络信息系统和"人类思想进步史"展厅建设工作得到顺利推进，中国社会科学院领导还对展览厅的设计提出了突出重点、搞出西藏特色、和内地有所区别的具体建议；中国社会科学院还大力支持西藏社会科学院做好西藏重大现实问题研究基地建设等，还根据援藏干部的工作实际，对相关项目进行大力扶持。如根据援藏干部陈亚联驻村工作实际，支持其所驻村修建道路、桥梁、市场、学生宿舍等和建立教育基金、购买电脑等文化用品等总计约250万元。

根据中央关于建设中国特色社会主义新型智库的文件精神和西藏自治区的需求，中国社会科学院积极帮助西藏自治区社会科学院建设适合西藏实际的社会主义新型智库，探索具有西藏特点的哲学社会科学和藏学创新工程，创新西藏哲学社会科学体系，推进西藏社会科学院建设成为有中国特色、西藏特点的社会主义新型高端智库。

（三）选派优秀干部人才援藏，支持西藏社会科学院培训工作

中国社会科学院注重选派优秀干部援藏。这些援藏干部发挥特长，为西藏哲学和社会科学工作以及经济社会发展作出了贡献。如援藏干部李登贵于1998年8月1日援藏，不久即被委以《西藏研究》副主编的重任，他认真工作，其担任副主编的《西藏研究》汉文版，荣获第二届百种全国重点社科期刊称号和2000—2001年度"首届国家期刊奖"。

我本人作为中国社科院派出的援藏干部，与爱人马新明连续两届6年援藏，被中组部、中宣部评为"援藏楷模"，受到媒体广泛关注。作为中国社会科学院的青年科研骨干，我曾在日、美两国留学及做访问学者，有较好的日、英文基础，有长期从事国际政治及国际关系研究的扎实功底。援藏期间，我主要承担英文版创刊、汉文版编校等工作，并积极推动期刊成果网络平台创建。此外，还先后主持和参与10多项国家及区市级委托的"近年来西方国家在涉藏问题上的立场及影响研究"、"西藏妇女社会地位变迁研究"和"拉萨市加强和创新社会管理实践研究"等重大课题，发表及结项成果60多万字。我经常深入调研，紧紧围绕西藏发展的重点问题开展课题研究，为西藏实现跨越式发展和长治久安战略目标建言献策。

2011年11月，根据西藏实际需要，我发起为西藏高海拔牧区学生捐赠冬衣的"温暖行动"，组织各方力量为当雄、尼木、林周县的10余所学校捐赠3000余套冬衣。2012年6—8月，通过未名基金平台，联系北京市新闻出版局、中国航空报社、北京出版发行集团等单位，为拉萨市六中、林周县阿朗乡小学等捐赠电脑、捐建图书馆和农家书屋，总额达380多万元。

中国社会科学院还积极支持西藏社会科学院的人才培养培训，根据西藏社会科学院的需求，中国社会科学院定期派专家赴西藏讲课、开展学科建设和课题研讨等。

（四）加强西藏及援藏问题研究

中国社会科学院发挥资源优势，加强对西藏及援藏问题研究，积极推动对口援藏工作。如对于西藏社会科学院的《西藏百年史研究》课题研究，中国社会科学院在资金等方面给予了积极支持，并对课题提出了意见建议。

中国社会科学院高度关注和重视西藏发展和稳定中具有全局性的重大问题，与西藏社会科学院一起先后推出一系列涉及西藏稳定的重大课题。如：《"治国必治边，治边先稳藏"战略思想研究》《中国边疆西藏段战略地位研究》《西藏民生改善与发展稳定的关系研究》《依法治藏与社会管理体系建设研究》等。

（五）坚持"五个带给"，努力开创社科援藏工作的新局面

面对新的形势任务，中国社会科学院专门成立西藏研究高端智库，组建专家学者团队，围绕事关国家形象和长治久安的问题，开展了深入的研究，并结出了硕果。在此基础上，中国社会科学院明确通过"五个带给"进一步深化援藏工作：一是将优良学风带给受援单位；二是将学科前沿带给受援单位；三是将设施技术带给受援单位；四是将研究方法带给受援单位；五是将先进做法带给受援单位，从而推动西藏社会科学和涉藏科研取得新的成绩。

第八节　群团系统援藏

在援藏工作中，全国总工会、共青团中央、全国妇联、中国文联、中国作协等群团主动担当，结合自身的职能和特点，发挥了不可替代的重要作用。

群团系统准确把握新形势新任务，切实增强责任感和紧迫感，突出重点，主动作为，在巩固援藏实践成果的基础上，着力推动实现受援地区的经济社会持续发展和长治久安。真正把对口援助转化为受援地群众看得见、摸得着的实惠，把对口援藏工作不断引向深入。

一、全国总工会援藏

全国总工会多次召开对口援藏会议，出台相关文件，推进资金、项目、人才援藏，协调、指导和推动全国工会系统对口支援西藏。1994—2022年，全国工会系统援藏资金和项目总计7亿多元。

（一）加强组织领导，统筹部署推进援藏工作

全国总工会多次召开会议研究部署援藏工作。以2016年为例，这年9月，全国总工会在拉萨召开企业工会援藏工作座谈会，总结企业工会对口援藏工作进展情况，研究部署下一步工作。在全国总工会的领导和统筹推进下，各援藏省市总工会、中央企业工会树立全国工会援藏工作一盘棋的思想，完善了工会对口援藏工作机制，加大对口援藏工作力度，对产业发展、基础建设、文化建设、人才援藏、保障民生等各援藏项目，积极主动进行商讨、对接，合理调度、配置好人财物等多方面要素，努力使援藏资源产生最大效益。

各对口支援工会纷纷成立相关工作机构，制订规划，工会援藏工作常抓不懈，抓出成效，如黑龙江省总工会成立了对口援藏工作组，制订援藏方案，并推动将省工会援藏工作纳入全省援藏工作统一规划；浙江、安徽、湖北、湖南省总工会专门制订援藏工作实施方案，将项目、资金投入等内容以制度形式固定下来，并将援藏工作纳入省总整体工作规划之中，做到规划到位、人员到位、资金到位，确保援藏工作扎实开展。

（二）加强资金、项目援藏，为西藏工会更好地发挥作用奠定坚实基础

全国工会系统不断加大资金与项目援藏力度，加强西藏各级工会建设、开展困难帮扶等工作，为西藏工会事业奠定了更加坚实的基础。仅1994—2014年间，全国工会系统援藏资金和项目总计约2.2亿元。资金与项目援助成为对西藏工会的一种最直接、最有效的援助。

例如，辽宁省出资50万元，援助那曲地区建设了职工活动中心；上海市和山东省共同斥资60万元，为日喀则市建造了一栋综合楼；安徽省总工会支持西藏山南市工会建设职工活动场所；福建省总工会拨款220万元，建立了福建省总工会林芝市困难职工帮扶基金，并争取90万元福建省援藏专项资金投入新建的朗县职工之家；湖南省总工会为山南市配备了一套自动化办公设备、购置了一辆公务用车；中石化工会投入100万元，为271户牧民购买太阳能照

明设备；中国中信集团工会先后选派了6批10名援藏干部到申扎县挂职，挂职干部参与实施了安居工程、牧民生产生活设施和教育设施等60多个援藏项目；上海市总工会投入600万元完成19个援藏项目，帮助日喀则市总工会做好网上工会建设，解决联系和服务职工"最后一公里"问题。

（三）关注民生，促进民族团结

全国工会系统援藏工作高度关注民生，将解决受援地各族职工群众的实际困难摆在突出位置，加大帮扶力度，给各族职工群众带来实惠，促进了民族团结。

上海市总工会及时关心受援地日喀则市困难职工群众，开展"金秋助学""帮困送温暖""女职工关爱行动""大病救助"等活动，2017年向日喀则市总工会援赠了45万元"金秋助学"资金。上海职工技协组织了一支由沪上各大医院专家医师组成的医疗技术小分队，赴上海日喀则临床医学诊疗中心开展学科交流、临床诊疗指导、义诊等技术帮扶活动，受到当地职工群众的热烈欢迎。

从2003年起，中国电信集团工会大规模投入公益性扶贫援藏资金，在全国大骨节病高发区边坝县，实施用大米代替病区青稞的"大米行动"。四川省总工会仅2011—2013年，就帮扶西藏地区困难职工2万多人次。福建省总工会拨款220万元在西藏建立"林芝地区困难职工帮扶基金"。中远集团工会推动企业累计投入资金1747万元，让受援的洛隆县职工和农牧民孩子有学上、上好学。

（四）协调组织工会干部人才交流和职工技能培训

各省市总工会积极推动工会援藏与本地区援藏工作的密切配合，推动援藏工作纳入本地区援藏计划之中，特别是积极选派优秀工会干部加入地方党政统一组织的援藏干部队伍，接受西藏工会干部来内地挂职锻炼。如上海、浙江、湖南、广东等省市总工会多次安排受援地区工会干部到内地学校学习交流，武钢工会与八宿县工会建立了交流互访机制等。这些做法，不仅开阔了西藏工会干部的视野，更为提升西藏工会服务职工的能力奠定了智力基础。

上海市总工会充分发挥上海科技人才集中的优势，着力在提高职工综合素质、促进产业工人技能提升上下功夫；安徽省总工会每年出资委托山南地区培训机构培训就业困难职工，帮助职工获得技能培训等级证书。

在全国总工会的推动下，拉萨皮革厂职工赴浙江温州职业技术学院进修，拉萨皮革厂定向委培工作纳入了西藏自治区高等教育招生范围，使拉萨皮革厂人才培养和输入有了稳定的渠道。

工会援藏干部积极推动西藏总工会在全区范围内广泛开展"比、学、赶、帮、超"等丰富多彩的劳动竞赛，提高西藏职工技能水平。如援藏干部边杰光负责牵头制定了《关于深入开展"当好主力军，建功十二五"创先争优劳动竞赛活动的意见》，先后策划和组织实施全区餐饮行业、美容美发行业职工职业技能竞赛，指导了全区气象行业、华能藏木电站、华泰龙公司、石油公司等厂矿企业的劳动技能比赛，在全区职工中掀起学技能的高潮。

2012年，西藏劳动竞赛、技能比赛活动已经覆盖全区各地各行各业，参与职工达到17000多人，"安康杯"竞赛活动的规模和质量均比以往有较大水平的提高。全国第四届职工职业技能比赛西南片区总决赛在成都举办，西藏自治区参赛团队取得了西南片区钳工、焊工总分名列前茅的好成绩。

二、共青团中央援藏

共青团中央和各级共青团组织发挥优势，整合资源，从人才、资金、项目等多个方面援助西藏建设和发展，努力加强干部援藏工作，教育培养青年骨干，服务青少年成长，促进青少年交流，援藏工作取得了良好的效果。

援藏以来，共青团中央和各级共青团组织共培训西藏各界青年人士4500多人次，先后组织5000余名内地团干部和青年学生进藏挂职和从事西部志愿服务工作；先后争取和落实人才培训、组织建设、就业创业和扶贫济困等100余个援藏项目，赢得了西藏各级党政部门的高度认可和西藏广大青年的广泛赞誉。

共青团中央连续开展了10批援藏工作，从第七批开始加大派遣力度，拓宽了援藏干部的数量和援建部门。共青团中央通过支持基层团的工作经费、民族团结交流万人计划、西藏青少年活动中心、西藏共青团移动工作平台、西藏青少年研究中心、西藏青少年红领巾快乐空间、"健康直通车"服务队、爱心100助学金等活动，在雪域高原各族干部和青年群众中留下了良好的口碑。

（一）始终坚持从党和国家的工作全局出发

共青团中央援藏工作坚持以中央关于西藏工作的大政方针、中央领导关于西藏工作的重要指示以及中央关于共青团工作的讲话要求为指引方向，将帮助当地团组织为党做好西藏青少年工作作为这项工作的根本遵循，紧紧围绕根本任务、基本职能等核心要求，面向西藏各族各界青少年开展工作，而不是将这项工作仅仅视为共青团组织内部的一个单项任务，从而提升了工作层次，扩大了工作覆面和影响力。

（二）坚持面向受援地区重点群体

共青团中央援藏干部王阳在援藏期间，走遍了西藏7个地市，深入到乡村农户，与基层农牧民和青年交流座谈，尽可能多地掌握一手资料，了解民意，发挥共青团的优势，巩固和活跃基层组织。

共青团组织要完成好党赋予的重要职责，需要自身具有强大的生命力和吸引力，而团组织的生命力则来源于广大基层青少年。西藏青少年人口众多，思想活跃，是推动西藏实现跨越式发展和长治久安的生力军，特别是西藏历史和社会发展的特殊性，民族、宗教、文化等因素对青少年的影响深远，做好青少年群体的工作显得尤为重要，事关国家发展稳定的现实和未来。

（三）坚持点面结合与远近结合

西藏青少年工作面广、线长、点多，团组织自身资源有限，基础较薄弱，加之民族和宗教等因素，工作难度较大，无法全面铺开。这决定了西藏共青团的工作忌贪大求全，求一招鲜，必须讲求工作的方式方法。

共青团中央援藏在多年的实践中形成了大小结合与远近结合的工作方法，即从大局考虑，从小处着手，做好青少年身边的具体事，赢得信任，赢得认同，引导他们树立远大理想，永远跟党走；工作要有战略眼光和前瞻思考，善于从具体工作中挖掘经验，探索规律，完善机制，将小事放大到影响广大青年的大事，达到四两拨千斤的效果。

（四）坚持统一同时兼顾特殊

西藏与内地的发展存在着差距，共青团中央援藏在工作标准上统筹兼顾，既强调全国统一步骤，也顾及其特殊性。统一步骤不是简单的"一刀切"，而是树立一个可以追赶的目标，对西藏青少年工作发挥带动作用；兼顾特殊不是无所作为，而是针对具体情况给予实际评价，起到鼓励和督促的作用，调动西藏各级团组织的积极性。

三、全国妇联援藏

近年来，妇联系统对口援藏，着重加强西藏妇女技能培训，组织西藏妇女发展优势产业，鼓励她们用勤劳的双手创造新生活，为建设繁荣富裕文明和谐的社会主义西藏贡献智慧和力量。

（一）选派干部人才援藏

截至2019年，全国妇联已安排10批援藏干部进藏挂职工作；同时组织各类短期人才援藏，支持西藏妇女工作，培养西藏各类女性人才。

（二）组织项目援藏

全国妇联支持推动的妇女小额担保贴息贷款、"三八绿色工程"、创建巾帼科技致富示范基地等项目，带动周边群众走上了致富路。"春蕾计划"项目、"母亲水窖"项目、"母亲健康快车"项目、"母亲邮包"、"贫困地区儿童营养改善试点项目"、城乡妇女"两癌"免费检查项目使广大西藏妇女儿童受益。

（三）促进西藏妇女综合素质提升

全国妇联先后在西藏地区开办了当地县妇女干部培训班、女致富带头人培训班、巧娘手工培训、女企业家培训班、女大学生村官培训班等。北京、天津、上海、广东等17省市妇联加强交往交流交融，热情接待西藏赴内地的妇女干部学习考察团。如北京市妇联每年组织开展巧娘手工培训，受到广泛欢迎和好评。

（四）发挥妇女优势，支持西藏维稳工作

全国妇联全力支持西藏的维稳工作，发挥妇女独特优势，指导支持自治区妇联积极开展维护民族团结和反分裂、促稳定的各种宣传教育活动。

四、中国文联、中国作协援藏

中国文联秉承"联络、协调、服务"的基本职责和"组织、引导、服务、维权"的重要作用，为西藏的文艺事业和文联事业多作贡献，为广大文艺工作者多办好事、多办实事。文联和作协援藏工作充分利用重大节庆日、纪念日、民族传统节日、党和国家重大政治活动，以及重大事件的契机，牵头组织有声势、有影响的各种创作、摄影、书法作品展和文艺演出等体现文联特色的文艺活动，发挥了文联优势，突出了高原特色，塑造了西藏形象。

（一）发挥挂职干部智力援藏作用

中国文联援藏干部杨学光援藏期间任西藏作协副编审，还担任《文联通讯》的编辑工作，除完成本职工作外，他主动申请下乡，深入边远藏区，体验基层老百姓的真实生活，收集了大量的创作素材，创作了一大批反映西藏的作品，部分作品参展和被报刊发表，呈现出一个多姿多彩的新西藏。

文艺工作和文联工作是宣传思想文化工作的重要组成部分，援藏干部肖世革援藏期间分管组联工作，发挥了十分重要的作用。肖世革、杨学光等一批批中国文联、中国作协的援藏干部，满怀激情，在最险的路上，描绘着西藏文化事业最美丽的风景。

（二）协调交流，促进西藏文艺交流合作

2011年8月，以原中国文联党组书记赵实为团长的"中国文联赴藏采风团"赴西藏采风并推动援藏工作，他们前往山南、日喀则等地采风，为当地牧民和解放军官兵举办了多场慰问演出活动，得到社会各界的好评；2012年5月21日，援藏干部牵头组织举办了西藏文艺界纪念毛泽东《在延安文艺座谈会上的讲话》发表70周年座谈会，自治区文艺界人士共聚一堂，回顾自治区文艺事业取得的辉煌成就，畅谈文艺事业发展前景。

（三）加强彼此联系，增进对外沟通与了解

援藏干部还主动加强西藏文联与中国文联和兄弟省份文联的联系，增进与国外文艺组织的沟通和了解，对于开阔西藏文联工作视野，提高工作水平起到了很好的促进作用。如北京市文联连续7年开展"首都艺术家拉萨行"活动，演出50多场，举办笔会、书画交流会30多场，成为京藏交往交流交融的品牌。

第五章　中央企业对口支援西藏

2001年，中央第四次西藏工作座谈会召开，中国石油等17家中央企业响应国家号召，充分发挥各自的优势，开展形式多样的对口支援，分别承担西藏日喀则、山南、昌都、那曲、阿里5个地区16个县的对口支援任务，2015年在此基础上又增加到22个县。一笔笔资金注入，一个个项目落成，雪域高原旧貌换新颜，20多年的对口援藏工作，西藏的经济社会发展作出了积极贡献，有力促进改善民生、惠及群众、增进团结，充分展现了中央企业的责任和担当。

中央企业对口援藏工作简要情况表

企业名称	受援地区	受援县	企业名称	受援地区	受援县
中国中化	日喀则市	岗巴县	神华集团	那曲市	聂荣县
上海宝钢	日喀则市	仲巴县	中国移动	阿里市	改则县
中粮集团	山南市	洛扎县	中国联通	阿里地区	革吉县
中国石油	那曲市	双湖县	国家电网	阿里地区	措勤县
中国石化	那曲市	班戈县	中国电信	昌都市	边坝县

企业名称	受援地区	受援县	企业名称	受援地区	受援县
中国海油	那曲市	尼玛县	中国一汽	昌都市	左贡县、芒康县
中国远洋	昌都市	洛隆县、类乌齐县	中国铝业	昌都市	察雅县、卡若区
东风汽车	昌都市	贡觉县、江达县	武钢集团	昌都市	八宿县、丁青县

第一节　能源企业对口援藏

一、国家电网公司援藏

早在新中国成立初期，电力企业的援藏工作就拉开了序幕。国家电力公司成立后，依照原国经贸电力〔1999〕1213号文的要求设置西藏电力公司，对西藏的电力事业发展进行管理和援助。2002年，国家电网西藏电力有限公司成立后，代管西藏电力公司，基于西藏的电力援助工作一直攻坚克难开展至今。

（一）国家电网公司支援西藏电力建设

国家电网公司全方位加大了投资力度，加快西藏电网发展和送电通道建设，积极开展对口援藏帮扶，为西藏电力事业以及地区综合发展提供了有力的支持。

1.实现了西藏电力天路与全国联网。2014年11月，国家电网公司克服高原施工、气候恶劣、地质复杂、运输困难等严峻挑战，举全力建设了两条"电力天路"——青藏联网工程和川藏联网工程，解决了藏中、昌都地区用电和水电外送问题。藏中电网与全国实现联网，西藏最高电压等级从110千伏升级至500千伏。"电力天路"为西藏人民送去光明和温暖，为西藏发展注入不竭的动力。

2.全面建成"户户通电"工程。国家电网公司积极履行企业社会责任，加快实施"户户通电"工程，解决了西藏农牧民群众最基本的生活照明用电问题，有力促进西藏农牧民生活水平提高和农牧区经济发展。2014年4月12日，海拔5200米的珠峰大本营正式通电，标志着"户户通电"工程全面完成。对于"户户通电"工程,国家电网公司无论资金投入还是人员投入都十分巨大。在草场面积广大的牧区,一条线只供几家电,一户的通电成本达到七八万元。

国家电网公司建设者们以极度顽强坚忍的毅力和精神创造了高原奇迹。2015年,国家电网提前半年完成国家下达的西藏大电网延伸新增县无电人口用电任务。目前,西藏主电网实现了跨越式发展,青藏、川藏、藏中联网工程先后建设,西藏电网供电能力得到极大保障;城市配电网改造、"户户通电"工程和农网改造升级工程的陆续实施,使西藏主电网覆盖范围扩大到62个县,解决和改善了全区近220万人的用电问题,电力供应水平得到极大提升。到2020年西藏统一电网建成之时,西藏主电网将覆盖全区74个县,供电人口达到全区的97%,为西藏经济社会发展和长治久安提供更加安全可靠的电力保障。

3.加大对西藏电力经营管理的支持。2007年以来,国家电网公司累计向国网西藏电力注资100多亿元,缓解国网西藏电力资金短缺和经营困难,提高国网西藏电力普遍服务能力。西藏电网经受住了多轮严峻考验,始终保持安全稳定运行,服务保障能力迈上新台阶。

4.大力开展智力人才援藏帮扶。国家电网公司先后投入援藏资金700多万元,组织580名技术管理骨干援藏,170名培训师进藏开展专业培训,220名国网西藏电力骨干到中东部电力公司挂职锻炼,同时实施面向西藏的定向培养和毕业生招聘政策。自2009年国网西藏电力检修公司成立以来,国家电网公司已派出4批援藏专家,几乎每年都会有五六名专家来到拉萨换流站,帮助当地员工掌握关键技术,传授管理方法,效果明显。

5.开展结对帮扶行动。由于西藏特殊的地理环境、历史沿革、区域经济等原因,西藏电力起步晚、底子薄,还有16个县域仍通过小水电局域网、太阳能光伏电站及户用系统等方式供电,供电质量和可靠性得不到很好的保障,无法跟上全区农牧民生产生活水平的快速增长——这里的农网,需进一步改造升级,以满足西藏农牧民群众的用电需求。

2016—2017年,国网西藏电力新一轮农网改造升级工程实施,投资124亿元,超过"十二五"期间西藏农网投资规模。面对异常繁重的建设任务,

2016年，国家电网公司制订了《西藏新一轮农网改造升级工程专项帮扶工作方案》，并提出公司总部要加强专业指导，采用"一省帮一市"对口帮扶模式，从人员、技术、施工、物资保障等方面开展帮扶。电网公司前方奋战，后方支持，不断优化帮扶机制，因地制宜，抽调精兵强将结合帮扶人员力量，组建区、地市两级建设指挥部和业主项目部，确立片区经理制，负责工程项目安全综合管理和组织协调，对规划、物资、信息系统、工程验收、财务、审计及档案等进行专业指导支持，做深做细各项工作。

（二）国家电网公司对口支援措勤县

自2003年以来，国家电网公司对口支援西藏阿里地区措勤县。从2007年至2018年，国家电网公司对措勤县的援助资金逐年递增，先后投入1亿多元帮助措勤县建设光伏电站、牧民安居工程等百余个民生项目。公司投资建设装机500千瓦的以风光互补发电为基础的微电网工程，是阿里最先进的智能电网工程。

1.高度重视，成立专门领导机构。2010年3月，公司调整援藏工作领导小组，组长由时任公司副总经理担任。2014年8月，公司董事、总经理代表公司在人民大会堂出席对口援藏20周年电视电话会议并作交流发言。2014年8月，时任公司董事长、党组书记赴藏与西藏自治区领导座谈。

2.拓展援助，改善民生。公司援藏干部通过积极联络，向国家有关部门作了专门的汇报，获批了措勤县基础设施专项援助，包括供暖、供水、措勤县社会福利院等项目。为切实了解广大牧民群众的实际需求，解决他们的实际困难，援藏干部多次深入各乡、镇、村，调查了解百姓疾苦，为他们排忧解难。针对A类贫困户，援藏干部会同县扶贫办制订实施了"借母畜还仔畜"项目，引导群众脱贫致富；针对基层党组织设施简陋，活动场所不健全的情况，援藏干部协调专项资金整改和完善；针对乡镇学校、医院及村级活动场所存在的基础设施破损，教学用具及医疗器械简陋等问题，援藏干部及时予以协调和解决。援藏干部每次下乡都随车带去大量自费购买的米、面、油等生活用品，发放给困难群众，深受百姓欢迎。2015年，为进一步加大援助力度，国家电网公司拨款援助资金2900万元对措勤县基础建设领域开展援助工作，切实改善了该县硬件条件。投资747万元继续对县城及周边乡镇电网进行延伸或改造，从根本上解决了供电难的问题。投资2153万元对县电视台、电影院及农牧民安居工程、中小学校职工宿舍、乡小学大院硬化、江让乡美朵村村委会等项目进行新建或改造。

3. 找准瓶颈，推动发展能源项目。经过公司援藏干部认真调研后发现，措勤县经济发展中存在的最大制约因素是能源问题。在四川省电力公司的大力支持下，援藏干部与东风汽轮机厂进行了深入的沟通与交流，确定由东风汽轮机厂援助措勤县发展风电，进而以措勤为示范基地和实施主体，向阿里推广微电网工程，实施风光互补发电的发展战略。东方汽轮机厂受"5·12"地震影响较大，公司援藏干部及时调整思路，决定充分利用东方汽轮机厂风光互补发电技术，改从其他渠道申请资金推广实施。微电网工程包括水电、光伏发电、风电、柴油应急发电、电池储能等互补供电电源，总装机1400千瓦。对措勤县来说，第一次实现了10千伏电网供电。

4. 资助教育，关注医疗卫生。国家电网公司援藏干部通过"格桑花在行动"为措勤县小学筹集了大量学习用具。设立国家电网教育基金资助贫困家庭的孩子圆上大学梦。另外，公司援藏干部还组织包括教师、医生在内的干部职工赴内地学习培训，提高业务水平，努力促进措勤县教育、卫生事业发展。帮扶最大的意义不是"输血"，而是让受援地区有了新的"造血"功能，在技术帮扶中学到的"渔"——新观念新技能，将会持续发酵，对受援地区自我提升大有裨益。

在"世界屋脊"上，国网人为了保证新一轮农网改造升级工程顺利完工，不畏艰难，奋勇向前，挑战极限，点亮雪域高原。他们在高标准、严要求完成帮扶任务的同时，还用更"远"的脚步，主动担当，用行动诠释责任，展示着国网人的大局意识、奉献精神。

二、中石油集团援藏

中石油集团对西藏双湖县的援藏故事始于2002年，援助期间，双湖县的道路、安居、教育、卫生等多个领域都有显著改善。多玛乡游客服务旅游中心、双湖县城区旅游商业综合体、措折罗玛镇游客服务旅游中心等一批项目最终落成并于2020年正式移交地方，进一步在地方发展、就业扶贫、增效创收方面发挥重要价值作用。截至2019年，中石油集团累计在双湖县投入4亿元，选派13名政治过硬、综合素质高的挂职干部开展支援工作，从根本上改变了牧区生产生活条件，在海拔5000米的雪域高原成功建造了一片幸福和谐的美好家园。

（一）以民生为着力点，推进对口支援项目建设

双湖县作为海拔最高、建县最晚的县，城市基础设施、农村牧民生产生活条件十分落后。如何将有限的项目资金使用到位，把钱花在"刀刃"上，真真正正做到"好事办好"，是对口支援项目建设的关键所在。2002年以来，对口支援项目组在项目前期比选、方案设计、招投标、竣工验收等环节强化过程管理，坚持民生导向，共投入5亿多元资金，重点建设扶贫综合市场、措折罗玛镇完全小学亮化改造工程、多玛乡光伏电站维修改扩建、卫生系统多媒体诊疗等项目，切实解决了双湖人民急、难、愁、盼的问题。

近年来，中石油集团紧扣精准扶贫，积极推进对口支援项目前期工作。2017年，双湖县与中石油集团在援藏资金投入方式、方向等方面达成一致意见，2017—2019年援藏项目资金向民生、精准扶贫倾斜，将以前每年分散的资金在"十三五"期间统筹考虑，集中力量办大事，重点发展双湖县急需的民生、旅游等精准扶贫配套项目，主要建设旅游扶贫步行街道等配套工程项目。同时，改变过去援藏干部单打独斗的不利局面，在项目设计、招投标、施工、竣工验收等环节全面依托中石油西藏销售公司的力量，加强对援藏项目的监督管理，构建项目管理的长效机制。

（二）紧扣精准扶贫，做好教育帮扶工作

双湖共有学校14所，学生2400多名，教师150人。援藏之初，双湖教育的突出问题是教学质量不高，升学率太低，中考升学率不到30%，重点高中升学率不到10%，考取内地西藏班的人数为零。造成升学率低的主要原因有4个：一是教师队伍结构不合理。以中学为例，42名教师中，数理化专业各只有1人，英语教师2人，其余大部分是藏文教师。二是教学方法滞后。由于双湖自然环境恶劣，优秀教师流失严重。现有教师普遍存在教学手段单一、照本宣科的现象，缺乏启发式教学。三是机制不健全。现有机制使教师的劳动成果与薪酬和职业发展等联系不够紧密，造成一定程度的吃大锅饭现象。四是由于教育没有让牧民家长看到希望，因此很多牧民家长对教育不支持，辍

学率很高。基于这种情况，中石油援藏干部努力协调，在北京市和拉萨市支持下，围绕提升教学质量开展了3项工作：一是通过拉萨市教育局和拉萨市城关区教育局，建立稳定的教师援助机制。定期援派一部分优秀教师到双湖讲授示范课、公开课，甚至代课，解决双湖教师数量不足和能力不足的问题。二是将成绩相对优秀的学生选送到拉萨上学。已有100多名孩子到拉萨上学，有多名孩子还送到北京师范大学附属中学上学。这些走出来的孩子在牧民家长中引起了巨大反响。三是建立教育基金。通过建立相对灵活的考核评价机制，对双湖的优秀教师进行奖励，对提高升学率有突出贡献的教师进行奖励，提高教师队伍的责任感。

（三）紧扣精准扶贫，做好医疗帮扶工作

针对双湖县百姓的平均寿命只有58岁，而且风湿病、高原心脏病等普遍存在，孕妇难产、急性阑尾、突发高反等致死的情况频繁发生问题，中石油集团在海拔5100米的双湖地区援建7个乡镇卫生院，成为高原上一道独特的风景线。中国石油医疗援藏模式由原来的巡诊式的"看病"转向以手术为突破方向的"治病"，并采取3项举措：一是将28名双湖医生送到内地开展针对性培训，按照不同种类手术的要求，培训主刀医生、助理医生、麻醉师、巡回护士、器械护士等。经过持续培训，他们已初步掌握了相关手术的基本技能。二是对现有的医疗设备进行全面梳理，对多年未开封的设备重新调试安装，对缺少的设备进行补充，购置了呼吸机、监护仪、腹腔镜等设备。三是充分准备，实现剖宫产、胆结摘除等多发病手术治疗零的突破。2017年8月22日，由17名专家组成的中国石油援藏医疗队到达双湖。8月23日，双湖史上第一位剖宫产婴儿呱呱坠地，成功将施行剖宫产手术的世界最高海拔刷新至5000米。仅仅一天之后，第二位剖宫产婴儿也顺利出生。为了感谢党的关怀和中国石油的无私援助，两个孩子的父母决定给孩子分别取名"霍党生"和"霍油生"。"霍"是主刀大夫霍志平医生的姓。"党生"意为因党而生，"油生"意为因油而生。那曲电视台、西藏自治区电视台和新华社均作了相关报道。之后又陆续做了腹腔镜胆囊摘除等手术。这些手术的成功实施，为在双湖常态化开展相关手术奠定了基础，积累了经验，树立了信心。经过3年时间，培养了一支可以满足广大牧民百姓基本医疗服务需求的医疗人才队伍。

另外，中国石油的援藏医疗队由"大规模、单批次"转向"小规模、多批次"，每次3~4位专家，每年3~4批，帮助双湖医生实现常见病手术的常态化。

（四）发扬中国石油优势助力双湖向现代化前进

2003年12月8日，中石油集团援建的光伏电站正式发电，电站总装机容量从25千瓦增加到105千瓦，供电时间从原来每天4小时延长到8小时。另外，中石油集团发挥自身优势，着力保障油气供应，优化双湖当地能源结构，促进地方经济发展。在西藏双湖建成世界最高海拔的加油站，保证当地生产生活所需。2011年在拉萨建成第一座5500万方液化天然气接收站，2012年年底拉萨居民第一次供暖用上天然气，从此开启了西藏使用清洁能源的先河，填补了西藏天然气发展的空白。据双湖县政府统计，在中石油集团援藏扶贫带动下，2019年双湖县实现生产总值5.7亿元、人均纯收入12000元，分别比受援助前的2001年增长30多倍和6倍。

（五）充分发挥援藏干部作用，依托集团构建"大援藏"格局

项目组充分发挥援藏干部的桥梁纽带作用，在工作中加强与双湖县、集团和西藏自治区的沟通联系，大大增进了援受双方的沟通了解。推动签署援藏中央企业与受援地对口支援协议，在2017年"富民兴藏"中央企业入藏大会上签署，从集团层面推动对口支援工作开展，依托集团在西藏成品油销售、加油站建设等方面的主导作用，推动解决双湖和西藏整体脱贫攻坚。打好脱贫攻坚战是党的十九大提出的三大攻坚战之一，对如期全面建成小康社会、实现党的第一个百年奋斗目标具有十分重要的意义。中国石油对口支援西藏项目组深入学习贯彻党的十九大精神，深刻领会和认真学习落实习近平总书记关于脱贫攻坚的重要指示精神，坚决执行党中央、国务院的决策部署，以更高的政治责任感和紧迫感，不放松、不停顿、不懈怠，发挥中国石油企业和援藏干部自身优势，精准发力，助力双湖巩固脱贫攻坚成果，为全面建成小康社会作出新的更大的贡献。

三、中石化集团援藏

2002年，中石化集团开始对口支援西藏那曲市班戈县。援助期间，中石化视班戈发展为己任，总共派出援藏干部8批20多名，共投入援藏资金5.7亿元，完成援藏建设项目150多个，涵盖牧业、交通、教育、卫生、城建、社会

稳定等方面。这些援助力量为班戈的社会和经济发展注入了新鲜血液，让班戈县成为了西藏北部变化最大的地方之一。

（一）接力援藏、稳步推进，发展产业

中石化集团第一批援藏项目（2002年4月—2004年3月）共实施5个，投入资金3273万元。中石化集团第二批援藏项目（2004年3月—2006年3月）共实施14个，投入资金2451万元。中石化集团第三批援藏项目（2006年3月—2007年7月）共实施16个，投入资金3020万元。中石化集团第四批援藏项目（2007年7月—2009年3月）共实施9个，投入资金1813万元。中石化集团第五批援藏项目（2009年3月—2011年7月）共实施17个，投入资金5112万元。中石化集团第六批援藏项目（2011年7月—2013年7月）共实施21个，投入资金4733万元。从第七批援藏项目（2013年7月—2016年7月）开始，中石化集团为当地引来了产业项目，"输血"式扶贫逐步变成"造血"式扶贫。2014年8月，中石化集团与西藏当地企业携手开发了"易捷·卓玛泉"，充分利用旗下易捷便利店的销售网络优势，将西藏"神山"圣水"卓玛泉"带出了"世界屋脊"，带进了千家万户。截至2017年6月，"易捷·卓玛泉"实现销售额16.2亿元，累计缴纳税费1.4亿元，带动就业超500人。"易捷·卓玛泉"也一举成长为西藏饮用水的龙头企业。

（二）修好街道，从土路到水泥路，从破旧到繁华

中石化集团第一批援藏项目做的第一件事就是修路。2003年，投资近2700万元，修建了班戈县的两条主要道路——吉江扎西路和幸福路，成为当地群众交口称赞的幸福路。

（三）建好住房，从帐篷到楼房，从流动到安居

为加快社会主义新农村建设，中石化集团以农牧民安居工程建设为突破口，先后投入3200多万元实施农牧民安居工程和照明工程建设，这在广大牧民群众中引起了强烈的反响，全县3.8万牧民群众因此得以住上安全舒适的新房，人均居住面积也迅速增加到22平方米，班戈县的1651户牧民还用上了清洁实惠的太阳能电源。这一系列措施的施行，让千百年来逐水草而居的牧民群众有了一个稳定、温馨的家。

（四）建好校舍，从简陋到一流，从分散到集中

2009年，中石化集团投资3900余万元，建设世界上海拔最高学校——中国石化小学。除建设中国石化小学之外，中石化针对班戈县贫困学生设立了总规模200万元的"中国石化助学基金"，保证全县每一位贫困学生都能上得起学，帮助他们实现梦想。

（五）点亮生活，让县城变明亮，许牧民以未来

从2005年开始，中国石化每年援助100万元帮助班戈县购置太阳能照明设备，切实解决牧民群众的家用照明问题，受益牧民达到5628户。根据中国石化援藏工作要求，在中国石化援藏干部协助下，中石化集团川渝分公司积极组织相关部门通过培训、提供工作岗位等方式，争取培养出有知识、懂技术的藏族油品销售管理人员，也希望通过这种方式，培养一批具有现代企业理念和企业操作技能的带头人。

四、中海油集团援藏

2002年，中海油集团开始对口援助那曲地区尼玛县。截至2017年，中海油集团投入扶贫援藏资金超过4.7亿元，实施150多个援藏项目，累计派出扶贫援藏干部（含驻村第一书记）37人。

（一）高度重视，明确工作思路

中海油集团主管援藏工作的领导7次带队进入藏北高原，听取尼玛当地政府、农牧民和中海油集团援藏干部的意见和建议。在总结以往扶贫实践的基础上，中海油集团提出了"解困、扶本、造血，建立长效机制"的扶贫援藏工作思路。

（二）稳步接力，推进项目援藏工作

中海油集团第一批援藏项目共完成19个，投入援助资金6000万元。中海油集团第二批援藏项目共完成20个，投入援藏资金5100万元。中海油集团第三批援藏项目共完成29个，投入援藏资金4800万元。从第四批援藏项目开始，中海油集团将援助重点进一步放到了改善民生上面，尼玛县县城市政道路建设项目、尼玛县政府光伏电站维修项目、"110"城市监控系统建设项目、尼玛县城水厂建设项目、尼玛县农牧民安居工程建设配套项目、尼玛县文部乡蔬菜种植基地建设项目、县农牧民经济合作组织扶持项目、县政府办公车

辆购置项目和尼玛县驻拉萨办事处配套设施项目相继落地完成。中海油还实施了海油高品质高原环保沥青进藏项目，为"中央企业入藏"和产业扶贫作出了巨大贡献。

（三）扶志扶智，积极培养当地人才

中海油集团积极加大了对尼玛当地人才的培养，让知识和技能成为带动尼玛藏族同胞脱贫致富的加速器。2020年，中海油扶贫办及援藏工作队积极与西藏自治区国资委（受援办）、那曲市人社局及区内高校对接，招聘工作在自治区各地市及西藏大学、西藏职业学院全面铺开，海油发展、中海炼化、中海油服等单位先后举办三场"空中宣讲"推介会，300多名高校毕业生参加，短短一周时间便吸纳23名学生正式与中国海油签约。多年来，中海油集团为尼玛县培训了近百名县乡干部和管理人才，这些人才回到尼玛当地后很好地发挥了"传帮带"作用，如在海油工程有限公司学成回尼玛的两名焊工在不到一年时间内就为当地培养了22名焊接人才。此外，中海油集团援藏干部积极动员社会力量，援助贫困生、孤寡老人等，受到了当地干部群众的好评。

五、中化集团援藏

中化集团自2002年起，开始对日喀则地区的岗巴县进行对口援助。援助期间，中化集团积极贯彻落实中央西藏工作座谈会精神和国家关于对口支援西藏工作的指示要求，深入贯彻"治国必治边，治边先稳藏"的重大战略部署，不断拓展援藏工作模式，加强项目援藏、智力援藏、文化援藏等，促进两地人民交流、交往、交融。中化集团先后派出援藏干部8批16人次，投入援助资金2亿多元，援建各类项目200余个，极大地带动了岗巴县的经济和社会发展。

（一）主要做法和成效

中化集团对口援助岗巴县期间，实施的项目涉及扶贫、城镇建设、文教卫生、水利交通、农牧民安居、产业建设、人才培训、设备更新、科技示范等多个方面，取得了丰硕的成果。

1. 注重民生促和谐。中化集团在岗巴县委政府的共同支持下，经过多年来的共同努力，支持改善农牧民居住条件为主体的小城镇建设已经走在日喀则地区前列，成为岗巴县近年来快速发展的标志，极大地改善了农牧民的居住条件。投入援藏资金700多万元，完成了200多户农牧民新居改造，起到了很好的示范作用。在全面推进岗巴县小城镇建设中，中化集团加大投入力度，投入400万元资助岗巴县龙中乡北村、龙中村共100户农牧民解决民房改建，为岗巴县全面完成小城镇建设贡献力量。为岗巴县新增水源库容19.9万多立方米，防洪堤坝（渠）2000米，提高农业抗旱保灌能力，新增桥涵70余座150余米；为各乡镇援建蔬菜大棚63座、鸡舍8座，年产蔬菜90.61万斤，藏鸡蛋2万多枚，使群众增加现金收入。

2. 生态环境重保护。突出湿地保护工程，抢救高原生态环境。中化集团高度重视生态环境保护，把造林绿化纳入对口支援工作，投资建设岗巴县城绿地和自然湿地保护工程，修建休闲广场和步行道，配备太阳能路灯、自然草地绿化和休闲混凝土桌椅等公共设施，使县城的生态环境得到有效改善，整体形象得到较大提升。

3. 基础建设求突破。中化集团投资1200万元建设了高标准城市道路中化大道，完善路网结构，完善新城区的基础设施，方便了居民出行，带动了沿线土地的开发利用，促进岗巴县城区的发展壮大。投入300多万元对岗巴县职工周转房建设配套设施，改善了基层干部职工居住环境，解决基层群众居住配套设施。

4. 运用科技求改善。着力升级现代农业，大力发挥科技促农牧业发展作用，积极开展选送优良蔬菜及粮食种子进农户活动，截至2015年共赠送价值近100万元的优良种子，其中蔬菜种子的试种取得了成功，品质和产量均有明显提升，具有很好的推广价值。配备了一大批医疗设备、办公自动化设备等，极大促进了岗巴县的跨越式发展，并为岗巴县专业技术人员在高原建功立业提供了舞台，创造了条件。

5. 注重培训挖潜力。造就实用技术型人才，推动经济社会发展。中化集团每年固定拨出不低于30万元援藏资金用于培训专项费用，同时坚持每年组织县、科级干部到中化集团及内地考察学习；开展各种人才培训项目，涉及医疗、财会、文秘、兽防、管理与种植、木工、绘画、宾馆服务、汽车修理等11个门类21个工种。通过援藏培训，为岗巴县培养了一批实用技术人才。中化集团从2014年开始设立"中化奖学金"，对西藏岗巴县考上大学的学生给予奖励，帮助这些大学生解决后顾之忧，使他们更好地完成学习，以推动尽快实现"一户一个大学生"的目标，帮助相关家庭脱贫致富。

6. 特色产业抓基础。充分发挥援藏优势，促进特色产业发展。为推动岗巴特色经济的发展，援藏干部积极为"岗巴羊"的市场化发展出主意、想办法、跑市场。制订了"岗巴羊"四步走方案，为"岗巴羊"的市场化发展奠定了基础；努力促使县政府以"岗巴羊协会"形式为4家餐饮企业在拉萨举行授权挂牌仪式，昔日的"贡品羊"成功登陆拉萨市场，走进了寻常百姓家；努力保持此项工作的延续性，准备资料、协调关系，积极配合自治区农牧厅参加了原农业部在北京组织的"岗巴羊地理标志质量控制"部级专家组审核，使"岗巴羊"品牌成为西藏自治区第一个被原农业部授予"地理标志"的农产品，进一步提升了岗巴特色经济资源的文化价值和专业品质。积极联系内地企业，探索岗巴羊的深加工，提升岗巴羊的附加值。

（二）主要经验和体会

1. 提早谋划抓落实。中化集团每批援藏干部均注意总结前任援藏经验，项目选择过程深入一线调研，侧重民生改善，教育培训，不摆"花架子"，最大限度解决实际问题。对援藏项目坚持早筹划、早动手，保证了项目按期完成。

2. 注重长远求实效。始终以岗巴县经济、社会发展现状及未来目标为需求，在实现对口支援岗巴县全面、协调、可持续发展中，以扶贫脱贫为重点，立足实际，统筹兼顾，突出基层，既注重当前更注重长远，既注重经济更注重政治，既注重城镇更注重农村，既注重建设更注重管理，既注重形象更注重实效。

3. 服务群众谋发展。为促进农牧区群众长远发展，各批援藏干部以改善农牧区生产生活条件、增强发展后劲为己任，突出实施了众多惠民项目。如在历届中化干部的努力下，岗巴羊的市场售价有了大幅增长，现在岗巴羊的售价比其他品种羊高一倍，农牧民增收明显。

4. 无私奉献促团结。对口援藏既是中化学习西藏艰苦奋斗精神的过程，也是援藏干部锤炼党性、磨炼意志、提升能力的过程，感谢岗巴县对中化援藏干部在政治上的充分信任、工作上的全力支持、生活上的热情关怀和管理上的严格要求。援藏干部充分发扬"两路精神""老西藏精神"，继续为岗巴县稳定发展和交往交流贡献智慧和力量，增强了中化与岗巴、首都与边疆人民的友谊。如岗巴县遭受特大雨雪及地震灾害后，中化集团援藏联络小组第一时间捐赠救灾款共计71万元（其中"9·18"地震捐赠救灾款为58万元），为岗巴县救灾、灾后重建作出了突出贡献；2013年岗巴县出现口蹄疫疫情，中化援藏联络小组又在第一时间捐赠救灾款10万元，帮助农牧民减少损失。援藏干部个人出资资助了县里15名贫困小学生。

5.持续发力固成果。积极参与反分裂斗争，维护社会局势稳定。岗巴县地处边境一线，是反分裂、反蚕食、反渗透的最前沿阵地。中化援藏干部不顾高寒缺氧，克服身体不适，与全县干部群众同学习、同生活、同战斗。特别是在每年的3—4月份、两会期间及重大节假日等敏感时期，始终与岗巴县委、县政府领导坚守一线。10多年来，中化集团援藏干部始终牢记"援藏一任、造福一方"的神圣使命，建设岗巴、发展岗巴、稳定岗巴，坚持做主人，不做客人，全身心投入工作，解决瓶颈，统筹兼顾，推动援藏工作不断向纵深发展。

（三）今后的工作方向

1. 继续提高站位。根据党的十九大关于深入实施东西部扶贫协作、重点攻克深度贫困地区脱贫任务，以强烈的政治责任感、深厚的民族感情、务实的工作精神积极扎实做好援藏扶贫工作，使中化在支持深度贫困地区脱贫攻坚中走在前面。

2. 继续加大投入。中化集团将坚持深入贯彻落实中央要求，加大援藏工作力度，加大资金投入，助力西藏打赢脱贫攻坚战，将援藏资金增加到2000万元/年；同时在产业上拓宽，除了提供资金援助，更要做到有产业、有就业、有教育、有培训，真正帮助当地经济社会进步，发挥长远可持续的作用。

3. 继续发挥优势。继续履行好中央企业的经济责任、政治责任和社会责任，发挥中化优势，以实际行动打赢打好精准脱贫攻坚战。中化集团各业务板块将更多地关注对口支援工作，探索将日喀则市和岗巴县的资源优势与中化集团的产业相结合，创新合作模式，加强双方的交往、交流、交融，持续深化对口援藏工作。

4. 继续改善民生。中化集团将全面贯彻落实中央援藏工作要求，加强交流合作，实施一批改善民生、造福群众的好项目，推动岗巴县经济社会发展，增加日喀则人民福祉，为岗巴县与全国一道实现全面建成小康社会的宏伟目标贡献力量。

六、神华集团援藏

西藏聂荣县位于那曲市中部，属唐古拉山地带，平均海拔4700米以上，全县下辖9乡1镇142个村（居）委会，有3万多人口。2002年年末，全县生产总值为7410.78万元，人均现金收入不足500元，属国家级贫困县。2002年，神华集团开始对这一国家级贫困县进行对口援助，先后派出16名干部到聂荣县工作，投入资金3亿多元，建设完成150多个项目，为当地基础设施和经济发展作出了显著成绩，有效改善了群众的出行条件和生产生活条件。

一是加强对援藏工作的组织领导。神华集团历届领导班子十分重视援藏工作，成立了神华集团驻藏援藏工作组，积极选派援藏干部。神华集团援藏工作在集团党组的领导下，各部门遵照党组"全力支持、量力而行、不搞攀比、受益群众"的援藏宗旨，积极主动地配合集团驻藏援藏工作组开展工作。神华集团党组专题讨论并编制完成了《神华集团援藏10年规划》，多次听取援藏工作情况的汇报，并由主要领导带队亲赴西藏自治区那曲市聂荣县指导援藏工作，慰问援藏干部，检查援藏工程项目进展情况。集团领导经常过问援藏的工程项目，要求工作组严把质量关，使神华集团援建的所有项目都要既安全又耐用。

二是利用自身优势为当地培训人才。神华集团发挥人才、技术和管理优势，采取培训医务人员、教师、兽医等办法，提高了当地管理人员、专业技术人员的管理水平和知识水平。通过培训学习，使这些人员从理论到实际操作上都有了很大的提高，返县后大都成为了所在行业的骨干力量。神华集团还分期安排了县委、县人大、县政府60%以上的领导干部和20%以上的科级干部到北京等发达城市和神华集团特大型能源基地神东矿区等大型企业参观学习。这对于县委、县政府领导转变观念、改进工作方式起到了润物细无声的作用。

三是援藏项目助聂荣旧貌变新颜。神华集团先后建设了一批基础设施和民生项目，提升了当地公共服务水平。如第一批安排了16个项目，建设神华大道项目、神华小学项目、县城山泉水水害治理项目、太阳能电站项目、电视台扩容改造项目、修建乡间道路项目、桥梁项目，购置各种防抗灾设备和医务人员、教师培训，畜牧兽医培训，公务员和技术人员的培训等。在第二批援藏3年里，神华集团安排项目34个，主要有：政府办公大楼、小康示范村、交通工具购置、市政设施二级道路建设、排洪渠、政府大楼改造、职工生活基地建设、办公设施购置等新建、续建项目，同时用神华助学金帮助解决贫困学生上学难的问题。第三批援藏安排各类项目26个，主要有聂荣县群众文化活动中心项目、聂荣县幼儿园项目、聂荣县家属区浴室项目、白雄乡政府办公用房项目、白雄乡村委会办公用房项目等，并配套完成了牧民安居工程和贫困学生助学项目。第四批援藏完成项目22个，建成了总建筑面积为2755平方米的县委综合办公楼，实施了小康示范村、交通工具购置、市政设施二级道路建设、排洪渠、政府大楼改造、职工生活基地建设、办公设施购置等新建、续建项目。聂荣县文化活动中心建筑面积4240.32平方米，内有会议研讨室、广电中心功能用房、群众娱乐活动室、文化展览空间和小型影剧院，集文化、娱乐、行政办公于一体，成为聂荣县一流的文化活动场所。新建的聂荣县幼儿园，占地面积3183平方米，园内各教室、宿舍、澡堂里都铺设了地暖、壁暖。在幼儿园楼内的中央活动大厅使用了采光棚，保证幼儿园内四季恒温；房屋整体抗震烈度为8度，为孩子健康成长提供了良好环境。

四是援藏干部发挥组织推动和桥梁纽带作用。历届援藏工作组带着集团党组的重托和聂荣县人民的期望，以聂荣为家，以群众为亲，以建设聂荣为己任，架起了神华集团与聂荣县人民群众的连心桥。神华集团第一、第二批援藏工作组将援藏项目重点放在了基础建设上，一大批项目建成和投入使用。第三批援藏工作组按照中央的要求，实施项目33个……第六批援藏工作组争取到援藏资金7400万元，落实援藏项目80余项，等等。这些援藏项目的建成和投入使用，使该县的城市功能不断完善，城市品位不断提升，制约经济社会发展的交通、能源等瓶颈因素得到了有效缓解。神华集团援藏干部把结对认亲活动作为与聂荣各族干部群众交往交流交融的重要途径，作为不断增进民族团结的具体工作。他们坚持"缺氧不缺精神，艰苦不降标准"，继承发扬"老西藏精神"，倡导"特别能开拓、特别能创新、特别能干事、特别能创业、特别能发展"的精神，甘于吃苦，乐于奉献，求真务实，勇挑重担，不遗余力地做好援藏工作，积极衔接援藏项目，树立了神华人在聂荣人民心中亲民爱民的良好形象，赢得了聂荣广大干部群众的好评。

五是着力改善农牧民生产生活条件。按照国家关于援藏项目应向农牧区倾斜、向基层倾斜、向民生倾斜的精神，神华集团从注重基础设施建设转向加大在民生领域投入，建设聂荣县神华大道、神华小学、尼玛乡太阳能电站（10千瓦）工程、有线电视网络技术改造及扩容工程、援藏拥军项目——"聂荣县人民武装部民兵训练基地（蔬菜温室大棚）工程"、城东山泉治理、政府住宅大院改造工程、职工生活基地及职工食堂建设、小康示范村建设、县城排洪渠道工程等重点工程，极大改善聂荣县农牧民群众的生产生活条件。对于工程投资大的项目，采取了"国家投一点、援藏帮助一点、银行贷一点、群众筹一点"的办法，如神华集团出资3700万元，已有3460户农牧民喜迁新居。在神华集团的援藏工程中，改善聂荣县农牧民居住条件的安居工程是一大亮点。如今，聂荣县农牧民的生活水平全面提高，生产生活环境发生了很大变化。

第二节　制造企业对口援藏

一、宝武集团援藏

中国宝武钢铁集团有限公司是2016年9月22日由原上海宝钢集团与武汉钢铁（集团）实施联合重组而来，其中原上海宝钢集团为母公司，武汉钢铁（集团）成为全资子公司。宝武集团是首批17家对口援藏的中央企业之一，原宝钢集团自2002年起对口援助日喀则市仲巴县，原武钢集团自2004年起对口援助昌都市八宿县，2016年又新增援助昌都市丁青县。重组后的宝武集团，一如既往地高度重视援藏工作，截至2018年，中国宝武共投入援藏资金5亿余元，其中援助仲巴县3.5亿元，实施项目136个，其中包含了中国宝武幸福系列、智力援仲（藏）项目、仲巴县公安局指挥中心、帕羊镇特色小城镇建设（二期）等12个重点项目，极大改善了受援地的发展面貌。

（一）对口援助仲巴县

自中央第四次西藏工作座谈会后，宝钢便成为了首批对口援藏的中央企业之一，对口支援日喀则仲巴县，并将其作为一项重大的政治任务来抓，作为宝钢履行企业社会责任义务的工作来抓，作为与仲巴县人民一道分享改革开放成果的工作来抓，不断加大援藏工作力度，拓宽援藏领域，形成了"项目援藏、民生援藏、产业援藏、智力援藏、人才援藏"五位一体的立体援藏工作格局，具体开展的工作表现在以下4个方面：

一是明确思路，选派得力干部援藏。宝钢集团结合仲巴县实际情况，确定了"前五年打基础，后五年抓发展"的10年援藏规划框架。随后，成立集团援藏领导小组，完善援藏工作机制，明确援藏项目定位和推进机制，确保援藏工作顺利推进并为仲巴人民带来实惠。健全援藏干部及其家属的人文关怀机制，解除他们的后顾之忧，使他们全心全意为造福当地百姓而努力。选拔援藏干部时，宝钢坚持高标准、严要求，结合人才培养战略，积极选派优秀后备人才到西藏锻炼成长。援藏干部除了要有过硬的身体素质和政治素养，还要考察其工作业绩、群众基础，以及处理重大事件和复杂问题的能力。宝钢员工有很强的社会责任意识和奉献精神，踊跃报名援藏，接受组织挑选，每一批的录取比例都在1：30左右。宝钢历任主要领导高度重视援藏工作，亲自率团赴藏考察援藏工作，慰问援藏干部，谋划推动援藏工作，坚定有力支持和指导援藏干部做好工作。

宝钢援藏干部情系仲巴百姓，细化项目方案，制订项目预算，明确项目节点，完善项目管理要求，确保项目精准到位，让仲巴各族职工群众真切感受到温暖。宝钢援藏助力仲巴县经济发展步伐越来越快，原先在日喀则市以"最落后"闻名的仲巴县，如今一跃成为全市的佼佼者。县城宽阔平坦的道路、设施齐全的文体中心、医疗设备先进的县医院、游客近悦远来的雅江源宾馆，令今天的仲巴人民扬眉吐气。

二是项目援建，促进基础设施建设。宝钢2002年开始援藏时，仲巴县城没有硬化路面，没有像样的房子，水、电每天定时供应；县城没有公交车站，乡干部到日喀则全靠骑马，一个来回需要数天时间。最让人痛心的是，孩子们没有一间像样的校舍，学生上学"屁股不离地，睡觉不离地"，因为上课没有课桌椅，孩子们只能坐地上；睡觉没有床，铺张羊皮就躺下。援藏干部深入调研，用了整整半年时间，跑遍了仲巴县13个乡。次年3月，一份围绕仲巴县基础设施建设和改善民生为主要内容的项目策划书通过了宝钢职能部门的专业评审，先通电、通水、修路，再建医院、建学校，让老百姓基本生活有保障，让孩子们有校舍读书，牧民生病能就医。

仲巴县水电站运行不稳定，援藏干部就到成都去聘请专业技术人员，确保电站运行正常。没有水，就请自治区水利厅的总工程师现场勘探，水的问题也得到了解决。离仲巴县城最远的北部仁多乡被冈底斯山阻断，要绕行900公里才能到达，经过调研，援藏干部最后选定以10多公里长的梅拉山谷为突破口修建一条路，贯通仲巴南北。要塞打通后，天堑变通途，牧民进城的路程一下缩短到100多公里。这不仅是一条公路，更是一条通往牧民心中的天路。援藏除了"输血"，更重要的是"造血"。援藏干部与仲巴县职能部门一起学习国家有关政策，在光缆进县城、路路通、黑色路面到县城等政策的指引下，他们勤跑自治区、日喀则有关部门，2004年6月，光缆线拉进了仲巴县城，仲巴人终于能用手机，也可以上网了，缩短了仲巴与外界的距离。通往日喀则的公交车也从邻县延伸170公里，开到了仲巴县城。

宝钢集团工会在对口援藏工作取得经验的基础上，以项目化管理的方式落实对口援藏项目。每年的具体项目由宝钢挂职干部与仲巴县研究制定，并做好宝钢和当地的信息沟通、援藏计划落实、协调服务等。宝钢集团援藏资金纳入当地配套资金共同完成项目。宝钢集团积极推进对口援藏的各项工作，做好精准对接，积累经验，做出典范。如雅江公寓、县中学、职业教育学校、市政道路、政府办公楼、宝钢文化活动中心、霍隆公路、乡镇卫生院、雅江源宾馆，以及蔬菜大棚、乡村道路、边贸市场、保暖井、乡镇配车等一批覆盖城乡、功能齐全的宝钢援藏项目逐步建成投入使用。

三是产业帮扶，谋划发展。按照"前五年打基础，后五年抓发展"的援藏思路，宝钢先后建成一批基础性项目和民生工程，仲巴县的城乡设施有了新面貌，当地老百姓的衣食住行也得到较大改善。到2008年，仲巴县城有了一纵两横的主干道、政府办公楼、政府职员安置房；县医院添置了高压氧舱、制氧机等医护设备，每个乡镇也有标准化卫生院；一批安居房在乡镇陆续建成，牧民冬天不再住在四面透风的帐篷里；55个村的68口保暖井和2处管道引水工程，使8000多名群众受益。仲巴县是一个以纯牧业为主的县，牧民养羊主要是自给，羊产绒低，羊绒品质差，收入非常有限。在当地县委、县政府的支持下，宝钢援藏干部远赴阿里为牧民购买种羊200头，肉羊、绵羊和牦牛500多头，改善牛羊养殖的品质。

宝钢对口支援仲巴县以来，仲巴县经济、社会发展迅速，百姓生活水平明显提高。如仲巴县小学、初中入学率分别达到99.1%、99.87%，全县广播电视人口覆盖率达到90%。仲巴县中学生人数从183名增加到1100名，乡镇卫生院从1所增加到13所，城镇医疗保险和农村新型合作医疗实现了全覆盖。乡级文化站逐步建成，牧民也有了休闲娱乐场所。仲巴县教育、医疗等各项事业得到蓬勃发展。

四是民生科技项目援助。蔬菜大棚是宝钢前几届援建的重点项目，但受仲巴自然环境条件限制，投用后产出低，连供牧民自己吃菜都难，更别提增收了。援藏干部请来农业专家，从外地买来土壤，再在大棚上添加隔热层。奇迹发生了，一簇簇嫩绿的菜苗长出来了，而且长势喜人，产量居然不低于内地，当地老百姓终于吃上了新鲜蔬菜，告别了过去土豆、萝卜、大白菜当家的历史。农业专家说，今后种菜不再是难事了。援藏干部又乘胜追击，扩大了蔬菜大棚的规模，如今，蔬菜大棚已经成了仲巴县大学生村官创业基地，由牧民自愿承包，一个蔬菜大棚一年的收入有3000元，好几位牧民尝到了甜头，又陆续承包了多个大棚，收入年年增加。

宝钢集团还积极动员各方面力量参与援藏，如集团工会实施西藏职工思想文化教育工程、西藏职工技能提升工程、西藏职工帮扶服务工程、西藏工会组织能力建设工程，定期召开会议研究工会对口援藏工作，形成《宝钢集团工会2015—2018年对口援藏规划》，投入资金共500多万元，主要支持改造仲巴县职工文化中心、工会干部培训、困难职工帮扶和当地工会需求等。

（二）对口支援八宿

2002年开始，武钢对口支援八宿县。20多年来，铮铮钢铁情怀给这个"勇士山脚下的村庄"带来欣欣向荣、繁荣进步的大好局面，也彰显了一份沉甸甸的中央企业责任。公司主要领导先后多次赴八宿县进行实地考察调研，结合当地实际不断拓宽援藏领域，丰富援藏内涵，积极完善援藏措施和确定援藏项目，始终做到在感情上拉近、在思路上创新、在资金上保证、在项目上落实、在力度上加大、在效果上靠前，肩负起中央企业对口援藏的神圣使命，具体开展的工作表现在以下3个方面：

一是高度重视，主动担当作为。武钢始终高度重视对口援藏工作，为援藏工作顺利实施提供了坚强组织保障。公司主要领导多次专题听取援藏工作汇报，并就援藏工作作出重要指示和部署。武钢作为特大型国有企业，在对口援藏工作中，严格按照党中央制定的援藏工作方针，全面履行援藏协议，落实援藏资金，落实民族政策，担负起特大型国有企业的社会责任，为西藏的经济社会发展，构建社会主义和谐社会作出应有贡献。2014年8月25日，党中央在北京召开全国对口援藏工作20周年电视电话会议。时任中央政治局常委、全国政协主席俞正声在会上充分肯定了包括武钢在内的全国各对口援藏省市、中央各部委20年来及17家中央企业14年来坚决贯彻中央的决策部署，讲政治，顾大局，从政策、人力、物力、技术等方面全面开展对口支援西藏工作取得的成绩，称这是为西藏的跨越式发展和长治久安作出的杰出贡献。

二是项目援藏，保质保量完成。"武钢始终坚持'质量第一'的原则，建好、用好、管好援藏项目，对八宿各族干部群众、对武钢援藏工作负责。"这是武钢对口援藏八宿的郑重承诺。援藏以来，武钢不折不扣地贯彻落实中央关于对口援藏工作的一系列决策部署，坚持以八宿的跨越式发展和长治久安为己任，把援藏工作作为一项重要工作纳入到公司总体发展计划中，想八宿之所想，急八宿之所急，办八宿之所需，科学安排各方面资源，在人才、资金、项目、技术等方面给予八宿县大力支持和无私援助。2004年至今，武钢在八宿县援藏项目涵盖了城镇设施、新农村建设、基层政权、社会事业、特色产业、交通能源等多个领域，在改变八宿县城乡面貌、改善农牧区生产生活条件、增强自我发展能力、促进地方发展稳定中发挥了重要作用。如今，当漫步在八宿县城的大街小巷，抑或走在乡村小道，映入眼帘的是一块块"武钢集团援建"的标识牌。通过十几年的对口援助，八宿县城乡发生了翻天覆地的变化，成就定格在了八宿县各族人民欢乐的笑脸上。武钢的一份中央企业责任也赢得了自治区党委、政府，昌都市委、政府和有关领导的高度评价，受到了八宿全县各族干部群众的一致好评。

三是感情援藏，建起深厚情谊。必须选派德才兼备、甘于奉献的援藏干部入藏工作，为八宿县社会经济发展和长治久安作贡献。随着安居工程、文化广场、特色产业、乡镇文化室等一个个援藏工程的顺利竣工，八宿县社会经济发展活力劲添，八宿县老百姓将一条条洁白的哈达献给援藏干部们，代表了西藏人民对武钢援藏干部的最高褒奖。武钢先后选派了8批共16名德才兼备、年富力强的援藏干部赴八宿县工作。他们无论在思想政治上，还是在工作作风中，都坚持从国家战略全局高度认识自己肩负的责任和使命，把党的政策、祖国内地发达地区的先进理念与八宿实际紧密结合起来，情系八宿人民，在本职岗位上作出了突出贡献。他们以服务西藏、稳定西藏和建设八宿、发展八宿为己任，远离故土亲人，舍小家顾大家，讲奉献重品行，缺氧不缺精神，继承和发扬"老西藏精神"，努力克服了身体、生活、语言和环境等方面的困难，让藏区百姓真切感受到来自中央企业武钢的无私奉献和真切关怀。援藏干部们认真履行职责，创新援藏机制，做好援藏工程，扎实推进维稳工作，做八宿人，说八宿话，办八宿事，创造性地开展援藏各项工作。尽管武钢正经历钢铁"寒冬"的困难考验，作为中央企业，武钢仍对藏族同胞给予无私帮助与大力支持，并发挥援藏干部作用，立足当地资源优势，在做好"输血"型援藏的同时，不断增强"造血"功能，更好地推动八宿县域经济持续发展。

（三）助力丁青脱贫攻坚

2016年7月份，武钢集团增加助力丁青脱贫攻坚的重任。丁青位于昌都市西北部，是昌都市海拔最高的县之一，境内坐落有藏东第一高峰、藏区最著名的苯教圣山——布加雪山；有水草丰美、野花艳艳的布托湖；有悬空而建的藏东最大苯教寺庙——孜珠寺。然而就在这样一个天堂圣地，当地的部分百姓却忍受着贫困之苦。据2016年统计数据，丁青县人口总数为9.1万，其中农牧民8.8万人，贫困人口13180名，贫困发生率为14.5%。

2016年以来，武钢与当地政府通力合作，按照武钢集团与西藏自治区昌都市签署的"十三五"援藏规划，武钢集团向丁青县派出援藏干部，每年定向拨付援藏资金1000多万元，用于丁青县民生、教育、医疗等扶贫项目的建设。在党中央的科学决策和地方政府、企业的定向帮援下，丁青县精准扶贫、精准脱贫的攻坚战顺利推进，经济社会快速发展，基础设施加快建设，民生大幅改善，发生了重大的可喜变化。2018年10月，西藏自治区人民政府正式批准，丁青县退出贫困县（区）。

要想从根本上改变丁青县的落后面貌，彻底甩掉贫困帽子，转变农牧民的思想观念，提高他们的文化水平是关键。为此，武钢集团援藏工作队提出了"志智双扶、鱼渔同授"的援藏工作思路，通过教育扶贫阻断丁青县农牧民贫困的代际传递。一方面把有限的援藏资金向教育事业倾斜，加强丁青县幼儿教育硬件建设；另一方面在计划外援藏项目上动脑筋、想办法，尤其是要充分利用武钢60多年幼教方面的经验，发挥人才、技术等方面的优势，采取"走出去""请进来"的方式，通过双向培训交流为丁青县培训幼儿教育老师，提高丁青县的教育"软实力"。2016年12月，丁青县与武钢幼教中心签订了学前教育培训战略合作协议，明确3年内通过双向交流为丁青县培训100名学前教育"明月"园长和"种子"教师，由此拉开了武钢集团教育扶贫援藏的序幕。

武钢支持丁青建设新的幼儿园。幼儿园按国家标准设计，规划投资1500万元，占地12.98亩，建筑面积3046平方米，内设舞蹈室、音乐室、美术室等专业教室，以及食堂、餐厅等辅助设施。该园建成后，可解决270名幼儿的学前教育问题。

2017年5月，丁青县教育局组织15名幼师来到武汉，在武钢幼教中心开展为期1个月的实习培训。老师们到达武汉后，顾不上适应"大火炉"的"烤"验，立即如饥似渴地投身学习。武钢幼教中心的老师们也毫无保留地倾囊相授。

为了让来自雪域高原的幼儿教师们学到真本领，武钢幼教中心还为丁青县幼儿教师量身定做了教案，为每一位丁青幼儿教师选择1~2名有丰富教学经验和管理水平的老教师开展"导师带徒"活动，精心设计培训课程，手把手教授实战经验。

2017年7月，武钢幼教中心的5名幼儿教师张朝霞、刘晓轶、谈爱晶、刘意、林国花组成首批援藏支教团队抵达丁青县，她们每个人都是幼教领域的专家。乡镇的道路有的紧贴绝壁，有的泥泞崎岖，处处布满着惊险，但这丝毫不能动摇她们前行的脚步。远离亲人，远离故土，远离自己的孩子，只为丁青幼教事业的发展。如今，丁青县的幼儿教育发生着悄然变化。"在培训中我们收获很多，特别是在教育理念、手工制作、体育游戏和园本教研上，武钢支教的老师们给我们带来了宝贵的幼教经验和优质资源的共享。"丁青县幼儿园教师陈小妮回忆起那段时光感慨道。

2018年以后，在丁青县64个村居的草场坝子和田间地头，经常可以看到印有"武钢援赠"标志的皮卡车为农牧民送医、送药。这是中国宝武钢铁集团投资247万元为丁青县13个乡镇卫生院配备的乡村医疗工作车。另外，集团投资237.6万元购置的3台流动医疗车也不定期深入各乡镇、村居，为农牧民进行体检或者巡回医疗，使丁青县方圆12000多平方公里的9.3万名农牧民足不出户就可以享受到便捷的体检和巡诊服务。

此外，武钢还投资1210万元配套建设觉恩乡觉恩村异地搬迁安置点，帮助57户315名建档立卡贫困户农牧民于2018年7月喜迁新居；引入武钢实业钢能公司和建安公司在丁青县设立2家分公司；协调武钢楠山康养公司为丁青县提供就业岗位；积极联系内地企业和爱心人士为丁青县农牧民捐款捐物……

宝武集团根据党中央的统一部署，始终坚决贯彻落实党中央、国务院的指示精神，落实好对口帮扶工作，坚持"造血式"援藏，以项目带动增强地区可持续发展能力。今后，宝武集团会一如既往、全力以赴做好对口援藏工作，为地区经济社会发展、民生改善提供有力支撑；通过对口帮扶交流，在经济、技术、人才等方面深入合作，促进援藏地区经济社会更好发展。

二、中铝集团援藏

中铝集团从2004年开始对口支援西藏昌都察雅县以来，讲政治、讲大局、讲责任，先后共派出8批共16名干部援藏，投入资金2亿多元，援建项目80多个，为察雅县经济社会发展作出了贡献。其具体援藏工作主要表现出4方面的特点：

（一）积极"输血"，做好民生工程援建

对口支援察雅县伊始，中铝集团每年都按时拿出1000余万元资金援藏，在产业项目实施、基础设施建设、教育卫生事业发展等方面全面开展支援。如2007年为察雅县卡贡乡村每户修建了2层小楼，不仅房子面积大，而且人畜分开，还有客厅、卧室、储藏室和厨房等，住着既方便又舒适。2018年，中铝集团援建察雅县精准扶贫及新农村建设（中铝新村），同时投资500万元用于标准化卫生院建设项目，极大改善了当地群众的生产生活条件。

（二）增强察雅的"造血"功能，积极资助教育发展

扶贫必先扶智，从2004年开始，中铝集团共投资1800余万元，为察雅县建设了7所学校，培养了上千名察雅县文化青年。在第三批援藏干部的努力下，中铝·格桑花基金成立。中铝集团每年投入资金100万元，资助察雅县贫困家庭的孩子读高中或大学，奖励优秀的教育工作者。2007年中铝集团援建察雅县的幼儿园，累计解决了1000余名儿童的入园问题。中铝集团在卡若区如意乡援建小学"教工之家"，改善当地教学条件，解决教师和学生实际困难。

（三）建蔬菜大棚，产业扶贫见成效

中铝集团在察雅县香堆镇投资300多万元修建了17个蔬菜大棚，交给察雅县当地村镇来管理，解决了察雅县当地群众吃菜难问题，也解决了他们的就业问题。同时投资150万元和800万元，帮助在昌都市察雅县境内开拓性地创建了"吉康种植养殖园"和"藏东农牧业科技示范园"，推广果园及大棚蔬菜种植面积1020亩和2010亩，成为当地群众的"绿色银行"。

（四）优势合作，提升受援地区经济水平

西藏矿产资源丰富，而中铝集团在矿产资源勘探、开发方面实力雄厚。中铝集团累计投资15.96亿元，2014年完成投资10.42亿元，重点在精准扶贫、矿产开发等方面加强沟通合作，发挥企业优势，给予昌都更多的支持帮助，推进昌都经济社会长足发展和长治久安，努力促进西藏的资源优势转化为经济优势。

中铝集团努力深化对口支援工作，发挥中铝集团优势，丰富援藏扶贫内容，拓展工作方式，特别是在落实乡村振兴战略、就业扶贫及教育扶贫、铝产业扶贫方面，进一步加大援藏力度，把援藏工作做得更加精准、更有实效。同时，加强沟通协调，聚焦精准扶贫脱贫，探索一条矿产资源开发扶贫的新路子，为昌都经济社会长足发展和长治久安贡献更多的中央企业力量。

三、中国一汽援藏

中国第一汽车集团于2002年开始对口支援昌都左贡县。至2019年，中国

一汽先后派出8批援藏干部，从人才培训、教育卫生事业、基础设施建设等方面援助左贡，累计投入各类援藏资金2亿多元，援助建设100多个项目，给左贡县的社会经济发展带来了非常积极的影响。中国一汽的援藏工作主要体现在以下8个方面：

（一）注重基础设施建设，推动"美丽左贡"建设进程

中国一汽投资1200余万元从道路硬化、村庄绿化、房屋新建改建等方面建设了旺达镇乌雅村和美玉乡俄龙村新农村示范点，配套建设旺达镇夯达村、田妥镇西岭通自然村新农村，使其发挥示范效应引领其他村新农村的建设。投资380万元建成左贡县美玉乡俄龙村新农村，建设内容包括318国道进入该村跨玉曲河公路大桥一座、修建村委会办公用房一栋、修建入村道路和美化亮化工程等。投资315余万元在玉曲河田妥镇至扎玉镇段上建成人畜过往吊桥6座，总长300余米。投资410余万元在中林卡乡左西村、美玉乡乌碧村、俄龙村建成水泥公路桥三座，共118余米。投资132万元，建设了左贡一汽汽车修理服务中心，满足左贡机关单位和农牧民群众汽车修理需求。投资153万元，新建左贡县城文化广场，投资1400余万元建设珠然新区体育馆。体育馆的建成为左贡人民提供了休闲、娱乐、活动场所并进一步提升了左贡县软实力。

（二）优先加强教育事业发展，助推左贡教育上新台阶

中国一汽集团援助左贡18年来，援藏干部始终把加快教育发展摆在优先发展的位置，扶持左贡教育事业快速发展。如投资600余万元建设希望小学、幼儿园等学校，极大地缓解了左贡学生上学难问题。投入260余万元建设左贡县职业技术学校，加大农牧民技能培训力度，为农牧民增收致富提供技术保障。投资140余万元配置一汽红塔轻卡19辆，解决全县中小学校生活物资运输难问题。设立教育奖励基金，资助左贡考入各级各类大学的农牧民子女顺利上学，设立教师教育突出贡献奖项，已发放教育奖励资金300余万元，激发教师的热情与智慧力量。近年来，左贡教育工作在昌都名列前茅。

（三）配齐医疗卫生设备，促进卫生事业快速发展

2005年投入50万元改善县卫生服务中心医疗设备，投入50万元改善左贡10个乡镇卫生院办公和医疗条件。2011年投入90余万元建立了县卫生服务中

心信息化管理网络系统，使得全县医疗设备及条件得到改善，群众就医、看病难得到有效缓解。2014年，中国一汽总医院的医疗小组到左贡县开展义务诊治、业务培训、病理检查等工作，提高了左贡医技人员的技术水平，捐助40余万元的医疗设备，改善了医疗卫生条件。

（四）着力改善办公生活条件，提升干部工作热情和效率

援藏之初，援藏干部了解到左贡县委、县政府办公条件差和干部职工住宿条件困难情况后，连续投资805.9余万元建设县委、县政府综合办公楼和附属工程，改善办公条件；先后投资800余万元建设了周转房，改善干部群众和教师的住房条件，缓解了办公、住宿难问题。

（五）实施智力援藏，缓解人才匮乏问题

针对左贡广播电视、医疗卫生等专业人才技能水平不高的问题，累计投入500多万元，先后培训教育、卫生、财会、广播电视、企业经营人员、网络技术及组工干部300多人次，有效地开阔了干部群众的视野，启迪了经济社会发展的新思路。中国一汽每年还专门划拨30万元，用于对口支援培训，学习内地先进的工作经验，拓宽了工作思路，增长干部职工的见识。

（六）加大旅游宣传力度，推进左贡旅游资源市场化

针对左贡梅里雪山、美玉草原、东坝民居等旅游资源丰富，但区内外游客知晓率不高的现状，先后投入200余万元，制作广告宣传牌、宣传画册等旅游资料，大力宣传左贡自然、人文等方面的优质旅游资源，吸引了更多的游客到左贡旅游观光。

（七）发挥自身优势，为各单位配置适用公务用车

为县政府配置公务车3辆，乡人民政府配置公务用轻型卡车10辆，全县中小学校配置生活用车21辆，县城环卫车辆2辆，县消防中队配置消防车1辆，提供了公共服务运行能力。

（八）主动担当社会责任，与左贡人民共渡难关

2010年昌都解放60周年大庆期间，中国一汽领导来到左贡县考察慰问，看望幼儿园的孩子们，捐赠10万余元的学习用具，增强了彼此的深情厚谊。2013年11月，中国一汽在得知左贡"8·12"地震灾区恢复重建资金紧张、灾区人民生活困难时，积极为灾区捐赠150万元，用于帮助灾区群众灾后重建，

鼓励灾区群众同全县人民一起努力，同舟共济，共克时艰。2015年建立了特色产业发展扶持基金，支持当地产业发展，提高农牧民创业增收的积极性。

四、东风汽车公司援藏

从2002年开始，东风汽车公司对口援建西藏贡觉县。20多年来，东风汽车公司共实施援藏项目100多个，援助贡觉县资金超过2.3亿元，促进了贡觉县经济的快速发展，为当地社会的持续稳定创造了有利条件。东风汽车公司对贡觉县的援助工作主要从4方面进行：

（一）积极支持城乡基础设施建设

东风汽车高度关注贡觉基础设施建设，实施一大批基础设施项目，贡觉县县城面貌发生了巨大变化，如投入资金建设了农牧民文化活动中心、东风和谐广场等基础设施项目，改善了县城基础设施条件，美化城市环境。东风汽车公司援建的相皮乡曲日玛、莫洛镇夏日东风示范村，体现了援藏项目向基层、向农牧区倾斜的工作要求，让农牧民群众真切体会到中央对西藏人民的关心，体会到东风汽车公司对贡觉人民的关爱。

（二）积极支持社会事业发展

东风汽车公司高度重视教育、医疗等社会事业的援助。通过兴建教育基础设施、选派优秀教师到东风公司培训学习、援助教育紧缺物资等方式，促进了贡觉县教育发展。2014年，东风汽车公司在贡觉县设立了润苗基金，成功帮助贡觉100余名考入大学的贫困学子圆了求学梦。东风汽车公司援建贡觉县人民医院干部职工周转房，解决住房困难。2014年9月27日，在东风汽车公司协助下，贡觉县远程医疗系统顺利开通，补齐当地医疗技术欠缺的短板，成为中央企业较早开展医疗援藏的企业。

（三）开展智力人才和科技援藏

东风汽车公司充分发挥中央企业智力人才和科技优势，对贡觉县积极开展智力人才和科技援助，通过"请进来，送出去"的方式，选派10多名优秀中学教师到东风技工总校学习汽车修理专业知识。陆续组织优秀乡镇长、中青年干部、人大政协代表、村（居）"两委"班子成员及县民间艺术团共100多人到东风公司进行专业培训。东风援藏干部带着东风公司全体职工的深情厚谊，积极发挥"传帮带"的作用，把东风好的制度、好的方法推广到各部门、各乡镇。东风汽车公司援藏干部始终以高度的政治责任感和使命感开展各项工作，受到了贡觉县各级领导、干部职工和广大群众的高度评价，树立了东风公司援藏干部的良好形象。

（四）大力扶持产业，提高农牧民收入水平

针对贡觉县以农牧业为主的基本情况，东风公司先后投资230万元，在贡觉县莫洛镇援建了一批加工厂，主要对当地盛产的糌粑、藏香进行加工；由东风汽车公司支持建设的贡觉县夏龙绿色农畜产品专业合作社，从最初年产值40万元的小作坊，发展到2019年年产值达到500万元的小企业，有效带动了周边群众就业；东风扶贫工作队通过探索"企业+合作社+农户"的模式，支持贡觉县丈中村15户建档立卡贫困户成立了阿旺绵羊合作社，投资建成8个养殖点和1个饲草基地，将阿旺绵羊作为带动农牧民增收致富的主导产业来抓，带领农牧民走上了一条"特色优势产业路"，使贫困群众年收入户均增加近1万元。

第三节　通信企业对口援藏

一、中国邮政集团援藏

西藏地处高原，气候环境恶劣，自然条件差，经济社会发展相对落后，发展环境相对较差。中国邮政集团和中国邮政储蓄银行对西藏的发展高度重视并给予大力支持，先后从山西、广东、山东、江苏、辽宁、湖北、陕西、黑龙江、四川、福建等10省调派骨干力量支持西藏邮政的发展。自1999年对口援藏以来，中国邮政开展邮政第一、二批援藏项目46个，完成项目总投资近10亿元；先后组织选派了7批援藏干部，共计120多人，涉及20多个省（市）邮政公司、邮储银行和速递物流公司，从政策、财力、物力、人力上对西藏邮政事业发展给予了无私援助。

中国邮政集团的援藏工作分为邮政与邮储银行两个部分。

（一）邮政

中国邮政一直把支援西藏建设、发展西藏邮政事业作为一项重要的政治任务来抓。从1951年4月16日人民邮政在藏开办以来，一代又一代西藏邮政人，时刻牢记"人民邮政为人民"的宗旨，栉风沐雨、砥砺前行，在"生命禁区"坚守，被广大农牧民和边防官兵称颂为雪域鸿雁。

西藏全区共有752个邮政普遍服务网点，它们分布在120多万平方公里的广袤土地上，服务着337万人，单个网点平均服务面积多达约1600平方公里，而平均服务人口却仅有4480多人，平均每平方公里不足3人。地广人稀的客观条件让西藏邮政服务的成本陡然增加，整个西藏邮政分公司长期处于亏损状态。随着普服标准的提升，西藏邮政服务的成本进一步提升，即便如此，在"十三五"期间，西藏邮政依旧持续加大投入，逐渐提高边境乡镇和建制村的服务水平，2017年对21个边境县73个边境乡254个边境村的邮运和投递频次进行了提升，全区边境村基本保持至少每周一次投递频次。

近年来，西藏邮政与地方联合开展精准扶贫项目，收集有需求、有特点、有价格竞争力的优质产品，利用"线上+线下+分销"渠道方式的优势，稳步推进"工业品下乡"和"农产品进城"工作。

2015年，西藏邮政分公司确定了打造"网络代购+平台批销+农产品返城+公共服务+普惠金融"为一体的邮政农村电子商务综合服务平台的目标，经过几年的努力，探索出一条具有西藏特色的农村电商发展道路，即5个结合：线上与线下相结合、工业品下乡与农产品进城相结合、农村电商与邮政业务相结合、农村电商与政府对接相结合、农村电商与精准扶贫相结合。围绕5个结合，在电商服务平台上叠加金融服务、便民服务、寄递服务及商旅服务，逐步打造农牧区"购物不出村、销售不出村、金融不出村、生活不出村、创业不出村"的邮政农村电商生态，基本形成政府认可、群众满意的邮政特色农村电商发展格局。全区共有邮政农村电商网点719处，其中邮政自营417处，商超加盟类302处，有550处网点深入农村，极大地推动了西藏农特产品的外销和品牌的形成，打造了多个西藏本地农特明星品牌，其中有山南昌果红土豆、朗县核桃、那曲黄蘑菇、洛扎藏鸡蛋、岗巴羊等7个国家地理标志保护产品，一定程度上缓解了西藏农产品销售和运输环节的难题。

（二）邮储银行

从2008年8月到2019年8月，就西藏分行业务经营管理与开发工作，援藏干部深入基层调查研究，把内地的先进工作经验与西藏的实际情况紧密结合，积极为西藏分行出谋划策，提出了很多可行性建议，协助制定了相关业务制度和规范，整体提升全行的管理水平。部分援藏干部主动参与区分行的经营管理工作，积极完成组织交给的各项任务，当好决策者的参谋与助手，帮助、带领藏汉员工共同进步，发挥了援藏干部"传帮带"的作用，为西藏分行的发展作出了显著的贡献。

业务拓展方面，在援藏干部的牵头和参与下，西藏分行取得了包括自治区级、拉萨市级住房公积金资金归集业务的准入资格和票据直贴业务的开办准入，取得了西藏区"财政非税业务"准入正式批文，成为西藏自治区首家获得该项业务经办资质的商业银行，并分别与国开行西藏分行、西藏最大的商贸与零售企业——西藏百益集团签订了战略业务合作协议，引入区外同业交易对手49家，结束了西藏金融机构无同业资金业务的历史，还成功完成了财政、烟草、票据、信托收益权等项目的拓展工作。通过以上多项业务发展平台的搭建，西藏分行业务量、总收入大幅增加，进入良性发展轨道。

经营管理方面，援藏干部从业务流程建设和业务操作管理两个方面入手，推进业务流程改造和业务管理流程优化。打造了符合西藏特色的核算流程，西藏分行将风险合规的思想贯穿整个流程，提出"核算创造效益"的观念，推进了分行业务核算的改造。

内控风控方面，在援藏干部的牵头推动下，西藏分行规范了风险管理委员会运作模式，修订了风险联络员考核办法，制定了全行风险管理考核办法，建立外规跟踪机制，聘请法律顾问，提升风险管理工作的主动性和权威性。区分行成立以来未发生任何案件和突发事件，连续3年被总行授予案件防控先进单位，连续两年被人民银行拉萨中心支行授予反洗钱A级单位、综合评价A级单位。

资产提质方面，在援藏干部的牵头参与下，区分行认真牵头落实全面风险管理建设纲要，推动各类风险管理组织分工的细化、优化和贯彻落地。分行不良贷款率控制在0.1%以下，这在很多内地银行也很难达到。

在信息科技管理方面，援藏干部相继完成了"921工程"，公司业务2.0、3.0系统，信贷业务2.0、3.0系统，公司业务集中处理中心项目以及逻辑大集中等10余项重大工程项目的建设。在所有统建工程项目中，西藏分行得到了总行的密切关注，多次得到总行领导及总行信息科技部门的表扬。在工程建设工作中，西藏分行完成了网点信息集中发布系统、VIP排队机系统、无线POS系统等多个自建系统建设，为分行VIP体系建设打下了基础，为中间业务研发及业务发展探索了道路，用行动实践了西藏分行党委提出的"全国开展哪些新业务，西藏就要开办；全国建设哪些信息系统，西藏就要完成"的目标。

二、中国移动援藏

中国移动对口支援改则县，改则县平均海拔超过4700米，每年冬季长达8个月，有记录的最低温度达到零下40多摄氏度，空气中的氧气含量只有内地的60%，县里至今还没有存活超过3年以上的树，生存环境恶劣，是国家深度连片贫困县。中国移动于2002年开启了对该县的对口援助，全力改变改则县的面貌。

援助期间，中国移动不断加大西藏网络基础通信设施建设，截至2018年，已累计投资67亿元，其中，电信普遍服务项目已累计投资29.65亿元，涵盖2932个行政村的网络建设任务，占西藏自治区行政村网络建设任务的58%以上，共在西藏已开通基站2.3万个，铺设光缆7.4万皮长公里，城区、县城、乡镇网络实现100%覆盖，行政村覆盖率达88%，国道沿线覆盖率达85%，重要旅游景点覆盖率达100%。此外，中国移动还先后选派8批16名援助干部支援改则县，投入资金3亿多元，落实援助项目近60个；重点扶持生态、科技、教育、民生等领域，加强改则城镇基础设施建设，变"输血"为"造血"，切实增强改则县自身发展能力。

移动通信条件的改善与其他一系列援藏工程的实施为改则县各方面的发展创造了有利条件，如今的改则县已经旧貌换新颜，发展成为雪域高原上一颗璀璨的明珠。

（一）明确思路，开拓创新，扶贫又扶志

中国移动援藏工作组提出了"以改则党委、政府为主导，以援受双方密切合作为基础，以改则农牧民发展为中心，以改则基层党建为依托，以改善条件、提高能力、增加机会、赋予权力为举措，积极推动改则当地农牧民成为援助行动主体"的"参与式援助"方法，提高改则当地受援群体的积极性和创造性，发挥中国移动援藏项目在提高改则当地干部群众素质方面的积极作用，把人力资源开发贯穿到援藏项目的全过程，显著提升援藏资金效率，取得了成效。

（二）发动各方广泛参与援建

在2011年的安居房建设当中，中国移动委托改则有关乡、村组织协调当地农牧民参与项目的全过程，同时根据改则当地农牧区实际，合理确定安居房房屋面积，建设原材料就地取材，使改则当地群众广泛参与建设并得到技能培训，乡土知识和群众经验得以充分发挥，建设成本节约到过去的一半以下，受到了改则当地干部群众的普遍欢迎。如中国移动援藏资金1385万元建成了9个蔬菜大棚。2018年冬天，白菜、香菜、菠菜、茼蒿等棚产蔬菜陆续端上了改则群众的餐桌，而且因为节省了运费，平均菜价下降了20%，解决了当地百姓吃菜难的问题。在阿里地区首府狮泉河所在地，中国移动投资941万元参与建设的"康乐新居"也投入使用，上千牧民搬进了新居，过上了幸福美满的生活。

（三）注重提升当地干部素质

中国移动还采取"请进来，走出去"的方式加大对改则的智力援藏工作力度。从2003年开始，中国移动累计投入600多万元培训资金，主要采取了"走出去"的方式，先后选派了改则100多名各乡镇党委书记、基层领导干部、专业技术人员到北京社科院、南京农业大学等进行了理论培训，提高改则干部人才的综合素质，使之成为当地干部人才的骨干。

（四）注重提升"造血"功能

中国移动还充分发挥自身在国内外通信产业链上的影响力，推动包括中国大唐、华为公司、联想集团、中兴公司、三星公司等78家国内外知名通信企业成员的TD产业联盟，搭建了产业援藏平台。中国移动于2010年9月在改则县设立教育发展基金，140多位改则县优秀师生和贫困生得到基金的奖励和资助，此项举措被西藏自治区主要领导誉为"中央企业援藏的有益创新"。如援藏干部段玉平在县委县政府的支持下，帮助成立了改则县旅游公司，对县里的旅游资源、产品进行市场化开发，集中收购麻米乡手工作坊里的藏香，注册商标后销售，年销售额逐年增加。2017年，他募集资金19.37万元，在改则县成立了"特色产品商店"，集中展销当地羊毛加工制成的羊毛衫、围巾以及藏香等土特产品，月营业额最高时能达30万元。

（五）发挥挂职干部的桥梁纽带作用

中国移动援藏干部努力克服高原自然条件恶劣、海拔高、路途远等困难，及时转变心态，扎实有效地开展援藏工作，通过惠民生、暖人心的实际行动，树立了中国移动援藏干部的良好形象，赢得了改则广大农牧民群众的称赞。扶贫先扶"智"和扶"志"，援藏干部通过自己的朋友圈，发动内地的亲朋好友，对贫困学子进行一对一帮扶，共资助贫困学生320余人次，捐款达43万多元，为学生捐赠衣服、字典、运动器材、文具等，在改则县中学设立了"杰瑞励志奖学金"，以勉励品学兼优的好学生。

中国移动援藏干部放弃优越条件，扎根阿里，满怀热情踏实苦干，促进了当地发展。对党的赤胆忠诚、为群众甘于奉献的情怀，化成援藏的涓涓细流，滋养着这片神圣的土地，也带动了更多中国移动人，无怨无悔投身脱贫攻坚事业。

三、中国联通援藏

自2002年承担对口援助西藏自治区革吉县任务以来，中国联通始终把对口援藏作为一项重要政治任务来抓，将其视为企业应当担负的社会责任，从选派挂职干部、安排援藏项目、落实援藏资金等方面均给予了最大限度的支持，对革吉县的发展提供了最大限度的帮助。特别是中央召开东西部扶贫协作座谈会、深度贫困地区脱贫攻坚座谈会以来，中国联通全面贯彻落实习近平总书记扶贫开发战略思想，进一步提高政治站位，把精准脱贫精准扶贫作为"十三五"期间援藏工作的主要任务来抓，加大援助力度，先后派出8批共16名援藏干部，投入2亿多元，援助70多个项目，为革吉县脱贫攻坚、经济发展、维护稳定、改善民生注入了动力，提供了保障。

（一）组织有力，建立健全组织机构

解决深度贫困问题，加强组织领导是保证。中国联通集团党组统一领导，各级党委统筹协调，多方参与，形成系统合力，促进中国联通扶贫攻坚任务多层次、立体化地深入推进。在集团和西藏分公司分别成立对口援藏工作组织机构，共同开展援藏工作。集团成立中国联通定点扶贫与对口援藏工作领导小组，作为扶贫援藏工作决策机构，由公司党组书记任组长、其他党组成员任成员；集团成立中国联通定点扶贫与对口援藏工作办公室，作为扶贫援藏工作管理机构，负责制定扶贫援藏工作制度和扶贫援藏工作指导与检查等事项。西藏分公司成立中国联通革吉县对口援藏工作办公室，作为对口援藏工作执行机构，贯彻落实集团援藏工作要求，进一步明确责任，确保各项援藏工作落地执行。从集团到省、市、县分公司，都把扶贫攻坚工作摆到重要位置，由主要领导亲自抓。各级公司建立健全了组织机构，明确管理职责，坚持责任到人，规范完善干部挂职、资金筹集、项目管理等相关规章制度，加强指导监督，确保扶贫攻坚任务有效实施。

（二）选派干部，推动援藏工作落地实施

选派优秀干部到定点扶贫县挂职锻炼，是中央单位定点扶贫的重要形式和重要内容，是中国联通贯彻落实脱贫攻坚政策，推动脱贫攻坚任务有效实施的重要保障。中国联通严格按照"政治素质好、工作能力强、管理经验丰富"的标准，共选派8批15名优秀干部（其中1人连任两届）赴革吉县开展援藏工作，分别担任县委副书记和县委常委、政府副县长。历届援藏干部在援助革吉县工作期间，牢记使命，立足本职，兢兢业业，艰苦奋斗，主动把援助工作融入到革吉脱贫攻坚中，把感情融入到为牧民群众服务中，把中国联通的优良作风融入到办实事办好事中，与基层干部群众朝夕相处，并肩作战，在宣传政策、发动群众、实施项目、监管资金等方面，发挥了积极作用。

（三）精准扶贫，助推革吉脱贫攻坚

中国联通积极响应党中央关于扶贫开发的号召，认真履行政治责任、社会责任，积极承担定点扶贫、对口支援等任务，投入了大量人力物力财力，从产业开发、文化教育、医疗卫生、基础设施建设等多个方面在贫困地区开展了大量帮扶活动，实施了大量帮扶项目，为贫困地区加快脱贫致富步伐作出了重要贡献。十二五期间，中国联通在对口支援革吉县的农业、教育、卫生、基础设施建设等方面，累计安排帮扶项目35个，投入援藏资金8749万元，有效改善了当地群众的生产、生活基础设施，提高了教育卫生环境和条件。"十三五"以来，中国联通认真贯彻落实国家精准扶贫政策，加大对口支援革吉县的帮扶力度，充分尊重地方政府主导地位，充分发挥中国联通行业优势，围绕革吉县政府脱贫攻坚任务，以帮扶建档立卡贫困户实现脱贫为目标，组织编制中国联通对口援藏"十三五"规划，推进援藏项目建设实施。中国联通在发展产业脱贫、易地搬迁脱贫、发展教育脱贫等方面，安排7个援藏项目，投入援藏资金5410万元，配合地方政府落实易地搬迁脱贫；投入资金1000万元，解决580多人的搬迁安置；启动蔬菜基地建设项目，投入资金100万元，用于项目前期准备工作；开展教育培训扶贫，投入资金150万元，向100多人提供教育卫生、蔬菜种植、建筑施工、民族手工艺、公共服务等方面的实用技术培训，提升农牧民群众的脱贫能力。

（四）惠民生，做实重点援助项目

"要想富，先修路。"过去西藏革吉县交通基础设施建设相对滞后，就连革吉县城的主干道也是砂石路面，当地干部群众出行极为不便。中国联通第二批援藏干部来到革吉县首要的工作就是投资300万元重修县城主干道。宽阔平整的柏油马路修通了，纵贯整个革吉县城。中国联通在援藏工作中尤其高度关注民生、关注农牧区群众的冷暖安危，配套568万元，与政府共同投资在革吉兴建了265套农牧民住房安居工程。同时免费提供给革吉县两个乡镇部分无住房的困难群众居住，真正让革吉老百姓实现"住有所居"。中国联通曾先后投资260万元建设了革吉县职业教育培训中心；投资850万元改扩建革吉县亚热乡完全小学；投资350万元改扩建革吉县幼儿园。为弥补革吉县学前教育的短板，提高教育资源供给水平，2009年中国联通投资70万元建设了革吉县历史上第一个幼儿园，填补了学前教育的空白。近年来，随着革吉县经济社会的发展，县城人口的不断增长，当地对县幼儿园的承载能力及软硬件条件升级改善提出更高的要求，2015年中国联通再次投入350万元用于革吉县幼儿园的改扩建工程，使办园条件明显改善，优质资源逐步扩大。中国联通投资120万元在革吉县布贡村建设了现代化的温室蔬菜大棚，配备了电源、供水设备，还修凿水渠，引狮泉河水以及打井灌溉，有效拓展了增收致富的新门路。

（五）创先争优、强基础惠民生开展驻村工作

中国联通西藏分公司响应自治区党委、政府的号召，积极履行企业社会责任，深入开展"强基惠民"驻村工作。从2012年起，每年选派近40名队员，

分别进驻日喀则等5个地市10个行政村开展"强基惠民"驻村工作，出色完成"建强基层组织、维护社会稳定、寻找致富门路、进行感恩教育、办实事解难事"等各项驻村工作任务。4年期间，投入739.7万元，为各驻在村实施道路、水渠、学校等45项小型惠民工程，惠及1.2万名群众，赢得当地干部群众的高度赞扬。此外，由中国联通投资958万元为革吉县在拉萨市林周县建设的五保户供养服务中心（社会福利中心）项目，完成建设投入使用，填补了革吉县无社会福利院的空白，将温暖送到困难群众心间。

（六）加强服务，以信息化促进经济社会发展

在大力开展对口援藏工作的同时，中国联通还积极发挥通信运营企业的优势，积极加快西藏信息通信基础设施建设，全面服务、支撑革吉县地方经济社会发展。在通信网络投资建设方面，自2001年至2017年，中国联通累计完成投资40亿元用于提高通信网络建设服务水平。中国联通积极促进县域信息化发展，面向当地政府、金融、教育、医疗等部门领域推出了多项产品并完成了诸多标杆项目。

四、中国电信援藏

从2002年开始，中国电信开展对口支援中国电信西藏公司和昌都市边坝县，截至2021年，先后有8批130多名干部人才开展援藏工作，推进了10个乡镇的基础设施建设，建成项目130余个，累计投入援助资金超过3亿元，建成了一大批具有一定影响力的基础工程，让城镇化覆盖率达到了90%，有力支持了西藏边坝的经济社会发展。

（一）集团高度重视，成立专门机构负责

集团专门成立了以副总经理为组长、总部相关部门为成员的扶贫援藏工作领导小组及工作机构，积极建立对口支援的长效工作机制，制定了援藏干部选拔、日常工作管理、项目审批、招投标等一系列制度和援藏滚动规划。公司领导高度重视援藏工作，每年召开一次援藏工作会议，年均援藏资金从2002年的1450万元增长到2019年的2000多万元。针对边坝地处偏远、交通险峻、基础设施建设薄弱、文教卫生基础条件差、农牧业生产基本处于自然经济状态等情况，结合其未来经济与社会发展目标，中国电信对边坝县进行了全方位的援助，真正服务好边坝人民。

（二）选优配强干部，发挥桥梁纽带作用

选派优秀干部对口支援西藏公司，是党中央从国家安全、稳定和发展全局作出的重大战略决策，是中央赋予中央企业的一项重要政治任务。中国电信始终把援藏工作作为重要的政治责任，坚持真情援藏、科学援藏、持续援藏，紧密结合对口支援地的实际，紧紧抓住夯实基础务求实效这个关键，不断加大援藏力度。自援藏工作开展以来，中国电信已先后选派出7批15名电信人赴边坝县、22个省级公司100多名员工赴西藏公司工作，有效解决和弥补了西藏公司在经营发展、网络维护、服务保障工作中人才、资金、物资等方面的困难和不足。进藏以来，援藏干部克服恶劣条件、高寒缺氧、水土不服、交通不便、习惯不同等种种困难，较快地适应当地生活环境，快速地进入工作角色，积极认真地落实工作安排。在历届中国电信援藏干部的努力下，如今的藏东小城边坝已旧貌换新颜。援藏工作获得边坝当地各级政府和边坝人民群众的高度赞扬，获得了"全国民族团结进步先进集体"光荣称号。

（三）结合当地需求，开展基础项目援藏工作

按照边坝未来区域经济发展定位，将边坝旅游资源开发作为产业援藏的主攻方向，助推三色湖成为自治区级风景名胜区。大力加强信息化建设，铺通邦达至边坝光缆，在边坝县率先开通3G网络，建成覆盖全县的电视电话会议系统和遍及大部分乡镇的全球眼安全监控系统（"平安城市"系统），彻底改变了边坝对外通信"有进无出"的历史，使边坝成为"信息化应用示范县"。为各乡镇及驻地解放军、武警配备了现代化的办公设备，增添了文化设施，为所有乡镇购买了越野车，解决了出行难题，使基层办公条件获得很大改善。援建干部职工周转房、夏贡拉大道、县城饮水工程等21个城市基础设施建设项目，不仅改善广大干部群众工作和生活环境，也使边坝初具现代城市规模。先后进行了扎色玛新农村建设示范点、县养殖场、县农贸市场、县敬老院和六乡镇小城镇建设，对7个村进行了村容村貌整治和整体搬迁，使许多农牧民告别了传统的土坯房，有了稳定的增收渠道。所有援藏项目的工程质量、外形效果和社会影响在全地区堪称样板之作，成为经得起历史和人民群众考验的"放心工程""民心工程"。

（四）聚焦基层民生，发展文教卫生事业

中国电信将农牧民最迫切、最现实的需求作为援藏项目的优先考虑方向，各省公司、各地市分公司，也主动参与到对口支援工作中。2011年，由中国电信集团投入近1000万元、边坝县财政配套500万元的县青少年活动中心正式建成，包括主体4层建筑、多功能厅、室内篮球场、中心广场和文化公园，是集会议、报告、影院、展厅、图书阅览、科教、文化娱乐、体育健身等多功能于一身的综合性活动设施，建筑面积为4400平方米。同时也是边坝县干部群众休闲娱乐、教育培训的主要场所，已成为县城的标志性建筑。

援藏干部热心资助贫困学生，2012年8月以来，爱心支持100多名边坝县农牧区贫困大学生及城镇低保家庭大学生顺利入学。为边坝中小学援助了大量教育设备和文具，组织内地教师赴边坝开展义教，选派当地优秀教师到内地学习，设立教育奖励基金，改善边坝教育环境和氛围。建设县文化活动中心，为县图书馆捐赠图书6648册，组建县民间艺术团，促进藏文化发扬光大。捐赠大批医疗设备，为边坝培训文教卫生人员，多次组织医疗队到边坝进行义诊，把许多濒临绝境的病人从死亡线上拯救回来。建立青年干部读书会，设立中青年人才培训基金，为广大干部提高素质增开了一扇希望之门。

（五）抓住关键问题，开展大骨节病防治活动

边坝县是全国大骨节病的重灾区，大骨节病患者占总人口的14%以上。中国电信在全集团范围内开展了"防治大骨节病捐赠大米"和"壹元"基金捐赠活动，发动全体员工共同参与到对口支援工作中，提高政治意识、责任意识和为民服务意识。从2002年起，中国电信每年安排援助资金用于防治大骨节病。2003年3月，中国电信号召全体员工向边坝大骨节病患者捐赠大米。活动共募捐资金1015万元，每年运送大米200吨。2011年3月，为深入推进"为民服务创先争优"活动，结合大骨节病防治情况，中国电信再次向全集团员工发出号召，每人每月捐献1元，连续捐助5年，建立"壹元基金"，用于大骨节病防治和资助边坝贫困学生，并与中国扶贫基金会、边坝县人民政府签订《中国电信员工"十二五"扶贫援藏项目捐赠协议》，持续做好大骨节病防治工作。中国电信成立了专项大骨节病防治基金，由专项基金管理委员会委托中国电信四川公司工会进行管理，建立了严格的募捐资金使用制度。边

坝县也制定了受捐物资管理制度，把中国电信员工所捐赠的大米及时有效地送到病区人民手中，长期跟踪大米使用和患者康复情况。截至2019年，边坝县实现了近5年无新增大骨节病例，现有大骨节病患者也减少至1850人。边坝县邀请卫健委防控中心专家对大骨节病防治工作进行评估，专家组在经过多次调研后认为边坝县大骨节病已得到全面控制。

为做好新形势下的工会对口援藏工作，中国电信将继续着力加强人才援藏，促进西藏职工队伍素质提升，为全面建成小康社会提供人才支撑；注重统筹协调，把援助项目抓实抓好，使对口援藏工作取得实实在在的政治效益、经济效益、社会效益，为推进西藏跨越式发展和长治久安作出应有的贡献。

第四节　流通企业对口援藏

一、中粮集团援藏

中粮集团于2002年开始对口支援山南地区洛扎县。截至2018年，中粮集团先后选派8批16名干部到洛扎县挂职工作，累计援助资金1.8亿元，为100多个项目的建设提供了支持。中粮集团不仅顺利完成了援藏任务，还把管理理念、工作方法、"忠良文化"带到了洛扎县，有力助推了当地的经济社会发展。

（一）主要做法和成效

1. 突出援藏工作机制建设，确保各项任务有序推进。中粮集团成立了专门的援藏扶贫开发工作领导小组，出台了《中粮集团援藏援疆经理人管理办法》和《中粮集团对口援藏项目资金管理办法》等规章制度，确保各项援藏工作有序进行。

2. 突出结合当地实际，做品牌，促合作。洛扎县自然资源匮乏，耕地、草场面积相对较小，传统农牧产品在产量、质量、加工后的附加值等方面均无明显优势，农牧民收入低。中粮集团援藏干部重点扶持那些既贴近农牧民日常生产生活，能够使之广泛参与，又消耗自然资源较少、附加值相对较高的产业项目，如藏鸡养殖、玛卡和藏红花等高附加值经济作物种植等，在做好示范基地的同时，把荒山、荒坡利用起来，带动周边、偏远、贫困村（居）

农牧民群众种植养殖，以实现增收。如2016年5月，在援藏干部的牵头与协调下，价值2300多万元的中粮品牌米面油进入拉萨市场；6月份，中粮旗下的蒙牛乳业与拉萨城关区政府签订全面合作协议，共建高海拔牧场和牛奶工厂；7月，我买网与拉萨大昭圣泉合作开发的上质品牌高原饮用水投入生产。截至2019年，总投入约1400万元的藏鸡养殖场、黄粉虫繁殖基地、大棚蔬菜种植基地已初具雏形，形成以藏鸡养殖为纽带、3个项目相互关联的循环农业模式。由中粮集团统筹协调、拉萨城关区主导投资、蒙牛乳业全程技术协助的西藏净土乳业加工厂也于2018年9月建成投产，年产乳制品10万吨，纳税5000万元的该项目不仅带动了周边2460户奶牛养殖户增收，还促进了上游规模化奶牛养殖、饲料加工、饲草种植等产业的发展。

3. 突出"广泛参与"特点，支持开展各类文化活动。中粮集团把文化援藏、文化稳藏作为一个重要课题，精心组织，不断配齐和完善文化宣传的设备设施，力求使农牧民群众的业余生活更加丰富多彩。援藏以来，中粮集团先后投入资金1000多万元，修建了洛扎影剧院、县城文化广场和民间艺术团办公楼的改扩建工程，升级了县城广播电视信号系统，组织了县物交会期间一系列文化活动等。援藏工作队通过市场化手段，购买演出场次，鼓励民间艺术团在三八节、望果节和农闲时间送戏下乡，丰富了农牧民群众日常文化生活，带动农牧民群众增收致富。

4. 突出项目建设，实现洛扎又好又快发展。民生改善项目建设方面，投入540多万元，对全县25个村级卫生室进行改扩建，在山南率先实现"一村两医一室"目标，真正做到村级卫生室县级范围全覆盖，为偏远村居农牧民群众求医问药提供了极大方便；开展乡镇级卫生院标准化建设，完善制度、流程，增配实用设备，培训乡镇医生；投入160万元建设县医院病患餐厅和医护人员餐厅，极大解决了病患家属和医护人员的后顾之忧。

（二）积极探索创新经验

中粮集团始终忠实履行国有企业的社会责任，把援助洛扎县作为一项责无旁贷、义不容辞的政治责任，真心实意、倾力帮扶，探索了有益的经验。

1. 注重顶层设计推动。中粮集团一直把援藏工作机制建设放在重要位置，成立专门的援藏扶贫开发工作领导小组，全面统筹援藏工作，实现集团援助与洛扎县需求之间的有效对接；并在已有内部管控措施的基础上，对援藏干部任职资格、选拔考核、经费使用、资金管理、项目设置等事项进行全面规范，确保各项工作高效运行。

2. 注重发挥自身优势。由于中粮集团属于完全市场化竞争的企业，为摸索建立中粮集团特有的援藏工作方式，中粮集团的援藏干部们始终抓住改善民生这个援藏工作的"牛鼻子"，始终坚持帮扶一批特色浓郁、按照市场导向、附加值高的农牧业产业项目，始终在工作过程中体现出中粮管理理念和"忠良文化"特质，以此形成带有中粮特色的援藏工作格局。

3. 注重援藏干部作用发挥。中粮集团援藏干部以"有志而来，有为而归"的坚定信念，与洛扎人民一道谋发展、促发展，干事创业，把中粮人的先进理念和不息的追求留在这片土地。为了能够更好地服务新形势下的援藏工作，援藏干部通过系统学习，深入理解对口支援西藏相关会议精神，按照"依法治藏、富民兴藏、长期建藏、凝聚人心、夯实基础"的精神，围绕提高援藏项目社会效益和经济效益，对援藏工作进行细致梳理和全面提升。中粮援藏工作队为了有力发挥援藏干部的积极作用，一方面继续做好对口援助洛扎的工作，一方面积极为集团与西藏之间开展互利合作牵线搭桥，将以往中粮的单向援助转变为中粮与西藏之间互动互利合作，努力挖掘各方互利合作的潜力，充分体现出中粮援藏的特色。

二、中国远洋集团援藏

中国远洋运输集团自2002年开始对口支援昌都市洛隆县，2016年开始增加对口支援昌都市类乌齐县。援助期间，中国远洋整合资源、强化责任、加大力度、协调配合，以精准扶贫、精准脱贫为目标，积极主动为贫困地区人民群众解决实际困难，从人力、物力、财力等全方位、多角度、宽领域参与援藏扶贫，助力巩固洛隆、类乌齐两县的脱贫攻坚成果。

（一）主要做法和成效

中国远洋运输集团在援藏期间共投入资金2.7亿元，派出挂职干部9批18人次，实施项目122项，涵盖教育、困难学生帮扶、公共设施、新农村建设、医疗卫生等多个方面，"中远海运—科教文化中心"成为了洛隆县地标性建筑；"中远海运—格桑美朵"基金为600多名家庭贫困且品学兼优的农牧民子女解决了上学难问题；"中远海运—岗拉美朵"医疗救助基金让贫困群众实现了病有所医；"中远海运—县城无动力供水"解决了几千人的吃水用水困难；"中远海运—康沙新村"创建了小城镇和美丽乡村建设的样板；"中远海运—医院信息化管理系统"推动了昌都市首家县级二级医院成功创建……这一系列项目显著提高了洛隆人民的生活质量，为推动当地经济社会稳步发展和长治久安作出了突出贡献，7万多农牧民群众也因此享受到了实惠。

1. 明确工作思路，稳步推进。中远集团在对口援藏工作中确定了"三结合、三为主"的援藏工作总体思路，重点突出"五项措施"，即严格标准，精心选拔优秀干部开展援藏工作；扎根基层，充分发挥干部援藏的桥梁纽带作用；围绕中心，充分发挥经济援藏的支持带动作用；重点扶持，充分发挥技术援藏的创新示范作用；着眼长远，充分发挥文化援藏的持续驱动作用。并尝试将企业文化、洛隆文化和援藏工作相结合，努力打造具有西藏特点、中央企业特色的援藏文化；将企业的经济管理延伸到援藏扶贫工作管理中，变"粗放式管理"为"精细化管理"，着力提高援藏工作管理水平；坚持企业支持与提高自我发展能力相结合，对口帮扶与互利合作相促进。由硬件设施建设向提升软件管理延伸，加大投入，进一步提高干部职工的贯彻执行能力和综合管理水平。由公路沿线向农牧区纵深延伸，加大对条件相对较差的偏远农牧区的帮扶力度，使更多的农牧民群众享受援藏成果。由外部援助向内生驱动延伸，充分利用援藏单位的资金、企业、技术、人才优势，尝试与受援地的资源优势结合，合资、合股成立企业，进一步深化合作，激发活力，在本土培育援助的基础上再次推进，助推洛隆县经济社会全面发展。中远集团始终坚持与时俱进、改革创新的原则，不断探索做好援藏工作的新方法、新模式，不断创新援藏工作的新举措，着力开创工作新局面，力争实现互利共赢、共同发展的目标。

2. 保障和改善民生，助推社会和谐与稳定。在开展援藏工作中，中远集团援藏干部始终将保障和改善民生作为对口援藏工作的首要任务，重点聚焦"两不愁、三保障"，着力助推教育事业发展，累计投入资金4705万元，新建和改造学校14所，资助贫困师生近5000人次，确保学有所教；着力资助新农村建设，投入资金6040万元，先后建成3个扶贫新村以及5个异地搬迁安置点，确保住有所居；着力援助医疗卫生事业，投入320万元采购各类先进医疗设备，建设医疗信息化管理系统，为大骨节病高发区域换粮、改水、投药等，受益儿童达14528人次，确保病有所医；着力增强社会保障能力，投入180万元新建了设施齐全、功能完备的洛隆县敬老院和硕督镇社会福利院，确保老有所养；着力发展地方特色产业，投资200万元援建洛隆县糌粑加工厂，投资950万元建成农畜产品交易市场和8个乡（镇）基层市场，确保致富有路；着力改善基础设施建设，投资3855万元用于洛隆县、类乌齐县改扩建自来水厂，投入1390万元，援建洛隆县环城公路和乡村公路畅通工程，确保弱有所扶，不断提升广大人民群众的满意度和幸福感。

3."输血"和"造血"并重，提供发展动力与源泉。中远集团在对口支援工作中，以"造血"为主，以"输血"为辅，在干部培训、提供就业、发展壮大当地企业、新农村建设和城乡基础设施建设等方面双管齐下，扎实深入地开展了各项工作，为县域经济社会发展提供了动力与源泉。投入资金300多万元，组织洛隆干部职工400余人次，赴北京、上海、云南等地进行了实地考察、学习、培训，不断提升洛隆干部职工的综合素质和工作服务水平。同时，中远集团大胆尝试就业援藏试点，2005年首次招收7名藏族船员就业，为就业援藏工作作出了有益的尝试和探索。投入资金150万元，新建洛隆糌粑加工厂仓库、晒场、加工车间、职工宿舍等设施，并购置了石磨、脱皮机等设备，扩大了糌粑加工厂的生产规模，实现了洛隆糌粑产业发展的规模化、体制化、专业化。投入资金2946万元，新建建筑面积达14300平方米的康远新村和中远—加日扎新村、农贸市场、农畜产品综合交易中心、农牧民技能培训中心等项目建设，极大地改善了农牧区基础设施建设，为农牧民群众致富增收搭建了平台，提高了广大农牧民群众的物质文化生活。投入6885万元用于洛隆城乡基础设施建设，其中投入3360万元建设、改造、升级了洛隆供水工程和相关设备，解决了县城及周边乡镇2万余人饮水用水难的问题。投入资金400万元，新建洛隆大酒店。投入资金730万元，新建干部职工周转房120余套。投入资金600万元，建设洛隆环城公路，极大改善了洛隆居住、交通条件，优化了洛隆经济社会发展环境，使县域面貌焕然一新。

4. 充分发挥援藏干部的桥梁纽带作用。中远集团组织部门严把入口关，优中选优配强挂职干部。援藏干部想方设法为洛隆抓项目搞建设，竭尽所能为洛隆招投资引人才，尽心尽力为洛隆解民忧帮民富，将洛隆当作了自己的第二故乡，当作了自己的家，默默耕耘、无私奉献、辛勤工作，他们全身心投入脱贫攻坚工作，与当地干部群众同甘苦、共患难，在工作中深入田间地头，探访贫困家庭，查找致贫原因，研究脱贫办法，发挥聪明才智，为群众解决实际困难，促进民族团结，为建设"富裕洛隆、和谐洛隆、幸福洛隆、法治洛隆、文明洛隆、美丽洛隆"作出了贡献。

5. 引入监督检查，强化作风建设。集团党组在全系统部署开展了扶贫（援藏）资金和项目专项监督检查工作，通过书面监审和现场检查，共发现系统性问题6项，提出建议及整改要求4项。集团董事长对此批示，要求有关方面结合国资委《关于印发〈中央企业扶贫领域作风问题专项治理方案〉的通知》有关精神，切实转变作风，做到干净扶贫、阳光扶贫。

（二）主要经验和体会

1. 加强组织领导，做好帮扶规划。集团党组高度重视扶贫开发工作，成立了以董事长为组长，包括全体班子成员的扶贫（援藏）领导小组，每年召开党组会、总经理办公会听取援藏扶贫工作汇报，研究审批援藏扶贫资金及项目计划，并将年度预算提交董事会审批。在2018年1月19日召开的党组会上，专题讨论了援藏扶贫工作，把援藏扶贫工作列为重点工作抓好抓实。

2. 完善体制机制，提高工作效能。制定了《对外捐赠管理办法》和《定点帮扶工作管理规定》，除规范相关流程外，重点结合《中央单位定点扶贫工作考核办法（试行）》的通知有关精神，对集团各职能部门在定点帮扶工作的分工和职责进行了明确和分解，在帮扶工作中严格按照规范审批和执行，确保职能清晰、责任明确、精简高效、合法依规。

3. 促进全面合作，探索产业帮扶。积极响应国资委号召，总经理亲自带队赴拉萨参加"中央企业助力，富民兴藏"活动，与西藏自治区有关领导和部门进行了会谈，在活动期间与西藏自治区人民政府签署了《中央企业参与西藏国有企业改革发展战略合作协议》，与昌都市签署了《"十三五"中央企业对口援藏合作协议》。中远海运物流与西藏自治区国资委所属中兴商贸在开通首班西藏专列的基础上，进一步扩大业务合作，搭建集贸易、信息于一体的供应链物流平台。

4. 强化现场考察，增进相互了解。总经理亲自带队赴昌都市、洛隆县和类乌齐县现场调研考察，深入基层、深入贫困群众家庭，了解当地实际需求，与地方领导共同谋划对口支援大计。在集团领导的带动下，集团总部及各所属单位多次赴西藏考察合作事项，多渠道、全方位、宽领域对地方开展支援与合作，共签署相关合作及捐赠协议9项，有力地支持了当地的发展。

5. 调动各方资源，聚焦精准帮扶。集团积极响应国务院国资委号召，在投资3亿元参与"中央企业贫困地区产业投资基金"的同时，还充分调动各部门、各公司力量参与对口支援工作。在对系统内开展劳务需求调研的基础上，协调重工、物流、船员等劳务需求多的产业集群为对口援助地区预留就业岗位，并协调当地探索开展劳务培训及输出的渠道，为昌都市高校毕业生提供数十个就业岗位。中远海运物流发挥产业优势参与西藏物流及仓储合作，在"开通西部货运集装箱班列"、"园区基础设施建设"和"搭建培训体系"等方面开展研究。中远海运慈善基金会举办"远航·家园"互联网+扶贫电子商务扶贫培训班，为昌都市、洛隆县和类乌齐县相关部门、企业培训了17名专业人员。

（三）今后援藏工作方向

1. 加大资金支持，关注民生需求。在洛隆、类乌齐两县投入资金2000余万元，重点围绕易地扶贫搬迁和新农村建设，再为农牧民建设新居，为6个自然村建设饮水工程，继续做好"中远海运—格桑美朵"助学项目及"中远海运—岗拉美朵"医疗救助项目。

2. 提高全员意识，强化内部统筹。加强现场调研和考察，由集团党组主要领导带队赴西藏开展新一轮调研考察，建立内外联系沟通制度，定期交流定点帮扶经验教训，认真查摆问题，共商解决思路，统筹各方力量，统一思想认识，多渠道、全方位、宽领域开展帮扶工作。

3. 把牢精准要义，激发内生动力。中国远洋海运援藏扶贫工作将全面落实党的十八大、十九大精神，加强组织领导，强化体制机制，坚定目标信念，动员和凝聚全集团力量并带动相关方共同参与。积极配合地方扎实做好摸排工作，找出能够激发贫困群众积极性和主动性的有效手段，加强扶贫同扶志扶智相结合，引导激发困难群众靠自己的努力改变命运的可持续内生动力，努力巩固脱贫攻坚成果，共同实现美好中国梦。

4. 狠抓作风建设，保持廉洁本色。全面贯彻落实习近平总书记关于开展扶贫领域腐败和作风问题专项治理以及进一步纠正"四风"、加强作风建设的重要指示要求，强化目标导向，强化责任担当，强化问题意识，清除作风问题形成的根源，压缩作风问题滋生的空间，努力构建作风建设长效机制，为巩固脱贫攻坚成果营造风清气正的良好环境。

第六章　援藏扶贫工作经验与问题

28年援藏扶贫历程，涌现出了很多可歌可泣的故事，创造了很多宝贵的经验，同时也有很多需要改进和提升的工作，需要全面系统梳理总结，为未来工作提供有益借鉴。

第一节　援藏扶贫工作宝贵经验

西藏发展变迁充分证明，坚持中国共产党的领导，走社会主义道路，是西藏发展繁荣稳定的根本保证；坚持民族平等、民族团结，是西藏发展繁荣稳定的前提；坚持民族区域自治，是西藏发展繁荣稳定的根本途径；坚持国家和各省市的帮助，是西藏发展繁荣稳定的基本形式；坚持反对分裂、维护国家统一，是促进西藏发展繁荣稳定的重要保证；坚持以人为本，促进经济又好又快发展，不断提高西藏各族人民的生活水平，是西藏发展繁荣稳定的永恒主题。这些经验为援藏工作提供了方向和基础，是推进援藏工作中需要坚持和把握准则。具体而言，全国援藏工作形成了如下弥足珍贵的经验。

一、高度重视，高位推动，为援藏工作提供根本遵循

党中央、国务院一直以来高度重视援藏扶贫工作，特别是党的十八大以来，习近平总书记始终心系西藏，情系西藏各族人民，创造性地继承和发展党的治边稳藏理论，深入研究西藏经济社会发展和长治久安大计，提出"治

国必治边，治边先稳藏"的重要论断，亲自主持召开中央第六次西藏工作座谈会并发表重要讲话，明确了新形势下西藏工作的指导思想、目标任务、重要原则和着眼点、着力点、出发点、落脚点，制定了一系列特殊优惠政策，规划实施了一大批重点项目。"十二五""十三五"期间对西藏的各类投资达到近1万亿元，相当于1951—2010年全区固定资产投资总和的5.1倍，西藏工作在党和国家工作全局中的重要战略地位提升到了前所未有的高度，为做好西藏工作提供了有力支持，注入了强大动力，形成了高度重视、高位推动、高层协同的援藏扶贫工作格局，有力推动了援藏工作向纵深发展。

为了加强对援藏工作的领导，全国对口支援西藏的19个省市全部建立了省级层面的援藏工作领导小组，建立定期研究部署和高层每年互访（联席会议）制度。北京、天津、江苏、浙江、重庆等省市还专门在西藏设立了前方指挥部，负责援藏项目和人员等日常工作，指挥部与受援地党委、政府共同构建起全方位援藏工作机制。如北京援藏指挥部是全国首家派驻西藏的专门援藏工作机构，作为一个紧密有效的实体管理组织，在组织北京援藏干部资金项目管理、援藏干部服务等方面发挥了重要作用，实现了规划立项、项目管理、审计监督、财务保障和党建宣传"五位一体"的管理模式，发挥了重要的桥梁纽带作用。

二、政策引领，规划先行，为援藏工作提供目标方向

政策引领，规划先行，这是援藏扶贫工作取得重大成就的关键。为了实现援藏工作的计划性、前瞻性，中央第三次西藏工作座谈会明确对口援藏的精神后，各省市从"九五"计划开始，编制援藏资金项目规划，并作为实施的重要依据。特别是中央第五次西藏工作座谈会，提出每个省必须拿出千分之一财政收入对口支援西藏建设，同时明确全面援藏的新要求，加大了对口援藏力度。

援藏规划编制工作十分重要，其内容包括资金项目、干部人才、交流交往、智力培训、产业支持等。同时，国家发改委对编制的报批程序作了相应规定，即受援双方同意规划后，报国家发改委批准方可实施。如无特殊情况，不得随意变更规划，并列入考核的重要依据，彰显了规划的严肃性。

为确保援藏工作的科学化规范化，对口支援的各省市均组织编制了工作规划和保障措施。如北京市高度重视援藏顶层设计、规划研究等工作，援受双方共同编制了《北京市"十三五"对口支援拉萨市经济社会发展规划》《北京市对口支援深度贫困地区脱贫攻坚三年行动计划》等文件，在项目管理、资金管理等方面出台《北京援藏项目管理办法》等多项规定。江苏省结合受援地经济社会发展实际，组织编制了《江苏省对口支援拉萨市综合规划（2011—2015年）》，支持拉萨修编《拉萨城市总体规划》；同时，充分利用拉萨净土健康生物产业，依托国家级农村改革试验区和国家级现代农业示范区，帮助拉萨编制了特色优势产业发展规划。各对口援藏省市均有相应援助规划，这些规划的编制实施，为各省市有的放矢地做好对口援藏工作奠定了基础，确保了援藏工作始终以科学的规划为引领，更加符合中央精神、契合受援地需求，体现共性与特色。

三、优选干部，严管厚爱，为援藏工作提供有力保证

一个时代有一个时代的主题，一代人有一代人的使命。推动援藏事业不断前进，政治过硬、本领高强的援藏干部人才是重要的组织保证。援藏干部坚持立党为公、执政为民，成为西藏发展与稳定不可或缺的奋进者、开拓者、奉献者，创造了辉煌业绩，共同书写了新时代的"西藏奇迹"。

28年来，各援藏省市、部委、中央企业按照"好中选优、优中配强"的选拔原则，坚持高标准、严要求，从后备干部中筛选，从优秀技术骨干中精选，派出了一批又一批素质好、学历高、能力强、年纪轻、作风硬的优秀援藏干部人才，为扎实推动各项援藏扶贫工作打下了坚实基础。

西藏自治区和各级党委、政府对援藏干部人才在政治上充分信任、工作上大力支持、管理上严格要求、生活上热情关心，为援藏干部充分发挥作用提供舞台空间。历届援藏干部讲政治、顾大局、舍小家、顾大家，暂时放下父母情、夫妻情、儿女情，在条件艰苦、气候恶劣的高原环境中，充分发扬"老西藏精神"，奉献于祖国西南边陲，无怨无悔地投入美好的青春年华，为西藏经济社会发展作出了巨大贡献。他们为雪域高原殚精竭虑，赢得了当地百姓的衷心拥护和感激。皑皑的雪山、清幽的神湖、奔流的江水，见证了援藏干部的感人事迹，印证了全国人民和西藏人民的深情厚谊。

"雪域三载，但见铁肩担道义；家国一生，唯有丹心照汗青"，这是援藏

干部满怀家国使命、忠诚无私担当、激荡生命情怀的感悟。对每个援藏干部而言，援藏是一次肩负党和国家重托、肩负人民期待的忠诚考验，更是一场无私奉献雪域高原的使命担当。10000多名援藏干部，远离亲人、奔赴边疆，砥砺奋进、不辱使命，向祖国和人民交上了一份出色的援藏答卷——一批批产业项目落地开花，一项项民生工程硕果累累，一个个交流交往活动筑牢民族团结丰碑，一个日新月异的新西藏流光溢彩，闪耀在"世界屋脊"。

为了实现西藏经济社会长足发展和长治久安，援藏干部们继承发扬"老西藏精神""两路精神"，把西藏当成第二故乡，把西藏各族群众当成自己的亲人，不忘初心、砥砺前行，人民至上、无私奉献，克服高寒缺氧，甚至付出生命代价。一组组数字见证了援藏干部的使命担当：30多人献出了宝贵的生命，200多人因公负伤，近千人次曾患上各类高原性疾病，2000多人次获省部级以上表彰。"宁愿身体受损，不让使命欠账""缺氧不缺精神，艰苦不降标准"，这是援藏干部发自灵魂深处的忠诚表白，这是他们为人民服务的宗旨意识，更是作为共产党员的本色。

从干部援藏到资金援藏，从项目援藏到智力援藏，从"输血式"援藏到"造血式"援藏，援藏干部们用实际行动，践行了他们向祖国和人民立下的铮铮誓言。

四、与时俱进，开拓创新，为援藏工作提供不竭动力

各援藏主体在援藏工作中，认真贯彻落实党中央、国务院援藏精神要求，注重总结工作经验，创新工作思路。特别是各省市在援藏工作中不断探索和积极创新援藏工作理念方法，开创了援藏工作新局面。

全国援藏工作内容和方式发生了阶段性转变：在援藏主体上，以政府投入为主转变为全社会共同参与；在援藏组织上，加强省级统筹与市县乡结对帮扶；在援藏内容上，以物质援藏为主转变为物质与精神并重；在援藏领域上，以干部和资金为主转变为产业、教育、医疗、科技、人才、智力、文化全面援藏；在援藏重点上，从注重城市基础设施建设转变为向农牧区、基层、民生、扶贫重点倾斜；在援藏方式上，以"输血式"援助转变为增强"造血式"自我发展能力；在项目建设上，从最初"交钥匙"工程为主转变为"交支票"工程为主；在援藏机制上，从政府无偿援助为主转变为注重引入市场机制、实现合作双赢；等等。创新成为援藏工作永恒不变的主题，构建了大援藏格局。

各援藏主体注重创新援藏工作，健全工作机制和各项制度，推进援藏工作有效开展。如创新建立了指挥部党组织体系和工作体系，与时俱进修订了《援藏干部行为规范》《援藏项目管理规定》等上千项规章制度，推动援藏工作更加科学规范，更加符合新时代西藏需求和发展方向。而且，各省市不断总结经验，形成一系列创新模式。

一是创新援藏资金支持模式。中央扶贫工作会后，为助推扶贫攻坚，加大对口支援工作的力度，在中央规定的资金外，大幅增加支援资金。如2018年，北京市制定了《北京市扶贫协作深度贫困地区2018—2020年三年行动》，增加了6亿多元资金，并把财政援助资金的80%以上及新增资金全部投向扶贫脱贫项目，投向深度贫困地区，重点解决建档立卡贫困户"两不愁、三保障"的问题，确保建档立卡贫困户100%脱贫。2020年6月13日，西藏自治区深度贫困地区脱贫攻坚现场推进会暨深化对口援藏扶贫工作会在山南市召开。此次会议上，19个援藏省市、援藏中央企业与西藏自治区和7个地市分别签订2020年扶贫产业、就业和消费扶贫企业合作协议，涉及312个帮扶项目，项目资金约159亿元。

二是创新基础设施项目投资模式。注重发挥政府财政有限资金的带动、引导作用。协调推动东部企业投资落地西藏，与当地政府、企业合作，助力西藏城乡基础设施建设。如引入北京碧水源科技股份有限公司与拉萨市政府实现全方位战略合作，投身西藏环境污染治理事业，成功中标西藏首个PPP项目——拉萨市污水处理厂工程。碧水源在西藏已累计总投资10亿元，通过运用PPP模式为当地政府成功化解基础设施存量债务6.89亿元。由碧水源运营管理的污水处理设施日处理污水能力达20.3万吨，有效缓解了拉萨市污水处理压力。同时，该项目为当地提供近百个就业岗位，为当地政府解决本地贫困户及应届毕业生就业作出了积极贡献。

三是创新园区合作新模式。如北京市为加快助推拉萨市经济技术开发区发展，建立了亦庄经济开发区和拉萨经济开发区结对帮扶机制。借助亦庄经验，借力亦庄资源，拉萨经开区取得了长足发展。2017年，拉萨经开区综合发展考核进入全国70强。此后，两个园区进一步创新合作模式，拉萨经济开发区亦庄产业交流中心项目建成投入使用，为加强拉萨与内地园区企业的交流交往合作提供了新的平台与载体。同时，拉萨经开区、柳梧高新区正在深入探索与中关村国家自主创新示范区的对接合作，一方面中关村科技园在拉萨柳梧高新区建立了科技成果转化基地，充分发挥中关村科技创新、成果转化的辐射带动作用，提升拉萨产业发展层次和质量，推动产业转型升级，带动拉萨创新驱动发展。拉萨市经开区在北京设立拉萨产业交流（中关村）中心，促进面向西藏的科技、创新、创业类产业资源的聚集。另一方面，在北京市的大力支持下，拉萨正在着力推进北京京藏科创中心项目建设。这些重大举措，为更大空间、更高水平推进京藏两地人才、技术、管理交流和企业合作创造了条件。

四是创新企业助力巩固脱贫新模式。在落地项目中，尝试引入市场经营主体参与运营管理，充分发挥管理企业科学专业的管理优势和资源优势，已形成"政府积极引导+龙头企业带动+农牧民受益"的新模式。如在实施尼木县卡如乡卡如村精准扶贫项目中，积极指导该村农民以土地入股的方式建立合作社，同时引入域上和美公司，三方按股份进行投资开发旅游资源，建档立卡贫困户通过劳动力和分红增收。该项目的实施使卡如村的村容村貌发生了巨大变化，旅游资源得到了有效开发，旅游收入迅速增长，实现了该村全部脱贫。

五、广泛动员，共同参与，为援藏工作提供源头活水

在各省市对口支援西藏各地市的基础上，按照中央深入开展"携手奔小康"行动要求，东部各省市动员市（区）与西藏建立结对帮扶机制，形成"市（区）县结对"工作模式，使援藏责任更明确细化。如北京、天津在对口支援西藏"两区两县""一区三县"的基础上，把结对帮扶体系延伸到乡镇和村，建立三级结对帮扶体系，鼓励结对双方在教育、文化、卫生、科技、产业和人才等方面开展交流合作，并组织企业与贫困村开展精准扶贫，明确"八个到位"的任务清单，确保结对双方帮到点上、扶到根上，形成政府、社会、企业和个人共同参与的帮扶格局。上海等省市优化区县结对关系，明确市区与西藏各县——结对，并明确结对任务，扎实推进区县"携手奔小康"行动。

山东省选择经济实力最强的济南、青岛、淄博、烟台、潍坊5市，分别对口支援白朗、桑珠孜、昂仁、聂拉木和南木林5县区。河北省由石家庄市对口支援札达县、唐山市对口支援日土县，再由两市选择经济实力较强的县（市、区）与阿里地区两县的所有乡镇建立对口支援关系。结对帮扶工作使援受双方关系更紧密、力量更合理、重点更突出，能更好调动援受区县的积极性，促进受援地区脱贫攻坚深入开展，有效动员全社会广泛参与援藏扶贫工作。

六、民生优先，产业支撑，为援藏工作提供突破重点

各省市牢牢把握改善民生、凝聚人心这个出发点和落脚点，坚持"有限与无限相结合"的帮扶思路，在健全"多层全覆盖"帮扶体系上下功夫，在精准"滴灌"帮扶上用心力，在"开发式援助"上做文章，为西藏农牧民生产生活条件改善贡献力量。各省市在西藏援建了中学、医院、敬老院、活动中心等一大批公共服务设施，努力提高当地教育医疗养老等社会保障服务水平，减少因病返贫、因贫辍学等问题。

安徽省安排综合实力和专科能力最强的8家省属医院和医疗资源较为丰富的5个市，结对共建山南市人民医院24个科室，分年度制定具体援助目标任务，全力支持山南市医疗卫生事业发展和等级医院创建工作，利用安徽"组团式"医疗人才援藏平台，在全区率先开展"医联体"试点探索，提升山南市基层诊疗水平；同时，加大医疗基础设施投入，投资4000万元新建5000平方米的山南市妇幼保健院康复中心已投入使用，拨付3000万元援藏资金专项用于山南市人民医院急需医疗设备的采购；解决39个村（居）卫生室短缺和简陋问题，新增床位近200张。

浙江省帮助实施易地搬迁示范"挪穷窝"工程，建成浙江小区、杭嘉小区等一批安居富民项目，使2万余名农牧民由原始居住方式直接进入现代化居住方式，受到了各方的充分肯定。同时，完成100多座桥梁新改建，破解20多个乡镇农牧民出行运输难问题，妥善解决数万名城乡居民的安全饮水难题，实施"光明工程"，解决了5000余户农牧民用电困难。

陕西省在阿里建成高标准的边境小康村和易地扶贫搬迁康乐新居，使各族群众真正感受到党和政府的温暖，感受到对口支援扶贫工作带来的实惠。

天津市建成的天津大桥，解决了周边9个村5000多名农牧民的出行难问题；

实施丁青县集中供暖工程，彻底结束了西藏高海拔县城没有集中供暖的历史。

在改善民生的同时，各省市加大发展特色产业扶持力度。北京、上海、浙江、福建、山东等省市因地制宜发展特色产业，让农牧民群众不离家、不离土就能融入产业发展。

北京市利用首都巨大的市场优势，率先建成全国首家消费扶贫双创中心，发布第一本《北京市消费扶贫产品名录》，发行第一张建设银行消费扶贫爱心信用卡，设立16个区消费扶贫分中心。双创中心设立拉萨馆等8个馆，拉萨净土公司等入驻企业超过490家，展销扶贫产品4000多种，建立了企业稳定的带贫益贫机制和质量保障体系。2019年以来，北京市销售拉萨等8省市扶贫产品240多亿元，直接或间接带动帮扶地区25.8万人增收脱贫。

上海市积极引进内地企业和科研机构，在日喀则大力发展藏红花、食用菌和亚东鲑鱼种养业，以特色产业助推当地群众脱贫。

浙江省组织那曲市有关部门和企业参加"浙洽会"，推广牛羊肉、黄蘑菇、藏医药等那曲特色产品，支持那曲市创建农牧产品品牌。

山东省帮助日喀则白朗县建成西藏最大的大棚蔬菜生产基地，结束了高原高寒地区没有蔬菜种植的历史，用蔬菜产业助推群众走上了致富路，"西藏蔬菜看白朗"家喻户晓；支持完善"公司＋基地＋农牧户"的生产经营体系，扩大牦牛、藏羊、藏香猪养殖规模，积极发展乡村旅游，带动300户贫困家庭发展"农家乐""牧家乐""藏家乐"，带动贫困家庭增收致富。

广东省以鲁朗国际旅游小镇、波密产业园、林芝科技产业园等一批项目为龙头，带动林芝旅游业等优势产业发展升级，支持白肉灵芝等5个高原特色农牧技术攻关取得突出成果，为当地创建了一批贫困人口共同参与的特色产业基地和项目。

辽宁省在索县开展藜麦、芜根、琉璃苣等经济作物种植，推广"公司＋合作社＋牧户"模式的万头牦牛养殖深加工项目，实现"一个产业，全县致富"的目标。

各省市还结合受援地生态治理，探索扶贫新路径。比如山东在西藏实施了日喀则年楚河生态综合整治项目，在青藏高原建起了第一座橡胶坝，整合资金1.79亿元，建设雅江北岸生态示范区，形成了80多平方公里的"高原绿洲"。吉林省除了组织生态农业企业到西藏投资考察发展绿色产业，还发挥"吉林一号"卫星优势，为日喀则市在农业资源普查、野生动植物保护、重点生态工程、旅游景区管理等方面提供资源调查、监测和应用服务，为大力发展生态有机农牧业提供支撑和保障。

七、扶志扶智，交流交融，为民族团结打下坚实基础

"授人以鱼，不如授之以渔。"智力援藏是一项基础性、关键性的工作，增强了西藏社会经济持续发展的内生动力，在各省市对口支援西藏长足发展中发挥着重要支撑作用。各省市坚持扶志扶智，增强内生动力，帮助受援地探索一些可持续、可复制、可推广的产业发展路子。比如，加强农牧民群众的致富带头人培训，先后培训10多万人次，让藏族同胞就地就近脱贫致富。加强职业技术培训、定向招生等方式，帮助当地人口通过宜农则农、宜牧则牧、宜林则林、宜商则商、宜游则游、宜搬则搬的方式解决就业发展问题，增强自我造血能力。

在长期实践中，各省市探索形成的教育和医疗援藏工作模式，受到西藏干部群众的普遍好评。在教育援藏方面，推进教育人才"组团式"援藏，17个对口支援省市和教育部直属高校附属中小学，选派1000多名优秀教师和教育管理人员组团援助西藏中小学校，选派2000多名区内骨干教师到内地中小学跟岗培训。在医疗援藏方面，重点开展医疗人才"组团式"援藏工作，先后派出1000多名内地医疗专家，对口支援西藏自治区人民医院和7地市人民医院，选派西藏1800多名医生到支援地医院学习培训，整体提升了西藏的医疗服务能力。

2017年12月，山东淄博第八批援藏工作组获得全国援建日喀则4省2企业所有18支援藏队伍中的唯一奖项——"援藏工作先进集体"。2017—2019年3年里，淄博市第八批援藏工作组投入450万元实施了8类30余批次交流培训项目，党政干部、基层党员、农村致富带头人、教育卫生技术人员、农牧技术人员、文化艺术人员、青少年等参与培训，两地共计4000余人参加交流。

2019年10月17日，"2019年上海对口帮扶地区特色商品展销会"在沪正式开幕，此次展会中，来自西藏日喀则市的近50种农特产品甫一亮相，就吸睛无数。发展壮大日喀则当地的农牧业，只是上海援藏工作的一部分，同时，上海援藏扶贫工作还坚持外部"输血式"扶贫与内部"造血式"脱贫相结合。比如，日喀则市上海实验学校高中部，崭新的教学楼内电化教室、语音室、电脑房等一应俱全。在援建日喀则市多所学校教学楼的基础上，上海进一步加大配套设施支援力度，配优配齐教学设备，极大改善了师生教学条件、生活条件。同时，利用互联网远程信息化手段，促进沪藏之间、日喀则不同学校之间的优质教育资源共享，并开展线上送教下乡活动，近5000名师生从中受益，有效提升了当地的师资水平和教学质量。在医疗卫生领域，上海充分利用互联网开展远程医疗和远程教学，使日喀则的患者可以享受上海优质的医疗服务资源。与此同时，联合会诊也成为上海带教帮扶当地医疗人才成长的重要手段。2019年，中国胸壁外科联盟西藏地区联盟、日喀则市人民医院卒中中心、日喀则市创伤中心先后揭牌，致力于培养一批水平高、能力强的医疗人才，让群众在当地就能享受到高质量的诊疗服务。上海援藏联络组根据贫困群众的实际需求量身定制，一方面发挥优势产业带动就业，扶持村集体经济合作社吸纳就业，利用招商引资吸引就业，同时组织开展就业技能培训，既使贫困户了解党的强农惠农富农政策，又帮助他们掌握一技之长，实现稳步就业。以萨迦县为例，通过扶持村集体经济合作社，已有38家合作社实现分红，资金达762万元，300余贫困人口实现家门口就业。2019年，上海共安排援藏项目107个，绝大多数资金项目用于民生领域。截至2019年年底，日喀则市的亚东、江孜、拉孜、定日、萨迦5县全部实现脱贫摘帽。

西藏那曲市索县的经验也很有借鉴性，当地为进一步教育引导全县贫困群众转变"等靠要"思想和"靠着墙根晒太阳，等着别人送小康"的心理，开办了形式多样的"扶志扶智"班。以"扶志扶智"班为载体，树立贫困户"安贫可耻、勤劳光荣"的思想，为勤劳致富的先进典型搭建好平台，以脱贫攻坚工作和文明村（居）创建为契机，通过村民自治组织，鼓励和支持村（居）能人积极参与村（居）公共建设和公益事业。同时，策划"唱一首歌曲、看一部短片、讲一个故事、谈一番感悟、送一份祝福"活动，积极开展道德讲堂建设，因地制宜地将道德讲堂办进屋场院子、农牧民家中，通过"身边人讲身边事、身边人讲自己事、身边事教身边人"，宣扬美德，摒弃陋习。

援藏省市深入开展交往交流交融工作，持续开展"民族一家亲"活动，通过夏令营、嘉年华、世园会、藏博会、艺术家西藏行、企业家西藏行、科技专家西藏行、妇女创业就业、儿童先心病救治、西藏生源毕业生就业援助等品牌活动，推动全方位、宽领域、深层次交往交流，不断拓展交往交流深度和广度，进一步深化民族团结友谊，铸牢中华民族共同体意识。

八、加大宣传，凝聚共识，为援藏工作营造良好氛围

援藏工作关系党和国家工作大局。当前西藏面临着两大矛盾：人民群众日益增长的美好生活需要和不平衡不充分的发展之间的矛盾，以及各族人民同达赖集团之间的斗争。加大援藏宣传力度，凝聚人心和社会共识，是建设中华民族共有精神家园的迫切需要，也是援藏工作的重要内容和舆论保证，有助于广泛动员社会力量参与支持援藏事业，有助于不断增进西藏各族群众对伟大祖国、中华民族、中华文化、中国共产党和中国特色社会主义的认同。

中央媒体和各省市媒体发挥各自优势，加大对援藏工作宣传力度，重点宣传习近平总书记关于援藏的指示、中央援藏的政策、援藏的成果、援藏干部的奉献和西藏各族群众的获得感、幸福感。据不完全统计，各类媒体宣传援藏的新闻报道达到30多万条、图片10多万张，新华社、《人民日报》、中央电视台等用了大量篇幅进行报道，为援藏工作营造了良好的舆论氛围，凝聚起建藏援藏的共识，形成了各方支持援藏的强大合力。

各省市还利用艺术作品、文艺演出、出版图书等方式加大宣传力度，发挥扶志扶智的作用，记录援藏的历史篇章。如北京市连续开展首都艺术家拉萨行活动演出近百场，反映援藏医生的《藏地彩虹》等优秀剧目成功演出并获得好评，创作播出《西藏西藏》《家是玉麦，国是中国》等作品，出版"拉萨文库""拉萨百科全书""全面小康拉萨样本"等丛书。这些都反映了全国援藏的真情实意、真金白银、真抓实干、真帮实扶、真功实效，体现了政治站位和使命担当。

援藏扶贫工作取得的成绩，归功于习近平总书记"治边稳藏"和脱贫攻坚重要论述的指引，归功于中央正确的方针政策，归功于各省市党委、政府的重视领导，归功于西藏自治区区市党委、政府和各族人民的支持帮助，归功于全体援藏干部的努力付出。

总之，对口援藏工作是党中央从党和国家工作大局出发作出的重要战略

决策，是中央治藏方略的贯彻落实，是我国各民族共同团结奋斗、共同繁荣发展的生动实践。

第二节　援藏工作中需要改进的问题

全国援藏扶贫工作，彰显了中国共产党的初心使命，体现了社会主义的优越性，展示了各援藏省市和单位的大局意识，有力推动了西藏长治久安和长足发展。但是，正如太阳也有黑子一样，援藏工作也存在一些亟待改进的地方。

一、规划编制和实施需要完善

在援藏工作中形成完整工作流程意义非凡、作用巨大，如规划引领、按规实施、中期调整、绩效评估等，在规划编制、实施、调整的过程中也有需要改进的方面。

（一）规划应聚焦巩固脱贫攻坚成果

党的十八大提出了到2020年我国全面建成小康社会的奋斗目标。全面建成小康社会，在"四个全面"战略布局中居于引领地位。西藏是全国唯一的省级集中连片贫困区域，贫困发生率高、贫困程度深、贫困面大，整体处于深度贫困状态，列入"三区三州"深度贫困的贫中之贫、困中之困、难中之难、坚中之坚的地区。

在巩固西藏脱贫攻坚成果的新形势、新要求下，援藏省市和援藏干部因时应变，因地制宜科学精准做好援藏规划很重要，规划编制过程中，各省市在调研深度、聚集目标、双向协同、项目深化等方面还存在不平衡性；援藏帮扶方式单一、援藏项目带动性、辐射性还有提升空间；习惯对口支援的"大水漫灌"方式，在"下足绣花功夫"上做得不够；精准帮扶具体措施不够精细，总结推广可复制、可持续经验做法不够。

巩固拓展脱贫攻坚成果任务艰巨，不仅需要西藏自治区自身艰苦奋斗，也离不开中央和国家部委、对口支援省市、中央企业的持续帮扶。如果西藏不能巩固好脱贫成果，不仅是重要的经济问题和民生问题，更是政治问题，甚至成为国际社会关注的重大问题。因此，在编制规划中，援藏工作的重心应将巩固拓展脱贫攻坚成果作为重中之重，确保西藏各族人民持续稳定脱贫。

（二）规划任务和项目有待及时优化调整

党的十九大召开以来，党中央、国务院对援藏工作有新部署和新指示，西藏自治区和各省市对提升援藏工作有新思路和新举措，国家援藏力度不断加大，资金来源渠道更加畅通和多元，对援藏资金投向和使用方式有新要求，对口支援西藏工作考核不断强化，领域不断拓展，为确保完成中央交给的援藏任务，需要结合相关文件的精神要求适时对规划内容进行及时调整，以确保各项新增援藏工作任务高质高效完成。为了更好落实好国家考核要求，更好符合巩固拓展脱贫攻坚成果的新要求，在今后的工作中，应根据国家对口支援的有关政策和当地实际需求，不断优化规划，调整年度计划，做好规划和计划的衔接工作，使规划更加契合当地实际和群众期盼。

二、项目管理和审计需要完善

在援藏工作实践中，逐渐形成项目以"交支票"为主，当地实施为主，受援双方共同研究、共同推动、共同验收的工作机制，有效推动项目的实施，但也存在一些需要改进之处。

（一）项目前期论证需要强化

从实践中看，有的援藏项目调研、酝酿、征求意见、项目论证不够，项目确定的过程不完善，论证的程序不完备，有时候项目调整频繁，影响了规划的严肃性。规划衔接方面，援藏规划与国家相关规划、西藏各受援地发展规划纲要、各类专项规划的衔接日益受到重视，但受援藏人员"定期轮换"和其他因素影响，在投入方向、项目选择和具体建设等方面仍存在与受援地衔接不够紧密的现象，执行中存在因人而异的问题。

（二）项目推动工作效率需要提高

援藏省市始终注重把对口支援工作做好、做实、做牢，在项目审批、计划下达、资金拨付、资金管理等方面制定了一系列相关制度和措施，援藏指挥部与受援地主管部门、项目单位定期召开援建项目推进会和周例会，全程参与项目审批、立项、招标、执行、验收等各环节，切实防范安全风险，促进援建项目顺利实施。但是西藏情况特殊，比如地理气候原因，施工周期短，施工企业水平参差不齐，劳务人员招工难，导致一些项目专业技术人才缺乏，项目从立项到竣工验收的各个环节推进比较迟缓。部分项目涉及审批部门多，前期审批环节多，导致审批周期长，要解决这个问题，需要加大审批部门协同力度，在确保资金安全的前提下，优化各审批部门审批程序，提高审批效率，优化相应的政策和力量保障。

（三）项目衔接需要作出制度安排

由于援藏干部定期轮换，存在对跨多年、跨期项目交接不完全等问题，或多或少影响项目进展；项目人员衔接方面，援藏干部与当地干部的工作、项目、资金等方面的交接、衔接仍或多或少存在不确定性，需要就职责、工作、衔接作出制度化安排。

（四）项目审计需要强化

中央要求，财政资金列入受援地的财政绩效考核，项目资金审计由受援地负责。为做好项目监管，防止项目建设中可能出现的问题，西藏各地市积极推进稽查审计工作，确保项目安全运营。但西藏审计部门编制少，审计力量有限，专业水平欠缺，项目审计覆盖率受限，导致审计不同步，不利于改进工作，造成部分项目建成后难以移交。针对这个问题，西藏各地市应按照要求，将援藏项目纳入审计范围，及时开展审计工作，提高审计工作覆盖率，为项目建设提供保障。

三、工作机制需要改进完善

全国援藏工作取得了巨大成就，西藏经济社会实现了跨越式发展，西藏人民群众得到了大实惠。面对新时代新要求，援藏工作步入了新阶段，需要与时俱进、不断完善和优化工作机制。

（一）援藏工作顶层设计有待完善

随着西藏经济社会的快速发展，资金量、援助项目量逐年增长，为了确保西藏地区项目的整体统筹和有效运行，需要更加强有力的机构和政策。北京等东部支援省市已经形成了五级书记一起抓、四套班子共同抓、各级各方协同抓的组织领导体系，建立了受援双方、前后方协同的工作机制，设立了专门的政府直属机构，为长期援藏提供了组织保证。西藏方面也应设立相应的领导小组和协调机构，出台相关支持政策，提升受援双方之间沟通协调的平顺性、畅通性，更加有力、更加科学、更加有效地统筹协调推进干部、人才、资金、项目、交流交往及巩固脱贫攻坚成果等工作。

（二）援藏干部管理制度有待完善

就援藏干部在藏期间的管理而言，援藏干部建立了自我管理、自我服务机制，实行受援双方共同管理，但是也存在干部管理责任不够清晰，受援双方存在谁都管但都管不到位的问题，干部监督管理存在一定的工作缝隙和风险隐患。

在干部考核评价方面，需要建立有效的选拔、奖惩、安置机制，更科学有效地评价不同岗位、不同层级的工作效能，更加注重以受援地评价为主的导向，从而充分发挥当地的主体责任，充分发挥援藏干部的作用，充分激发援藏干部的工作积极性。

在对援藏干部的人文关怀方面，援藏干部关心帮扶机制还存在一些需要完善的地方，如医保接转存在政策障碍，导致援藏干部在藏期间看病不便；待遇和慰问机制还不够健全，如各省市政策尺度不一，各单位因人而异，往往寄希望于派出单位领导的站位和认识，缺乏刚性规定和约束，普遍存在随意性；对于特殊困难的干部及家属，缺乏制度性的安排，特别是有的援藏干部在藏期间患上疾病，需要长期医治和康复，缺乏长期有效的跟踪关心帮扶机制；完善援藏干部回到内地后的持续跟踪机制，在政治上、身体上等给予应有关心帮助，增强援藏工作的可持续性。

在援藏干部发挥作用方面，缺乏正确的角色定位，援藏干部应该发挥三重职责作用：一是发挥干部人才自身优势，积极参与承担当地分工任务；二是发挥援藏工作组织推动作用，推动援藏项目、资金等落实落地；三是发挥作为内地与西藏的桥梁纽带作用。这种角色定位，更有利于全面发挥援藏干部的作用，最大限度激发援藏干部的主观能动性，调动和引导派出地区或单位的资源，为西藏的发展稳定服务。

（三）双向交流和社会援藏机制需要完善

援藏的基本出发点和落脚点是改善民生、争取民心，实现"共同团结奋斗、共同繁荣发展"。

在实际工作中，往往强调"援"与"受援"，往往演变为单向的行为，缺乏双向互动。如援藏资金和项目的管理方面，援助方往往强调"交支票"，对于受援方怎样把"支票"用好，把项目的经济效益、社会效益发挥好，有时缺少通盘谋划。又如，受援方受经费、人员制约，往往更强调"请进来"，对"走出去"的积极性不高。

社会援藏是最体现双向交流、最能促进相互交流的形式。从整体上看，制度性的双向交流机制还需要完善。西藏要实现长足发展和长治久安，需要与内地有可持续的足够的人流、物流、信息流的交互，需要保护性地开发当地的优势资源，增强自我发展能力。因此，援藏应更加注重交流交往交融，更加注重优势互补、援受双方共赢，更加注重彼此尊重理解、美美与共。当前，旅游等市场化的常规交流较为频繁，但是缺少组织性、系统性和持续性。除此之外，受各种因素的制约，带有援藏使命的民间交流动能不足，群众团体作用发挥不够，缺少抓手和平台，工作缺少整体谋划。

（四）向民生、农牧民、基层倾斜的机制需要完善

援藏初期，对口援藏主要是重物质支援而轻交流交往，重城镇而轻农牧区，重基础设施硬件而轻民生服务软件，重经济发展而轻社会发展，对援藏资金和项目下基层、下农牧区和关注民生改善方面稍显薄弱。近年来，对口援藏资金、资源向民生、农牧区、基层倾斜，对争取民心，夯实基层基础，增强农牧民群众的获得感、幸福感发挥了重要作用。民生连着民心，为了更好地推动援藏干部人才、资金、项目等下沉基层，巩固脱贫攻坚成果，需要对现有向民生、农牧区、基层倾斜的规划、实施、评价和矫正机制进行完善，注重基层民生项目储备制度，发挥考核评价激励和导向作用，从而达到事半功倍之效。

（五）吸纳农牧民参与援藏项目建设的机制需要健全

现有对口援藏模式总体特征是自上而下、由外到里，援藏项目的最终受益方为当地的农牧民群众，但援藏项目实施过程中，基本是以企业为主体的招投标和项目实施，没有刚性的吸纳当地劳动力的约束，以工代赈仍需加强，项目实施与当地农牧民就业增收结合不够，一定程度上存在当地群众参与度不高等问题。

拉萨市推行的"四业工程"，在这方面提供了有益借鉴。拉萨市的基本做法是，将农牧区的富余劳动力组织起来，经过一定的技能培训后，按照班排

连等方式进行编制，参与各类项目建设和民生服务，实现"以业育人、以业管人、以业安人、以业富人"。

有的援藏项目工程由援建地区派遣人员或招募其他地区人员进行，当地群众不参与工程项目建设，未能从中直接广泛受益。为此，应改善现有对口援藏项目实施机制，让当地农牧民更多地参与进去，既保障工程项目更加适应当地的需要，又能保证农牧民在工程项目建设中和建成后都受益，直接增加农牧民的收入，巩固脱贫攻坚成果。

四、统筹协调和建立长效机制需要完善

在党中央的坚强领导和援受双方的共同努力下，对口援藏产生的社会和经济效益难以估量，但在加大统筹协调和建立长效机制方面，仍存在需要改进的地方。

（一）对口援藏资金资源的统筹还需加强

当前对口援藏模式下，有的援藏单位投入了大量的人力、物力和财力，但没能很好地解决把当地的资源优势变为产业优势，从而增强自我造血、自我发展能力的问题；同时，存在受援方人才和技术缺乏、低水平重复、项目同质化、资金效益不高、项目不配套、重建设轻管理等问题。为此，对口援藏的资金资源需要系统统筹谋划，提高资金项目的社会效益、经济效益。

（二）援藏法治化建设需要规范完善

各省市和单位高度重视援藏工作，全力完成党中央交给的政治任务，但是实施层面需要细化统筹、科学规划，在遵从西藏需求和市场经济规律的同时，要做好法治化、规范化建设，不断推动援藏工作提质增效。特别是在长期的援藏工作中形成的好经验、好做法，在充分总结梳理、广泛认同的基础上，形成固化的制度规范，通过制度规范双方行为，以适应依法治藏、长期建藏的需要。西藏作为民族区域自治地方，可以考虑在时机成熟时，制定《西藏自治区促进援藏工作条例》，运用法律手段规范对口援藏行为和援藏工作，建立起援藏工作激励机制。创新援藏制度，依法援藏，积极探索符合西藏特色的发展模式，从而保证西藏的经济可持续发展和长治久安。

（三）西藏融入全国需要持续加快步伐

西藏在推进跨越式发展和长治久安过程中面临的困难和制约因素还很多，

连片贫困区经济发展起步晚、底子薄、积累少、实力弱；西藏社会事业总体水平相对滞后，社会保障能力较低；部分城乡居民特别是一些农牧民生活还相当困难，农牧区公共服务基础还比较差；边疆地区反分裂斗争形势依然尖锐复杂，维护社会稳定的任务十分艰巨繁重。综合来看，西藏经济社会发展不平衡不充分的矛盾、各族人民同以达赖集团为代表的分裂势力之间的特殊矛盾会长期存在。这一特殊区情决定了西藏工作的主题必须是推进跨越式发展和长治久安，对口援藏工作仍将是长期建藏的一项重要工作任务。长期建藏的长效机制建设需要积极探索，西藏经济社会发展的内生动力还需要持续挖掘，加大引导和激发力度。

西藏经济增长主要靠投资拉动，项目资金来源主要靠国家投入，这一状况在较长时期内不会从根本上改变，这是西藏经济社会发展的最基本区情。但从长远看，维持投资拉动的经济增长模式，不仅难度大，而且缺乏后劲和可持续性，援藏工作需要着眼于增强后劲，立足当前，谋划长远，注重持续。对口援藏推动了西藏的经济社会发展，加强了内地与西藏的双向交流，西藏与全国其他地区的联系也越来越紧密。但同时看到2020—2022年的三年疫情，阻隔了内地与西藏的交流交往频度，也要警惕"援助依赖"或低效率问题。今后需要注重激发西藏经济发展的内生动力，加快西藏经济与内地联动发展进程，加大交流交往交融，增强经济社会相互依赖，做足优势互补、合作共赢，夯实国家长治久安的牢固基础。

第七章　全国援藏工作展望与对策

　　经过中央关心支持和全国各省市长期援助，西藏经济社会事业得到了长足发展进步。特别是党的十八大以来，以习近平同志为核心的党中央在治国理政实践中，把西藏工作放在重要位置上，为援藏工作提供了科学理论指导和行动指南。当前，我国已进入全面深化改革的深水区、巩固提升脱贫成果的关键期、深化援藏工作的提升期，在新的历史起点上，全国援藏的形势也不断发生着深刻变化，使援藏工作既面临重要的历史战略机遇期，也面临更加艰巨的任务和更加严格的要求。为此，要深入学习贯彻习近平新时代中国特色社会主义思想，深入学习贯彻习近平总书记"治边稳藏"重要战略思想，坚定不移用习近平总书记扶贫开发重要战略思想武装头脑、指导实践、推动工作，立足新起点、把握新机遇、直面新挑战、开阔新思路，探索更加科学的援藏机制，更加扎实有效地做好援藏工作，为绘就中华民族伟大复兴中国梦的西藏篇增光添彩。

第一节　全国援藏工作机遇与挑战

　　面对新时代的新形势、新任务、新要求，援藏工作必须坚持以习近平新时代新中国特色社会主义思想为指引，牢牢把握西藏发展稳定的中心工作，以更加坚定的信念、更加有力的举措、更加优良的作风推动援藏工作再上新台阶，坚定不移地推进西藏经济社会跨越式发展，坚定不移地加快藏族地区农牧民融入现代文明的进程，坚定不移地巩固和发展西藏繁荣进步、民族团结和谐的新局面。

一、援藏工作蕴含的新机遇

（一）中央关心西藏发展的战略机遇

在党中央的坚强领导和特殊关心下，全国各地倾力支援，形成了援藏工作大好局面。党的十八大以来，中央已先后召开了第六次、第七次西藏工作座谈会、东西部扶贫协作座谈会、深度贫困地区脱贫攻坚座谈会、全国援藏扶贫工作会等一系列事关西藏长期发展的重要会议，对西藏经济社会发展战略和具体工作作出了部署。特别是习近平总书记在中央第六次西藏工作座谈会上提出了"治国必治边，治边先稳藏"的战略指导思想，明确了"依法治藏、富民兴藏、长期建藏、凝聚人心、夯实基础"的西藏工作重要原则，突出体现了西藏工作在党和国家全局工作中的特殊重要地位，具有重大的理论和实践意义。在新的历史战略机遇期，援藏工作将从"对口支援"逐步向"长期建藏"转变。2020年8月，中央召开第七次西藏工作座谈会，习近平总书记出席并发表重要讲话，提出新时代党的治藏方略，必须坚持"治国必治边，治边先稳藏"的战略思想，坚持"依法治藏、富民兴藏、长期建藏、凝聚人心、夯实基础"的重要原则；必须牢牢把握西藏社会的主要矛盾和特殊矛盾，把改善民生、凝聚人心作为经济社会发展的出发点和落脚点，坚持对达赖集团斗争的方针政策不动摇；必须全面正确贯彻党的民族政策和宗教政策，加强民族团结，不断增进各族群众对伟大祖国、中华民族、中华文化、中国共产党、中国特色社会主义的认同；必须把中央关心、全国支援同西藏各族干部群众艰苦奋斗紧密结合起来，在统筹国内、国际两个大局中做好西藏工作；必须加强各级党组织和干部人才队伍建设，巩固党在西藏的执政基础。其中的核心和亮点是民生工程与民心工程并重、物质文明与精神文明建设并重。

（二）全面建成小康社会的历史机遇

全面建成小康社会是党中央确定的"两个一百年"奋斗目标之一，要求全国的经济社会全面进步，到2020年实现两个倍增，基本实现工业化。党的二十大庄严宣告：完成脱贫攻坚、全面建成小康任务，实现了第一个百年奋斗目标。2020年底，经过8年艰苦卓绝的努力，全国832个贫困县实现摘帽，近1亿贫困人口全部脱贫，脱贫攻坚战取得了全面胜利，实现了全面建成小康的宏伟目标。这是中国共产党和中国人民团结奋斗赢得的历史性胜利，是彪炳中华民族发展史册的历史性胜利，也是对世界具有深远影响的历史性胜利。

由于自然条件和历史原因，西藏是全国贫困发生率最高、贫困程度最深、扶贫成本最高、脱贫难度最大的区域，是我国"三区三州"中唯一省级集中连片深度贫困地区。自脱贫攻坚战全面打响以来，通过全区各族干部群众奋力拼搏，2016年，西藏5个贫困县区率先脱贫摘帽；2017年，西藏25个县区摘帽；2018年，再有25个县区脱贫。2019年12月23日，西藏自治区脱贫攻坚指挥部发布公告："2019年12月9日，经自治区人民政府研究，批准日喀则市谢通门县、江孜县、萨迦县、萨嘎县、拉孜县、南木林县，昌都市八宿县、左贡县、芒康县、贡觉县、察雅县，那曲市色尼区、巴青县、尼玛县、双湖县、申扎县，阿里地区措勤县、改则县、革吉县共19个县（区）退出贫困县（区）。"这意味着西藏自治区率先完成脱贫任务，具有划时代的里程碑意义。

党的二十大报告指出："从现在起，中国共产党的中心任务就是团结带领全国各族人民全面建成社会主义现代化强国、实现第二个百年奋斗目标，以中国式现代化全面推进中华民族伟大复兴。"对西藏而言这是重大的历史机遇，意味着西藏各族人民将实现全面建成小康社会的目标后，与全国人民一道迈上中华民族伟大复兴的新征程。

（三）全国长期援藏的强力蓄势机遇

中央"举全国之力援藏"方针实施以来，经过28年的探索，形成了对口支援、定期轮换、资金定额、深化"三交"、结对帮扶、智力援藏、产业援藏等全面援藏的新格局，为深化援藏工作积累了丰富的经验，积淀了丰厚的基础。在中央和国家部委加强领导、统筹协调方面，中央组织部加大干部人才援藏力度，国家发改委积极做出援藏规划和项目实施，财政部加大对西藏的转移支付力度，国家乡村振兴战略全面推进，国务院国资委开展"中央企业助力富民兴藏"活动，全国工商联开展"光彩行动"，组团式教育医疗帮扶成效显著。人社部、交通运输部、教育部、国家卫健委、水利部、农业农村部、广电总局、市场监管总局、共青团中央等部委每年专题召开行业援藏会议，结合各自职能和资源优势，推动援藏工作向纵深发展。各省市倾力援藏，北京、上海、浙江、福建、山东等省市大力推进产业扶贫；广东、河北、陕西、安徽等省大力支持西藏边境小康村建设；江苏、湖北等省在受援地开展"携手奔小康"行动，培训各类实用人才；辽宁、吉林、黑龙江等省帮助推动日喀则、那曲发展园区经济，吸纳贫困群众就业；湖南、天津、重庆等省市帮助山南、昌都实施城市规划，体现民族特色等，亮点纷呈，效果突出。博观而约取，中央国家部委和全国各省市在援藏工作实践中探索形成了一批好经验、好做法，为新时代深化援藏工作提供了更加科学的援藏智慧和援藏方案，奠定了良好的工作基础。

（四）西藏不断发展进步的内生机遇

自1994年全国开展对口援藏以来，在全国17个对口省市、60多个中央国家部委、17家中央骨干企业的不断援助下，特别是党的十八大以来，在以习近平同志为核心的党中央的英明领导下，全国通过开展教育援藏、医疗援藏、产业援藏、就业援藏等，推动了西藏经济社会事业不断发展，为巩固脱贫攻坚成果奠定了良好的思想基础、物质基础、人心基础、制度基础。

2023年1月23日西藏自治区召开十二届人大一次会议，政府工作报告显示，2022年地区生产总值超过2165亿元；全体居民人均可支配收入增长12.8%，增速全国第一。人均预期寿命提高到70.6岁；全区45%区域列入最严格生态保护范围；群众安全感满意度达到99.7%。当前的西藏，经济发展、社会稳定、民生改善、生态良好、民族团结、党建加强、边防稳固，正处在历史上最好的发展时期之一，为援藏工作创造了最有利的客观条件。

（五）民族团结交流的融合发展机遇

民族团结是西藏各族人民的生命线。西藏各族干部群众始终高举民族团结旗帜，坚持和发扬各民族干部群众心连心、手拉手的好传统，深入开展民族团结进步宣传教育，精心做好民族团结工作。在"老西藏精神"的感召下，一批又一批优秀援藏干部肩负使命，辛勤工作，无私奉献，感动着雪域高原，同时也团结凝聚了西藏各族干部群众。特别是党的十八大以来，深入开展党的群众路线教育实践活动、"三严三实"专题教育、"两学一做"学习教育、"不忘初心，牢记使命"主题教育等，激励着全国各省市的援藏干部转变作风、深入基层、贴近民生，积极开展驻村入户、结对帮扶、扎根基层等做法，倾听民意、了解民声、解决民忧，增强了援藏工作的科学性、实效性、群众性。受援地干部群众对援藏项目的总体评价较高，对援藏干部给予充分肯定，民族团结交流不断加深，反分裂斗争不断深化，这些都为援藏工作奠定了良好的群众基础。

（六）"一带一路"建设的开放发展机遇

开放是中国发展的重要举措之一。作为推动形成全面开放新格局重要措施的"一带一路"建设，从提出伊始就得到国际社会的积极响应，随着"一带一路"建设的推进，越来越多的国家参与到合作中来。习近平总书记在十九大报告中强调，要以"一带一路"建设为重点，坚持"引进来"和"走出去"并重，遵循共商共建共享原则，加强创新能力开放合作，形成陆海内外联动、东西双向互济的开放格局。西藏是"一带一路"通向南亚的重要节点，拥有不可替代的区位优势。在"一带一路"的建设过程中，涉及铁路、公路、航空、能源、文化旅游多个行业，这对于西藏经济发展而言具有强劲的增长动力。2020年6月，自治区召开的"一带一路"建设工作领导小组会议强调，一要明确主攻方向，科学谋划"一带一路"建设"十四五"规划研究编制工作，全力推进拉萨综合保税区、吉隆边境经济合作区、中尼友谊工业园项目建设，全力扶持喜马拉雅航空公司做强做优。二要加快重点项目建设，加快中尼铁路、航空等重大基础设施建设，抓紧推进第二届"一带一路"国际合作高峰论坛签约项目落实落地，确保每个项目的建设成效经得起实践和历史的检验。三要抓好中尼口岸建设，协调推进吉隆、里孜等口岸尼方一侧建设工作，不断提高口岸管理信息化、通关便利化水平，继续开展"百企出国门"活动，带动全区优势特色产业集群式"走出去"。四要做好金融服务，健全跨境贸易区、保税区和边境口岸的金融服务体系，建立金融业务常态化交流机制，加强对人民币跨境流通监测力度，不断提升边境口岸金融服务水平。五要促进人文交流，完善西藏特色文化产业贸易服务窗口，充分利用"藏博会""珠峰文化节"等平台，强化与尼泊尔、印度等南亚国家在教育、文化等领域的交流合作。总之，"一带一路"建设的实施，为西藏带来了新开放发展机遇。

二、援藏工作面临的新挑战

（一）4类重点地区面临巩固脱贫成果的挑战

西藏贫困发生率高、贫困程度深、贫困面大，巩固脱贫成果任务艰巨，主要集中在4类地区：一是地方病高发区和灾害频发区，是深度贫困地区的贫中之贫，地方病高发区在7地市均有分布，主要病种包括大骨节病、包虫病、风湿性关节炎、碘缺乏病、地方性氟中毒等。二是深山峡谷区，这是全区巩固脱贫成果困中之困，这些区域产业发展滞后、交通闭塞、信息不畅、人口居住集中、人地矛盾突出、基础设施落后、生态建设任务艰巨，如昌都"三岩"片区等深山峡谷区是典型的困中之困。三是高寒纯牧区，海拔4500米以上，是世界"第三极"，是全区巩固脱贫成果的难中之难，自然条件差，以畜牧业生产为主、产业结构单一，生态环境脆弱，贫困人口分布广，劳动力技能缺乏，生产方式落后，公共服务水平低。四是边境特殊区，是全区深度贫困地区的坚中之坚，地处偏远、人口稀少、交通不便、信息闭塞、劳动力素质差，资源开发及开放条件受限，是最难攻克的坚固"堡垒"；贫困群众承担着守边固边的重任，既要脱贫又要守边，不能通过易地搬迁解决，所处边境的特殊性决定了这部分人口面临着特殊困难。以上4类重点地区，是西藏巩固脱贫成果的贫中之贫、困中之困、难中之难、坚中之坚，需要全国持续加大重点援助力度，巩固脱贫成果，共享全面小康。

（二）援藏重点领域聚焦发力需及时调整的挑战

经过全国各省市多年的援建，西藏各地市、县区城乡面貌发生了日新月异的变化。但当前处于调整援藏工作重点的关键期，怎样协调确定中央援助资金和对口省市资金使用的方向，尤其向4类重点地区倾斜，通过合理分工确保各项项目、资金效益最大化，需要探索可行有效的机制。另外，在确定援建项目时，一般应遵循向民生、农牧、基层倾斜的要求，兼顾地市、县区间的平衡。从实际效果看，地市、县区间的发展，农牧区的发展，基层和民生改善存在较大差距。援藏项目和资金既要保持区域间相对公平投入，以满足各地市、县区发展需要，又要适应经济规律和自治区的整体发展布局需要；既要巩固拓展脱贫成果，又要全面促进乡村振兴，这对统筹管理好资金提出了新的要求。今后，立足"长期建藏"，应对产业发展、消费扶贫、交往交流、文化旅游、人才智力等领域给予更多倾斜，并提出切实有效的指导意见和政策措施。

（三）援藏项目如何做好衔接的挑战

在规划衔接方面，一般各省市的援藏干部任期为3年，受援藏人员"定期轮换"和其他因素影响，在指导思想、发展战略、规划项目选择与具体建设等方面仍存在与西藏各受援地衔接不够紧密的现象。在项目衔接方面，北京等省市通过设立援藏指挥部，在较大程度上克服了因干部轮换、交接跨年跨期项目的不利影响，但工作交接不完全而影响项目进展的现象仍或多或少存在。各省市在援助的过程中，援藏项目存在调整较多的现象，这种情况的出现，有的是规划之初酝酿、征求意见不够，有的是项目确定的过程不完善、论证的结论不完备，有的是援藏干部变动调整后理念思路不同，导致规划的科学性、严肃性受损。在项目管理衔接方面，援藏干部轮换造成工作、项目、资金等方面的衔接仍存在缝隙，需要就交接、衔接作出制度性安排，确保工作的连续稳定。

（四）如何加强援藏干部服务管理的挑战

就总体而言，按照由"对口支援"向"长期建藏"转变的工作要求，"援藏干部"可能逐步转变为"建藏干部"，现有的"定期轮换"机制需要相应作出调整，采取比3年轮换更灵活、更有弹性的办法，特别是专业技术人才和管理人才支援，应以更有弹性的办法加大支援力度。对援藏干部的评价管理机制可以建立更加精准有效的选拔、奖惩、安置机制，更全面客观、科学有效地评价不同岗位、不同层级的工作效能，以充分激发援藏干部的工作积极性，避免逆向淘汰。就对援藏干部的人文关怀而言，虽说各省市关于援藏干部的福利待遇已经有全面的安排，但在实践中，也存在援藏干部在藏期间的医保接转不够便捷等问题。另外，就干部身份而言，多数援藏干部纳入中组部管理干部序列，各省市指挥部专职干部、服务团队人员和其他渠道派出的人员等纳入各省市组织部管理，存在管理标准不统一、待遇不一致的情况，以上问题需要创新举措，统筹解决，以调动各方面干部人才的积极性。

（五）社会力量参与援藏不足的挑战

援藏应该是立足于"共同团结奋斗、共同繁荣发展"的双向交流机制。

在实际工作中，主要是政府以及国企等通过对口支援、"结对子"等形式开展援助多，而动员社会力量参与援藏少，最能体现双向交流互动的市场机制和社会力量援藏没有完全激发出来。例如，现实是旅游等常规交流较频繁，但是缺少组织性，带有援藏使命的民间交流不足，群众团体作用发挥不足，缺少抓手和平台，工作缺少主动性，需要广泛动员并给予激励，形成大援藏格局。

第二节　新形势下做好援藏工作的建议

党的二十大描绘了全面建设社会主义现代化国家、全面推进中华民族伟大复兴的宏伟蓝图，为西藏发展稳定提供了方向和指引。习近平新时代中国特色社会主义思想，特别是"治边稳藏"重要论述和区域协调发展战略，是做好援藏工作的根本遵循和行动指南。

一、援藏工作的新任务新要求

党的二十大为援藏工作提出了新任务新要求，巩固拓展脱贫成果，全面实施乡村振兴成为援藏的重点任务。援藏工作的标准越来越高，任务越来越重，难度越来越大，要求越来越严。

（一）标准越来越高

党的十八大以来，以习近平同志为核心的党中央把建藏援藏工作摆到前所未有的高度来抓，总书记经常亲自谋划、亲自部署，体现了总书记对西藏农牧民群众的深情厚谊，体现了"治国必治边，治边先稳藏"的深谋远虑。2021年7月21日—23日，习近平总书记再次亲临西藏视察，祝贺西藏和平解放70周年，看望慰问西藏各族干部群众。习近平总书记强调，要全面贯彻新时代党的治藏方略，加强边境地区建设，抓好稳定、发展、生态、强边四件大事，在推动青藏高原生态保护和可持续发展上不断取得新成就，奋力谱写雪域高原长治久安和高质量发展新篇章。

（二）任务越来越重

根据东西部协作要求，完成脱贫攻坚任务后，帮扶从精准扶贫转向全面振兴，除巩固脱贫成果外，工作覆盖更广地区和更多人群。东部省市助力受援地区的主要任务有：一是加强组织领导。党委、政府负责同志要到协作地区调研对接，与协作地区建立高层联席会议制度，编制扶贫协作规划和年度计划。二是强化人才支援。按照上级要求和双方协商计划完成党政干部人才选派工作，援助干部要在受援地党委、政府的领导下，把主要精力放在巩固脱贫成果和助力乡村振兴上。三是加大资金支持。每年财政援助资金、社会帮扶资金投入保持稳定增长。四是开展产业合作。引导企业到帮扶地区投资兴业，带动群众就业、增收致富。五是加强劳务协作。与受援地建立和完善劳务输出精准对接机制，开展职业教育、职业培训以及就业援助。六是深化结对帮扶交流交往交融。东部省市的区（县）主要负责同志赴结对县调研对接，组织本区内的乡镇（街道）、村与结对县的乡镇、村结对帮扶。如北京16个区，每个区多则结对帮扶西部7个县，少则帮扶5个县。各区的帮扶任务概括为"八个到位"——组织领导到位、谋划对接到位、精准帮扶到位、社会动员到位、交往交流交融到位、发挥主体作用到位、信息宣传到位、工作效果到位，以确保帮扶协作实效。同时要求各部委办局和群团组织根据各自的职能，根据受援地的需要，积极为完成帮扶任务提供政策、资源、产业、智力和干部人才等方面的支持，助力西藏巩固脱贫成果成为全社会共同参与的大事。各省市聚焦资金、项目、干部、人才、智力、科技、文化、产业全方位加大支援帮扶力度。"十三五"期间，各省市投入援藏资金超过200亿元。工作中要求精准帮扶，把财政援助资金的重点向脱贫地区村和脱贫人口倾斜，有效带动农牧区群众增收致富。

（三）难度越来越大

西藏属于集中连片特殊困难地区和实施特殊政策区域，自然环境恶劣，发展条件差，基础薄弱，属于"少、边、穷"地区，属于国家确定的深度贫困地区。虽然在党中央的关心关爱和全国人民的无私支援下，如期高效完成了脱贫任务，但因自然历史原因、经济社会基础薄弱、高原条件恶劣，加之疫情三年影响，巩固脱贫成果任务异常艰巨，全面实现乡村振兴任重道远。

（四）要求越来越严

脱贫攻坚任务完成后，中央提出东西协作和对口支援要做到"四个不摘"，即摘帽不摘责任、摘帽不摘政策、摘帽不摘帮扶、摘帽不摘监管。要求标准不降、力度不减。在巩固脱贫成果同时，全力推进和助力西藏实现乡村振兴战略，使更多的广大农牧民群众受益。国家发改委也出台了援藏工作的考核办法，每年对各省市的工作开展严格考核。各级纪检监察部门和审计部门每年对援藏工作开展监督检查和审计，对存在问题提出整改意见或问责问效。

二、新形势下做好援藏工作的建议

做好新时代的援藏工作，必须站在历史长河中，放在国际视野下，置于全国大局下思考问题，谋划长远，推动工作。

（一）坚持治藏方略引领，牢牢把握援藏工作正确方向

党的十八大以来，习近平总书记高度重视西藏工作，心系西藏各族人民，深入研究西藏在党和国家全局中的重要性，创造性地继承和发展党的治藏方略，提出"治边稳藏"战略思想，指出要把维护祖国统一、加强民族团结作为工作的着眼点和着力点，坚定不移走有中国特色、西藏特点的发展路子，坚定不移开展反分裂斗争，坚定不移促进经济社会发展，坚定不移保障和改善民生，坚定不移促进各民族交往交流交融，确保国家安全和长治久安，确保经济社会持续健康发展，确保各族人民物质文化生活水平不断提高，确保生态环境良好，确保同全国一道实现现代化。这是对中国共产党人治藏兴藏思想的继承和发展，浓缩了几代中央领导集体治藏的共同智慧，是新时代中央对西藏工作总的新思想、新要求、新部署。

习近平总书记的治藏方略，为做好援藏工作指明了方向，提供了根本遵循，注入了强大动力。为此，在援藏工作中，要深入学习贯彻习近平总书记"6个必须"的治藏方略，深刻理解治国、治边、稳藏在中华民族伟大复兴、全面建成小康社会中的重大理论和现实意义，完整准确领会党的治藏方略的新思想、新内涵、新部署、新要求，并以此武装头脑、指导实践、推动工作。

在援藏工作实践中，各援藏省市、部委和中央企业要以"两个确立""两个维护"的高度政治自觉，认真总结援藏好经验、好做法、好传统，在维护西藏社会稳定中持续献计出力，在推进西藏高质量发展中持续加大投入，在改善民生中持续真抓实干，在"组团式"援藏扶贫中持续精准发力，在促进交往交流交融中做到用心用情用力，努力让党中央关于对口援藏的重大决策

部署落地生根、开花结果，形成发展和维护西藏各族人民的根本利益的生动实践，从而充分体现中国共产党的政治优势，充分体现社会主义制度的无比优越性，充分体现祖国大家庭的温暖，充分体现中华民族守望相助、手足相亲的深情厚谊。

（二）坚持高位谋划推动，健全长期建藏援藏的工作机制

习近平总书记强调："做好西藏工作，必须坚持党的领导，全面加强党的建设。"[①]28年的援藏实践证明，坚持党对援藏工作的领导，各级领导的高度重视、高位推动、以上率下，是有力推动援藏工作取得成效的主要动力。为此，各级干部要在政治上、思想上、行动上同党中央保持高度一致，坚定不移把党的援藏方针政策落到实处，形成心往一处想、劲往一处使的强大合力。同时立足长期建藏援藏，强化顶层谋划设计，坚持慎重稳进方针，做到一切工作从长计议，一切措施具有可持续性。

在援藏实践中，加强统筹协调，特别是中央各部委之间、各省市之间、受援双方、前后方的沟通协同，形成工作合力，显得尤为重要。各省市需要完善组织领导体系和工作机制，实施任务清单制，压实帮扶责任，全力推动扶贫支援工作提质增效；同时统筹协调上下之间的关系，统筹协调前方和后方的关系，统筹协调省级和市（区）级的关系，统筹协调资金和项目的关系，整合好政府、社会、市场等各方资源，加大推进力度，形成密切协作、步调一致、协同推进的格局。

当前，随着西藏发展和援藏形势的变化，培育西藏内生发展动力和造血能力是关键，这就需要加大文化交流交融，筑牢民族团结基础；增强专业人才援藏，弥补人才总量与质量不足；加大产业支持，增强自我"造血"功能；强化动员企业和社会参与，放大援藏力量和效果；加大双向合作，实现双赢和可持续发展。通过深化干部援藏、项目援藏、智力援藏、人才援藏、文化援藏、教育援藏、产业援藏、消费援藏、科技援藏、卫生援藏、生态援藏、社会援藏、公益援助等，动员全国全社会以不同形式参与到援藏工作中，突出做好打基础、利长远、填空白、惠民生的基础性和战略性工作，全面提升

---

① 习近平强调依法治藏富民兴藏长期建藏　加快西藏全面建成小康社会步伐［EB/OL］.（2015-08-25）.http://www.xinhuanet.com//politics/2015-08/25/c_1116370428.html。

援藏质量效果，让西藏各族人民充分感受到来自全国的温暖，增强自我发展的信心和能力。

当前，援藏工作已经进入新时代，对口支援不仅是东部省市帮助西藏发展，优势互补、合作共赢也将逐步成为应有之义，提上援藏工作的议事日程。特别是抓住供给侧结构性改革机遇，把对口支援作为突破资源瓶颈约束、推动产业转移升级的重要契机，着力研究西藏与东部省市的产业、资源、人才、资金、技术、市场等资源禀赋，找到互补点，拓宽合作面，努力打造优势互补、合作共赢的发展格局。按照精准帮扶的要求，统筹推进区域协调发展、共同发展，重点解决西藏的基础设施、公共服务、产业发展、"三保障"等方面存在的短板问题。聚焦西藏资源优势、政策优惠，推动东部省市供给侧结构性改革中转移的梯度产业与西藏精准对接，做到取长补短、互利共赢。

（三）坚持优选干部人才，培养锻炼治国理疆栋梁之材

习近平总书记指出："在高原上工作，最稀缺的是氧气，最宝贵的是精神。"①长期以来，一批又一批援藏干部人才舍小家为国家，舍弃舒适的工作生活环境，奔赴雪域高原，无私奉献，为"老西藏精神"注入新的时代内涵。中央和各省市对援藏干部人才历来十分关心，制定了特殊的待遇政策，各派出单位积极支持，共同为援藏干部解决好后顾之忧，为援藏工作营造良好环境。

干部人才援藏，作为加强援藏工作的关键，重点是选好干部人才，使其在藏充分发挥作用，援藏期满后有好安排，从而形成干部人才援藏的良性循环。一是选优配强干部人才。各对口支援省市和单位讲政治、顾大局，不折不扣落实中央决策部署，把援藏作为培养干部、磨炼意志、增长才干的重要渠道，按照好中选优、优中选强的原则，优化选派干部人才结构，把优秀干部人才选派到条件艰苦和扶贫一线锻炼成才。在援藏干部选派中，需要防止出现以下问题：选派标准不严，没有选优配强，只当作任务来完成；选派不精准，人岗不相宜。二是充分发挥援藏干部人才作用。西藏自治区各级党委（党组）要一如既往高度重视干部人才援藏工作，关心支持这些宝贵的人才资

① 习近平：高原工作最稀缺的是氧气　最宝贵的是精神［EB/OL］.（2015—08—25）.http://news.cnr.cn/native/gd/20150825/t20150825_519658926.shtml。

源，政治上充分信任，工作上大力支持，生活上热情关心，管理上严格要求，充分发挥好他们的优势作用，最大限度地把他们的智慧和力量汇聚到推动西藏实现长治久安和高质量发展宏伟目标上来。援藏干部人才也要不辱使命、不负重托，与西藏各族干部群众同甘共苦、并肩战斗、真情奉献、实干苦干，始终树牢"四个意识"、坚定"四个自信"、做到"两个维护"，始终做到忠诚、干净、担当，以实干担当促稳定助发展，为西藏长足发展和长治久安作出积极贡献；用真心真情解决群众困难，用牺牲奉献践初心铸忠诚，为西藏改善民生、凝聚人心发挥组织推动和桥梁纽带作用。三是加强援藏干部人才管理服务。各级组织部门充分发挥牵头抓总作用，不断加强顶层设计，健全选派机制，严格管理制度，完善配套政策。按照既关心爱护又严格要求的原则，从工作、生活各方面关心关爱援藏干部，建立健康管理机制，做好援藏干部人才管理服务工作，完善援藏培训提升机制，建立干部进藏前上岗培训、援藏期间经常培训和援藏后集中培训的机制，组织开展常态化集中学习，不断增强援藏干部人才的能力素质。在这方面，北京市先行先试，做出了有益探索。同时，健全干部素质评价、工作效能评价等综合性科学评价体系，对表现优异的干部在选拔任用、表彰奖励、工作安排等方面给予激励，对表现差甚至严重影响援藏干部形象的应采取相应措施，确保援藏干部队伍的纯洁性，充分激发援藏干部的积极性。近年来，由于西藏的自然条件，不少援藏干部在援藏期满回到内地工作后，工作和身体等方面出现问题。为此，建议探索建立跟踪服务机制，特别是健康保障机制，使援藏干部感受到组织的温暖，这样才能有利于援藏工作长期开展。

特别要强调的是，援藏干部人才要发挥好表率作用和桥梁纽带作用。一方面，学习当地干部艰苦奋斗的精神，弘扬"特别能吃苦、特别能战斗、特别能忍耐、特别能团结、特别能奉献"的"老西藏精神"，充分尊重当地民族的风俗习惯，做学习上进的表率、两个维护的表率、担当作为的表率、民族团结的表率、创先争优的表率，树立援藏干部人才的良好形象。另一方面，发挥援藏干部的自身优势，发挥连接西藏与派出地桥梁纽带作用，动员内地的资源充分服务西藏的发展，为西藏全面实现现代化贡献更大的智慧和力量。

（四）坚持精准帮扶，巩固并建立长效机制

西藏率先完成了解决绝对贫困的脱贫攻坚任务，由于西藏的特殊历史和艰苦的自然条件，基础设施和公共服务较为薄弱，产业培育和发展难度较大，巩固脱贫成果的任务还很重，加之相对贫困还会在很长一段时间内存在。因此，巩固脱贫成果，建立稳定脱贫长效机制，依然是今后援藏工作的重要任务。

首先，坚持以问题为导向，引导援藏资源向4类重点地区倾斜。针对地方病高发区和灾害频发区、深山峡谷区、高寒纯牧区、边境特殊区4类重点地区，引导全国援藏资金、项目、人才、教育、医疗等资源继续向该类地区倾斜。聚焦聚力突出问题，精准帮扶，重点补齐民生短板，解决改善基础设施条件，增强公共服务保障能力，加大就业帮扶力度，充分吸纳4类重点地区贫困家庭子女到对口支援省市的职业院校、技工院校接受职业教育和职业培训，建立和完善劳务输出对接机制和工作协调联系机制，根据内地企业、市场用工需求，实施针对性的培训，为藏区群众因人因需提供就业岗位和服务，做到精准对接、稳定就业。加大社会事业帮扶力度，在4类重点地区深入开展教育人才和医疗人才"组团式"援藏工作，坚持好中选优、优中选强的原则，继续选派业务精湛、经验丰富的教育人才和医疗专家进藏开展支援工作，把内地先进的教学、医疗理念和过硬的教学、医疗技术输送到雪域高原，帮助提升4类重点地区受援学校的教学质量和医院的医疗服务能力、管理水平。

其次，坚持做到三个聚焦，精准发力：一是资金聚焦。坚持对口支援资金项目向基层倾斜、向贫困群众倾斜、向深度贫困地区倾斜、向改善贫困地区基础设施条件倾斜、向4类重点地区倾斜，重点解决县以下地区公共服务、基础设施、基本医疗保障问题。二是政策聚焦。充分用好中央各部委的支持政策，用好支援省市的财政、税收、金融、土地等政策。同时，加大政策的创新和供给力度，特别是在政策的集成和互通上下功夫，实现政策的集成效应和共振效应。当前，立足长期建藏需要巩固脱贫成果，编制好援藏规划，同时编制好年度项目计划，完善项目资金实施办法和操作程序，确保项目资金精准到位。三是责任聚焦。强化责任考核，按照中央援藏工作任务，完善援藏工作的双向考核办法，强化责任，传导压力，确保工作务实、过程扎实、结果真实。在今后的援藏工作中，需要明晰当地党委、政府的主体责任、援藏省市的帮扶责任，注重激发当地干部群众的内生动力，持续激发和释放主体的责任和作用。

最后，加强作风建设，为援藏提供保障。在援藏工作中，不折不扣坚决贯彻中央决策部署，带头遵守党的各项纪律，强化廉洁自律，守规矩、慎用权、拒腐蚀。紧紧围绕精准帮扶，敢于迎难而上、攻坚克难，巩固好脱贫成果。始终保持清醒头脑，不放松、不停顿、不懈怠，坚决防止形式主义、官僚主义。工作实践中，切实做到说办就办、马上就办、办就办好，保质保量地完成援藏各项任务。

（五）坚持聚焦改善民生，最大限度争取人心、夯实基础

习近平总书记指出，人心向背、力量对比是决定党和人民事业成败的关键，是最大的政治。[①]为此，只有持续改善民生，持续强化教育引导，不断增进各族群众获得感、幸福感、安全感，才能增进对伟大祖国、中华民族、中华文化、中国共产党、中国特色社会主义的认同，凝聚起强大的人心和力量，为实现"两个一百年"奋斗目标、实现中华民族伟大复兴的中国梦奋斗。

当前，西藏已经进入全面建成小康社会决定性阶段。援藏工作重要目标就是改善民生、凝聚人心，坚持民生工程与民心工程并重。为此，援藏工作要围绕全区各族群众学有所教、劳有所得、病有所医、老有所养、住有所居的目标，大力助推基本公共服务，改善教育和医疗卫生条件，创造和提供更多的就业岗位，支持社会主义新农村建设，健全覆盖城乡居民的社会保障体系，着力解决好西藏各族人民最关心最直接最现实的利益问题，不断增强各族群众的发展参与度和获得感。

西藏安定祥和、人民安居乐业，是西藏各族人民的切身利益所在，也是全党全国人民的共同心愿。民生改善的首要问题就是就业。因此，要深化就业援藏，持续做到提高人的素质和创造就业岗位并举。一是通过发展特色产业、开发服务岗位、提供公益岗位等，创造更多的就业机会，实现就近就地就业。二是发挥职业教育学校的作用，加大人才培训和培养的力度，着眼于实用型人才培养，采用"请进来"、"送出去"和"传帮带"的方式，提高职

---

① 凝心聚力　开创统一战线事业新局面——深入学习习近平总书记关于统一战线的重要思想[EB/OL].（2017-09-30）.http://www.qstheory.cn/dukan/qs/2017-09/30/c_1121731784.html.

业技能素质，深化"双创"工作，促进更多的人就业。三是巩固拓宽就业渠道，发挥援藏省市的就业资源，引导藏籍大学生在内地就业。如北京市通过提供就业岗位（近年来提供了4000多个岗位），组织定向专场招聘会，提供就业补贴和就业服务，设立就业实习基地等方式，支持藏籍大学生在京就业。

教育和医疗是增进西藏各族群众福祉的重点，也是改善民生的标志性工程。在中组部的直接推动下，实践证明，"组团式"教育和医疗援藏，是全面整体提升西藏的教育、医疗水平的有效途径。为此要继续深化教育医疗"组团式"援藏工作，继续选派业务精湛、经验丰富的教育人才和医疗专家进藏开展支援工作，把内地先进的教学、医疗理念和过硬的教学、医疗技术输送到雪域高原，加大受援学校和医院教育医疗人才学习培训力度，推广借鉴教育医疗人才"组团式"援藏的好做法好经验，探索建立"组团式"援藏扶贫工作机制，促进援藏扶贫工作朝着更精准、更精细的方向发展，补齐西藏教育、医疗的人才、管理、技术短板，让西藏各族群众得到"看得见、摸得着"的实惠，充分感受到党中央的亲切关怀、兄弟省市的手足情谊。

（六）坚持交往交流交融，着力促进国家统一民族团结

我国的基本国情之一是统一的多民族国家，维护民族团结和国家统一是各民族最高利益。只有铸牢中华民族共同体意识，才能把各族人民智慧和力量最大限度凝聚起来，才能正确处理一致性和多样性关系，不断巩固共同思想政治基础。新形势下，随着改革开放深入和社会主义市场经济发展，社会思想更加多元多样多变，只有凝聚共识，打牢共同思想基础，增强"5个认同"，才能形成利益共同体、事业共同体、命运共同体，像石榴子一样紧紧抱在一起，从而建立起同心同德、同向同行、共同奋斗的基础。

习近平总书记指出，西藏工作的着眼点和着力点必须放到维护祖国统一、加强民族团结上来。①援藏工作要紧紧围绕这个重点，通过干部人才、资金项目、改善民生、交流交往等，牢牢掌握反分裂斗争主动权，夯实祖国统一、民族团结的物质基础和思想基础，实现西藏社会局势的持续稳定、长期稳定、

---

① 习近平在中央第六次西藏工作座谈会上强调依法治藏富民兴藏长期建藏 加快西藏全面建成小康社会步伐 李克强俞正声讲话 张德江刘云山王岐山张高丽出席［EB/OL］.（2015-08-26）.http://politics.people.com.cn/n/2015/0826/c1024-27516628.html。

全面稳定。对口援藏，创造了促进民族团结进步的成功范例，同时也存在重援助轻交流、重干部轻人才、重物质轻精神、重硬件轻软件等问题。随着西藏的发展和援藏形势的变化，援藏工作思路也需要转型升级，即重援助更要重交流交往，重物质更要重精神文化。

今后援藏工作中，要坚持把民族团结作为援藏工作的根本任务。一要铸牢中华民族共同体意识。重视感恩教育，创新方法载体，丰富内容，拓展平台，增强吸引力，增进各族群众对伟大祖国、中华民族、中华文化、中国共产党、中国特色社会主义的认同。深入广泛宣传党的民族政策和民族区域自治制度，宣传西藏在全国工作中的特殊战略地位，牢固树立"三个离不开"的思想，打牢各民族共同团结奋斗、共同繁荣发展的基础，促进各地各族各界思想认识统一到中央大政方针上来。二要深化交往交流交融。密切经济和社会各层面联系和交流，以促进经济交融、民族团结融合为导向，提高帮扶政策的普惠度，提高当地群众的参与度、获得感，努力打造民心工程和民族团结工程。持续深入开展"中华民族一家亲"活动，发挥援藏干部和教育、民族、宗教、工会、共青团、妇联、科协、工商联、残联、社科联等社会团体的作用，开展结对子、结亲戚、交朋友、手拉手、夏令营等各种活动形式，促进各族群众交心交友，深化各民族交往交流交融，构建尊重、亲近、融洽的民族关系，加强各民族间互助合作和信任理解，努力培育中华民族共同体意识。三是筑牢民族团结文化基础。把援藏工作重点放在不断推动民族团结进步上来，加强文化交流，增强"5个认同"，凝聚共识力量。要全面深入学习贯彻习近平新时代中国特色社会主义思想，弘扬以爱国主义为核心的民族精神、以改革创新为核心的时代精神、以艰苦奋斗为核心的"老西藏精神"，深入开展社会主义核心价值观教育，使之转化为广大群众的思想自觉和行动自觉。加强西藏文化与内地文化的交流交融，重点传播具有现代气息、现代文明的文化，增强西藏各族人民对中华文化的认同，在西藏逐步形成与中华民族、中华文化相契合的区域民族文化，不断夯实西藏社会和谐稳定的思想基础。同时，要继承和弘扬西藏优秀文化传统，坚持在保护中传承、在创新中发展，挖掘和提炼西藏传统文化中有益的思想价值，把西藏传统文化的历史意义和现实意义发掘出来，取其精华，去其糟粕，并赋予新的时代内涵，使西藏各族人民文化同社会主义文化相适应，与西藏社会的现代化发展相适应，不断推动西藏文化事业繁荣发展。

祖国统一是各族人民的最高利益，民族团结则是祖国统一的重要保证。"维护国家统一和民族团结，是中华民族大家庭的基本'家规'，也是治藏方略的根本原则。"国家统一才能"富民兴藏"，民族团结才能够"凝聚人心"。从这个意义上说，维护祖国统一、加强民族团结，不仅是西藏工作和援藏工作的着眼点和着力点，也是全国各民族人民植根心田的自觉意识和重要使命。西藏是特殊的边疆民族地区，也是重要的国家安全屏障。维护祖国统一和民族团结，还要落实中央的民族政策和宗教政策，最大范围地团结各界人士，保障正常的宗教信仰自由，在尊重差异、包容多样中寻求共识，用宗教工作的群众性更好地服务于凝聚人心、民族团结，这是新的历史条件下援藏工作的着力点。

（七）坚持增强造血能力，大力支持特色产业培育发展

加快产业发展，促进富民兴藏，是解决西藏所有问题的关键。习近平总书记指出："要始终坚持以经济建设为中心、坚持四项基本原则、坚持改革开放，进一步把中央赋予的特殊优惠政策同西藏的具体实际紧密结合起来，积极推进'一产上水平、二产抓重点、三产大发展'的经济发展战略，努力在科学发展的轨道上推进西藏实现跨越式发展。"

一是编制援藏产业发展规划。在深入调研的基础上，按照"立足当前、着眼长远、因地制宜、保持特色"的原则，帮助西藏高起点、高水平、高标准地编制好产业规划、专项规划和具体项目的规划设计，确保援助发展战略、产业政策和社会政策相互协调，有效推动产业规划的落实。今后援藏资金的使用重点向产业援藏倾斜，要建立产业援藏论证、实施和效益评估机制，制定产业援藏资产管理和受益办法，确保资金安全和资产收益充分惠及农牧民群众。

二是因地制宜发展特色产业。西藏产业整体发展水平低、产业规模偏小、产业结构单一、产业层次初级、产业带动能力不强。因此，逐步改变以"输血"为主的做法，激发内生动力，由"输血"向"造血"转变，培养自我发展能力，是今后援藏的重要任务。援藏工作要落实新发展理念，牢牢抓住产业援藏的根本，培育"共同发展"意识，探索"造血"机制，注重当前与长

远，坚持从西藏实际出发，发挥西藏的资源禀赋，注重激发内生动力，促进西藏特色产业持续发展。产业扶持要坚持从西藏实际出发，宜农则农、宜牧则牧、宜林则林、宜商则商、宜游则游，尤其要抓好产业帮扶，帮助探索可持续、可复制、可推广的产业发展路子。注重发展符合市场规律、符合当地需求、符合西藏特色的产业项目，充分吸纳当地群众就业，有效带动提高农牧民收入，增强自我发展能力和动力。

三是鼓励引导内地企业到西藏投资兴业。完善产业援藏的相关政策，充分结合受援地区的政策优势、资源优势与内地企业的人才、资金、技术、管理等优势，坚持扶持、培育、引进并举，通过优势互补，挖掘合作潜力，帮助西藏企业做大做强，增加就业机会，建设一批特色产业基地和龙头企业，培养一批懂经营善管理的经营人才、熟悉专业的技术人才和熟练的技术工人，促进西藏人民的物质生活水平和科学文化水平，让农牧民群众不离家、不离土就能融入产业发展。

四是培育重要支撑产业。西藏作为重要的国家安全屏障、重要的生态安全屏障、重要的战略资源储备基地、重要的高原特色农产品基地、重要的中华民族特色文化保护地、重要的世界旅游目的地，要立足国家的战略需要，重点支持西藏发展高原特色农业、旅游文化、清洁能源、天然饮用水、藏药材等特色优势产业。西藏清洁能源可开发资源十分丰富，加快开发西藏水能、太阳能、地热、风能等清洁能源，有利于维护国家主权，促进与南亚、东南亚国家的经济合作，有利于生态文明建设、国家能源结构战略调整，有利于推进供给侧结构性改革和拉动经济增长。为此，建议把西藏清洁能源基地建设上升为国家战略，从国家层面加快统筹推进，尽快建立西藏清洁能源发展协调机制，研究制定外送清洁能源全额消纳支持政策，加快建设清洁能源外送通道，为国家高质量发展提供源源不断的绿色能源。

五是深化消费帮扶。习近平总书记在 2020 年 3 月 6 日召开的决战决胜脱贫攻坚座谈会上指出，在当前克服疫情影响工作中，东部省市要助力消费扶贫和就业扶贫。其中，消费扶贫是牵引产业发展、动员全社会参与的重要举措。根据中央的要求，近年来，各援藏省市高度重视消费扶贫，建立政策和平台，完善工作体系，拓宽销售渠道，有力带动了西藏等贫困地区产业发展。今后，在援藏扶贫工作中，受援双方应更加重视消费帮扶，加大消费帮扶的政策和资金投入，着力推动扶贫产品的规模化、市场化、标准化、品牌化，加大生产端、物流端、销售端的组织力度和精准对接，通过深化消费有效带动西藏特色产业发展，带动农牧民群众增收致富。

（八）坚持动员全社会力量，实施全面援藏战略

党的二十大报告指出，巩固拓展脱贫攻坚成果，增强脱贫地区和脱贫群众的内生发展动力。全面援藏是基于西藏发展的新阶段，特别是巩固脱贫攻坚成果的新需求，提出的援藏新部署、新要求。全面援藏主要包括如下内容：在援藏领域上，开展干部人才、资金项目、产业就业、教育医疗、文化旅游、消费扶贫、科技金融、智力知识等全方位、宽领域的援藏；在援藏主体上，调动政府、社会、市场力量共同参与，如政府主体除了国家部委、各省市外，还要向县乡村结对帮扶延伸；在援藏内容上，以物质援藏为主向物质与精神并重转变；在援藏方式上，"输血"型为辅，增强"造血"型自我发展能力，注重合作双赢，形成大援藏格局。

近年来，按照《中共中央国务院关于打赢脱贫攻坚战的决定》《关于进一步动员社会各方面力量参与扶贫开发的意见》《关于广泛引导和动员社会组织参与脱贫攻坚的通知》等重要文件要求，各援藏省市加强领导，制定政策，建立平台，通过"携手奔小康行动""万企帮万村""光彩行动"等，积极组织引导社会力量参与援藏工作，取得了明显成效，为动员社会力量援藏打下坚实基础。

今后，继续深化"携手奔小康行动""万企帮万村""光彩行动"，扎实做好结对帮扶活动。在此基础上，完善社会帮扶工作体系，建立和完善广泛动员全社会力量参与援藏的制度，构建党政机关、企事业单位、社会组织、民主党派、群众团体参与援藏的工作体系。创新社会帮扶工作机制，建立完善符合西藏实际的社会帮扶激励机制，拓展社会帮扶组织动员渠道，创建社会帮扶信息平台，不断创新社会帮扶资源筹集、配置、使用、监管机制，调动各方面参与援藏的积极性。

同时，建立大援藏格局，搭建好动员全社会力量参与的平台和载体。一是建立社会动员平台。要以机制创新为抓手，构建社会各界广泛参与支援合

作的工作网络，尽快建立"互联网+援藏"模式，引导和激励各类企业、社会组织、个人参与对口支援工作。如北京市在京建立了"六大中心"，形成动员社会力量的重要抓手。二是完善动员网络建设。综合运用报纸、杂志、广播、电视、网络、微博、微信等媒体，建立宣传机制，拓宽宣传渠道，加大宣传力度，总结先进经验、先进典型，弘扬正能量，增强凝聚力，扩大影响力，宣传动员全社会参与援藏扶贫工作。三是创建有形的援藏基地。积极协调推进产业基地、展销基地、交流基地、培训基地等建设，为西藏的长足发展提供渠道支持。如北京市在拉萨建立了京藏交流中心，整合资源服务援藏工作；拉萨市在北京建立拉萨科技交流中心，成为动员社会力量参与援藏的窗口和基地。

总之，持续巩固、提升援藏工作成效，是全面实施乡村振兴战略的迫切需要，是实现可持续发展的迫切需要，是维护民族团结和社会稳定的迫切需要，是维护祖国统一和国家安全的迫切需要，是全国各族人民的强烈愿望和共同责任。我们坚信，在以习近平同志为核心的党中央领导下，在党的治藏方略的引领下，在全国人民的无私支援下，在西藏干部群众的共同努力下，援藏工作将为西藏巩固脱贫攻坚成果和现代化建设作出新贡献，一个团结民主富裕文明和谐的社会主义新西藏将巍然屹立在"世界屋脊"。

结语：共同谱写援藏工作新篇章

2021年7月21日—23日，习近平总书记在西藏考察时强调，全面贯彻新时代党的治藏方略，坚持稳中求进工作总基调，立足新发展阶段，完整、准确、全面贯彻新发展理念，服务和融入新发展格局，推动高质量发展，加强边境地区建设，抓好稳定、发展、生态、强边四件大事，谱写雪域高原长治久安和高质量发展新篇章。

站在新的时代，面对新的征程，援藏工作必须深入贯彻党的二十大精神，坚持习近平新时代中国特色社会主义思想和"治边稳藏"重要战略思想；必须落实中央第六、第七次西藏工作座谈会作出的重大部署；必须牢牢把握西藏社会的主要矛盾和特殊矛盾，把改善民生、维护民族团结作为支援工作的出发点和落脚点，增进西藏各族群众福祉，围绕民族团结和民生改善推动经济发展、促进社会全面进步，让西藏各族群众更好共享改革发展的成果；必须把中央关心、全国支援同西藏各族干部群众艰苦奋斗紧密结合起来，充分认识长期建藏这一历史需要，在统筹国内国际两个大局中做好支援西藏工作，把实现社会大局势的持续稳定、长期稳定、全面稳定作为硬任务，凝聚人心和力量，实现西藏的长治久安和长足发展。

目前，西藏全面建成小康社会，助力西藏巩固脱贫攻坚成果、铸牢中华民族共同体意识是援藏工作的重要任务。因此，要着力突出精准帮扶，扎实解决关键问题，建立长效工作机制，持续帮助群众稳定脱贫，实现共同富裕。

着力优化援藏资金项目投入，更加注重向基层、向民生、向农牧民群众倾斜，干部人才精力投入也要更加注重实际成效。着力挖掘西藏特色优势资源，注重特色优势产业，激发发展内生动力，着力推动西藏产业持续发展。着力深化教育、健康帮扶，补齐民生短板，持续改善民生，巩固拓展脱贫成果，全面助力乡村振兴。持续着力帮助拓展就业渠道，为西藏各族群众就地就近就业提供更多帮助，为大学生就业创业提供更优服务。持续加强交往交流交融，加强民族团结，促进各民族群众相互了解、相互帮助、相互欣赏、相互学习。加强宣传引导，充分认识援藏工作的特殊重要性，充分认识西藏工作在全国大局中的特殊重要性，充分认识全国无私支援和倾力奉献的特殊意义，培育中华民族共同体意识。

雄关漫道真如铁，而今迈步从头越。在新时代伟大征程上，我们要更加紧密团结在以习近平同志为核心的党中央周围，深入学习贯彻习近平新时代中国特色社会主义思想，不忘初心、牢记使命，勇于变革、敢于创新，开拓进取、苦干实干，坚决助力西藏巩固拓展脱贫攻坚成果，全面实施乡村振兴战略，全面推进中国式现代化建设，铸牢中华民族共同体意识，为谱写好中华民族伟大复兴中国梦的西藏篇章努力奋斗！

后记

　　光阴似箭，转眼之间，课题研究和撰写报告历经数载。回首课题研究全过程，深入调研、材料收集、整理加工、热烈讨论、梳理思路、反复斟酌、修改完善，意犹未尽。

　　虽然研究时间跨度大，研究过程冗长，但在这期间我们不断加深了援藏工作认识，深化了对援藏工作的思考，拓宽了援藏工作的视野，丰富了援藏工作的内涵，这对今后展望和巩固援藏成果大有裨益。

　　感谢这个伟大的时代，国家昌盛，政治清明，制度优越，民族团结，我们才有幸得以参与援藏实践，才能得以深刻理解援藏政策，为西藏发展贡献自己的微薄之力。回忆六载雪域高原生活，初心使命，谨记力行，亲身感悟，点点滴滴，思绪飘远，感慨万千，一路走来，唯有感恩，唯有化作回报的愿力！

　　感谢各省市、各部委倾情倾力援藏，特别感谢北京市、西藏自治区对课题研究的支持，在研究过程中，虽竭尽全力，因诸多限制，未能尽善尽美，只愿不负众望！

　　感谢课题组全体同仁，大家齐心协力，分工协同，有条不紊，多方奔波，反复磨炼，终成硕果！

　　我们坚信，在以习近平同志为核心的党中央的坚强领导下，在西藏各族人民和全国人民的共同努力下，新时代全国对口援藏工作，必将为西藏巩固拓展脱贫攻坚成果、全面实施乡村振兴、实现中华民族伟大复兴，作出新的更大的贡献！

参考资料

［1］ 才让太:《再探古老的象雄文明》,载《中国藏学》,2005年2月15日。

［2］ 罗军桑布:《论松赞干布时期吐蕃法律制度》,山东大学硕士论文,2012年6月。

［3］ 杨文:《试论唃厮啰政权对北宋王朝建设及经略河湟民族政策的影响》,载《西藏研究》,2009年8月15日。

［4］ 薛正昌:《忽必烈及其祖孙三代的宗教思想》,载《宁夏师范学院学报》,2009年第4期。

［5］ 阴海燕:《明朝"多封众建"治藏方略研究》,西藏大学硕士论文,2010年5月。

［6］《清圣祖实录》卷二三六,中华书局,1985年版。

［7］《世宗实录》卷五二。

［8］ 张志勇:《赫德与中英〈藏印条约〉》,载《中国边疆史地研究》,2008年9月25日。

［9］ Goldstein, Melvyn C., A History of Modern Tibet（1913-1951）, University of California Press, 1989.

［10］孙勇:《西藏:非典型二元结构下的发展改革》,中国藏学出版社,1991年版。

［11］贺新元:《以毛泽东为核心的第一代领导集体对中央"援藏机制"的理论贡献与积极探索西藏研究》,载《西藏研究》,2012年8月15日。

［12］万金鹏:《"治国必治边，治边先稳藏"战略思想的精神旨趣》，载《西藏研究》，2013年8月15日。

［13］张殷俊、陈曦、谢高地、张建辉、张昌顺、史宇、王帅:《中国细颗粒物（PM2.5）污染状况和空间分布》，载《资源科学》，2015年7月15日。

［14］王娜:《西藏藏族人口相关数据分析研究》，社会科学文献出版社，2015年版。

［15］尕藏加:《西藏宗教》，五洲传播出版社，2002年版。

［16］中共中央文献研究室编:《建国以来毛泽东文稿》（第一册），中央文献出版社，1987年版。

［17］《习近平与西藏不得不说的那些事》，载人民网，2015年9月7日。

［18］国务院新闻办公室:《西藏民主改革50年》，2009年3月2日。

［19］孙勇:《中国共产党的西藏政策［1989~2005］》，社会科学文献出版社，2014年版。

［20］车明怀:《改革开放时期西藏"一个转折点"的形成与经验总结》，载《中国藏学》，2009年第3期。

［21］《在举行〈关于和平解放西藏办法的协议〉的签字仪式时，中央人民政府朱德副主席的讲话》，《人民日报》，1951年5月28日。

［22］邓小平:《邓小平文选》（第三卷），人民出版社，1993年版。

［23］习近平:《习近平谈治国理政》，外文出版社，2014年版。

［24］蔡奇:《在2017年北京市对口支援和经济合作工作领导小组会上的讲话》，载《北京日报》，2017年6月8日。

［25］中共西藏自治区党委组织部、《紫光阁》杂志社:《援藏:第六批对口支援西藏纪实》，人民出版社，2013年版。

［26］王奉朝:《干部人才对口援藏工作成效与经验》，载中共西藏自治区委员会宣传部编:《中央开展对口援藏20周年理论研讨会文集》，西藏人民出版社，2014年版。

［27］《关于做好为西藏选派干部工作有关问题的通知》，载法律快车网站，https://law.lawtime.cn/d518635523729.html。

［28］《关于做好为西藏选派第二批干部工作有关问题的通知》（组通字

〔1998〕17号）。

〔29〕《关于做好为西藏选派第三批干部工作有关问题的通知》（组通字
〔2001〕18号）。

〔30〕《中组部、人事部召开对口支援西藏干部工作座谈会》，载中央政府
门户网站，2006年12月1日，http：//www.gov.cn/jrzg/2006-12/01/co-ntent_
459701.htm。

〔31〕兰金山：《第四次对口支援西藏干部工作座谈会在成都召开》，载中国西
藏新闻网，2006年12月2日。

〔32〕蒋翠莲：《援藏干部人才选派计划协调会在蓉召开》，载《西藏日报》，
2013年1月20日。

〔33〕蒋翠莲：《第八批援藏干部人才选派计划协调会在蓉召开》，载《西藏日
报》，2016年1月21日。

〔34〕李韵：《文物援藏持续加大力度》，载《光明日报》，2016年8月1日。

〔35〕唐朝杨：《西藏非物质文化遗产实现"按图索骥"》，载中国新闻网，
2015年10月26日。

〔36〕赵书彬：《全国文物援藏工作会议在拉萨召开》，载《西藏日报》，2016
年7月29日。

〔37〕《近年来文化部援藏情况》，载西藏自治区人民政府网站，2012年8月30
日，http：//xizang.gov.cn/xwzx。

〔38〕郑巧：《西藏60年：藏文化之变》，载中国新闻网，2011年5月30日。

〔39〕焦雯：《文化雨露广播撒　雪域遍开幸福花》，载《中国文化报》，2011
年7月11日。

〔40〕国务院新闻办公室：《西藏发展道路的历史选择》白皮书，2015年4月
15日。

〔41〕《全国文化援藏工作会议在拉萨召开》，载文化部网站，2016年9月19日。

〔42〕梁书斌：《西藏农家书屋和寺庙书屋实现全覆盖》，载新华网，2012年4
月25日。

〔43〕孙文娟：《形成强大合力　做大做强新闻舆论主阵地》，载《西藏日报》，
2016年5月31日。

［44］《人民日报社组团式技术援藏力推西藏报业发展》，载中国西藏新闻网，2016年9月7日。

［45］常红：《援藏干部崔士鑫：〈西藏日报〉，一样的事业一样的家》，载人民网，2011年6月22日。

［46］《人民日报社向西藏克松村赠送爱国主义纪念展品》，载人民网，2010年10月18日。

［47］《全国法院援藏工作经验交流会在林芝召开》，载《人民法院报》，2012年7月21日。

［48］王地：《庆祝西藏自治区成立50周年报道：检察援藏20年，"种子效应"正凸显》，载《检察日报》，2015年9月7日。

［49］王治国、徐盈雁：《曹建明：统筹谋划西藏检察工作提升援藏工作水平》，载《检察日报》，2015年9月30日。

［50］廖卫华：《检察机关对口援藏助推西藏检察事业腾飞》，载《法制日报》，2014年8月20日。

［51］刘建伟、董宇：《公安机关"十三五"对口援藏工作推进会召开》，载《人民公安报》，2017年9月2日。

［52］《倾情倾力建设平安西藏——记全国公安援藏工作》，载《西藏法制报》，2017年9月4日。

［53］石杨、林笛、刘建伟：《携手并肩21载高原公安展新颜》，载中国警察网，2015年9月8日。

［54］《西藏公安受援工作20年：从"硬条件"到"软实力"》，载中国西藏新闻网，2015年8月12日。

［55］周斌：《对口支援20年人财物不断输入推动西藏跨越式发展长治久安政法机关援藏慷慨"输血"鼎力"造血"》，载《法制日报》，2014年8月26日。

［56］戴菁：《为治边稳藏贡献智慧和力量——访中央党校援藏干部、西藏自治区党委党校副校长孙向军》，载《学习时报》，2016年10月10日。

［57］人民论坛赴西藏采访组：《西藏发改委主任金世洵：援藏九年背后的故事和思考》，载人民网，2010年6月10日。

［58］《发改委召开经济对口支援西藏工作座谈会》，载国家发改委网站，http: //dqs.ndrc.gov.cn/fpkf。

［59］《我委召开2014年全国对口支援工作会议》，载国家发改委网站，http: //www.ndrc.gov.cn/fzgggz/dqjj。

［60］魏琳:《统计援藏情暖雪域——全国统计系统援藏工作会议侧记》，载 《中国信息报》，2016年7月28日。

［61］《全总庆祝西藏自治区成立40周年暨援助西藏工会座谈会在拉萨召开》， 载全国总工会网站，http: //www.acftu.org/template。

［62］赵书彬:《全国工会对口援藏工作座谈会召开》，载《西藏日报》，2014 年10月12日。

［63］王阳:《关于共青团援藏工作的实践与思考》，载中共西藏自治区委员会 宣传部:《中央开展对口援藏20周年理论研讨会文集》，西藏人民出版 社，2014年8月版。

［64］《坚定用习近平总书记扶贫开发重要战略思想武装头脑指导实践推动工 作》，载四川日报网，2018年2月24日。

［65］王沁鸥、吕诺:《促雪域发展　架沟通之桥——西藏民主改革60年之际 回看对口援藏工作》，新华社，2019年3月29日。

［66］《中共中央办公厅国务院办公厅印发〈关于支持深度贫困地区脱贫攻坚 的实施意见〉的通知》（厅字〔2017〕41号）。

［67］《关于切实做好就业扶贫工作的指导意见》（人社部发〔2016〕119号）。

［68］《民政部财政部人力资源社会保障部国家卫生计生委保监会扶贫办等部 门印发关于进一步加强医疗救助与城乡居民大病保险有效衔接的通知》 （民发〔2017〕12号）。

［69］《财政部农业部国务院扶贫办关于做好财政支农资金支持资产收益扶贫 工作的通知》（财农〔2017〕52号）。

［70］《教育部财政部关于进一步加强全面改善贫困地区义务教育薄弱学校基 本办学条件中期有关工作的通知》（教督〔2017〕9号）。

［71］《人力资源社会保障部财政部国务院扶贫办关于切实做好社会保险扶贫 工作的意见》（人社部发〔2017〕59号）。

［72］《国务院扶贫开发领导小组关于广泛引导和动员社会组织参与脱贫攻坚的通知》（国开发〔2017〕12号）。

［73］《关于促进电商精准扶贫的指导意见》（国开办发〔2016〕40号）。

［74］西藏自治区贫攻坚指挥部12月23日发布《西藏自治区脱贫攻坚指挥部关于2019年19个县（区）退出贫困县（区）的公告》。

［75］齐扎拉:《西藏自治区人民政府工作报告》，2020年1月7日西藏自治区第十一届人民代表大会第三次会议。

［76］齐扎拉:《西藏自治区人民政府工作报告》，2021年1月20日西藏自治区第十一届人民代表大会第四次会议。

［77］严金海:《西藏自治区人民政府工作报告》，2022年1月4日西藏自治区第一届人民代表大会第五次会议。

［78］严金海:《西藏自治区人民政府工作报告》，2023年1月13日西藏自治区第十二届人民代表大会第一次会议。

［79］新华社:《习近平在西藏考察时强调：全面贯彻新时代党的治藏方略，谱写雪域高原长治久安和高质量发展新篇章》，2021年7月23日。